U0679592

高等院校经济管理类规划教材

人力资源管理

主　编　赵晓东　　应丽芬

副主编　李晓博　　丁扬阳　　杨海锋

ZHEJIANG UNIVERSITY PRESS
浙江大学出版社

图书在版编目(CIP)数据

人力资源管理/赵晓东，应丽芬主编.—杭州：
浙江大学出版社，2013.1(2021.1 重印)
ISBN 978-7-308-11048-8

Ⅰ.①人… Ⅱ.①赵… ②应… Ⅲ.①人力资源管理
Ⅳ.①F240

中国版本图书馆 CIP 数据核字(2013)第 014563 号

人力资源管理

赵晓东　　应丽芬　　主编

责任编辑	石国华	
封面设计	俞亚彤	
出版发行	浙江大学出版社	
	（杭州天目山路 148 号　邮政编码 310028)	
	（网址：http://www.zjupress.com)	
排　版	杭州星云光电图文制作工作室	
印　刷	广东虎彩云印刷有限公司绍兴分公司	
开　本	787mm×1092mm　1/16	
印　张	20.5	
字　数	512 千	
版印次	2013 年 1 月第 1 版　2021 年 1 月第 7 次印刷	
书　号	ISBN 978-7-308-11048-8	
定　价	52.00 元	

前　言

随着知识经济和全球化时代的到来,高素质的人力资源成为国家和企业成败兴衰的战略性资源。在我国,大力开展人力资源开发与管理的教育和培训,提高人力资源管理队伍的理论与专业化水平具有特别重要的意义。人力资源管理是当今世界各国高等院校经管类专业课程体系中一门重要的专业核心课程,也是我国企业各级经理和主管人员必须接受的重要培训内容。

本书是作为国内经济管理类专业应用型本科(专科)教育的教材来编写的,一般学时为32～64个学时,本书也可作为企业管理人员的培训资料和参考,或供管理人员自学使用。全书共十章,包括绪论、人力资源规划、工作分析、人员招聘、绩效管理、薪酬管理、培训与开发、职业生涯管理、劳动关系管理和国际人力资源管理,内容基本覆盖了企业人力资源开发与管理工作的主要内容和各个环节。

本教材有以下几方面的特点:

(1)应用性。人力资源管理是一门实践性很强的学科,本书各章节的编写力求体现应用性的导向原则,不仅注重对各章节理论知识的掌握,而且强调实务技能的提高。在每章篇首,我们都列出了本章的主要知识点和技能提升要求,同时以一个典型的现实案例开头,引导读者从现实问题出发,学习和思考人力资源管理相关理论的应用。在每章小结部分,我们根据企业人力资源管理工作的实际,总结了直线经理和人力资源部门在该职能上的职责分工,在每章结尾,我们也设计了若干应用技能和案例分析题目,以供读者巩固提高。

(2)全面性。目前高校经管类专业在用的人力资源教材书大多注重员工的招聘、薪酬、绩效评估、培训等传统管理职能。本书除了这些内容以外,还把当前国内人力资源管理领域的新的重要议题——劳动关系管理和国际人力资源管理纳入其中,使全书的知识内容更全面丰富。

(3)新颖性。本教材在编写体例上,力求文字精练、脉络清晰、结构新颖。我们在每一章中都增设了背景资料、小案例、小故事和小贴士等信息,以增加教材的可阅读性和加深读者对相关内容的理解,

(4)前沿性。本教材力求反映国内外在人力资源管理理论研究与技术应用方面的最新进展,注重把最近几年来发生在企业界的典型案例收录书中,相关背景资料和信息也力求做到时效性。

本书提供配套的教学大纲、PPT电子课件,以及各章节案例分析题的参考答案,使

用本教材的教师可通过电子邮件直接向作者或责编索取，作者：rlzy09@yeah. net；责编：shigh888888@163.com。

　　本书是合作编写的成果，参编人员及分工情况如下：第一章、第五章、第六章由赵晓东完成；第二章、第三章由应丽芬完成；第四章由杨海锋完成；第七章、第八章由李晓博完成；第九章、第十章由丁扬阳完成。

　　本书在编写过程中，得到了浙江大学出版社石国华副编审的大力支持和热情帮助，在此表示衷心的感谢！同时，在编写本教材的过程中，我们也参阅和借鉴了大量国内外专家、学者公开发表的书籍和论文，在此谨向这些书籍和论文的作者表示敬意和诚挚的感谢！

　　由于我们知识和经验的不足，本教材的错误和遗漏在所难免，恳切希望使用本教材的师生提出批评和建议，使本书得以不断充实和完善。

编　者

2013 年 1 月 18 日

目 录

第一章　概　论

⬡主⬡要⬡知⬡识⬡点

1. 人力资源的含义
2. 人力资源开发与管理的层次
3. 人力资源管理的职责和基本职能
4. 人力资源管理的目标及其历史演变
5. 战略性人力资源管理
6. 人力资源管理的未来趋势

⬡技⬡能⬡提⬡升

1. 能利用专业文献、数据库进行人力资源资料查找
2. 能对现实中的企业进行人力资源管理状况、阶段等的分析
3. 能对现实中的企业进行简单的人力资源职能界定和部门设置

【引导案例】

联想集团的人力资源管理经验

联想集团是我国 IT 业的一面旗帜，从 1984 年创业时的 11 个人、20 万元资金起步，到 2012 年已位列全球 500 强第 370 位，成为一家极富创新性的国际化科技公司。联想何以在短短 28 年时间取得如此成就，我们不妨走入联想内部，去看看联想的人力资源管理。

1. 观念的转变：从"蜡烛"到"蓄电池"

和每一个企业的成长历史相类似，联想也经历了初创、成长到成熟几个阶段。在企业成长过程中，随着企业规模扩大，企业领导层越来越认识到人的作用。1995 年，集团"人事部"改名为"人力资源部"，这种改变不仅是名称的变化，更是一种观念的更新。

时任联想集团人力资源负责人的蒋北麒先生说："过去的人才管理把人视作蜡烛，不停地燃烧直至告别社会舞台。而现在，把人才看作资源，人好比蓄电池，可以不断地充电、放电。现在的管理强调人和岗位适配，强调人才的二次开发。对人才的管理不仅是让他为企业创造财富，同时也要让他寻找到最适合的岗位，最大地发挥自身潜能，体现个人价值，有利于自我成长。"

中关村是人才争夺"重地"，贝尔实验室、微软研究院、IBM 研究中心等外资研发机构纷纷在此安营扎寨。在这场人才抢夺战中，联想并不是被动挨打，而是主动迎战。他们认为这些跨国公司的进入，刺激了中国的人才市场搞活，同时也给国内企业提供了一个更新人才观念、改变管理机制的学习机会。为此，联想提出了自己的崭新理论：项链理论。就是说：人才竞争不在于把最大最好的珠子买回来，而是要先理好自己的一条线，形成完善的管理机制，把一颗颗珍珠串起来，串成一条精美的项链。而没有这条线，珠子再大再多还是一盘散沙。没有好的管理形成强有力的企业凝聚力，即使高薪也难留住人才。

2. 在赛马中识别好马

联想为那些肯努力、肯上进并肯为之奋斗的年轻人提供了很多机会。当时，联想集团管

理层的平均年龄只有31.5岁。联想电脑公司的总经理杨元庆、联想科技发展公司总经理郭为、联想科技园区的总经理陈国栋……都是没有超过35岁的年轻人,他们各自掌握着几个亿,甚至几十亿营业额的决策权。从1990年起,联想就开始大量提拔和使用年轻人,几乎每年都有数十名年轻人受到提拔和重用。联想对管理者提出的口号是:你不会授权,你将不会被授权;你不会提拔人,你将不被提拔,从制度上保证年轻人的脱颖而出。

联想启用年轻人采取策略是"在赛马中识别好马"。这包括三个方面的含义:要有"赛场",即为人才提供合适的岗位;要有"跑道"划分,不能乱哄哄挤作一团,必须引导他们有秩序地竞争;要制订比赛规则,即建立一套较为科学的绩效考核和奖励评估系统。

媒体评论说联想"爱折腾"。从1994年开始,每到新一年度的3～4月间都会进行组织机构、业务结构的调整。在这些调整中,管理模式、人员变动都极大。通过"折腾",联想给员工提供尽可能多的竞争机会,在工作中崭露头角的年轻人脱颖而出,而那些固步自封、跟不上时代变化的人就会被淘汰——这就是"在赛马中识别好马"。

3. 善于学习者善于进步

联想创始人之一、公司副总裁李勤总结自己时说过一句话:办公司是小学毕业教中学。其含义是:办企业对他是一项全新的挑战,需要学习的知识太多。联想注重向世界知名的大公司请教。在人力资源管理上,IBM、HP等都是他们的老师,和这些公司的人力资源部保持着密切的关系。同时,他们与国际上一些知名的顾问咨询公司合作,引入先进的管理方法与观念。他们和CRG咨询公司合作,参照该公司的"国际职位评估体系"在联想集团开展了岗位评估,统一工薪项目,推行"适才适岗、适岗适酬"的管理方针。蒋北麒经理介绍说:"适才适岗,要求首先对岗位进行分析评估,岗位职责明确并有量化考核指标;其次对员工的技能素质、心理素质和潜质等进行分析。同时,还必须有一套机制来保证适才适岗。通过建立企业内劳动力市场,通过轮岗制度,来实现人和岗位的最佳配置。"

在当代社会,具有知识和技能的劳动力已经成为推动社会经济发展的核心力量,成为国家与国家、企业与企业之间竞争的最重要因素。可以说,在所有资源中,人力资源是第一资源。

人力资源管理是现代管理的基本职能之一,人力资源管理对企业管理具有重要意义,它是企业发展的动力源泉,是企业可持续发展的根本保障。本章将对人力资源和人力资源管理的基本概念、人力资源管理的历史演进以及人力资源管理的未来发展趋势等作出介绍。

在电影《天下无贼》中,演员葛优有一句经典的台词:"21世纪什么最重要? 人才!"

第一节　人力资源管理概述

一、人力资源的基本概念

（一）人力资源的含义

按《辞海》的解释,资源是指"资财的来源"。从经济学角度看,资源是指为了创造财富而投入生产活动中的一切要素,并把资源划分为自然资源、资本资源、信息资源、人力资源和时间资源等五大类。

在人类经济活动的不同阶段,资源的重要性各不相同。在农业社会,人类的生产活动围绕土地进行,经济分配以土地的占有量为基础,劳动者的体力消耗和以土地为代表的自然资源的消耗促成了经济的发展;在工业社会,人们开始以使用机器的资源开采和制造业为中心的生产经营方式,自然资源和资本资源成为推动经济发展的最主要因素;在信息时代和知识经济背景下,以知识为基础的产业上升为社会的主导产业,经济社会的发展依赖于信息的获取和知识的创造,信息资源和人力资源成为经济发展的重要推动因素。在当今激烈竞争的社会里,人力资源无疑成为推动社会经济发展的最重要的资源。

在学术上,"人力资源"最早是由美国著名的管理学家彼得·德鲁克于1954年在其著名的《管理实践》一书中提出来的。在该著作中,德鲁克引入了"人力资源"的概念,并且指出,和其他所有资源相比较而言,唯一的区别就是它的主体是人,并且是经理们必须考虑的具有"特殊资产"的资源,也是最没有有效使用的资源。1965年,雷蒙德·迈勒斯在《哈佛商业评论》上发表了一篇论文,使得"人力资源"的概念引起了资深学者和管理人员的注意。

在国内,许多专家和学者对于人力资源也给出了许多明确的定义。如郑绍濂(1995)认为人力资源是"能够推动整个经济和社会发展的、具有智力劳动和体力劳动能力的人们的总和";胡君辰(2005)认为"人力资源是企业组织内外具有劳动能力的人的总和"。

我们认为,人力资源是指从事组织特定工作活动所需的、并能被组织所利用的所有体力和脑力劳动的总和。它既包括现实的人力资源,即现在就可以使用的、由劳动适龄人口中除因病残而永久丧失劳动能力外的绝大多数适龄劳动人口和老年人口中具有一定劳动能力的人口构成的人力资源;也包括潜在的人力资源,即现在还不能使用但未来可使用的、主要由未成年人口组成的人力资源。

一个国家和地区的人力资源丰富程度,通常体现在数量和质量两个方面。人力资源数量即具有劳动能力的人口数量,通常按照法定的劳动年龄来进行统计。各国对劳动年龄上下限的规定并不完全相同。我国《劳动法》规定的劳动年龄下限为16周岁,劳动年龄上限就是规定的退休年龄。我国现阶段有几种情况:一般干部的退休年龄,男子为60岁,女子为55岁;工人的退休年龄,男子为60岁,女子为50岁;高级专家和职务较高的领导人员,退休年龄可超出60岁。但需要说明的是,在劳动年龄人口中,存在一部分未就业者,如学校中就学的学生、军队中服役人员、待业人员等,还包含一些不具有劳动能力的病残人员。此外,一些已退休人员以返聘或其他形式仍在从事劳动。因此,在统计人力资源数量时,还应扣除劳动年龄人口中的不能从事劳动的病残者人数,加上退休者再就业者人数。据统计,我国的劳动年龄人口数,2000年为8.61亿,预计2020年将增加到10.04亿。

人力资源质量表现为以下几方面:(1)体力,即劳动力的身体素质,包括健康状况、营养状况以及耐力、力量、敏捷性等体能素质;(2)智力,即劳动力的智力素质,包括智力、记忆力、理解力、判断力、想象力及逻辑思维能力等;(3)知识技能,即劳动者的文化知识素质,它以受教育程度、技能水平等来衡量;(4)劳动态度,即劳动者的劳动价值观及职业道德,如劳动动机、劳动态度、劳动责任心等。

人力资源数量和质量是密切相关的两个方面,一个国家和地区的人力资源丰富程序,不仅要用数量来计量,而且要用质量来评价。对于一个企业而言,人力资源的数量是基础,质量是关键。企业需要在人力资源规模上谋求一定的规模效益,但在规模达到一定程度之后,要把着力点迅速转移到提高人力资源的质量上来。尤其在当今知识经济背景下,人力资源的质量远比数量重要。人力资源的质量对于数量有较强的替代性,而数量对于质量的替代作用则较弱,有时甚至无法替代。

相比于世界上其他国家,我国拥有庞大的人力资源数量,但在质量上还有待提高。尤其是随着信息时代和知识经济的到来,社会经济的发展对于人力资源的质量提出了更高的要求。我国应当加大对教育的投入,不断提高国民的基本素质和知识技能水平,以应对国际竞争与挑战。

背景资料

中国大学生目前正面临着严峻的就业形势。据报道,2012年我国高校毕业生达680万,2013年将达到700多万。由于欧债危机、美债危机等致使全球经济低迷,大学生就业形势不容乐观。

麦肯锡公司的调查报告曾提到:中国大学毕业生大多数不具备国际竞争力,只有不到10%的人拥有为外企工作的国际化技能,相比之下印度达到25%;中国每年新培养约60万名工程师,是美国的9倍,然而在中国160万名年轻工程师中只有约16万名工程师具备为跨国公司工作所需的实用技能和语言技能;在企业领域的高层次管理人才上,今后10年,中国将需要7.5万名具备国际化素质的经理人,但目前却仅有约5000名此类管理人才。

一方面是为数众多的大学毕业生无法找到工作,一方面是许多行业人才缺口巨大,这看似矛盾的背后,是我国受过高等教育的一般性人才过剩,而具备国际竞争力,能够自己创造就业机会、以及从海外吸引就业机会的创造性人才和国际化人才却一直很短缺。

(来源:搜狐网)

(二)人力资源与其他相关概念的关系

人力资源概念与人口资源、劳动力资源和人才资源等概念相关。

人口资源是指一个国家或地区的人口总体,它是其他有关人的资源的基础,表现为一个数量概念。

劳动力资源是指一个国家或地区具有劳动能力并在劳动年龄范围内的人口总和,即人口资源中拥有劳动能力并在法定劳动年龄段的那一部分。

人才资源是指一个国家或地区中具有较强的专业技术能力、创造能力、管理能力、研究能力的人的总称,它是人力资源中的高端人群。

相比之下,人力资源强调人们所具有的劳动能力,它超过了劳动力的资源范围,涵盖了全部人口中所有具有劳动力的人口,包括现实的和潜在的劳动力资源。

人口资源、人力资源、劳动力资源和人才资源四者之间存在包含关系和数量基础关系,如图1-1。人口资源和劳动力资源侧重人的数量和劳动者数量。人才资源突出人口的质量,而人力资源强调人口数量和质量的统一。

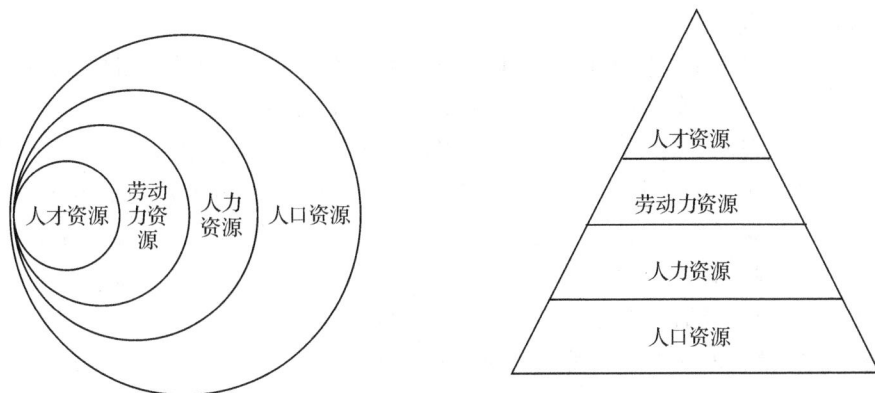

图 1-1　人口资源、人力资源、劳动力资源、人才资源四者之间的关系

（三）人力资源的基本特征

由于人本身所具有的生物性、能动性、智力性和社会性，决定了人力资源具有以下基本特征：

1. 人力资源的能动性

能动性是人力资源的首要特征，是与其他一切资源最根本的区别。一切经济活动首先都是人的活动，由人的活动才引发、控制、带动了其他资源的活动。自然资源、物质资源及财力资源等资源在被开发过程中完全处于被动的地位，而人力资源的开发与利用，是通过拥有者自身的活动来完成的，具有能动性。这种能动性主要表现在人们的自我强化、选择职业和劳动的积极性等方面。人的自我强化是指人通过学习能够提高自身的素质和能力，可以通过努力学习、锻炼身体等自身积极行为，使自己获得更高的劳动能力。人力资源通过市场来调节，选择职业是人力资源主动与其他资源结合的过程。积极劳动或劳动积极性的发挥是人力资源发挥潜能的决定性因素。因此，开发和管理人力资源不仅要关注数量、质量等外在特性问题，也要重视如何调动人的主观能动性，发挥人的劳动积极性问题。

2. 人力资源的时效性

人力资源的形成、开发和利用都受到时间方面的限制。从个体角度看，作为生物有机体的人，有其生命的周期，如幼年期、青壮年期、老年期，其各阶段的劳动能力各不相同，如果人力资源得不到及时与适当的利用，个体所拥有的能力就会随着时间的流逝而降低甚至丧失。从社会角度看，人才的培养和使用也有培训期、成长期、成熟期和老化期，因而需要注重在动态环境条件下人力资源形成、开发、分配和利用的相对平衡性，尊重人力资源内在的时效性规律和生命周期规律。

3. 人力资源的高增值性

目前在推动经济发展的过程中，人力资源收益的份额正在迅速超过自然资源和资本资源。在现代市场经济国家，劳动力的市场价格不断上升，人力资源投资收益率不断上升，同时劳动者的可支配收入也不断上升。与此同时，高质量人力资源与低质量人力资源的收入差距也在扩大。人力资源的经济作用日益强化，不仅仅是人力资源质量提高的结果，同时也是人力资源的使用过程是一个不断自我补偿、更新、发展和丰富化的过程所决定的。

4.人力资源的再生性

经济资源分为可再生性资源和非再生性资源两大类。非再生性资源最典型的是矿藏，如煤矿、金矿、铁矿、石油等，每开发和使用一批，其总量就减少一批，决不能凭借自身的机制加以恢复。另一些资源，如森林，在开发和使用过后，只要保持必要的条件，可以再生，保持资源总体的数量。人力资源也具有再生性，它基于人口的再生产和劳动力的再生产，通过人口总体内个体的不断更替和"劳动力耗费—劳动力生产—劳动力再次耗费—劳动力再次生产"的过程得以实现。同时，人的知识与技能陈旧、老化也可以通过培训和再学习等手段得到更新。当然，人力资源的再生性不同于一般生物资源的再生性，除了遵守一般生物学规律之外，它还受人类意识的支配和人类活动的影响。从这个意义上来说，人力资源要实现自我补偿、自我更新、持续开发，就要求人力资源的开发与管理注重终身教育，加强后期的培训与开发。

5.人力资源的角色两重性

人力资源既是投资的结果，又能创造财富；或者说，它既是生产者，又是消费者，具有角色两重性。人力资源的投资来源于个人和社会两个方面，包括教育培训、卫生健康等。人力资源质量的高低，完全取决于投资的程度。人力资源投资是一种消费行为，并且这种消费行为是必需的，先于人力资本的收益。研究证明，人力资源的投资具有高增值性，无论从社会还是个人角度看，都远远大于对其他资源投资所产生的收益。

6.人力资源的社会性

人处在一定的社会之中，人力资源的形成、配置、利用、开发是通过社会分工来完成的，是以社会的存在为前提条件的。人力资源的社会性，主要表现为人与人之间的交往及由此产生的千丝万缕的联系。人力资源开发的核心，在于提高个体的素质，因为每一个个体素质的提高，必将形成高水平的人力资源质量。但是，在现代社会中，在高度社会化大生产的条件下，个体要通过一定的群体来发挥作用，合理的群体组织结构有助于个体的成长及高效地发挥作用，不合理的群体组织结构则会对个体构成压制。群体组织结构在很大程度上又取决于社会环境，社会环境构成了人力资源的大背景，它通过群体组织直接或间接地影响人力资源开发，这就给人力资源管理提出了要求：既要注重人与人、人与团体、人与社会的关系协调，又要注重组织中团队建设的重要性。

7.人力资源的稀缺性

资源的稀缺性，主要使指由于资源分布的非均衡性导致资源的相对有限性。人力资源的稀缺性分为两种：一种是显性稀缺，即一定时期内劳动力市场上具有某一特性的人才供给数量绝对不足；另一种是人力资源的隐性稀缺，即由于人力资源某种特性往往呈非均衡分布状态，导致企业人力资源的结构性失衡。

二、人力资源开发与管理

（一）人力资源开发的含义

人力资源开发是指对一定范围内的人们（或人口）所进行的提高素质、激发潜能、合理配置、健康保护等活动，是培育和提高人们参与经济运行所必备的体质、智力、知识技能、正确的价值体系、工作态度和行为模式等一系列的活动内容和活动过程，旨在提高和改善一定范围内人们有效从事社会物质财富和精神财富创造活动的劳动能力的总和。

人力资源开发通常包含两个不同的层次:宏观人力资源开发与微观人力资源开发。

1.宏观人力资源开发

它主要从一个国家或地区的宏观层面来开发全社会的人力资源。它包括对全社会人员进行的优生优育、正规教育、职业教育、迁移流动、卫生保健、健康保护等一系列的行为活动过程,旨在提高全社会人员的整体素质和知识技能水平,为社会发展和经济活动提供足够数量和质量的现实人力资源和潜在人力资源储备。宏观人力资源开发的侧重点是组织和利用一切资源,调动各方面的力量和积极性,采取各种有效措施,努力提高全社会的整体素质和知识技能水平。

宏观人力资源开发是对一定范围内全社会人口的劳动能力的投资、培育和开发。其基本内容包括:①控制人口、优生优育;②提高人力资源的质量或素质的投资及其管理活动;③改善人力资源劳动能力的各种投资和教育活动;④全社会人力资源的预测与宏观配置;⑤人力资源进入劳动领域的合理安置、流动;⑥全社会人力资源政策的制定、实施和管理。

2.微观人力资源开发

它主要是指企业等微观组织通过对人力资源的选择、投资、教育、培训、激励、保护等环节和方式,提高本组织人力资源的生产力,挖掘人力资源的潜力,提高和保护员工的劳动能力,对于本组织人力资源劳动能力、劳动态度、劳动的创造性、积极性等能够创造社会财富的有用能力和价值的开发的行为活动过程。旨在使组织内人员获得或改进与工作有关的知识、能力、动机和态度等,以提高工作绩效和对组织目标和贡献,满足组织运行与发展对人力资源数量和质量要求的有计划、有目标的系列活动。

微观人力资源开发的主要任务是促进员工满足组织需要而发展,不仅有能力保障当前职业状况,有效完成本职工作,而且能够为未来工作做好准备,更好地适应新技术、新工作以及顾客和市场的新变化,保障将来的劳动与职业状况。微观人力资源开发的最基本途径是对组织内员工的教育与培训,包括各种形式的继续教育、在职培训等。

背景资料

芬兰——全球榜样

芬兰国土面积仅 33.8 万平方公里,人口 520 万。芬兰从 1921 年就开始施行九年义务教育,从 20 世纪 60 年代起,实行免费高中和高等教育。芬兰教育经费在国家财政预算中所占比例高达 18%,远高于美国和日本,仅次于瑞典,名列世界第二。芬兰在专门技能上的投资,也就是投资于教育、培训和技术,是芬兰保持竞争力的最佳做法。芬兰全国有 989 个公共图书馆,平均 5250 多人就拥有一个,人均占有图书馆的比例居世界首位。2003 年全年芬兰光顾图书馆的人达到 6950 万人次,借阅图书达到 1.21 亿本,人均 23 册。芬兰在科研开发方面的投入在其国内生产总值中的比例为 3.5%,超过日本和美国,在全球名列第二。2004 年,芬兰在研发方面的投入占 GDP 的 3.5%,在世界上排名第三,仅次于以色列和瑞典。芬兰有一句名言:"教育是芬兰的国际竞争力。"

根据一年一度的全球竞争力排名,芬兰已经连续五年获得第一。该排名是基于科技进步、公共制度质量、以及宏观经济环境的经济发展前景为标准来排定各国和地区座次。芬兰在科技成果向生产转化率、科技配套发展水平、科技合作程度、科研合作程度、科研投入力度、企业员工培训居全球第一位。芬兰公民受教育水平高，掌握技术好，较熟悉经济事务，这些方面在北欧居第一位。美国《新闻周刊》将赫尔辛基与剑桥、新加坡、特拉维夫等并列为追赶美国硅谷的世界十大新兴技术城市。目前，芬兰在信息和通讯技术、生物技术、医疗技术等几个领域处于世界领先地位。

（来源：价值中国网，www.chinavalue.net）

（二）人力资源管理的含义

人力资源管理因不同的主体、对象和范围，也可划分为宏观和微观。

1.宏观人力资源管理

宏观人力资源管理指在一个国家或地区范围内，对全社会的各阶层、各类型的从业人员从招募、录取、培训、使用、升迁、调动、直至退休的全过程的管理。宏观人力资源管理的主体是一个国家或地区的政府，管理的对象是正在从事体力劳动和脑力劳动的现实劳动力人口，侧重点是如何组织管理已进入劳动过程的人力资源，强调从国家、地区或行业范畴的用人管理、就业管理和组织管理，有效发挥其劳动能力和作用，创造更多更好的物质与精神财富，推动社会进步和经济的发展。

宏观人力资源管理包括人力资源决策管理、配置使用管理、流动管理、保持管理以及劳动关系管理等宏观人力资源管理实务的各个阶段。宏观人力资源管理的基础内容有：①人力资源的地区、行业和职业配置管理；②人力资源的结构管理，包括人力资源年龄、性别与质量结构，人力资源地区、城乡结构，以及人力资源的就业和使用结构等方面的管理；③人力资源的就业，择业与失业管理；④人力资源的供给与需求管理；⑤劳动力市场、人才市场的培育、调控与运行管理；⑥劳动关系的冲突与合作管理；⑦人力资源开发、利用和管理等的政策制定、执行、监督等的管理工作。

背景资料

美国的全球人才策略

由于感受到来自中国、印度咄咄逼人的发展威胁，美国五角大楼曾邀请兰德公司对自身进行"调查"。但是，兰德公司的调查却称美国将继续保持其在科学和技术领域的全球领先地位，不是因为货币，不是因为能源，不是因为制度文化，而是因为美国竞争对手最优秀的人才不是在与美国的人才竞争，而是与美国的顶尖人才一起为美国工作，例如全世界70%诺贝尔奖得主都被美国雇用，其中一半以上不是美国出生。

另外，美国有着一套完美的全球人才机制：吸纳全世界最优秀的青年去美国深造（美国科学与工程博士学位超过三分之一给了外国留学生）；然后送到全世界最优秀的大学培养成材（排名世界前40大学美国占了四分之三）；接着阻止这些最优秀人才毕业后成为竞争对手，让他们获得绿卡以及入籍美国（在美国拿到博士学位的外国科学家和工程师大部分会留下）；最后，又向他们提供充分发挥才能的平台（全世界科研经费40%是美国提供）。

（摘自王辉耀著：《人才战争》，中信出版社，2009年）

2.微观人力资源管理

微观人力资源管理是指企业等微观组织对于本组织的人力资源,从人力资源战略与规划、工作分析与设计、员工招募与选拔、绩效管理、薪酬与福利、劳动关系,以及员工的使用、调配直到离开本组织的各个环节和各项任务的系统、综合的全过程管理。微观人力资源管理的主体是企业等组织,管理对象是正在本组织从事体力劳动和脑力劳动的员工,侧重点是如何组织管理已经进入本组织工作的人力资源;如何有效发挥人力资源的价值作用和劳动能力,调动员工的劳动积极性和创造性,为达成组织目标作出贡献,推动组织的发展和战略目标的实现。

在实务中,人们常常把微观人力资源开发内容并入微观人力资源管理,统称为某一组织的人力资源开发与管理。这时应在上述含义中增加员工培训与开发、职业发展、工作或劳动结构优化等内容。就此范畴而言,微观人力资源开发与管理的基本任务是:①选人:吸引、寻求优秀人才和组织适用的人力资源;②用人:恰当使用组织的人力资源,唯才是举,人尽其才,才尽其用,并通过激励机制和措施,调动员工的积极性,发挥人力资源的能动性;③育人:通过培训、教育、发展,提高人力资源的质量,激发员工潜能;④护人:通过正确处理劳动关系,进行劳动保护等保障员工合法权益;⑤留才:尊重人才、爱惜人才,保持员工队伍的稳定,留住组织所需要的各类人才。本书主要从微观层面对人力资源开发与管理的内容进行阐述。

（三）人力资源管理者和部门

组织是由共同目标的个人组织的一个整体。组织中的成员需要相互明确分工,并且通力合作,以完成部门或组织的使命。同样的,企业人力资源管理的职能也需要有若干员工来承担,这些员工在必要时组建成人力资源部门,以最优化的配置来实现人力资源管理的目标。

1.人力资源管理的职责区别与部门设置

人力资源管理是每个管理者工作职责的重要组成部分,无论你是否专职从事人力资源管理工作都概莫能外。当然,不同的人员在人力资源管理职责承担上存在分工差异。直线管理人员是人力资源管理实践活动的主要承担者,专业人力资源管理者是人力资源管理制度、程序、方法、政策的制定者。二者相互支持和依赖。

以人力资源经理和直线经理为例,一方面人力资源经理要求直线经理提供信息,给予更多的支持;另一方面,直线经理要求人力资源经理在人力资源管理实务上,不仅监督和评价,而且提供更多服务和咨询。直线经理处于人力资源管理的第一线,是主角;人力资源部门及其管理者只是配角,处于二线,起顾问作用。在本书的每一章节内容介绍完了之后,我们都会列出在该项人力资源职能领域,人力资源经理和直线经理、甚至是公司领导层应该做的主要工作,以方便大家了解人力资源经理和直线经理在履行人力资源管理职能方面的差异。

就部门设置而言,不同规模的组织中人力资源管理的基本任务是基本相同的,但是人力资源管理部门的设置却是大不相同的。

小型组织的人力资源部门一般没有正式的名称,工作的重点是招聘和培训员工,以及薪酬和档案管理,由副经理担任这些工作的领导。中型组织一般都会有正式的人力资源部门,名称可能会各异,工作的重点是全方位的,人力资源经理是专任的,人力资源部门作用相当重要,整个部门由3～6人组成。大型组织的人力资源部门进一步细分,会有招聘、培训与开发、薪酬福利、安全等下属部门出现,工作的重点是人力资源管理总部协调全部组织的各个部门与自己的关系,各下属部门在总部领导下分工独立操作,人力资源部的经理可由组织的主要副职担任,也可由专人独立担任,整个部门的工作人员达到 8 人以上。

在现实中,处在不同发展阶段的组织,其人力资源部所承担的角色也有较大差异,在一些管理规范的大型企业中,人力资源部已成为企业战略制定和执行的重要参与者,在组织内部拥有重大的决策权力。

小案例

万科人力资源部的新定位

在 2000 年以前,万科的人力资源部同大多数公司的人力资源部门一样,也只是一个行政职能部门,主要工作就是管理员工的证件、户籍等等。但是在 2000 年,"有着一群善于思考的大脑"的万科人,朦朦胧胧地觉得既然万科秉持以人为本的理念,那么人力资源部就不能仅仅满足于一些常规的人事管理工作,而应该对整个系统做出更大的贡献,人力资源部门的工作人员也开始思考自己的新定位。

2001 年 5 月,万科人力资源部全体工作人员在深圳浪骑游艇会的一只游艇上,举行了为期两天的"浪骑"会议,会议的结果是对人力资源部门在公司发展过程中的使命做出了清晰的重新定位。概括起来有三点:(1)管理层的战略合作伙伴;(2)公司变革的推动者;(3)方法论的专家。以这一会议为标志,万科的人力资源部不再满足于仅仅做一个人事部门,它希望在公司战略规划与实施、公司的企业文化建设上起到相当的支撑作用。

王石高度肯定了人力资源部的新定位。将人力资源部上升到战略合作伙伴的层次,无疑是授予了万科当时的人力资源总监解冻一把尚方宝剑,无怪乎在一些企业中位置并不算特别关键的人力资源部门负责人,在万科却是最高管理层的核心人物之一。不仅如此,在万科,人力资源部的"特权"还包括其总监拥有对公司项目的一票否决权,也就是说,如果一个项目他认为人力资源方面跟不上,他可以凭自己的一票行使否决权,这也是公司上下唯一的一票否决权。

(来源:中国人力资源开发网,www.chinahrd.net)

2. 人力资源管理者应当具备的能力

人力资源管理者的工作主要是处理与人员管理、发展等相关的一系列工作,这就要求人力资源管理者必须具备多种工作技能,从而为公司持续发展和目标实现做出更多贡献。人力资源管理者应当具备的能力如图 1-2 所示。

(1)业务技能:必须全面了解本公司从事的业务,要求能理解公司的经济和财务能力,需要具备以客户为主的外部关系方面的技能,还要面对自己在企业战略制定方面越来越重要的地位,发挥越来越重要的作用。

(2)人力资源管理技能:人力资源管理者是公司内的专家,他必须掌握人员配备、开发、评价、激励、沟通等方面的相关技能,以适应形势的变化。

(3)变革的技能:面对变化的环境,人力资源管理者必须具有应对变化的能力,以便使人力资源管理活动和公司的需要和目标保持一致。更重要的是他作为企业变革发起人和管理者的角色,这就要求他不仅能应对变化,还要有能力引导企业内部的变革,以保证企业能保持竞争优势。

(4)人际信任:人力资源管理者必须分别在组织内部和其他部门人员之间建立起相互信任关系,同时还需要在组织外部与客户建立相互信任。可以通过建立个人关系、展示企业对其价值,坚持信念以及善待他人等方式来建立这种关系。

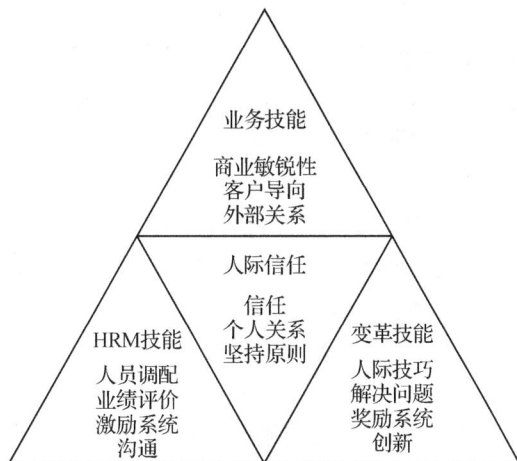

图 1-2　人力资源管理者应当具备的能力

(四)人力资源管理的基本职能

人力资源管理体现于一系列职能。按照人力资源管理活动服务于组织目标的价值大小,各种人力资源管理职能可以区分为三大层次,也就是战略性职能、常规性职能、事务性职能,各层次职能又包含系列职责(见表 1-1)。在三大层次职能中,战略性职能对成就组织发展目标具有更大的价值,事务性职能的价值则很小,常规性职能是组织人力资源管理的必要环节,包括人力资源规划、工作分析、招聘、培训与开发、绩效评估、薪酬与福利、员工关系等。现阶段,国内外绝大部分人力资源管理教材或著作,其知识体系都是以常规职能的主要环节为主体框架,常规职能的这些环节也是各类组织人力资源管理实践的主要内容。

表 1-1　人力资源管理的三大层次职能

三大层次职能	主要内容
战略性职能	战略规划、伙伴关系、变革管理、文化管理
常规职能	工作分析、人力资源规划、员工招聘、员工培训、职业生涯管理、绩效考核、薪酬管理、劳动关系
事务性职能	人力资源信息的记录、更改、统计等

人力资源管理常规职能的具体内容解释如下:

1. 工作分析

为了实现企业的战略目标,人力资源管理部门要根据企业组织结构确定各职务说明书与员工素质要求,并结合企业、员工及工作的要求,为员工设计激励性的工作。工作分析是收集、分析和整理关于工作信息的一个系统性程序。工作分析的信息被用来规划和协调几乎所有的人力资源活动,如决定员工的挑选标准,制定培训方案,确定绩效评估标准等。

2.人力资源规划

根据企业的发展战略和经营计划,评估企业的人力资源现状及发展趋势,收集和分析人力资源供给和需求方面的信息和资料,利用科学的方法预测人力资源供给和需求的发展趋势,制定人力资源招聘、调配、培训及发展计划等必要的政策和措施,以使人力资源的供求得到平衡,保证企业目标的实现。

3.员工招聘

根据人力资源的规划或供需计划而开展的招聘与选拔、录用与配置等工作是人力资源管理的重要活动之一。要完成企业的目标,企业用招聘来定位和吸引申请具体职位的人,可能从内部或外部招聘候选人。招聘的目标在于迅速地、合法地和有效地找到企业所需的合适求职者。在这过程中,需要采用科学的方法和手段对所需要的人员进行评估和选择。

4.员工培训

培训和开发是训练员工的过程。它主要是根据不同员工的技术水平和素质差异采用不同的训练方式和训练内容,提供他们完成任务所需要的知识、技术、能力和工作态度,进一步开发员工的潜能,帮助他们胜任现任工作和将来的职务。培训与开发的主要目的在于通过提高员工们的知识和技能水平去改进企业的绩效。

5.职业生涯管理

人力资源管理部门和管理人员有责任鼓励和关心员工的个人发展,帮助其制定个人发展计划,并及时进行监督和考察。这样做有利于促进企业的发展,使员工有归属感,进而激发其工作积极性和创造性,提高企业绩效。人力资源管理部门在帮助员工制定其个人发展计划时,有必要考虑它与企业发展计划的协调一致性。

6.绩效考核

企业通过绩效考核工作衡量其员工的工作绩效,并把这些评价传达给他们。其目的在于激励员工们继续恰当的行为并改正不恰当的行为。绩效评价结果可以给管理部门提供有关决策的依据,如晋级、降级、解职和提薪等。

7.薪酬管理

科学合理的工资报酬福利体系关系到企业中员工队伍的稳定与发展。人力资源管理部门要从员工的资历、职级、岗位及实际表现和工作业绩等方面,来为员工制定相应的、具有吸引力的工资报酬福利标准和制度。员工福利是社会和企业保障的一部分,是工资报酬的补充或延续。员工福利的范围包括医疗保险、失业保险、带薪休假、文体活动、良好的工作条件等。

8.劳动关系

劳动关系是劳动者与用人组织在劳动过程和经济活动中发生的关系。一个组织的劳动关系是否健康和融洽,直接关系到人力资源管理与开发活动能否有效开展,直接关系到组织的人力资源能否正常发挥作用。企业应依法实施各种劳动保护制度,确保劳动过程中的员工安全和身心健康,避免工作场所的各种有害因素对劳动者的伤害,维持员工的劳动能力水平。

(五)人力资源管理的目标

人力资源管理的首要目标是实现人力资源的合理配置,即所有的人力资源管理活动都是围绕如何创造和维持员工与工作岗位的匹配而展开的。通过人力资源的合理配置,挖掘员工的潜能,调动其积极性,进而实现组织的目标和员工的价值。具体包含以下几方面的内涵(图 1-3)。

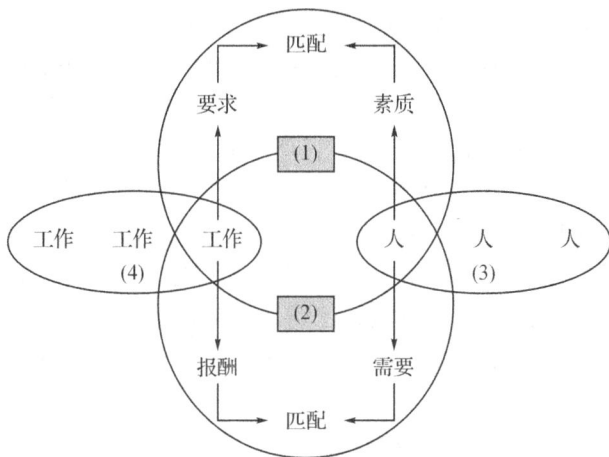

图 1-3 人力资源管理的目标[①]

1.人事匹配:做到人的素质与工作要求相匹配,使得事得其人,人适其事,人尽其才。

2.人物匹配:做到人的需求与工作报酬的匹配,使得酬适其需,人尽其力,物尽其用。

3.人人匹配:做到人与人之间的协调合作,使得员工主观能动性得到最大程度发挥,工作效率和产出得以提高。

4.事事协调:做到工作与工作之间合理安排,使得组织内部工作安排权责有序,灵柔高效,发挥整体优势。

第二节 人力资源管理的历史演进

一、国外人力资源管理实践的演进

国外人力资源管理实践的发展历史,一般可划分为若干个不同的阶段,其中比较有代表性的论述是美国华盛顿大学的弗兰切(W. L. French)教授的观点。他认为,早在 1900 年初,现代人力资源管理的内容已经形成,以后的发展主要是在观点和技术方面的发展。弗兰切将人力资源管理的发展划分为六个阶段。

(一)第一阶段:科学管理运动

在 20 世纪初,以泰罗和吉尔布雷思夫妇为代表,开创了科学管理理论学派,并推动了科学管理实践在美国的大规模推广和开展。泰罗针对以前的企业管理实践的弊端提出了科学管理的理论,其主要内容可以概括为四个方面的基本原则:

(1)对工人工作的每一个要素开发出科学方法,用以代替老的经验方法;

(2)科学地挑选工人,并对他们进行培训、教育和使之成长(而在过去,则是由工人自己

---

① 袁薇等编著:《人力资源管理教程》,复旦大学出版社,2006。

挑选工作,并尽自己的可能进行自我培训);

(3)与工人们衷心的合作,以保证一切工作都按已形成的科学原则去办;

(4)管理当局与工人在工作和职责的划分上几乎是相等的,管理当局把自己比工人更胜任的各种工作都承揽过来(而在过去,几乎所有的工作和大部分责任都推到了工人们头上)。

泰罗及其后继者吉尔布雷思夫妇的理论对美国工业管理产生了巨大的影响,极大地推动了美国工业生产率的提高。从泰罗的科学管理理论中,我们可以看到人力资源管理(或人事管理)理论和方法的雏形。在科学管理阶段,主要注重通过科学的工作设计来提高工人的生产率,同时,注重采用科学的方法对员工进行招聘和挑选,用企业的系统培训来取代以前的自我培训,以提高工人的生产率。并且,科学管理理论还创造出了最初的劳动计量奖励工资制度——"差异计件率系统",并最早提出了将生产率改进所获得的收益在企业和工人之间分享的思想。这些理论都对现代企业人力资源管理的发展产生了重要的影响。

(二)第二阶段:工业福利运动

工业福利运动几乎与科学管理运动同时展开。美国全国现金公司在1897年首次设立了一个叫做"福利工作"的部门,此后,一些"福利部"、"福利秘书"、"社会秘书"的名称相继出现。设立这些部门或职位的主要目的是改善工人的境遇:听取并处理工人的不满意见,提供娱乐和教育活动,安排工人的工作调动,管理膳食,照顾未婚女工的道德品行等。总之,是基于关心工人福利的主张而建立起一套有关企业员工管理的思想体系。这种福利主义的人事管理观点也成为现代企业人力资源管理的来源之一。

(三)第三阶段:早期的工业心理学

以哈佛大学教授、工业心理学的创始人明斯特伯格(Hugo Munsterberg)等人为代表的心理学家的研究结果,推动了人事管理工作的科学化进程。明斯特伯格于1913年写的《心理学与工业效率》标志着工业心理学的诞生。在第一和第二次世界大战期间,测验用于军方选拔和安置人员取得了极大的成功,此外,试图把机器的特点和人的特点相互匹配的因素测定技术也开始发展并得到应用。这样工业心理学得到了飞速的发展,并开始用于商业中的人事选拔和测评。这样,工业心理学就从人与工作的关系、人员的选拔和测评等方面对人事管理产生了极大的影响,使人事管理开始从规范化步入科学化的轨道。

(四)第四阶段:人际关系运动

20世纪30年代,著名的霍桑实验的研究结果使管理从科学管理时代步入人际关系时代。1924—1932年之间,梅奥等人在芝加哥的西屋电器公司的霍桑工厂进行了著名的霍桑实验。该实验证明,员工的生产率不仅受到工作设计和报酬的影响,而且更多地受到社会和心理因素的影响,即员工的情绪和态度强烈地受到工作环境的影响,而这种情绪和态度又会对生产率产生强烈的影响。因此,采用行为科学理论,改变员工的情绪和态度将对生产率产生巨大的影响。这就在管理实践领域中导入了人际关系运动,推动了整个管理学界的革命。在人际关系运动阶段,人力资源管理发生了很多的变革,包括:在企业中设置培训主管、强调对员工的关心和支持、增强管理者和员工之间的沟通等都作为新的人事管理方法被企业所采用。至此,人力资源管理开始从以工作为中心转变到以人为中心,把人和组织看成是相互和谐统一的社会系统。

(五)第五阶段:劳工运动

雇佣者与被雇佣者的关系,一直是人力资源管理的重要内容之一。从1842年美国马萨诸塞州最高法院对劳工争议案的判决开始,美国的工会运动快速发展,1869 年就形成了全国网络。1886 年,美国劳工联合会成立。大萧条时期,工会也处于低潮。到 1935 年,随着美国劳工法案即瓦格纳法案(Wagner Act)的颁布,工会重新兴盛起来。罢工现象此起彼伏,缩短工时、提高待遇的呼声越来越高,因此出现了集体谈判。到 20 世纪 60－70 年代,美国联邦政府和州政府连续颁布了一系列关于劳动和工人权利的法案,促进了劳工运动的发展,人力资源管理成为法律敏感话题。对工人利益、工人权利的重视,成为组织内部人力资源管理的首要任务。因此,在今天西方国家的人力资源管理中,处理劳工关系,使企业避免劳动纠纷诉讼,也成为人力资源管理的重要职能。

(六)第六阶段:行为科学与组织理论阶段

进入 20 世纪 80 年代,组织管理的特点发生了变化。在日趋激烈的竞争环境中,企业越来越强调对外部环境的反应能力和根据外部环境进行变革的组织弹性,并以此为基础增强企业的竞争力。因此,在这个阶段,人力资源管理的特点,是将组织看作一个系统,而人则是这个系统的组成部分,另一方面,组织又是整个社会系统的一个子系统,这样就形成了现代组织理论和行为科学的管理思路。即人力资源管理要符合组织的要求,符合提升企业竞争力的要求。这就进一步要求从单个的人上升到组织人,把个人放在组织中进行管理,强调文化和团队的作用,这些都成为人力资源管理的新特征。

二、我国人力资源管理实践的演进

我国人力资源管理的发展大致可分为三个阶段,即近代劳动人事管理、新中国成立后的劳动人事管理和改革开放后的劳动人事管理。

(一)近代劳动人事管理

中国近代企业基本是由官僚买办资产阶级和民族资本家兴建的,在劳动人事管理方面具有以下两个特点:其一是带有浓厚的封建色彩。在许多企业实行包工制度,由包工头与企业签订承包合同,领取全部包工费用,并招收工人,组织生产,发放工资,处分和解雇工人。有的包工头还以封建行会、地方帮会来控制工人,许多企业往往由亲戚、同乡掌握管理大权,带有浓厚的家族企业色彩。其二是引进了一些资本主义管理手段和方法。如 1914 年,民族资本家穆藕初翻译出版了泰罗的《科学管理原理》一书;一些企业派人出国留学,带回了科学管理的制度和方法。一些规模较大的企业封建色彩逐渐淡化,资本主义色彩渐浓。有的任用外国人担任管理职务,改造原有的管理制度;有的起用工程技术人员管理企业,废除了包工制;有的建立了职能管理机构,制定规章制度,并在员工选取用上实行标准化、制度化的考核制,如天津东亚毛纺公司等企业;有的甚至制定了一套企业文化培训制度,从精神上教育和激励员工,在一定程度上提高了企业的凝聚力,这在当时是难能可贵的。

(二)新中国成立后的劳动人事管理

这一时期的劳动人事管理与我国政治、经济形势同步,经历了"两上两下"的过程。

一是新中国成立初到 50 年代中期。这是企业劳动人事管理健康发展的时期。在此期间彻底废除了封建包工制,工人在企业当家做主;实行"低工资,高就业"政策;1952 年、1956 年两次进行工资改革;以苏联经济为模式,在企业建立了一整套社会主义劳动人事管理制度,在当时收到了良好的效果。

二是从 1958 年开始的"大跨进"时期。这一时期使劳动人事管理受到很大冲击。在此期间企业增员过多,使劳动计划和定员定额制度失效;取消了计件工资和奖励制度,平均主义泛滥,按劳分配受到冲击。

三是 1961—1966 年的第二个健康发展时期。1961 年,"大跃进"时期"左"的错误得到纠正,劳动人事管理制度又得到恢复和发展,企业压缩了非生产人员,精简了大批富余职工,恢复了计件工资制度并健全了奖励制度,使劳动生产率有了很大的提高。

四是 1966—1976 年的"文化大革命"时期。这一时期使劳动人事管理遭到严重破坏,各项合理的规章制度遭到全盘否定,企业人员猛增,分配中的平均主义愈演愈烈。

(三)改革开放后的劳动人事管理

"文化大革命"结束后,我国的工作重点转移到经济建设上,各级劳动人事管理机构得到恢复、加强和发展,劳动人事管理再次纳入正轨。特别是改革开放以来,人力资源开发与管理在改革、转轨中迅速发展,其主要方面可概括为以下几点:

一是在用工方面,企业扩大了用工自主权,采用合同工、轮换工、季节工、非全日工等多种用工形式,实行"企业劳动合同制"。

二是改变长期以来形成的人事管理工作重管理、轻开发的状况。大力开展人员培训和成人教育、继续教育,挖掘人力资源的潜力。并逐步扭转人力资源开发管理中重数量、轻质量的倾向。加强企业精神文明建设,以良好的企业文化带动人力资源的开发。

三是实施劳动人事管理方法标准化,在职工录用、调配、培训、考核、奖惩、晋升、降职、工资、福利等各个环节都制定了标准和制度,普遍实行岗位责任制度、定编定员管劳动定额管理、人员培训、技术职称评聘、岗位责任制等劳动人事管理制度。

四是改革工资制度,实行工资奖金管理合理化,进一步清除平均主义大锅饭,落实按劳分配原则。企业单位普遍实行工资总额随单位总体效益和绩效浮动,适当拉开个人工资、奖金之间的差距,做到多劳多得,奖勤罚懒,加强工作的监督和考核,实行平等竞争,企业有权自主决定内部分配制度,工资模式走向结构化,实行岗位技能工资和其他结构性工资相结合,增强了工资的激励作用。

五是变就业保障为失业保障,劳动力走向市场,实行平等竞争,允许企业倒闭和解雇员工,社会保障已由"就业保障"向"失业保障"逐步过渡。

改革开放 30 年来,我国在人力资源管理方面经过恢复、调整、改革,取得了长足的发展。但是,我们也应清醒地看到,由于我国企业性质和背景的多样化,不同企业的人力资源管理水平也呈现巨大差异。一些跨国公司设在国内的分支机构、外资独资企业和中外合资企业,它们拥有完善的用人机制,人力资源管理开发和管理处于先进水平。国内一些优秀的民营企业、沿海开放地区的大型外向型企业以及国有转制以后的上市公司,它们的人力资源开发与管理也较规范,并在不断完善之中。相比较而言,我国中西部地区的一些国有企业,以及许多小型私营企业,现代的人力资源管理的理念没有形成,人力资源管理工作还处于初级、甚至很低的水平。

同时,我国人力资源开发与管理状况与发达国家相比,也依然存在较大差距,如教育方面投入不足,职业教育重视不够,职工的社会保险、工资、福利等方面工作尚需不断完善,人员素质还需要不断提高等等。因此,我国人力资源开发与管理工作,还有许多方面需要我们不断努力,不断完善。

三、从人事管理到人力资源管理

在人力资源管理理论研究方面,国内学者赵曙明在对国外的人力资源管理发展史进行研究的基础上,将人力资源管理的发展划分为人事管理的发展和人力资源管理的发展两个部分。这种划分方法重在体现人事管理和现代人力资源管理之间的差异性。

（一）人事管理阶段

在人事管理阶段,又细分为:科学管理理论阶段;霍桑实验和人际关系运动阶段;组织行为学理论的早期发展及对人事管理的影响。

（二）人力资源管理阶段

人力资源管理是作为替代传统的人事管理的概念提出来的,它重在将人看作为组织中的一种重要资源来探讨如何来对人力资源进行管理和控制,以提高人力资源的生产效率,帮助组织实现其目标。该阶段又分为:人力资源管理的提出和人力资源管理的发展两个阶段。

（1）人力资源管理的提出。"人力资源"一词是由当代著名的管理学家彼得·德鲁克于1954年在其著名的《管理的实践》一书中提出来的。在这部著作中,德鲁克引入了"人力资源"的概念,并且指出,和其他所有资源相比较而言,唯一的区别就是它是人,并且是经理们必须考虑的具有"特殊资产"的资源。因此,德鲁克要求管理人员在设计工作时要充分考虑到人的精神和社会需求,要采取积极的行动来激励员工,为员工创造具有挑战性的工作以及对员工进行开发。之后,工业关系和社会学家怀特·巴克(E. Wight Bakke)于1958年发表了《人力资源功能》。该书首次将人力资源作为管理的普通职能来加以讨论,并提出了一系列的普遍原则。巴克主要从七个方面说明为什么人力资源管理职能超出了传统的人事或工业关系经理的工作范围。这成为对人力资源管理最早的界定。1965年,雷蒙德·迈勒斯在《哈佛商业评论》上发表了一篇论文,使得"人力资源"的概念引起了资深学者和管理人员的注意。

（2）人力资源管理的发展。到了20世纪70年代中期,人力资源管理的定义发生了变化,"人力资源管理"一词已为企业所熟知。但在最初,人力资源管理的概念和传统的人事管理非常接近,两者基本上没有本质的区别。但随着理论的不断成熟和实践的不断发展,人力资源管理逐步和人事管理区分开来。比如,在1992年,斯托瑞提出了人力资源管理和人事管理之间的27个不同的点,并把这27个不同点分为三大类:信念和假设、战略领域以及重要程度。并且,根据斯托瑞的理论,人力资源管理的活动已经从国内转向国外甚至全球。现在人们越来越重视包括生态环境在内的人力资源管理的环境,以及人力资源的健康保护和受教育程度。

从组织的角度来看,人事管理是管理人的活动,而人力资源管理的活动则更多的是参与组织的战略发展规划的制定和实施活动。从管理实践来看,人力资源管理人员与业务人员之间的工作关系将更为密切。人事管理的目标是吸引、保留和激励员工,而人力资源管理的目标则更关注组织在竞争力、利润、生存能力、竞争优势和劳动力的灵活性等方面的提高。人事管理的实践是以个体为中心,人力资源管理则是以团队为中心,对人力资源的开发也由个体转向团队。人事管理与人力资源管理的具体差异可见表1-2。

表 1-2　传统人事管理与人力资源管理比较

比　较	传统人事管理	人力资源管理
目标	吸引、保留和激励员工	组织竞争力、利润、生存能力、竞争优势等的提高
关注点	个人	团队
价值观念	视员工为成本负担和实现组织经济目标的工具	视员工为有价值的重要资源,组织发展的动力
管理模式	以物为中心;对员工严格监督与控制	以人为中心;注重开发、激励、保护
管理性质	以业务为主的战术性操作	以战略为主的策略性操作
组织地位	处于组织机构中的执行层;被动接受指令	处于组织机构中的决策层;发挥决策性的管理职能
部门属性	非生产、非效益部门	生产与效益部门
管理方式	以管理者为中心的取向,重控制	服务型取向,重参与
管理内容	简单、单一	内容丰富
与其他部门关系	作为管理者出现	作为合作者出现

四、战略性人力资源管理

由人事管理转变而来,现代人力资源管理以丰富多彩的实践活动为背景,实现了理论上的不断飞跃和进步。进入 20 世纪 90 年代,一些先进的国际化大公司为了提升企业的核心竞争力,占领市场产品、技术、资本和人才的制高点,在不断深入实践现代人力资源管理理论的基础上,又将人力资源管理推向一个更高更新的阶段,即战略性人力资源管理阶段。在这一新的历史阶段,人力资源管理的实践和理论,在管理的理念和目标、管理的性质、管理的角色和职能、管理的方式和方法方面都有了新的变化和特色。

战略性人力资源管理(SHRM)是指为了完成组织战略使命,实现组织战略目标,落实组织战略计划,规划、获取、配置、使用和建设组织中员工能力的一系列政策措施和实践活动。战略性人力资源代表了现代企业中一种全新的理念,企业管理者不能把人力资源视为与资金、技术和其他要素同等重要的资源而同等对待,应当将其视为更为宝贵的资源,将其置于企业发展的战略层面之上。相应地,战略性人力资源管理则将企业的长期性经营目标作为人力资源管理的战略目标,由过去仅仅满足和实现企业内部管理的需要,提升到企业发展的战略层面,使企业人力资源管理系统成为企业总体发展的重要支持系统。

战略性人力资源管理有以下几方面的特征:(1)重要性,即人力资源是企业获取竞争优势的一种重要资源;(2)系统性,即通过人力资源管理活动,包括人力资源规划、政策以及具体实践,可以达到一种最佳的人力资源配套;(3)匹配性,即企业的人力资源配套在纵向上要与企业的战略规划相匹配,在横向上要与企业内部的其他职能相匹配;(4)目标性,即人力资源活动都是目标导向的,要服从于企业的战略目标。

战略性人力资源管理的出发点和归宿在于打造企业的核心竞争力,其核心在于如何从企业现有人力资源中培养、锻炼出一支具有核心竞争力的员工队伍,其职能侧重于企业人力资源管理和企业业务战略的系统、有效的联系以及人力资源管理的创新,其工作主要是制定人力资源规划和分析人才市场的变动趋势等,所以人力资源管理部门不仅仅是企业经营战略的一个执行者,它还必须参与甚至主导企业战略的决策过程,同时在战略执行的过程中通过各种人力资源管理政策、制度的设计以及对人力资源实践的调整来帮助企业赢得竞争优势。在战略人力资源管理理念下,人力资源管理职能是以战略伙伴的身份与职能部门共同确保企业经营战略目标的实现。

第三节　人力资源管理的未来趋势

随着 21 世纪的到来,人类社会进入有史以来科技、经济和社会最快速的发展时期。高新技术迅猛发展,互联网络的普及,对于所有的国家、民族和企业来说,这既是一次难得的机遇,同时更是一场严峻的挑战。知识经济将改变每一个现代人的观念和意识,也对每一个企业的管理工作提出新的挑战和要求,人力资源管理在未来将呈现出以下几方面的发展趋势。

一、人力资源管理的环境将更加复杂

现代企业经营战略的实质,就是在特定的环境下,为实现预定的目标而有效运用包括人力资源在内的各种资源的策略。由于经济全球化的潮流已势不可挡,企业经营的环境将比以往任何时候都复杂多变。通过有效的人力资源管理,实现企业经营目标和战略目标将面临更大挑战。中国企业面临全球领导力的短缺与国际化人才短缺,如何建立全球化的人力资源管理平台,如何进行跨文化的人力资源管理,如何提升人力资本的竞争力参与全球竞争等都将是中国企业在未来需要应对的主要挑战。人力资源管理从业人员需要掌握更多的跨文化人力资源管理理论、技术与方法,拉近企业人力资源管理体系与国外的差距,选择并培养出具有国际竞争力的员工,针对全球化的人力资源与文化制定人力资源管理的解决方案,从而提升企业在国际市场的竞争优势。

另外,我国正在转变经济发展方式,人力资源管理需要从微观的层面转移到更高的战略层面,从技术层面逐渐向文化层面过渡,适应经济发展方式的转变。技术环境的变化,如信息化、网络化、智能化带来的企业工作和人员生活方面的变化。信息化时代使得家庭办公、网络办公、协同工作等工作方式逐渐流行,人力资源管理出现了电子化和信息化的发展方向,相应的人力资源虚拟化管理和人力资源外包等也成为一种趋势。

二、人力资源管理的理念需要更多的创新

人力资源管理在知识经济时代已逐渐从事后移到事前,对客户、业务和市场有必要深入接触和了解,在此基础之上把握整个公司的走向和对整个行业的走势进行前瞻性预测,以实现人力资源的超前式管理。20 世纪 90 年代以来,越来越多的企业实施了各种组织变革的计划,大多数人力资源经理成为这些变革计划的组织者和领导人。在工作中,他们遇到的最有挑战性的问题是管理变革和再造工程。近年来,他们的问题又变成了促进员工参与、改进客户服务、支持全面质量管理等方面的内容。目前越来越多的企业的人力资源部门将工作重点放在提高生产力上,将事务性工作标准化、自动化,而对设计、实施各种有利于提高员工生

产力和企业的整体绩效的方案投入更多的人力和物力,这又对人力资源管理部门的工作职责、人员素质提出了更高的要求。这种趋势将继续发展下去,人力资源管理的理念需要有更多的创新。

三、人力资源管理的贡献将得到普遍承认

人力资源管理的职能已从过去的行政事务性管理上升到考虑如何开发企业人员的潜在能力,不断提高效率上来。它更多地以经营者的眼光,注重企业在吸引人才、培养人才、激励人才等方面的投入,因为人力资本投资具有较高的、甚至无可比拟的回报率,是企业发展的最有前途的投资。人力资源部门不再仅仅是个纯消费部门,而是能为企业带来经济效益的部门。

近年来,人们进行了许多经验性研究,试图找到人力资源活动效益与企业绩效之间的关系。美国的一个研究机构考察了成熟的人力资源活动与生产力、人员流动率以及财务绩效标准之间的关系。这项研究通过考察资本回报总速率、股东收益率以及价格成本差额,证明适当的人力资源活动与提高企业绩效之间有强大的交互作用;适当的人力资源活动能降低人员流动率、提高按员工人均销售额计算的生产力。这个研究指出,人力资源活动是最后一个没有达到合理化的重大经营领域。未来生产绩效收益将不会在新的财务和会计领域中找到,也不会在市场营销领域中找到,而只能在过去被忽略了的人力资源领域找到。

四、人力资源管理的方式将彻底改变

互联网和计算机技术的进步扩大了人力资源信息系统的作用,使得各种规模、各种类型的企业的人力资源经理和工作人员都能利用网络和计算机来开展日常管理工作,国际互联网已成为企业发布和获得人力资源活动信息的主要渠道之一。强有力的信息技术成为人力资源管理再造的媒介之一,正在和将要改变人力资源活动决策、管理及评估方式,使人们随时跟踪和监控人力资源活动对企业的贡献的愿望逐步成为现实,人力资源活动的经济效益越来越清晰可见了。由于人力资源管理的核心职能被确定为提高生产力和企业的经营绩效,因而凡是有利于实现这个职能的工作方式都可以采用。为了提高人力资源管理工作的效益和效率,同时降低工作成本,越来越多的企业,尤其是中小企业愿意利用人力资源管理顾问公司提供的服务,这就是所谓人力资源外包化趋势。例如,猎头公司的工作是协助企业招募人力,他们精于人员的筛选、测试及面谈技巧,而且又拥有完整的人才数据库,在人才招募选拔方面的优势大于一般企业。又如培训活动,即使一些自己拥有内部培训中心的企业,也需要借助社会上专门的培训机构或管理顾问机构,因为这些机构不仅有足够的师资、充分的信息、专业的培训技巧,还可以提供更为广泛的交流机会。

五、人力资源管理者的角色将进行重新界定

未来企业人力资源管理者角色将主要定位在以下三方面:

(1)经营决策者角色。传统观点认为,人力资源部门是一个无足轻重的行政管理部门,与企业的经营没有什么关系,只需要负责企业人员的"进、管、出"。随着市场竞争的日趋激烈,人力资源素质在企业经济效益中的重要性越来越明显,其管理的核心地位越来越突出,人力资源管理不再仅仅局限在人事工作方面,而是更多地参与到企业经营活动中来,成为一

个经营决策者。他们要关注企业经营的长期需要,也要帮助直线经理和员工设立标准、制订计划,并进行日常管理活动。

(2)CEO(首席执行官)职位的主要竞争者。对人力资源管理问题的日益重视和人力资源在现实生活的重要作用,使得近几十年来人力资源管理者在企业中的地位不断上升。CEO 职位的候选人从最初的营销人员、财务人员到现在的人力资源管理人员。特别是进入90 年代以后,人力资源管理者的地位有了更为彻底的改观。越来越多的高层人力资源主管问鼎 CEO 职位,越来越多的高层人力资源主管进入企业董事会。未来的发展可能是,不曾当过人力资源主管或者经过有关的培训,就没有资格担当 CEO 或进入企业董事会。

(3)直线经理的支持者或服务者。人力资源管理将被确认为各级管理人员的共同职责,而不再只是人力资源管理部门的任务。对于其他部门的经理,人力资源部应给予培训,推广企业的人力资源管理理念、方法,使各层次主管成为内行,即让他们知道人力资源管理为什么需要他们的支持和参与?在人力资源管理的各个层次和职能上他们应如何参与?同时,人力资源部门要把人力资源管理作为经理业绩考核的重要内容之一,特别是其评估下属员工业绩的能力。部门经理应该主动与人力资源部门沟通,共同实现管理的目标,而不仅仅在需要招人或辞退员工时,才想到人力资源部。人力资源管理人员要与各级管理人员建立伙伴关系,成为他们的支持者或服务者。

【本章小结】

在信息社会和知识经济时代,人力资源是每一个组织最重要的资源,如何对人进行有效的开发和管理是每一个管理者面临的重要课题。人力资源是指从事组织特定工作活动所需的、并能被组织所利用的所有体力和脑力劳动的总和。它既包括现实的人力资源,也包括潜在的人力资源。人力资源具有能动性、时效性、高增值性、再生性、角色两重性、社会性和稀缺性等特点。

在宏观层面,人力资源开发与人力资源管理是两个不同的概念,分别包含了不同的内容。在微观层面,人们常将人力资源开发与人力资源管理的内容合并,并统称人力资源开发与管理,其基本任务主要有选人、育人、用人、护人、留人五个方面。本书侧重于从微观角度对企业的人力资源开发与管理进行论述。

直线经理和专业人力资源管理者是人力资源管理职责的主要承担者,但两者在分工上有所不同。人力资源部门的设置依据组织规模而定。人力资源管理者应当在业务技能、人力资源管理技能、变革技能、人际信任技能等方面不断提高。

人力资源管理的常规性职能包括人力资源规划、工作分析、招聘、培训与开发、绩效评估、薪酬与福利、员工关系等。人力资源管理的首要目标是实现人力资源的合理配置,通过人力资源的合理配置,挖掘员工的潜能,调动其积极性,进而实现组织的目标和员工的价值。

国外人力资源的实践演进可分为六个阶段:科学管理运动、工业福利运动、早期工业心理学、人际关系运动、劳工运动、以及行为科学和组织理论阶段。我国人力资源管理实践的演进主要可分为近代劳动人事管理、新中国成立后劳动人事管理和改革开放后的劳动人事管理三个阶段。人事管理与人力资源管理在目标、关注点、价值观念等方面存在差异。

人力资源管理在今后将面临将的发展趋势,主要包括面临的环境将更加复杂、人力资源管理的理念需要更多的创新、人力资源的贡献将得到普遍承认、人力资源管理的方式将彻底改变,以及人力资源管理者角色将进行重新界定等五个方面。

【复习思考题】

1.什么是人力资源?人力资源与人口资源、劳动力资源、人才资源之间有何关系?

2.人力资源有哪些特征?

3.如何认识人力资源数量与质量之间的关系?

4.直线经理和人力资源经理在承担人力资源管理职责上有哪些不同?

5.企业在设置、以及如何设置人力资源部时需要考虑哪些因素?

6.人力资源管理者最应当具备的能力有哪些?

7.人力资源管理有哪些具体职能?人力资源管理应当实现哪些目标?

8.我国的人力资源管理实践经历了哪些阶段?每个阶段有何特点?

9.人事管理与人力资源管理有哪些区别?

10.未来人力资源管理呈现哪些新趋势?

【技能应用题】

1.调查近五年以来,我国人口资源、劳动力资源、人力资源、人才资源的数量情况,并在发达国家和发展中国家中各选一个国家进行对比分析。

2.调查我国每年各行业各类人才流失的总体情况,分析其中原因,并提出对策建议。

3.调查一家现实中的企业,分析该企业目前人力资源部承担哪些工作职责?由哪些岗位组成?内部分工情况如何?并判断该企业人力资源管理工作处于人事管理阶段还是人力资源管理阶段?并说出理由。

4.我国拥有五千年的灿烂文明史,古代文化典籍之中蕴藏着丰富的有关人事管理的思想。查找我国古代在人员管理(包括选人、育人、用人、护人、留人等方面)都有哪些论述?并讨论这些论述在当今企业管理实践中是否依然适用,并作出解释。

5.请调查目前国内企业在哪些领域寻求人力资源的外包?国内外专业的人力资源外包公司的发展状况如何?

6.角色模拟练习:人力资源部如何应对变化的环境

(1)任务:选定某一知名企业(也可以是其他类型组织,如学生所在的学校等)进行讨论。将全班同学进行分组,以每组5~7人为宜。假定每个人的身份为该组织的人力资源部成员;推选一位成员担任组长,即人力资源部经理,代表小组公开发言。

(2)程序:

①各小组成员分别列出当前该企业人力资源管理方面面临的挑战及其可采用的应对措施,并按照所面临挑战的严峻程度(最高分5分,最低分1分)顺序排列。时间控制在5分钟以内。

②各小组就小组成员提出的人力资源管理挑战进行讨论,也可借助直接将小组成员对各项人力资源管理挑战的赋值进行加权平均的方法,找出小组共同认可的最严峻的一个人力资源管理挑战,并提出应对之策。时间控制在10分钟以内。

③各小组派出1名代表(不担任组长的其他组员之一)组成评审委员会,同时派出各组组长进行当众陈词。时间控制在5分钟/人。

④评审委员会综合各组提出的人力资源管理面临的几个严峻挑战及其对策,经过讨论后达成一致,按照重要程度将最重要的3个人力资源管理挑战列出,据此设计能够应对这些人力资源管理挑战的人力资源实际操作,并推选1名代表口头报告给所有的参与者。时间控制在25分钟以内。

⑤所有的参与者自由陈述自己对评审委员会有关人力资源管理挑战及其对策报告的意见或建议,评审委员会据此形成一个比较完善的人力资源管理挑战及其对策的书面报告,并呈交给指导者。时间控制在2分钟/人。

(3)目的:本练习的目的是通过要求参与者全面地描述人力资源管理挑战,并提出应对相应的策略,从中真实地反映出参与者在面对人力资源管理可能存在的现实问题时的洞察力、分析能力和解决问题的能力;同时,还可以考察参与者的口头表达能力、文字能力等。

【案例分析题】

案例分析一:海尔的人力资源管理理念①

海尔集团是我国民族工业的骄傲。海尔之所以能够连续多年保持超高速发展,并且走出国门实现跨国经营,家电产销量位居全球前列,多年来在国内外保持强有力的竞争地位,与其人力资源管理的理念和机制是密不可分的。

"先造人才,再造名牌"的理念。高质量的产品是高素质的人才生产出来的。海尔要成为国际化的名牌,每个员工首先应成为国际化的人才。海尔集团人力资源开发的目标就是要适应企业实施国际化战略,创建世界一流企业的要求,使企业真正拥有具备国际一流素质和国际竞争力的人才。

"人人是人才,赛马不相马"的理念。在这个世界上,每个人经过后天的学习与锻炼,都在某方面具有自己的长处或特定的才能。人人成为人才的关键是企业管理者要知人善任,用人所长,把员工配置在合适的岗位上,员工个人在岗位上要努力工作,"人尽其才",作出贡献。张瑞敏认为,企业领导者的主要任务不是去发现人才,而是去建立一个可以出人才的机制,并维持这个机制健康持久地运行。即为海尔人提供公平竞争的机会和环境,尽量避免"伯乐"相马过程中的主观局限性和片面性。这种人才机制应该给每个人相同的竞争机会,把静态变为动态,把相马变为赛马,充分挖掘每个人的潜质;并且每个层次的人才都应该受监督,压力与动力并存,方能适应市场的需要。

"无功就是过,应把最优秀的人放在最重要的岗位"的理念。"追求卓越"是海尔人的目标,也是每个海尔人的行为准则及判断是非的标准。不管你过去有多大功劳,资历有多深,只要不思进取,或是你跑得比别人慢了,就应该受到批评与处罚。因为,在海尔,不承认"没有功劳也有苦劳",无功便是过。为了海尔的事业,应该把最优秀的人放在最重要的岗位上。

"你能翻多大跟头,就给你搭多大舞台"的理念。自我实现、被社会承认,是人的最高层次需要。作为一般员工最渴望的就是个人才能得到发挥、成就不被抹杀。既然如此,如果企业能给每个人创造最大的发展空间,就能最大限度地调动人的积极性,发挥人的潜能。

"斜坡球体"理念。张瑞敏认为员工和企业一样,犹如置于斜坡上的球体。由于自身的

---

① 袁薇等编著:《人力资源管理教程》,复旦大学出版社,2006。

惰性和外部的压力,小球随时可能滑落。为了不让其下滑,就需要来自内外两种力量的支持和推动。内力来自于员工在自身素质提高的基础上,对企业目标的认同及自觉行动,外力来自于企业的激励机制。只有推动力大于下滑力,才能推动员工进步,进而促进企业发展。

思考题:

1.你是如何评价海尔"先造人才,再造名牌"等五方面的用人理念,你认为这些理念在其他企业中是否也同样适用,请举例说明。

2.海尔在实施这五方面用人理念时,有可能碰到哪些问题?

3.有人认为海尔的管理制度太严、管理方法太硬,很难留住高学历和名牌大学的人才,你怎么看待这一问题?

案例分析二:英雄不问出处——名企用人理念一瞥

百事可乐:潜能与品质

与单纯的学历相比,百事更注重员工的潜能与品质,团队协作和发展。百事在面试、招聘员工时,特别注重三大方面——专业能力、管理能力(潜能)和个人品质。他们强调:一个优秀的百事员工,应具有在既有能力基础上培养发展的可塑性(潜能)。

格兰仕:人才是第一资本

如果你走进格兰仕集团,迎面看到最显眼的一块广告就是:"人是格兰仕的第一资本"。格兰仕的门永远对高素质人才敞开,一直大胆起用新人,形成"F1方程赛"一样"能者上,庸者下"的格局。

西门子:考知识只5分钟

在西门子,招聘人才往往是能力考核占40分钟,考察经验花半个小时,而考察知识仅用5分钟就够了。因为知识面并不是最重要的,能力才是最重要的。一个人的知识量,两三年的时间就可以改变,经验也会随之改变。

索尼:成绩只是参考

在索尼,不会刻意强调刚毕业的大学生与有经验者的区别,也不会刻意对大学生的专业提出要求。索尼认为新员工一开始不懂并没有什么,只要认真学就可以了。他们在选择员工时会更注重五大标准。首先是好奇心,对新生事物是否有很强的猎奇能力,有很强烈的创造欲望。其次是恒心,既然好奇了就应该尝试去做,不能半途而废。第三是灵活性,因为一个产品它包括很多个环节,有多项功能,因此必须要有灵活性,和大家配合,这一点很重要。第四点要求员工有很好的心理素质,能接受失败,承受打击。第五点就是乐观,为某个环节的失败放弃全部是最大的失败,员工要接受经验教训,把下一件事情做好。

丰田:"打杂"中提高

丰田公司长年积累一套自己的模式,所以更注重基本综合素质,很重视语言交流能力,因为公司从事很多工作都是指导性工作,如培训、管理等,跟经销店、用户的沟通非常重要。这点是丰田公司首当其冲要求的。

欧莱雅:集诗人和农民于一身

理想的欧莱雅人才应该以公司总裁欧文中先生的一句"名言"来概括——"集诗人和农民于一体",像诗人一样富有激情和创造力,又要像农民一样勤恳、脚踏实地。欧莱雅公司招聘时,更倾向于有主动性、创造力又能接受规则的年轻人,而不倾向于自视过高又不喜欢做一些具体工作的人。

佳能：拿得起，放得下

佳能的人才的标准首先就是能够在工作上拿得起放得下。比如公司给你一个工作，你要能在工作时间里完成你的工作职责，当然是出色完成更好，能够完成基本要求或者达到满意的要求，那就是人才。因为一个组织是由不同的岗位和不同的人来组成，没有说总经理才是人才，一般的职员不是人才。

安利：选才重在诚信

安利对人才的要求很基本，也很严格，五大要求配合了安利独特的企业文化及业务发展的需要。

优良的品格：营销人员无论在何时都应将言必信、行必正作为基本信条，一旦发现有假学历、假文凭者，即使已经是经理级人物，为公司作出过巨大贡献，也照样以开除论处。

良好的沟通能力：由于安利是以"店铺销售加雇佣推销员"方式经营，所以营销人员必须面对面地与顾客交流、解释产品用途，通过与顾客需求的互相了解实现互惠互利。

合作的团队精神：安利鼓励员工尽心尽力地为团体合作的长远利益而努力，从而增进相互之间的信任。

优秀的专业水准：除了具备良好的专业知识和沟通合作能力，还要懂法律知识。

良好的服务意识：安利要求销售人员不仅要让顾客感到亲切，更要将健康和美的理念传递给顾客，提供全方位的服务。

北电网络："软""硬"兼要

北电网络在招聘过程中注重应聘者两大方面的素质：一方面是专业技能、知识经验等硬指标；另一方面是敬业精神和勤奋、团队精神、沟通能力、学习能力、创新和解决问题等软性指标。软性指标是越来越被重视的人才素质指标。

思考题：

1. 上述企业的用人理念有何共同之处？

2. 上述企业用人理念将如何影响到人力资源管理的各个职能活动？

3. 国内企业应当如何借鉴国外名企的用人理念？

第二章　人力资源规划

<table>
<tr><td>

主要知识点

1. 人力资源规划含义与意义
2. 人力资源规划的内容与基本程序
3. 人力资源需求与供给的预测方法
4. 人力资源规划供需平衡的措施
5. 人力资源信息系统的概念和意义
6. 人力资源规划的职责分工

</td><td>

技能提升

1. 能分析现实中企业的人力资源规划与该企业战略规划的关系
2. 掌握人力资源规划的技术方法,能用合适的方法对现实中的企业进行人力资源供需预测
3. 能根据现实中企业的实际情况,提出解决企业人力资源供需失衡的合理措施

</td></tr>
</table>

【引导案例】

总是缺人的公司[①]

张浩是一家民营电子企业的 HR 经理,每周总是在固定的两天出现在人才交流中心固定的招聘展位上,挂出相同的招聘广告。持续不断的招聘让他感到厌倦,但是企业似乎一直缺人。企业的环境和待遇都不错,也没有扩张,他始终不明白为什么企业一直处在缺人和招人的怪圈中。偶然的,张经理遇见来人才交流中心做调研的人力资源管理专家李教授,在交谈中提出了自己这个困惑。李教授对张经理的困惑非常感兴趣,于是受邀走访了张浩所在企业,之后李教授又在人才交流中心碰到十几位曾在这家企业工作过的员工并进行了访谈。经过近半个月的调查,答案渐渐清晰。

"你们企业预测过人力资源需求吗?""没有,从来没有。"这个经理显然觉得李教授的问题可笑,因为他们现在的需求都没满足过,何须考虑未来。然而问题就出于此,在这家企业工作或曾工作过的人反映了四个主要问题:第一,招聘目的不明确,许多人在进入企业后的相当一段时间内不知道自己应该做什么;第二,没有计划的招聘损害了企业形象,员工认为自己没有受到应有的重视;第三,不断吸纳新员工,给老员工造成巨大压力;第四,频繁流入必然导致频繁流出,在职员工没有安全感和忠诚感,暗自寻找跳槽机会。

张经理开始认同,深悔自己浪费了太多的时间在没有计划的招聘桌上。或许他缺的不仅仅是一份人力资源需求预测……

为什么这家企业的人才总是"常来常往"? 据相关调研显示,企业人力资源整体规划的缺失是导致企业招聘工作缺乏系统的分析规划的根本原因,企业只有出现职位空缺时才想

---

① 改编自宋联可:"从故事看 HRP 之二:人力资源需求预测",中国人力资源开发网。

到招聘,导致招聘工作疲于应付,形成不了有效的人员储备,尤其是在企业中高端职位上表现更为明显。

21世纪以来,企业正面临着一个越来越复杂和全球化的外部环境,企业的竞争环境更加激烈,技术发展更新更加迅速,推动企业内外部环境和技术的变化加剧,而这些变化带来了工作的变化并对企业人力资源管理提出了新的挑战。因此,企业在做好组织战略目标应对环境变化的同时,必须对组织现今和未来各种人力资源的需求和供给进行科学的预测和规划,以保证组织在需要的时候和需要的岗位上能及时地得到各种所需的人才,否则组织的目标就难于实现。

第一节　人力资源规划概述

人力资源规划是组织发展战略的重要组成部分,也是组织开展各项人力资源管理工作的依据,发挥着统一和协调各项人力资源管理职能的作用。由于不断变化的内外环境对组织人力资源配置的影响,组织必须对人力资源的供给和需求进行预测和规划,从而实现组织发展与人力资源的动态匹配,最终实现组织的可持续发展。

一、人力资源规划含义

人力资源规划(Human Resource Plan)是组织在发展变化的环境中,根据自身的战略发展目标与任务的要求,科学地分析与预测人力资源的供给与需求,制定必要的人力资源获取、利用、保持和开发政策和措施,以确保组织在需要的时间和需要的岗位上获取需要的人选的过程。人力资源规划源于企业战略,又涉及招聘、甄选、薪酬、培训等诸多板块,其主要目的是为了企业在适当的时间、适当的岗位获得适当的人员,最终获得人力资源的有效配置。

从这个定义我们可以看到人力资源规划具有以下内涵:(1)人力资源战略规划是以组织战略目标为基础的。当组织战略目标与经营方式发生变化时,人力资源战略规划也随之发生变化。因此人力资源规划的过程是一个不断调整的动态过程。(2)人力资源战略规划是一个依据人力资源战略对组织所需的人力资源进行调整、配置、补充的过程,而不单单是预测人力资源供给与需求的变化。在此过程中,必须有人力资源管理其他系统的支持和配合,才能保证适时、适人、适岗。(3)人力资源规划的实质是实现人力资源的供需平衡。组织外部的政治环境、经济环境、技术、文化等处于不断的变化之中,使得组织的战略目标也处于不断的调整之中,从而组织内部和外部的人力资源供给与需求也处于不断变动之中,寻求人力资源供给与需求的动态平衡是人力资源规划的基点,也是人力资源战略规划存在的必要条件。

任何组织长期的成功最终都依赖于在合适的时间有合适的人员在合适的职位上。只有拥有恰当才能、技术和愿望的人,组织目标和实现这些目标的战略才富有意义。人力资源规划工作做得不好,在短期内就可能引起实质性的问题。可能发生的例子包括:

(1)尽管积极地寻找,但在一个高技术组织中某个关键的中层管理职位空缺达六个月,这个部门的生产效率在直线下降。

（2）在一个公司中，由于在某个特定生产领域中没有预见到的工作滞后，导致九个月前才受雇的员工就无限期地下岗了。

（3）在另一家公司中，由于天才营销经理的巨大努力，产品需求一直在剧增。然而，由于需求的上升事先没有预料到，因此公司一直没能雇用到足够的生产人员。

可见，一个组织应制订必要的人力资源政策和措施，以确保组织对人力资源需求的如期实现。政策要正确而明晰，例如对涉及内部人员的调动补缺、晋升或降职、外部招聘和培训以及奖惩等都要有切实可行的措施保证，否则就无法确保组织人力资源计划的实现。

二、人力资源规划意义

在人力资源管理的各项职能中，人力资源规划最具有战略性和主动性。由于组织内外环境的复杂性和多变性，竞争日趋激烈，对于人力资源的预测不仅越来越困难，而且也越来越紧迫。人力资源管理部门必须对组织未来的人力资源供给和需求做出科学的预测，保证组织在需要的时间及时获取所需要的各种人选，进而保证组织实现其战略目标。因此，人力资源规划在各项管理职能中处于桥梁和纽带的地位，发挥了统一和协调的作用。

（一）增强组织对内外环境的适应性

影响组织生存和发展的外部环境因素总是处在不断的变化之中，因而要求组织在战略、生产技术、市场营销等策略方面不断地做出相应的变化，这样就会直接或者间接地影响组织人员队伍的构成；同时，外部环境的变化要求所带来的组织内部的各种变革，也必然导致组织对人员结构和需求的相应变化。为了克服环境变化可能对组织带来的消极影响，人力资源规划必须前瞻性地考虑招聘、培训和员工的发展政策。因此，一个科学的人力资源规划，有助于减少未来的不确定性，增强组织对内外环境的适应性。

（二）确保组织生存发展过程中对人力资源的需求

人力资源规划通过考察组织外部、组织自身和员工三方面因素来确定组织人力资源管理的状态，在明确组织目标的基础上，衡量目标和管理现状之间的差距，并且为缩小现实和目标之间的差距而制定必要的人力资源的获取、利用、保持和开发策略，从事人力资源管理活动，从而确保满足组织在生存和发展过程中对人力资源的需求。

（三）有助于组织人力资源结构和配置的优化

组织现有的人力资源结构（包括年龄结构、性别结构、技能结构和专业结构等）随着环境的变化，会暴露出许多不完善的方面，需要及时地、有计划地进行调整；组织现有的人力的配备也需要根据培训、考核等活动开展而进行不断的开发和选配，使组织内部的人员配备不断地达到动态的优化组合。人力资源规划有助于组织人力资源结构的优化和人力资源配置的优化，以使人力资源能配合组织的发展需要。

（四）有助于控制人力成本

人力资源规划对预测中、长期的人力成本有重要的作用。人力成本中最大的支出是工资，而工资总额在很大程度上取决于组织中的人员分布状况。人员分布状况指的是组织中的人员在不同职务、不同级别上的数量状况。在一个组织成长、成熟的过程中，人员的职务等级水平也会相应地上升，工资的成本也就会增加。如果再考虑物价上升的因素，人力成本可能超过组织所能承担的能力。在没有人力资源规划的情况下，未来的人力成本是未知的，难免会发生成本上升、效益下降的趋势,因此,在预测未来组织发展的条件下,有计划地逐步调整人员的分布状况,把人力成本控制在合理的支付范围内,对组织来说是十分重要的。同时,人力资源规划还可对现有的人力资源结构做出科学评估,分析影响组织结构用人数目的因素,并找出影响人力资源有效运用的瓶颈,使人力资源效能充分发挥,进而降低人力资源在成本中所占的比率。因此,人力资源规划有助于组织控制和降低人力资源成本。

　　总之,有效的人力资源规划能提高企业的竞争优势(如图 2-1),这一事实已经受到一批研究结果的支持。研究表明,那些进行人力资源规划的公司一贯比没有这么做的公司表现更好。一个常见的错误是,人力资源规划者把重点放在短期的替代需要上,而没能把他们的规划与组织的长期计划协调起来。把重点放在短期替代需要,是没能把人力资源规划与战略规划整合起来的一种必然后果。这种非整合的方法几乎总是导致人力资源规划者被迫急于应付短期危机。

图 2-1　人力资源规划与企业战略规划和企业业绩的关系[①]

三、人力资源规划的内容

　　人力资源规划包括两个层次,即总体规划与各项业务计划。人力资源总体规划是有关计划期内人力资源开发利用的总目标、总政策、实施步骤及总预算的安排。人力资源规划所属业务计划包括人员补充计划、晋升计划、培训开发计划、调配计划、工资计划、退休与解聘计划、劳动关系计划等。这些业务计划是总体规划的展开和具体化。

　　(一)总规划

　　描述计划期内人力资源开发和管理的总政策、总目标、实施步骤及总预算的安排。

　　(二)人员补充计划

　　人员补充计划也是人事政策的具体体现,目的是合理填补组织中、长期内可能产生的职位空缺。补充计划与晋升计划是密切相关的。由于晋升计划的影响,组织内的职位空缺逐级向下移动,最终积累在较低层次的人员需求上。同时这也说明,低层次人员的吸收录用,必须考虑若干年后的使用问题。

---

　　① 文跃然著:《人力资源战略与规划》,复旦大学出版社,2007。

（三）晋升计划

晋升计划实质上是组织晋升政策的一种表达方式。对企业来说,有计划地提升有能力的人员,以满足职务对人的要求,是组织的一种重要职能。从员工个人角度上看,有计划的提升会满足员工自我实现的需求。晋升计划一般用指标来表达,例如晋升到上一级职务的平均年限和晋升比例。

（四）培训开发计划

培训开发计划的目的,是为企业中、长期所需弥补的职位空缺事先准备人员。在缺乏有目的、有计划的培训开发规划情况下,员工自己也会培养自己,但是效果未必理想,也未必符合组织中职务的要求。当我们把培训开发规划与晋升规划、补充规划联系在一起的时候,培训的目的性就明确了,培训的效果也就明显提高了。

（五）调配计划

组织内的人员在未来职位的分配,是通过有计划的人员内部流动来实现的。这种内部的流动计划就是调配计划。

（六）工资计划

为了确保未来的人工成本不超过合理的支付限度,工资计划也是必要的。未来的工资总额取决于组织内的员工是如何分布的,不同的分布状况的成本是不同的。

（七）退休与解聘计划

退休与解聘计划的目标是降低老龄化程度、降低人力成本、提高劳动生产率。有关的政策是制定退休和返聘政策、制定解聘程序。涉及的预算包括安置费、人员重置费、返聘津贴等。

（八）劳动关系计划

劳动关系计划的目标是降低非期望离职率、改进管理关系、减少投诉和不满。劳动关系计划的政策是制定参与管理的方法、对"合理化建议"奖励的政策、有关团队建设和管理沟通的政策和措施。劳动关系计划的预算包括用于鼓励员工团队活动的费用支持、用于开发管理沟通的费用支出、有关的奖励基金以及法律诉讼费用等。

另外,从人力资源规划的时间跨度来看,人力资源计划与组织的整体战略计划相对应,分为长期计划、中期计划和短期计划。一般来说,一年内的计划为短期计划,这种计划要求明确,任务具体,措施落实;一至五年内的计划为中期计划,中期计划的总体要求明确,方针政策明确,但没有短期计划那样具体;五年以上的为长期计划,长期计划跨度长,对总的方向、总的原则和方针政策有概括的说明,是指导性的,但远没有前两种计划具体,在实施过程中会因环境的变化而有权变性的变动,它指导中、短期计划的制定和实施,又靠中、短期计划的实施才能得于实现。

四、人力资源规划的承担者

在与战略相连的人力资源规划中,所有的管理者,特别是直线部门管理者,都应该把人力资源规划看作最重要的工作责任之一。不幸的是,事情常常不是这样。许多管理者把人力资源规划看作是在做完其他事之后才做的事情,他们常常认为人力资源规划应该仅仅是由人力资源人员来处理的事情。事实上,人力资源规划不只是人力资源部的职能,人力资源人员的任务是协助直线管理者开发他们各自的计划,并把这些不同的计划整合成一个总体计划,在制定人力资源规划过程中,直线部门管理者必须提供构建计划的基本数据。所以,人力资源规划应该是直线部门管理者和人力资源人员共同努力的结果。

促进人力资源管理者和直线管理者之间真正合作的最佳途径之一,是使用与企业战略连接起来的人力资源规划。与战略连接起来的人力资源规划是以人力资源人员和部门管理者之间密切的工作关系为基础的。人力资源管理者在涉及经营业务目标和战略中的人员管理方面的含义时,对直线管理者起到顾问的作用。反过来,直线管理者又有责任对人力资源目标和战略中的经营业务方面的含义作出回答。另一个重要的构成要素是最高管理层,他们对人力资源规划的重视和支持是规划能顺利开展和成功的保证。

第二节　人力资源规划制定程序和方法

一、人力资源规划的基本程序

保持和提高企业竞争力,这是人力资源规划的终极目标。制定人力资源规划不仅要熟知企业现状,更要透彻认识企业战略发展方向与所处环境趋势的变化,明确认识到企业人力资源的潜力和焦点问题。人力资源规划的基本过程见图 2-2,主要由以下六个基本步骤组成:

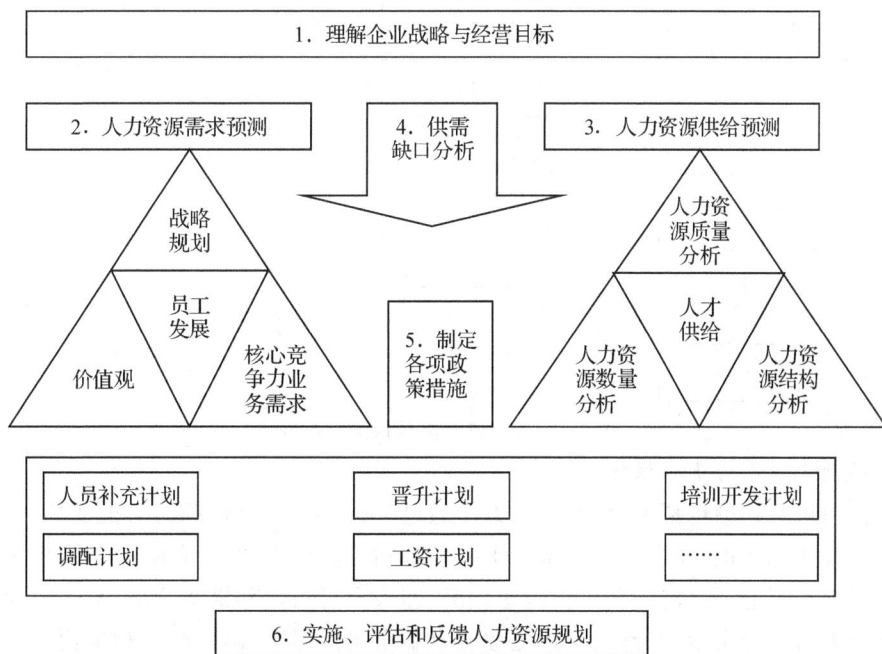

图 2-2　人力资源规划的基本程序[①]

---

① 文跃然著:《人力资源战略与规划》,复旦大学出版社,2007。

（一）理解企业战略与经营目标

像前面所强调的那样，人力资源规划必须以组织的战略计划为基础。在实践中，这就意味着人力资源规划的目标必须源于组织目标。对员工在数量和特征上的具体人力资源需求，应该源于整个组织的目标。因此，进行人力资源规划的第一步就是要确认现阶段的企业战略与经营目标，明确此战略决策对人力资源规划的要求，以及人力资源规划能对战略提供的支持。同时广泛收集外部和内部的各种有关信息，其中外部信息主要包括：宏观经济发展趋势、本行业的发展前景、主要竞争对手的动向、相关技术的发展、劳动力市场的趋势、人口趋势、社会发展趋势、政府政策法规、风俗习惯演变等等；内部信息主要包括：企业发展计划、企业流动人员的趋势、人力资源成本的现状、工种的演变等。

（二）预测企业人力资源需求

人力资源需求预测主要是根据企业的发展战略规划和本企业的内外部条件选择预测技术，然后对人力需求的结构和数量、质量进行预测（如图 2-3）。

这一步工作是在人力资源盘点的同时进行的，这里的关键不是看当前员工的技巧和能力，而是要确定实现企业的战略目标所需的技巧和能力。例如，假设生产部门的一项目标是使某个特定产品的总产量增加 10%。这个目标一旦建立，生产经理就必须准确地确定如何把这个目标解释成对人力资源的需要。一个好的着手点是检查当前的工作描述。一旦完成了对工作描述的检查，生产经理就在确定实现目标所需的技能和知识上处于一种更有利的位置。这个阶段的最后一步是把所需的技巧和能力解释成所需员工的数量、素质和结构。

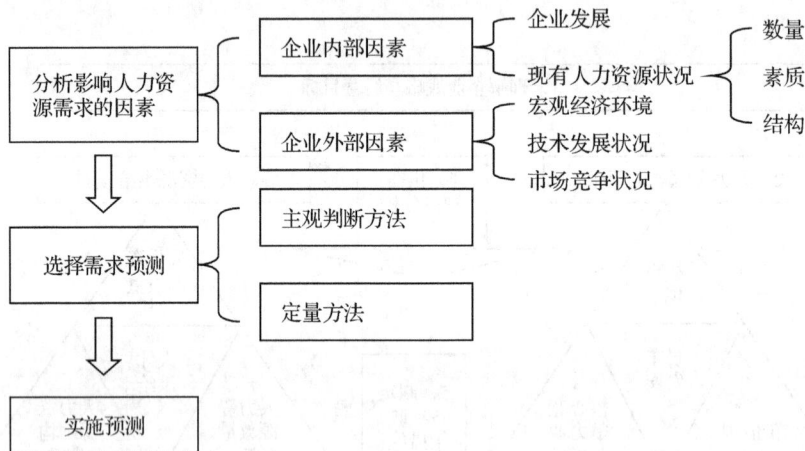

图 2-3　人力资源需求预测程序[①]

（三）预测企业人力资源供给

人力资源供给预测包括两个内容：一方面通过分析企业人力资源的历史变故数据，统计出员工调整规律和比例，向各部门人事负责人了解到可能出现的人事调整，预测出本组织在未来一定时期里可能提供的各种人力资源状况，即人力资源内部供给预测；另一方面通过分析影响外部人力资源供给的行业性、地区性因素和全国性因素，确定在规划期内的各个时间点上组织可以从外部获得的各类人员数量，即人力资源外部供给预测。最终得出企业人力资源供给预测（如图 2-4）。

---

① 彭剑锋主编：《人力资源概论》，复旦大学出版社，2008。

（四）分析人力资源供需缺口

这一阶段是把本组织人力资源需求的预测数与在同期内组织本身仍可供给的人力资源数进行对比分析。从比较分析中可测算出对各类人员的需求数目。在进行本企业未来一定时期内可提供的人员和相应所需人员的对比分析时，不但可测算出某一时期内人员的短缺或过剩情况，还可以具体地了解到某一具体职位上员工余缺的情况，从而可以测出需要具有哪一方面知识、技术能力的人，这样就可以有针对性地进行物色或培训，这就为组织制定有关人力资源相应的政策和措施提供了依据。

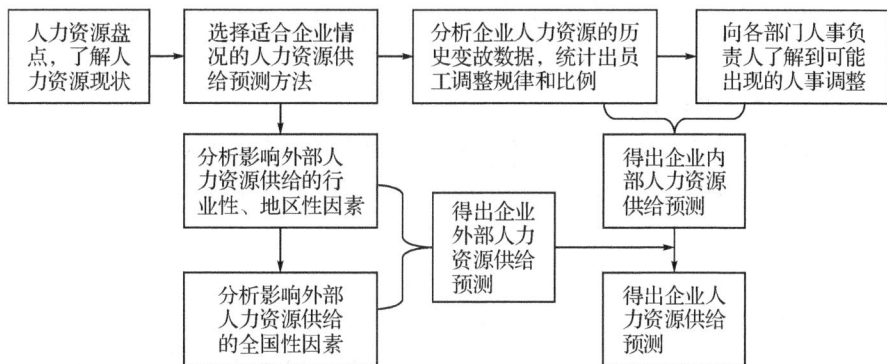

图 2-4　人力资源供给预测程序[①]

（五）制定各项业务规划和政策措施

在人力资源供给预测和需求预测比较的基础上，企业就可以制定相应的政策和措施，以帮助它满足其人力资源的需要。

（六）实施、评估和反馈人力资源规划

为了给企业人力资源规划提供正确决策的可靠依据，有必要在人力资源规划方案执行之前、之中以及之后都对其效果进行评估。同时，在执行各项政策与措施时，还需要对其实施过程进行监控，并根据环境的变化随时进行调整、控制与更新，以保证人力资源规划方案不至于成为一纸空文，而是真正起到指导作用。

人力资源规划是人力资源管理工作的关键枢纽。如果人力资源规划制定缺乏应变能力，或由于政策变化、企业转型、缺乏足够的员工、员工过多而不得不大量的裁员，将由此遭受到各种问题的困扰，最终影响企业的利益。因此，人力资源规划制定得好，就会获得相当好的收益：（1）管理者可以更多地了解经营决策中与人力资源有关的问题，加深对人力资源规划重要性的认识；（2）管理层可在人力资源费用变得难以控制或过度花费之前，采取措施来防止各种失调，并由此使劳动力成本得以降低；（3）由于在实际雇用员工前，已经预计或确定了各种人员的需要，企业就可以有充裕的时间来培养与挖掘人才。

二、人力资源规划的技术方法

（一）人力资源需求预测

人力资源需求预测是依据企业的战略发展规划、组织能力及职位要求为出发点，综合考虑各种因素，对未来人力资源的类型（数量、质量和结构等）进行盘点，有计划、有目的地协调

---

① 文跃然：《人力资源战略与规划》，复旦大学出版社，2007。

组织人力资源,使其适应管理者的目标的活动。它的准确性对人力资源规划的成败具有决定性的影响。用于人力资源需求预测的方法有很多,概括起来有主观判断方法和定量预测方法两大类。主观判断方法是由预测人员运用自身的智慧、经验和直觉进行预测和判断。定量的方法是运用数学模型的预测方法。

1. 主观判断方法

(1)经验预测法

经验预测法,又称管理估计法,顾名思义,就是根据以往的经验对人力资源进行预测规划的方法。管理者主要以过去的经验为基础来对未来的人员需要做出估计。

例 2-1　经验预测法举例

一企业根据以往的经验认为,在生产车间里一个班组长或工头,一般管理 10 个人为最好。因此,根据这一经验,就可以从生产工人的增减数来预测对班组长或工头一级管理人员的需求。

西方不少企业组织常采用这种方法来预测本组织将来某段时期内对人力资源的需求。这些估计可以由最高层管理人员做出并向下传递,或者由较低层的管理人员做出估计并向上传递来做进一步的修订,或者是较高和较低层管理人员的某种综合。还可以采用这种方法预测出相对管理人员需求的预报数。当然,不同人的经验会有差别。因此,保持历史的档案,并采用多人集合的经验,产生的偏差会小一些。这种方法也并不复杂,较适用于技术较稳定的企业的中、短期人力资源预测规划。

(2)德尔菲法

德尔菲法,是美国著名的兰德公司提出用来听取专家们关于处理和预测某重大技术性问题的一种方法。在德尔菲技术这种方法中,专家小组中的每一个成员对企业未来的人力资源需求将会是什么样的做出独立的估计,也包括任何基本的假设。然后,由一个中间人把每一个专家的预测和假设提交给其他人,并允许专家们按照自己的意愿修正自己的立场。这个过程一直持续到出现一些一致意见为止。它也常被用来预测和规划因技术的变革带来的对各种人才的需求。运用这种方法,第一步是要取得专家和研究人员的合作,要把需解决的关键问题(例如煤转变成电能的重大技术问题)分别告诉有关的专家和研究人员,请他们各自单独提出自己的方法,并对新技术突破所需的时间以及带来的对各种人员需求的变化做出估计或预测。在此基础上,管理者收集并综合专家们的意见,再把综合后的意见叫专家们再次进行分析。在此过程中特别要注意把各种不同的意见交给专家们分析讨论,经过多次的反复讨论,最后形成专家组的意见。这种方法适用于长期的、对技术人员的预测规划。从时间和费用来看,这种方法不适用于短期的、或对一般人力资源需求的预测规划。

(3)描述法

人力资源需求预测的描述法是指人力资源规划人员可以通过对本企业组织在未来某一时期的有关因素的变化进行描述或假设,从描述、假设、分析和综合中对将来人力资源的需求进行预测规划。但是,这种方法对于长期的预测有一定的困难,因为时间跨度越长,对环境变化的各种不确定因素就更难以进行描述和假设。

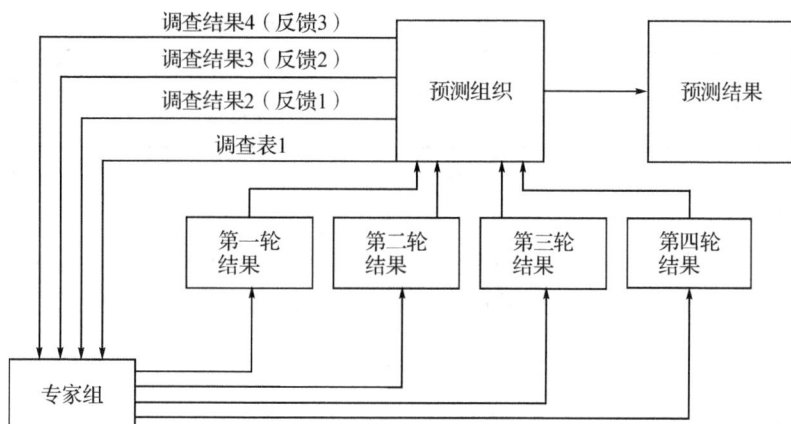

图 2-5 德尔菲法[①]

例 2-2 描述法举例

对某一企业今后三年的情况的可能变化进行描述或假设：

第一种，在三年内，同类产品可能稳定地增长，同行业中没有新的竞争对手出现，在同行业中在技术上也没有新的突破；

第二种，同行业中出现了几个新的竞争对手，同行业中技术方面也有较大的突破；

第三种，同类产品可能跌入低谷、物价暴跌、市场疲软、生产停滞，但在同行业中在技术方面可能会有新的突破。

人力资源规划人员就可以根据上述不同情况的描述和假设，预测和制定出相应的人力资源需求备择方案。

2.定量方法

以数学为基础预测人力资源需求的定量方法包括各种统计和模型方法。统计方法以某种方式利用历史数据来估计未来的需求；模型方法通常提供整个组织人力资源需求的简化了的抽象模型，通过改变输入数据测试不同需求方案的人力资源结果。以下是几种最常用的统计或模型方法。

（1）比率分析法

研究过去的人员数据以确定在各种职位或职位类别中员工数量之间的历史关系。然后，用回归分析或生产率比率来估计总的或关键组别的人力资源需求，并用人员比率来把总需求分配到各个职位类别中或估计非关键组别的需求。

所需的人力资源＝未来的业务量/人均的生产效率

例 2-3 比率分析法举例

某大学目前学校教师 500 人，学生 10000 人。据此，可以算出该校教师的人均生产效率为 20：1，即一名教师能够承担 20 名学生的工作量。如果明年学校的学生达到 11000 人，那么可以预测：明年所需教师人数＝明年的学生数/人均生产效率＝11000/20＝550 名，如表2-1。

---

① 彭剑锋主编：《人力资源概论》，复旦大学出版社，2008。

表 2-1   大学教师需求量的比例分析法

学生人数	10000	11000
教师人数	500	550
人均生产效率	20∶1	20∶1

(2)工作负荷法

工作负荷法是根据历史数据,算出某一特定的工作每单位时间的每人的工作负荷,根据未来的生产量目标计算出所完成的总工作量,再根据前一标准折算出所需人力资源数的需求预测方法。

例 2-4   工作负荷法举例[1]

某工厂新设一车间,其中有三类工作。现拟预测未来三年操作所需的最低人数。

步骤一,根据现有资料确定每类工作所需的标准任务时间,如表 2-2 所示。

表 2-2   每类工作所需标准任务时间

工作编号	标准任务时间/(小时/件)
工作 1	0.5
工作 2	2.0
工作 3	1.5

步骤二,估计未来三年每类工作的工作量(产量),如表 2-3 所示。

表 2-3   未来三年每类工作的工作量

时间 工作	第一年	第二年	第三年
工作 1	12000	12000	10000
工作 2	95000	100000	120000
工作 3	29000	34000	38000

步骤三,折算为所需的工作时数,如表 2-4 所示。

表 2-4   所需工作时数

时间 工作	第一年	第二年	第三年
工作 1	6000	6000	5000
工作 2	190000	200000	240000
工作 3	43500	51000	57000

步骤四,根据实际的每人每年工作时数(假设为 1800 小时),折算所需人数,从表 2-4 数据可知,未来三年所需的人数分别为:138,147 和 171 人。

(3)趋势预测法

趋势预测法又称趋势外推法,是用过去一段时间的人员安排水平(而不是工作负荷指标)来估计未来的人力资源需求的预测方法。预测者根据过去一段时间的历史数据资料,然后用最小平方法求得趋势线,将这趋势线延长,就可预测未来的数值。趋势预测法以时间或

---

① 余凯成、程文文、陈维政编著:《人力资源管理》,大连理工大学出版社,1999。

产量等单个因素作为自变量,人数为因变量,且假设过去人数的增减趋势保持不变,一切内外影响因素保持不变。

例 2-5 趋势预测法举例[①]

某公司 8 年人员的数据如表 2-5 所示,请预测今后第二年和第四年人力资源的需求。

表 2-5 某公司过去 8 年的人员数统计

年度	1	2	3	4	5	6	7	8
人数	450	455	465	480	485	490	510	525

利用最小平方法,求直线方程:$y=a+bx$,其中人数是变量 y,年度是变量 x,那么根据下面的公式可以分别计算出 a 和 b。

$a=\sum y/n-b\times(\sum x/n)$,

$b=[n\times(\sum xy)-\sum x\sum y]/[n\times(\sum x^2)-(\sum x)^2]$,

$a=435.357,\quad b=10.476$。

趋势线就可以表示为 $y=435.357+10.476x$,也就是说每过一年,企业的人力资源需求要增加 10.476,通常取为整数 11。这样就可以预测出今后第二年和第四年的人力资源需求:

$y_1=435.357+10.476\times(8+2)=540.117\approx541$,

$y_2=435.357+10.476\times(8+4)=561.069\approx562$。

所以,今后第二年的人力资源需求为 541 人,而第四年的人力资源需求则为 562 人。

(4)回归分析法

回归分析法是研究过去各种工作负荷指数水平,如销售额、生产水平和增加的价值,以得出人员安排水平的统计关系的人力资源需求的预测方法。在相关性充分强烈的地方导出回归(或多元回归)模型。把预测到的相关指数值输入所得到的模型中,并以此计算人力资源需求的数量。

例 2-6 回归分析法举例

某家医院要预测明年所需的护士数量,如果使用回归预测法,首先就要找出护士的需求量与哪些因素关系比较密切,对相关数据进行统计分析后可以发现病床数与护士的需求量之间相关程度比较高,接下来就要分析它们之间到底是一种什么样的关系,医院的人力资源经理找来自己医院和其他医院病床数以及护士数的数据,如表 2-6 所示。

表 2-6 各医院病床数与护士数统计

病床数	200	300	400	500	600	700	800
护士数	180	270	345	460	550	620	710

将病床数设为自变量 x,护士数设为因变量 y,两者之间的线性关系可以表示为 $y=a+bx$,其中计算 a 和 b 的方法和趋势预测法中使用的方法一样,经过计算得出 $a=2.321,b=0.891$,回归方程就是 $y=2.321+0.891x$,也就是说每增加一个床位,就要增加 0.891 个护士。由于医院准备明年将病床数增加到 1000 个,所以需要的护士数就是 894 人($y=2.321+0.891\times1000=893.321\approx894$)。

[①] 杨顺勇、王学敏、查建华:《人力资源管理》(第二版),复旦大学出版社,2007。

　　总的来说,主观判断预测方法相对定量预测方法而言,更被经常地使用,因为判断法较简单,并且通常不需要复杂的分析。然而,随着计算机的逐步普及,以数学为基础的方法将会更经常地被使用到人力资源需求预测中。

　　(二)人力资源供给预测

　　在制定人力资源规划之前,除了要进行企业人力资源需求预测外,还需要对企业进行人力资源供给预测。人力资源供给预测就是指企业为实现其预定的战略目标,根据企业的内外部环境变化情况,应用适当的预测技术,对企业未来一段时间内企业可获得的各类人力资源的数量、质量和结构的预测。人力资源供给预测与人力资源需求预测一样是人力资源规划的重要环节,但两者是存在差别的,需求预测只研究企业内部需求,而供给预测包括两个方面,即企业内部人力资源供给预测和企业外部人力资源供给预测。

　　1. 人力资源内部供给预测

　　企业人力资源供给来自企业内部和企业外部两个方面,但是企业内部人力资源供给通常是企业人力资源的主要来源,所以为了满足企业未来对人力资源的需求,应该先从企业内部着手,充分挖掘现有人力资源的潜力,通过内部的人员选拔来补充未来可能出现的空缺职位或新增职位等。企业内部人力资源供给预测的主要方法介绍如下。

　　(1)人力资源盘点法

　　这种方法是从本组织内人力资源数据库或资料中查出有关组织内部各种人员的基本情况,如各种人员的年龄、性别,工作简历和教育、技能等,从中计算出本组织内现有的人员供给情况。一般来说,在西方国家企业组织的人力资源部或人事部的人力资源信息库中都含有这样几方面的信息资料:各种人员的数据,各个部门各种人员的配备,每个员工的性别、年龄、工作经历、培训、教育与开发以及各个个人的发展计划等资料;目前本组织内各个工作岗位所需要的知识和技能以及各个时期中人员变动的情况等等。由于每个工作岗位上技术的变化会带来对人员要求的变化,因此,人才信息库中还收集了有关雇员的潜力、个人发展目标以及工作兴趣爱好等方面的情况。在人力资源信息库中,特别要注意收集有关职工技能,包括其技术、知识、受教育、经验、发明、创造以及发表的学术论文或获专利等方面的信息资料。企业可借助技术调查表的方式来收集上述所需要的人才信息,如表2-7所示。

表 2-7　某企业技术调查[①]

姓名:李军			性别:男		出生年月:1966 年 6 月	
工号:67098			部门:会计		制表日期:2010 年 8 月 18 日	
关键词			教育程度			
词	描述	活动	学位	专业	年份	
1.会计	税务会计	监督和分析	1.MBA	工商行政管理	2001	
2.簿记	一般总账	监督	2.ME	经济学	1991	
3.审计	电脑记录	分析	3.BS	数学	1988	
工作经验			受训经历			
1991－1995	在 A 商店任会计主管		1.《管理技能》		2000	
1995－2001	在 B 工厂任财务经理助理		2.《对卓越的投资》		2003	
2001－现在	在 C 银行任审计部经理		3.《应用电脑》		2006	
			4.《团队建设》		2009	

---

① 改编自汪玉弟主编:《企业战略与 HR 规划》,华东理工大学出版社,2008。

学术团体:中国会计协会、中国管理协会	专业证书:中国注册会计师 2002
外语:英语(流利)、日语(能阅读) 兴趣爱好:桥牌、乒乓球、保龄球	曾工作、居住地:北京、福州、厦门

备注:

员工签名: 直属上级签名: 人力资源部签名

此外,还有必要分析组织内人力资源流动的情况。所谓企业组织的人力资源的流动情况是指企业内人员的升、降、工作岗位之间的人员更动、退休、工伤离职或病故以及人员流入流出本组织的情况等。就一般而言,一个企业组织内较简单的工作岗位上的绝大多数员工都是从外面招进来的,即流入;而大部分管理人员和专业科技人员等,则可能是由培训本组织内较低层的员工后而提升的(内部流动),也可能是从外面招聘的(外部流入)。因此,一个企业组织中现有职工的流动就可能有这样几种情况:第一,滞留在原来的工作岗位上;第二,平行岗位的流动,即平行性流动;第三,在组织内的提升或降职更动;第四,辞职或被开除出本组织(流出);第五,退休、工伤或病故。

(2)人员替代法

这种方法就是对企业现有人员的状况做出评价,然后对他们晋升或者调动的可能性做出判断,以此来预测企业潜在的内部供给,这样当某一职位出现空缺时,就可以及时地进行补充。为了直观起见,往往将这种替换制作成图表,如图 2-6 所示。

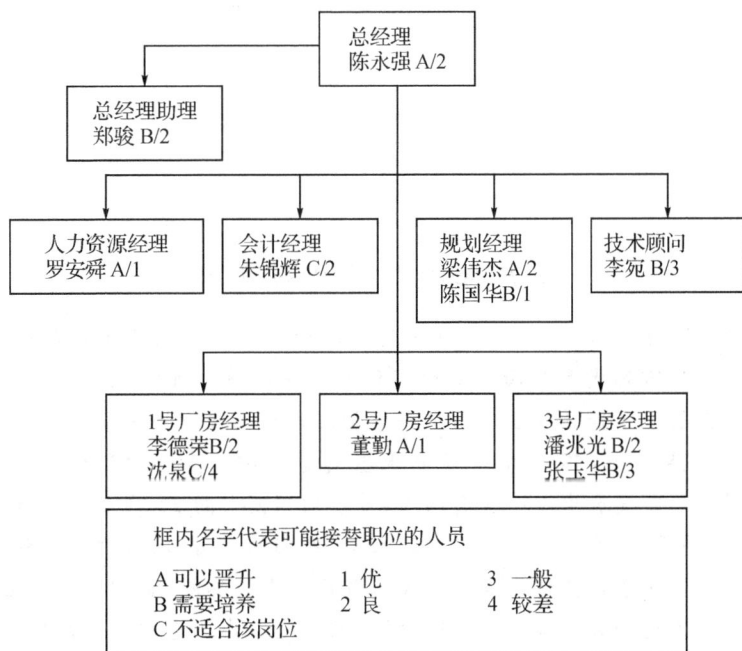

图 2-6 人员替代法[①]

人员替代法将每个工作职位均视为潜在的工作空缺,而该职位下的每个员工均是潜在

[①] 汪玉弟主编:《企业战略与 HR 规划》,华东理工大学出版社,2008。

的供给者。人员替代法以员工的绩效作为预测的依据,当某位员工的绩效过低时,组织将采取辞退或调离的方法;而当员工的绩效很高时,他将被提升替代他上级的工作。这两种情况均会产生职位空缺,其工作则由其下属替代。通过人员替代图我们可以清楚地看到组织内人力资源的供给与需求情况,这为人力资源规划提供了依据。

(3)继任卡法

继任卡法就是运用继任卡来分析和设计管理人才的供应状态。是人员替代法的发展。由于继任卡的制定,企业不会由于某个人离去而使工作受到太大的影响。继任卡也可以显示某些员工需要经过一段时间的培训和实践才能晋升,这样有助于员工的提高,又有助于晋升人员的高水准。如图2-7所示。

乙(黑)			
销售副总经理			
50 岁		吴大伟	5 年
45 岁	1	周志新	销售部经理	乙(黑)
41 岁	2	朱仁明	市场部经理	丙(绿)
36 岁	3	陈晓东	销售助理	丙(绿)
45 岁	紧急继任者	周志新	销售部经理	

图 2-7   继任卡[①]

注:甲(红色)表示应该立即晋升;乙(黑色)表示随时可以晋升;丙(绿色)表示在1~3年内可以晋升;丁(黄色)表示在3~5年内可以晋升。

小案例

通用电器的最高层继任

在通用电器126年的历史里,包括现任总裁,一共才有9位,几乎都是内部提拔。通用电器的最高执行官通常都代表了西方管理实践的最高境界。可以说,它的总裁管理哲学的更迭不仅反映更是引导了世界管理理念从科学管理到人文管理的变革。

与其他公司的接任制度不同的是,通用电器的董事会成员密切参与到公司130名最高级行政管理人员的不断发展中。一年有两次,董事们研究大约15名最高层行政管理人员的档案(每次15名,每年30名),从与高级管理人员、他们的上司、以前的同事和下属的大量访谈中精炼这些档案。董事们获得对高级管理人员优缺点的感觉,提出对他们发展的建议,并讨论未来的安排。当这一天来临时,董事会将有准备地做出已考虑好的决定,而不是不假思索地批准一个对内部人员的推荐或做一个急促的决策。

(资料来源于劳埃德·拜厄斯,莱斯利·鲁:《人力资源管理》,人民邮电出版社,2004)

---

① 胡君辰、郑绍濂主编:《人力资源开发与管理》(第三版),复旦大学出版社,2006。

（4）马尔柯夫预测模型

马尔柯夫预测模型是以俄罗斯数学家 A. A. Markow 的名字命名的一种预测方法。这种方法目前被广泛地应用于对人力资源供给预测上，是用于测算一个组织内人力淘汰流动等情况的一种数学模式。其基本思想是找出过去人力资源变动的规律，来推测未来人力变动的趋势，其关键是确定转移率。马尔科夫模型的应用前提为：①马尔柯夫性假定，即 $t+1$ 时刻的员工状态只依赖于 t 时刻的状态，而与 $t-1,t-2$ 时刻状态无关；②转移概率稳定性假定，即不受任何外部因素的影响。马尔可夫模型的基本表达式为

$$N_i(t) = \sum N_i(t-1) \times P_{ij} + V_i(t)$$

式中：$N_i(t)$——时刻 t 时 i 类人员数；

P_{ij}——人员从 j 类向 i 类转移的转移率；

$V_i(t)$——在时间 $(t-1,t)$ 内 i 类所补充的人员数；

某类人员的转移率 $P =$ 转移出本类人员的数量 / 本类人员原有总量。

这一模型要求大量的数据信息以获得员工转移概率矩阵，且其假定前提也使得该方法预测的有效性和对实际的指导性有所降低。

例 2-7　马尔柯夫预测模型举例[①]

假设某企业中有高层管理者、中层管理者、基层管理者和员工层四个等级，每个等级 t 时刻的人数状态分别为 30 人、60 人、100 人和 150 人。基本步骤为：

①确定人员流动转移矩阵。矩阵中每一因素表示从一个时期到另一个时期人员流动的历史平均百分比（以小数表示）。一般以 5~10 年的周期评估年平均转移概率。周期越长，推断未来人员流动情况越加准确。某企业人力资源流动状况的马尔柯夫分析如表 2-8。

表 2-8　某企业人力资源流动转移矩阵

		人员流动概率				
		高层管理者	中层管理者	基层管理者	员工层	离职
职位层次	高层管理者	0.9				0.1
	中层管理者	0.1	0.7			0.2
	基层管理者		0.1	0.7	0.05	0.15
	员工层			0.2	0.6	0.2

依据以往数据计算所知高层管理者留职概率为 0.9，离职概率为 0.1；中层管理者升职概率为 0.1，留职概率为 0.7，离职概率为 0.2；基层管理者留职概率为 0.7，升职概率为 0.1，降职概率为 0.05，离职概率为 0.15；员工层离职概率为 0.2，升职概率为 0.2，留职概率概率为 0.6。

②预测未来的人员供给量（变动）情况。将计划初期每种职位的员工数量与人员变动概率相乘，然后纵向相加，即得出 $t+1$ 时期组织内部的未来人员净供应量。人力资源流动状况的马尔柯夫分析预测如下表所示。

---

① 汪玉弟主编：《企业战略与 HR 规划》，华东理工大学出版社，2008。

表 2-9　马尔柯夫分析预测结果

	人数	高层管理者	中层管理者	基层管理者	员工层	离职
高层管理者	30	27				3
中层管理者	60	6	42			12
基层管理者	100		10	70	5	15
员工层	150			30	90	30

预测高层管理者人数：$30 \times 0.9 + 60 \times 0.1 = 33$（人）

预测中层管理者人数：$60 \times 0.7 + 100 \times 0.1 = 52$ 人

预测基层管理者人数：$100 \times 0.7 + 150 \times 0.2 = 100$（人）

预测员工层人数：$150 \times 0.6 + 100 \times 0.05 = 95$ 人

预测离职人数：$30 \times 0.1 + 60 \times 0.2 + 100 \times 0.15 + 150 \times 0.2 = 60$ 人

以此类推可计算 $t+n$ 时期四种人员的数目。

（5）计算机模拟

目前有许多基于计算机技术的预测模拟，以充分考虑各种变量对未来人员需求供给的影响，解决大规模或人力无法进行的预测问题。运用计算机技术，管理者可以变换人事政策以判断这种变化对未来人员供给的影响，从而获得一系列与各种不同人事政策相对应的人力供给状况。

2．人力资源外部供给预测

企业内部的人力资源供给一般来说很难满足企业对人力资源的需求，企业需要不断地从外部招聘人员，因而对企业外部的人力资源供给进行预测就成为一项十分重要的工作。

影响企业外部人力资源供给的因素是多种多样的，主要应考虑以下几个方面：（1）行业性因素。包括企业所处行业的景气程度，行业发展前景，行业内竞争对手的数量、实力及其在吸引人才方面采取的措施、本企业在行业中所处的地位及对人才的吸引力等。（2）地区性因素。包括公司所在地和附近地区的人口密度、就业水平、就业观念、科技文化教育水平、公司所在地对人们的吸引力、公司当地临时工人的供给状况以及公司当地的住房、交通、生活条件等。（3）全国性因素。包括对今后几年国家经济发展情况的预测，技术发展和变化的趋势，全国劳动人口的增长趋势，处于变动中的劳动力结构和模式，全国对各类人员的需求程度，各类学校的毕业生规模与结构，教育制度变革如延长学制、改革教学内容等对人力供给的影响，国家就业法规、政策的影响，影响人们进入和退出劳动力市场的其他因素等。

随着经济全球化趋势的日益显著，全球经济发展态势和人力资源供求情况将越来越多地影响各企业人力资源的供给。

第三节　人力资源规划供需平衡

在经过人力资源供给预测和需求预测比较的基础上，组织即应制定相应的政策和措施，以帮助它满足其人力资源需要。因为人力资源规划的目的就是要根据供需预测的情况,调整企业现有人力资源状况,实现企业员工的供需平衡。但是员工供需平衡的情况是暂时的,相对的,一般来说人力资源供需预测结束后,往往会出现三种供求不平衡的结果:人力资源供给大于需求;人力资源供给小于需求;人力资源供需结构失衡。本节着重讨论人员供给过剩和供给不足问题的人力资源管理实践。

一、人力资源供给大于需求

企业人力资源供给大于需求,出现员工过剩,一般应采取以下措施:

1.裁员。裁员是解决企业员工过剩的最直接的方法。尤其是对那些工作态度差、劳动技能低的员工,可实行永久性辞退。裁员可以降低成本,但也可能带来一些负面的影响。人力资源管理部门因此要做好各方面的思想工作。

2.减薪。通过减少员工薪酬的方式,在不裁员的情况下减少企业的人力成本。

3.减少工作时间。通过按比例地减少员工的工作时间以尽可能地避免裁员(例如,一个部门的所有员工可以把每周的工作时间由原来的40小时减到35小时)。

4.临时解雇。临时解雇是指企业使部分员工处于没有报酬的离职下岗状态。如果企业的经营有了改善,那么员工就可以重新回企业工作。当企业暂时处于不景气状态时,临时解雇不失为一个适当的减员策略。

5.提前退休。如员工提前退休仍按正常退休年龄计算养老保险工龄,给予涨一级工资的奖励等,吸引那些接近退休年龄而还未达到退休年龄的员工提前退休。

6.再培训。提高员工素质和技能,增强他们的再就业能力,同时为企业的发展储备人才。

7.扩大业务量。开拓企业新的增长点,开发新产品,提高企业经营业绩等方法增加新职位来吸收过剩的人力资源。

表 2-10　减少劳动力供应的方法

方法	速度	员工受伤害的程度
1.裁员	快	高
2.减薪	快	高
3.减少工作时间	快	中等
4.临时解雇	快	中等
5.提前退休	快	中等
6.再培训	慢	低
7.扩大业务量	慢	低

二、人力资源需求大于供给

当需求和供给预测表明在未来的一些时点上会出现人员供给不足时,组织必须决定如何解决这一问题。一般可用以下政策和措施进行调节:

1.内部晋升和选拔。首先应在企业内部进行调节,对一些高级管理性职位或技术职位的空缺,可以采取企业内员工晋升的方式,选拔优秀员工进行补充。对一些技术含量不太高的职位空缺,可以对处于相对富裕状态的员工进行简单的岗前培训并调往补缺。

2.加班。在不违背《劳动法》的有关规定,而且企业员工愿意的情况下,可以适当延长员工的工作时间,并给予相应报酬,以应付员工的短期不足。

3.技术创新。制定有效的激励计划,调动员工的生产积极性,通过技术创新,提高劳动生产率,降低对人力资源数量要求。

4.再培训。对企业现有员工进行技能培训,提高劳动效率,使其不仅能适应当前工作,还能适应更高层次的工作,并为职务的升迁做好准备。

5.外部招聘。根据企业的具体情况,面向社会招聘所需人员,可以录用一些正式员工、兼职员工和临时员工。

6.外包。即企业将较大范围的工作整个承包给外部的组织去完成。外包(Outsourcing)是由伦敦商学院加里.哈默尔(Gray Hamel)和美国密西根大学商学院教授普拉哈拉德(C. K. Prahalad)于1990年首先提出的,外包的核心理念是"做自己做得最好的,其余的让别人去做"。通过外包,企业可以将任务交给那些更有比较优势的外部代理人去做,从而提高效率,减少成本,减少企业内部人力资源的需求。

表 2-11　应对劳动力短缺的几种方法

方法	速度	可撤回程度
1.内部晋升和选拔	快	中等
2.加班	快	高
3.技术创新	慢	低
4.再培训	慢	中等
5.外部招聘	慢	低
6.外包	快	高

第四节　人力资源管理信息系统

有效的信息管理系统不但有利于企业更好地制定和执行人力资源战略规划,还有利于整个人力资源管理系统的顺利实施。人力资源管理信息系统是人力资源战略规划的有效辅助工具。

一、人力资源管理信息系统的概念

人力资源管理信息系统(Human Resource Management Information System,HRMIS)是以信息技术和人力资源管理思想相结合,依靠信息技术对企业人力资源进行优化配置的一种管理方式。它是提高人力资源管理水平的一个持续渐进的过程。从某种意义上讲,人力资源管理信息系统更像是一种观念、一种思想———一种在信息技术和软件系统支持下得以体现的管理思想。拥有这种思想和观念的人是人力资源管理信息系统的神经中枢,"以人为本"的管理思想在人力资源管理信息化过程中将得到精辟的阐释。

随着互联网和信息技术的日益成熟,人力资源管理系统随着信息流的延伸或改变而突破了封闭的模式,延伸到企业内外的各个角落,使得企业各级管理者及普通员工也能参与到人力资源管理活动中,并与企业外部建立起各种联系(最典型的莫过于网络招聘),这就是eHR,即人力资源管理信息化的全面解决方案。eHR基本上是由人力资源部门的人力资源管理信息系统HRMIS和面向企业不同角色(高层管理者、直线员工、普通员工、人力资源管理者)的网络自助服务系统(self-service)两大部分组成,是对HRMIS在技术上(基于internet/intranet技术)与理念上(建立在全面人力资源管理,强调全员共同参与)的延伸。

背景资料

eHR 和 HRMIS

说起eHR,不少人会感到陌生,但说起HRMIS,想必会熟悉得多。因此我们往往就可能将eHR直接等同于HRMIS,准确地说,eHR应该是新一代的HRMIS,是用全新理念与最新技术开发的人力资源管理信息系统软件。我们习惯上把eHR写成小写"e"与大写"HR",实际上可以解释为电子化是为人力资源而服务的,电子化只是一种手段,更强调以人为中心,倡导全员自助服务等。这里的"e"应包含了两层含义:不仅仅是"Electronic"即电子化的人力资源管理,同时更重要的也是"Efficiency"即高效的人力资源管理,提高效率是eHR的根本目的,而电子化则是实现这一目的的手段。

eHR是全员的人力资源管理,传统的HRMIS是人力资源部的人力资源管理。eHR软件不仅把HR人员从行政人事事务中解放出来,更能成为HR决策以及其他企业决策的参考,也推动了全员对人力资源管理的参与与互动。eHR的特点还有就是自助化。eHR的实施,使高级的有关信息和资料可以直接传递到基层员工,利于管理和政策的实施。另外eHR可以迅速、有效的收集各种信息,加强内部的信息沟通,员工可以直接从系统中获得自己所需的各种信息,并根据相关的信息做出决策和相应的行动方案,使HR信息服务实现自助式。如企业员工可以通过一定的程序自己更新变化的个人信息,也可以在网上自助申请培训、假期、报销等日常事务。这样不仅减轻了人力资源管理人员用于数据采集、确认和更新的工作量,也保证了数据的质量和数据更新的速度。而且e-HR是完全基于Internet/Intranet的人力资源管理系统。由于Internet不受时间和地理位置的限制,企业的任何员工可以在任何时间和任何地点联入网络进行操作。同时,公司的各种政策、制度、通知和培训资料也可通过这种渠道来发布,有效地改善了公司内部沟通途径,扩展了沟通的渠道。这对传统的HRMIS是不可想象的。

(资料来源:嘉缘人才网站)

二、人力资源管理信息系统对人力资源战略规划的作用

人力资源管理信息系统可以从以下两个方面为人力资源战略规划提供支持。

（一）提高人力资源部门的工作效率

人力资源战略规划中的工作可以分为两类:一类是定性工作,指管理制度的制订、薪酬

水平的确定、绩效考核标准的确定、人力资源分析报告等,这些工作必须依据企业战略和企业文化进行,需要经过主观思考和判断才能完成;另一类是定量工作,是根据既定的制度与流程完成对客观事务的处理,如统计员工人数、年龄、学历等工作,这类工作一般是事务性工作,但又是需要经常处理的重复性工作,往往占据了人力资源管理工作的大部分时间,降低了人力资源部门的整体工作效率。人力资源管理系统可以替人力资源管理者处理定量工作,从而使人力资源管理者有充裕的时间处理定性工作,提高人力资源管理者的工作效率和质量。

(二)为人力资源战略规划提供数据和信息

通常,人力资源管理信息系统可以提供如下信息:①企业战略、经营目标及常规经营计划信息,根据这些内容可以确定人力资源战略规划的种类及框架。②企业外部的人力资源供求信息以及这些信息的影响因素。例如,外部劳动力市场上各类人员的供求状况及未来趋势,国家劳动政策法规的变化等,均对人力资源战略规划产生影响。③企业现有人力资源的信息。例如,员工数量、年龄、学历、绩效考核结果、薪酬水平等。人力资源战略规划依靠的是人力资源信息的及时更新与反馈,缺少了信息和数据的支持,人力资源战略规划将成为无源之水、无本之木。

三、人力资源管理信息系统的构成

人力资源管理信息系统是对企业人力资源进行全面管理的人和计算机相结合的系统,它综合运用各种信息技术,同时与现代化的管理理念和管理手段相结合,辅助管理者进行人力资源决策和管理,它不仅是一个技术系统,更重要的是一个管理系统。人、技术支持和组织管理理念是该系统的三个核心构成要素。

(一)人

即企业中具有专业计算机知识的人力资源管理人员,这部分人是人力资源管理信息系统的根本,他们不仅要懂较深的网络信息知识,能熟练地操作计算机,而且还必须了解本企业人力资源的结构并具有一定的管理能力,任何先进的技术和管理理念离开了能驾驭它们的人的参与和执行,其效用都将大打折扣。

(二)技术支持

人力资源管理信息系统从收集数据到数据加工、储存、传送、使用和维护都离不开信息技术的支持,缺乏有效的技术支持,系统的工作效率将难以保证,管理理念的贯彻也将失去落脚点。人力资源管理信息系统通过全面运用计算机技术、网络通讯技术、数据库技术以及运筹学、统计学、模型论和各种最优化技术,实测企业的人力资源现状并建立起企业人力资源管理专家系统,为企业提供有关人力资源问题的高质量解决方案。

(三)管理理念

人力资源管理信息系统要发挥其作用仅靠技术还不行,必须与先进的管理理念结合起来。人力资源管理的实质是将知识资源视为企业最重要的战略资源,而人力资源管理信息系统本身就渗透着知识管理的思想,其关注的是如何利用员工数据信息获得员工知识,再利用这些知识获取最大的效益,这一管理思想应贯穿于人力资源管理信息化过程的始终。

四、人力资源管理信息系统应遵循的基本原则

人力资源管理信息系统是一项庞大且复杂的系统工程,它涉及企业整体运作模式的改进与优化,企业在设计系统方案时,必须遵循一定的原则对系统进行长远规划,使系统既能适应眼前的需要又能满足企业未来发展的需求。

（一）循序渐进原则

信息系统建设宜从企业实际出发,经科学论证后以企业某一瓶颈环节为突破口,有重点分步骤地进行平铺递进式的系统开发与建设,也即从企业人力资源管理整体结构上进行设计,逐渐由抽象设计到具体设计、从概要设计到详细设计,并对设计数据进行分析,得出系统的逻辑模型,然后由逻辑模型求得最优模型,最后对这一最优模型进行渐进式的实体建设,最终在渐进中建立人力资源管理信息系统。

（二）适用性与先进性相结合的原则

采用先进的网络技术,通过智能化的网络设备及软件系统可以实现对计算机应用系统的有效控制和管理,使系统设计所采用的管理模式能较好地体现企业人力资源管理理念的科学性和先进性;同时,信息系统建设绝不能单纯追求先进而忽略适用性,只有满足自己需要的技术才是最好的技术,信息系统建设的成败并不在于是否采用了最先进的计算机技术,而在于该技术支持的系统能否为自己所用,适用性和先进性相结合的原则是信息系统建设的关键所在。

（三）领导重视原则

企业领导层的观念认同和行为示范是信息系统建设取得成功的有力保障,人力资源管理信息系统建设涉及各种高新技术的运用、企业管理理念管理方式和管理权限的变化、企业机构和岗位调整等利害问题,这就要求企业高层决策者能够从全局平衡协调并组织实施该系统。领导重视原则并非强调领导要精通该系统,而是要求领导层在整个人力资源管理信息系统建设过程中要统一目标、统一步调,确保上下贯通,有效调度建设系统的各种力量,为人力资源管理信息系统的建立和实施提供必要的权力保障。

【本章小结】

人力资源规划（HRP）,是组织在发展变化的环境中,根据自身的战略发展目标与任务的要求科学地分析与预测人力资源的供给与需求,制定必要的政策和措施,以确保组织在需要的时间和需要的岗位上获取需要的人选的过程。人力资源规划是企业战略的重要组成部分,其实质是实现组织人力资源供给和需求的平衡过程。

人力资源总体规划侧重于人力资源总的、概括性的谋略和有关重要方针、政策和原则。人力资源业务规划是总体规划的具体实施和人力资源管理具体业务的部署,包括人员补充计划、晋升计划、培训开发计划、调配计划、工资计划、退休与解聘计划、劳动关系计划等等。

人力资源规划的程序包括六个基本步骤。一是理解企业战略与经营目标,其主要工作是确认现阶段的企业战略与经营目标,明确此战略决策对人力资源规划的要求,以及人力资源规划能对战略提供的支持;二是人力资源需求预测,这一阶段的主要任务就是根据企业的发展战略规划和本企业的内外部条件选择预测技术,然后对人力需求的结构和数量、质量进行预测;三是人力资源供给预测,这一阶段的主要任务是在充分掌握信息的基础上,使用有效的预测方法,对于组织在未来某一时期的人力资源供给作出预测;四是分析人力资源供需缺口,这一阶段是把本组织人力资源需求的预测数与在同期内组织本身仍可供给的人力资源数进行对比分析;五是制定各项业务规划和政策措施,在人力资源供给预测和需求预测比较的基础上,企业就可以制定相应的政策和措施,以帮助它满足其人力资源的需要;六是实施、评估和反馈人力资源规划。

人力资源规划的核心是进行人力资源的需求和供给预测。需求预测的主要方法有经验预测法、德尔菲法、描述法、比率分析法、工作负荷法、趋势预测法和回归分析法等。常见的内部人力资源供给预测方法有人力资源盘点法、人员替代法、继任卡法、马尔可夫分析预测法。

在人力资源供需预测的基础上,要进行人力资源的综合平衡。当人力资源供需预测结果显示人员的供给过剩时,可采取裁员、减薪、减少工作时间、临时解雇、提前退休、再培训和扩大业务量等措施;当人员供给不足时,加班、临时雇用、外包、内部晋升、再培训、外部招聘和技术创新等措施实现企业员工的供需平衡。

人力资源管理信息系统(HRMIS)是以信息技术和人力资源管理思想相结合,依靠信息技术对企业人力资源进行优化配置的一种管理方式。有效的信息管理系统不但有利于企业更好地制定和执行人力资源战略规划,还有利于整个人力资源管理系统的顺利实施,可以说,人力资源管理信息系统是人力资源战略规划的有效辅助工具。

直线部门经理和人力资源部门人员在人力资源规划方面的职责分工情况如下:

	直线部门经理	人力资源部门人员
人力资源规划	1.根据企业战略目标制定本部门战术目标 2.制定本部门人力资源目标 3.收集本部门相关信息 4.预测本部门内部人力资源需求 5.预测本部门内部人力资源供应 6.分析本部门人力资源现状 7.制定本部门人力资源规划 8.实施本部门人力资源规划 9.收集本部门人力资源规划实施反馈信息	1.制定人力资源目标 2.收集信息 3.预测企业内部人力资源需求 4.预测企业外部人力资源供应 5.预测企业内部人力资源供应 6.分析企业人力资源现状 7.制定企业战略人力资源规划 8.制定企业战术人力资源规划 9.实施人力资源规划 10.收集人力资源规划实施反馈信息

【复习思考题】

1.什么是人力资源规划?简述人力资源规划的内涵。

2.简述人力资源规划的意义和内容。

3.人力资源规划的基本程序有哪些?

4.试述人力资源需求预测的步骤和方法。

5.简述人力资源供给预测的步骤和方法。

6.试述人力资源供需失衡的状态及平衡方法。

7.简述人力资源管理信息系统在人力资源规划中的地位。

8.人力资源管理者、直线管理者、最高管理层在人力资源规划中扮演什么角色?

9.简述直线部门经理和人力资源部门人员在人力资源规划中的职责分工。

【技能应用题】

1. 试结合篇首引导案例,讨论企业的人力资源规划应该如何与企业战略规划紧密结合,才能保证企业战略目标的实现。

2. 马尔柯夫法练习

根据下表内的数据,试用马尔柯夫法对某公司销售部人员明年供给情况进行预测(假设明年的人员需求数量与今年相同)

职务	现有人数	人员变动概率			
		销售经理	销售主管	业务员	离职
销售经理	10	0.7	0.1	0.0	0.2
销售主管	20	0.1	0.7	0.1	0.1
业务员	80	0.0	0.05	0.7	0.25
总人数	110	—	—	—	—
需补充人数	—	—	—	—	—

3. 某个工厂根据人力资源规划的结果,发现组织内缺乏技术工人,但却有过剩的行政管理人员,讨论可以用什么方法解决这一问题,并阐述为什么必须认真实施这些方法。

【案例分析题】

案例分析一:NFC公司面临的问题

NFC公司是一家金融机构,1985年通过兼并两家公司——一家保险公司和另一家物业公司组建而成。该公司以北方的中心城市为基地,业务分布全国各地,聘用员工1500人。

秦丹是NFC公司人力资源部经理,一年前,他被NFC公司从其竞争对手那里挖来。秦丹来到NFC公司时,公司正在为进入证券经营业务领域做准备,招聘工作就是其中一个重要的方面。然而,当招聘工作开始6个月后,这项进入证券经营业务的决策又被放弃了,原因是公司总体经营状况在滑坡,主要的经营指标与公司原先所做的预测大相径庭。

NFC公司最近刚刚完成在全国主要高等院校的招聘工作。公司已经挑选了70名优秀的毕业生,但是,由于放弃了进入证券经营业务领域的决策,NFC公司不得不作出其他令人不愉快的选择。

从某种角度看,NFC公司的困境是过去几年政府采取适度从紧的经济政策和金融领域中公司重组的结果。但从宏观上来看,采取从紧政策和公司的重组结果是令人满意的,它既有助于企业结构合理化,又有助于企业提高与外国公司竞争的能力,而且规范了交易行为,股东也感到满意。当然,对NFC公司的秦丹来说,将要应付许多棘手的问题。

秦丹感到公司现在面临的状况是,如果终止原先的招聘计划,势必损害公司的形象,不利于公司未来招聘工作的开展;而另一方面,招进这些有才能的被聘人员而长期不使用,又会导致他们的不满。虽然,终止这项招聘计划在短期内会平衡公司的财务状况,但秦丹认为这种突然变化会影响公司员工的忠诚度,因为其他公司削减了10%的人员后已出现了这种迹象。因此,在秦丹看来,公司要解决的主要问题是怎样才能尽可能地保留这些设定好的工作等待公司经营业务的回升。

三天后,公司执行委员会要召开高级管理人员会议。会议的主要内容是讨论公司人员过剩问题和寻求解决方案。秦丹接到通知要他参加会议并准备做一个发言。为了准备这个发言,秦丹回顾了在原有公司的工作经历并力图从中总结出一些经验和想法。他发现 NFC 公司和其原先服务过的公司之间有许多不同,尽管这两个公司各有自己的特点。

其中一个创意是 NFC 公司从不招聘非正式的或临时的公司员工;另一个差异是两个公司在员工培训程度上的不同。在秦丹原先服务的公司,每个员工每年至少有 40 个小时用于业务培训;而在 NFC 公司,每个员工培训的时间,每年只有 10 个小时,而且主要是入门培训。

秦丹一直在想,在当前公司紧缩人员状况下,是否还有更多的方法消化公司人员过剩,同时又能尽量多地保留工作职位的其他选择余地? 例如:工资打折休长假,停薪留职或者鼓励提前退休等。这样,就可为有才华的年轻人腾出职位,减缓公司矛盾。而且 NFC 公司在全国各地还有 14 个分公司,那里也需要增加一些员工,公司亦可在这方面作些安排和调整。

当秦丹在思考这些选择的时候,有一件事情是清楚的:他需要为参加公司执委会的会议而准备发言稿,因而必须理清这些想法的思路。

思考题:

1.该案例主要是为了说明什么?

2.如果你是秦丹的话,会怎样应付 NFC 公司所发生的变化?

3.兼并重组对企业发展有何影响?

案例分析二:"百度"的继承规划[①]

网易科技 2010 年 1 月 19 日晚间消息,百度首席运营官叶朋及首席技术官李一男在 10 天之内相继离职,业内专家洪波及谢文均认为,百度当初在引进高管时过于草率,判断有误,他们建议百度应该反思自己的高管引进机制。

1 月 18 日下午 15:30 分,百度对外发布了一份简短的声明,宣布其首席技术官李一男"因个人原因"离职。据悉,李一男离职后,将从 CTO 变为 CEO,他将出任无限讯奇公司(中国移动 12580 独家合作伙伴)的 CEO。李一男的离职,如同他 16 个月前从华为加盟百度时一样,在业内引发了轩然大波。外界开始揣测这个被捧上神坛的"技术天才"为何会离开百度。

除了李一男身上的"技术天才"光环外,外界对这起高管离职事件保持高度关注的另外一个原因是,这是百度 10 天之内发生的第二起核心高管离职。1 月 8 日,百度宣布分管销售工作的首席运营官叶朋离职。

叶朋和李一男是百度从外界引进的第一批职业经理人核心高管。百度之前的 CTO 刘建国、COO 朱洪波都来自创业团队,他们在百度上市后离开公司。现在,叶朋和李一男都分别在加入百度一年多的时候,离开了百度。

---

① 改编自熊立:"百度反思 CTO 及 COO 双双离职事件",网易科技报道。

著名互联网观察家洪波(Keso)认为,百度管理架构曾出现过一段时间真空,百度当家人李彦宏当时有些饥不择食,其引进的叶朋和李一男并非合适人选,他们在加入百度时就为今天已经发生的上任短期内离开埋下了伏笔。互联网专家谢文认为,百度在找高管方面"判断有些失误"。

洪波具体分析说,叶朋之前在摩托罗拉及苹果中国公司工作过,这些行业的特点和互联网相去甚远,要在短期内领导好搜索公司的销售团队,难度可想而知;而李一男尽管是电信技术专家,但对互联网并不熟悉,领导开发互联网技术亦有很大的挑战。"搜索的业务非常独特,大多数互联网行业之外的人很难融入进去,非互联网的人担任高管,这本身就潜伏着危机。"洪波说。李一男加盟百度之时,洪波就预言,这"不会是一个长期的安排"。

思考题:

1. 你认为这两人为什么辞职?

2. "百度"该如何进行人力资源规划以避免类似问题的发生?

3. 这两人辞职将会怎样影响该公司的短期和长期人力资源总体战略规划?

第三章　工作分析

【引导案例】

对公司不满的员工[①]

A公司是一家大型制药上市企业。该公司在2010年高薪招聘80名本科以上技术型人才,其中包括20名硕士、8名博士。招聘时A公司承诺为他们提供良好的工作环境、优越的工作条件和具有挑战性的薪水。然而工作不到一年,各类问题接踵而至:有的人抱怨专业不对口,技术优势无法发挥;有的人认为自己的才能远远超过岗位工作的要求;有的人反映工作条件并不能满足岗位工作的需要,而其他条件资源却没有被充分利用。更有甚者,在一次偶然的技术事故中,当事人以岗位说明书未注明工作风险的可能性为由,推脱责任。不满情绪和换岗要求搞得HR经理非常迷惑,而且有几位出类拔萃的优秀员工已选择离开公司。看来,工作环境、工作条件和具有挑战性的薪水并不是促使员工安心高效工作的唯一保证。

A公司出现上述问题必然导致组织效率和工作绩效的下降,而且由于优秀员工的离开,可能会导致公司核心技术、发展策略和其他重要文件的流失,给公司带来无法估量的损失;由于技术事故的发生,员工诉讼、医疗支付、赔偿和由于工作停滞发生的机会支出,同样会导致公司人力资源成本上升。A公司可能在以下三个环节出现问题:(1)招聘时没有进行以工作分析为基础的人才测试,仅仅注重了学历要求和技术背景;(2)安排工作时未充分考虑任职者的现实能力和岗位要求;(3)工作过程中没有实施以工作分析为基础的培训和绩效评估。由此看来,在这一过程中,工作分析起了关键作用。A公司应该从工作分析入手全面解决上述问题。

工作分析是人力资源管理工作中其他所有工作的基础。它主要有以下三个目的:第一,

---

① 改编自:合易人力资源管理咨询"如何进行工作分析",中国人力资源开发网,2008-9-26。

弄清楚企业的人才资源需求和能提供的条件支持;第二,明确企业中每个岗位都在做些什么工作及所处的工作状态;第三,明确这些岗位对员工有什么具体的从业要求。另一方面,工作分析的信息和结果可以被应用到各种人力资源管理实践中去。所以工作分析对人力资源管理的价值和作用不可忽视。

第一节　工作分析概述

在一个组织里,我们常常可以听见这样的说法——"这不是我的工作""那是他负责的""这根本与我无关"等。我们先抛开说话人工作推诿的可能,这样的话语其实反映了组织中的一个问题,那就是工作职责不明确,对于各个职位的任务说明不清楚,造成任职者将一些职责排除在自己的工作之外。像这样的人力资源方面的问题还有很多,比如说,为什么有些员工会觉得工作太枯燥乏味而跳槽? 为什么有些员工会"做一天和尚撞一天钟",缺乏工作积极性? 这些问题,都不是什么业务问题,但是如果它们没有得到有效的解决,将会使组织的一些工作职能没有得到充分的发挥,组织的目标不能实现,并最终影响组织绩效。要回答这些问题,就要从工作分析开始谈起。

一、工作分析概述

（一）工作分析含义

工作分析通常又称为职位分析、岗位分析,是对组织中某一特定工作或职务的任务、职责、权利、隶属关系、工作条件等相关信息进行收集和分析,做出明确规定,并确认完成工作所需要的能力和资质的过程。它是组织人力资源规划以及其他一切人力资源管理活动的基础。

通过工作分析,我们要解决以下两个主要问题:

第一,"该工作是做什么事情的?"这一问题与职位上的工作活动有关,包括职位的名称、职责、要求、工作场所、工作时间以及工作条件等一系列内容。

第二,"什么样的人来做这些事情最适合?"这一问题则与从事该职位的人的任职资格有关,包括专业、年龄、必要的知识和能力、必备的证书、工作经历以及心理要求等内容。

（二）工作分析中的术语

工作分析有许多专业术语,这些术语在日常工作中常常使用,但其确切含义并非人人都知道。以下简单介绍工作分析中的主要术语。

1.工作要素。工作中不能再继续分解的最小动作单位。例如说面试这一工作,就可以分解为发放应聘登记表、做相关记录、留存书面记录等几个工作要素。

2.任务。工作活动中为了达到某一目的的工作要素的集合。它包括实现某个目的采取的一系列工作要素。上述例子也说明了任务与工作要素的关系,其中的面试就是任务。

3.职责。一项或多项相互联系的任务集合。例如,人力资源部门的职责之一是进行工资核算。这一职责由下列任务组成:设定核算的标准,进行职位分析和职位评价,收集有关的数据,对数据进行分析以得到结果,将核算的结果报告给有关的领导。

4.职位。某一时间内担负一项或数项职责集合的某一主体。例如,办公室主任,同时担负单位人事调配,文书管理、日常行政事务处理等职责。一般来说,有多少职位就有多少任职者。职位是以工作为中心而确定的,强调的是人所担任的岗位,而不是担任这个岗位的人。每个职位都有它特定的要求和报酬。工作分析就是用于分析和认识这些要求的程序。

5.职务。一组重要责任相似的职位,根据组织规模的大小和工作性质,一种职务可以有一至多个职位。例如,行政主管、招聘主管、培训主管,这是三个不同的职位,但职务是相同的,他们都是"主管"职务。

6.职业。在不同组织、在不同时间,从事相似活动的一系列工作的总称。有时与行业混用。例如,教师、工程师、工人、农民等等都是职业。

7.工作族。又称工作类型,是指两个或两个以上的职业相似的一组工作。例如:文字工作、体力工作等等都是工作族。

工作术语之间的关系如图 3-1 所示。

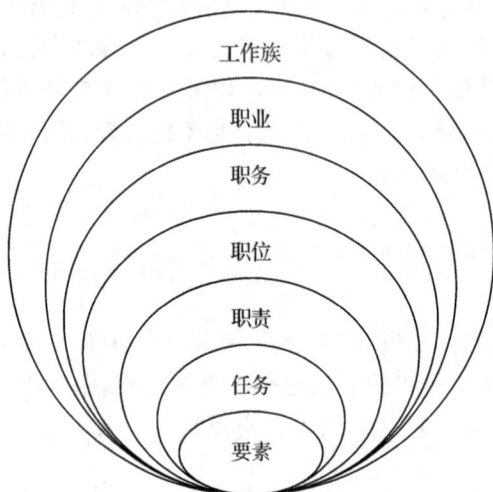

图 3-1　工作相关术语的关系

背景资料

中华人民共和国职业分类大典

《中华人民共和国职业分类大典》是由劳动和社会保障部、国家质量技术监督局、国家统计局联合组织编制的。中央、国务院 50 多个部门以及有关研究机构、大专院校和部分企业的近千名专家学者参加了《中华人民共和国职业分类大典》的编制工作。《中华人民共和国职业分类大典》编制工作于 1995 年初启动,历时 4 年,1999 年初通过审定,1999 年 5 月正式颁布,《中华人民共和国职业分类大典》把我国的职业归为 8 个大类,66 个中类,413 个小类,1838 个(细类)职业,并在 2005 年新增 77 个职业,2006 年新增 82 个职业,2007 年在保持《大典》基本结构和分类原则不变的情况下新增 31 个职业,2008 新增 8 个职业,2009 年新增 8

个职业。其中八个大类分别是：第一大类，国家机关、党群组织、企业、事业单位负责人；第二大类，专业技术人员；第三大类，办事人员和有关人员；第四大类，商业、服务业人员；第五大类，农、林、牧、渔、水利业生产人员；第六大类，生产、运输设备操作人员及有关人员；第七大类，军人；第八大类，不便分类的其他从业人员。

二、工作分析的作用

工作分析是所有人力资源职能的基础，在履行许多其他人力资源职能之前必须进行工作分析。例如，除非招募者了解工作的要求并对其进行沟通，否则就不可能进行有效的招募。类似地，没有清楚地对工作进行定义就设计基本工资制度是不可能的。

1. 工作分析是人力资源规划的基础。组织内任何的工作职务都是根据组织的需要来设置的，每项工作的责任的大小、任务的轻重、时间的约束、工作条件的限制等因素决定了所需的人力资源。工作分析可以通过对各部门内各项工作的分析，得到各部门的人员编制，继而得到组织的人力资源的需求计划。另外，通过工作分析可以将相近的工作归类，合理安排，裁减员工，统一平衡供求关系，从而提高人力资源规划的质量。

2. 工作分析有助于选拔和任用合格人员。选拔和任用基本上是把个人与工作进行恰当匹配的过程。要使这个过程获得成功，就必须清楚和准确地了解工作及其要求。工作分析确定了不同技能和能力的重要性。一旦完成了工作分析，就可以更客观地对各种候选人进行比较。

3. 工作分析有助于设计积极的员工培训开发计划。如果不能清楚地理解工作要求，就不能有效地完成上岗引导。在告诉一个新员工怎样进行工作之前，必须清楚地对工作的职责和责任进行定义。同时，工作分析影响培训的许多方面。只有通过工作分析确定了工作的具体要求之后，才能决定一个当前或潜在的工作承担者是否需要进一步的培训。同样，培训目标的确立也依赖于工作分析。工作分析的另一个与培训有关的用途是帮助确定出现问题是由于需要培训还是由于其他某种原因。此外工作分析也有助于推动职业发展咨询，当管理者和人力资源专业人员对组织中的不同工作完全理解时，他们就能对员工的职业发展提出更好的建议。同样，当员工理解其他工作的确切要求时，他们对自己的职业选择就能做出更好的评价。

4. 工作分析可以为绩效评估提供标准和依据。绩效评估的目的是评价一个员工在工作中的绩效。透彻地理解员工应该确切地做什么是一个先决条件，只有在这之后才能对个人的绩效如何做出公正的评价。

5. 工作分析有助于实现公平报酬。恰当的工作分析有助于确保员工获得对他们工作的公正报酬。工作分析是通过确定工作的难度水平、职责和责任，以及完成工作所需的技能和能力，来确定一项工作的相对价值的第一步。一旦一项工作相对于其他工作的价值被确定下来，企业就可以确定一个公正的工资或薪水细目表。

6. 员工安全。彻底的工作分析常常揭示与工作相联系的不安全做法和（或）环境条件。把重点准确地集中在如何做一项工作上通常能揭示所有不安全的程序。

工作分析对于人力资源部门的各种活动来说显然是非常重要的，不仅如此，它对于直线管理人员来说也是十分重要的。工作分析对于直线管理者的重要性基于以下几点：

首先,管理者为了理解工作的流程,就必须掌握与自己所管理的工作群体中的所有工作有关的详细信息。如果某位直线管理人员决定对工作的某些方面进行再设计,从而提高工作的效率或有效性,那么对于工作流程的理解也同样是非常必要的。

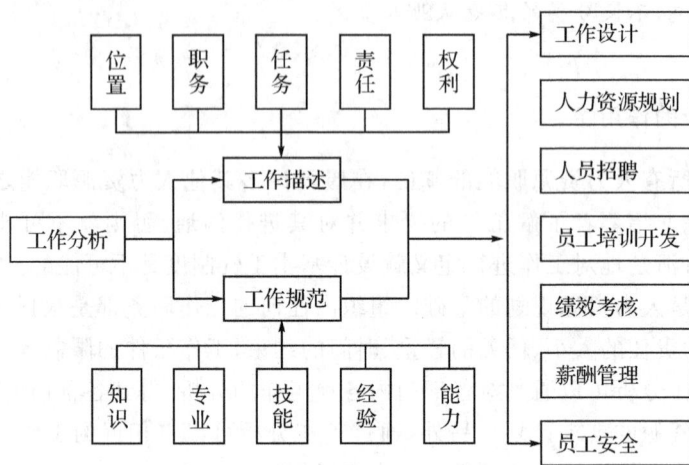

图 3-2   工作分析的基础地位

其次,管理者还需要通过了解工作要求来做出明智的雇用决策。人员的雇用很少是在没有直线管理者参与的情况下由人力资源部门单独来完成的。管理者们需要经常对相关的求职者进行面试,并且向人力资源部门提供建议,指出谁应当得到这份工作。如果直线管理者并不了解在这份工作中需要完成的任务以及完成这些任务需要具有的技能,结果就有可能导致直线管理人员"喜欢"的人却并不一定是具备完成工作所需要的能力的人。

最后,一位直线管理者还应当负责确保每一位雇员令人满意地(或更好地)完成工作。而这就要求管理者能够对每个人目前的绩效状况进行评价,并且向那些需要提高绩效的员工提供反馈。这同样要求管理者必须清楚地知道每一种工作所需完成的任务。

第二节   工作分析的组织与实施

工作分析是一个对工作职位进行全面评估的过程。工作分析需要考虑到方方面面,如组织结构、流程、职位的功能、工作的内容、在流程中的节点位置、在组织中的作用、工作的认知资格等。同时,工作分析也需要满足一些条件,如高级管理人员的支持、业务部门的配合、有一定的项目经费、有受过专业训练的工作分析人员、选择符合要求的分析方法等。

一、工作分析过程

工作分析是一个全面的评价过程,这个过程可以分为四个阶段:准备阶段、调查阶段、分析阶段和完成阶段,这四个阶段关系十分密切,它们相互联系、相互影响(见图 3-3)。

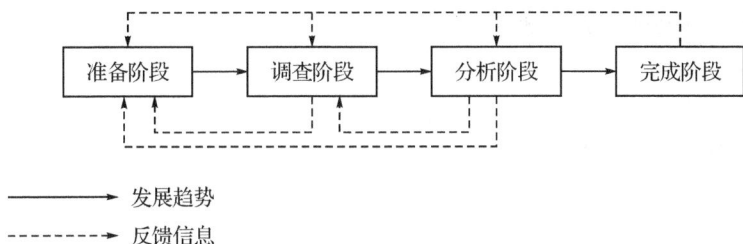

图 3-3　工作分析各个阶段的关系[①]

(一)准备阶段

准备阶段是工作分析的第一阶段,主要任务是了解情况,确定样本,建立关系,组成工作小组。具体工作如下:(1)制定工作分析计划,明确工作分析的意义、目的、方法、步骤;(2)向涉及工作分析的工作人员(如人力资源部工作人员等)及参加工作分析的各职位代表宣传、解释工作分析的作用、意义;(3)和与工作分析有关系的员工建立良好的人际关系,并使他们作好良好的心理准备;(4)组成工作小组,分工负责与协作,制定工作进度表;(5)确定调查和分析对象的样本,同时考虑样本的代表性,其代表性体现在纵横关系上。以销售经理为例,一方面企业内部对销售经理的工作内涵比较了解,易发表意见;另一方面几乎每个竞争者都有相同的职位,那么通过纵横两方面衡量、比较,就容易确定该销售经理在企业内工作分析的具体参数;(6)把各项工作分解成若干工作元素和环节,确定工作的基本难度。工作难度的系数要根据该职位的公司定位、以往业绩与目标资料、外界变革情形等动静态因素而定。同样以销售经理为例。假如在一家传统的化工行业,难度系数就较低,因为该职位可能从企业成立开始就有,积累了很多原始资料(如岗位职责、业绩考核、技能要求等),且同行很多,易找到有价值的相关资料做分析。但假如是网络公司销售经理的工作分析,难度系数就大了。因为不同的网络公司商业模式是不一样的,有些网络公司的销售经理只是负责采集信息而已,而现在运营好的网络公司是要求有盈利的,销售经理的任务不再只是提高点击率,而是提高公司效益。但目前绝大部分网络公司是亏损的,且没有原始资料供参考。即使是该公司总经理,也未必对如何胜任销售经理有成熟的想法。如何把销售经理的职责由提高点击率换为提高效率就成为该职位工作分析的核心问题,可想而知其难度系数之大了。

小案例

某公司工作分析计划

为了提高企业人力资源管理工作的有效性和可靠性,为了有效地在下季度实施企业招聘计划,同时为了能够圆满完成今年的薪酬政策、激励政策和培训政策的调整工作,使人力资源管理职务适应企业的发展趋势,特计划在 2000 年 3 月份对企业某些部门重新进行工作分析,具体计划如下:

1.进行工作分析的职务

(1)行政部行政文员;

(2)市场部销售经理;

---

① 胡君辰、郑绍濂主编:《人力资源开发与管理》(第三版),复旦大学出版社,2006。

(3)企业发展部公共关系经理。

2.工作分析样本

(1)行政部行政文员王娜;

(2)市场部销售经理郭超;

(3)企业发展部公共关系经理王素超。

3.工作分析方法的选择

由于各样本的职位性质不同,特采用不同的工作分析方法:

(1)行政部行政文员:以问卷调查法、观察法、参与法相结合。

(2)市场部销售经理:以问卷调查法、面谈法相结合。

(3)企业发展部公共关系经理:以问卷调查法、面谈法、职位表演法相结合。

4.工作分析的步骤及时间安排

3月10日:召集相关人员进行座谈,宣传并解释工作分析的目的、意义、作用及注意事项。

3月11日至3月12日:职位分析小组成员分别进行工作分析设计。

3月14日至15日:小组成员分别具体实施工作分析方案,收集职位信息。

3月16日:小组成员分别进行职位信息分析。

3月17日:小组成员分别编写工作描述和工作资格要求初稿。

3月18日:小组成员对信息分析和编写的文件初稿进行相互讨论。

3月19日:将工作描述和工作资格要求与相关部门经理进行讨论。

3月20日:召集相关人员进行座谈,对工作描述和工作资格要求进行最终定稿。

5.工作分析小组构成

组长:许瀛丹(常务副总经理);

副组长:贾文豪(人力资源部经理);

成员:张立立(人力资源部招聘专员),霍金曼(人力资源部薪酬专员)。

人力资源部
2000年2月25日

(摘自王玺、王东旭、仇丽娜:《职位分析与职位评价实务》,中国纺织出版社,2004)

(二)调查阶段

调查阶段是工作分析的第二阶段,主要任务是对整个工作过程、工作环境、工作内容和工作人员等主要方面作一个全面的调查,具体工作如下:

1.编制各种调查问卷和提纲。

2.灵活运用各种调查方法,如面谈法、问卷法、观察法、工作日记法、参与法、关键事件法等。

3.广泛收集有关工作的特征以及需要的各种数据,如规章制度、员工对该岗位的认识等。

4.重点收集工作人员必需的特征信息,作出等级评定。如对某宾馆的工作进行分析,首先让所有参加者按其个人理解提出胜任工作的要素,可能有几十项,如年龄、相貌、态度等在此基础上按比较一致的要求列出来,再在此基础上分别给以一定的权数,如服务员年龄占第一位、相貌次之、态度再次之。

（三）分析阶段

分析阶段是工作分析的第三阶段，主要任务是对有关工作特征和工作人员特征的调查结果进行深入全面的分析。具体工作如下：

1.仔细审核已收集到的各种信息。

2.创造性地分析、发现有关工作和工作人员的关键成分。仍以销售经理为例，有些企业认为销售经理的主要工作是"推"与"销"，有些企业想到了市场的策划、定位、细分与售后服务，更有些企业想到了销售经理应注重企业文化的对外传递、品牌的附加值、创造和挖掘客户的潜在渴求等。对销售经理的"定位"不同，其关键成分就大相径庭。

3.归纳、总结出工作分析的必需材料和要素。在调查的基础上已经有了很多数据，对每个数据所占的百分比及重要权数进行排列，就得出两个数据，一是评价工作的要素，二是各要素所占的权数（如年龄占15％、相貌占13％、态度占25％等）

（四）完成阶段

完成阶段是工作分析的最后阶段，前三个阶段的工作都是为了达到此阶段作为目标的，此阶段的任务就是根据规范和信息编制"工作描述"和"工作规范"，最后形成工作说明书。

1.召集整个调查中所涉及的基层管理者及任职人员，讨论由工作分析人员制定的工作描述和工作规范是否完整、准确。

2.召开工作说明书的检验会时，将工作描述和工作规范初稿复印，分发给到会的每位人员。

3.讨论、斟酌工作描述和工作规范中的每一行，甚至每个词语，由工作分析人员记下大家的意见。

4.根据讨论的结果，最后确定一份详细的、准确的工作说明书。

二、工作分析方法

在实践中，进行职位分析有很多种方法，这主要是针对搜集与职位有关的信息而言的，要收集大量有效的相关工作信息，常用的方法有观察法、访谈法、问卷法、工作日志法。

（一）观察法

观察法是一种相对简单明了的工作分析方法。它可以单独使用，也可以与其他工作分析方法一起使用。运用观察法时，进行分析的人员观察正在工作的一个或几个人，并且记下对工作进行描述的相关记录。这种信息包括做了什么、怎么做的、用了多长时间、工作环境怎样和使用了什么工具这样的内容。

观察法经常使用动作研究和时间研究方法。动作研究涉及确定完成一项任务或工作的最有效方法。从基本方面来看，动作研究涉及确定完成一项任务或工作所必需的动作，然后，设计出使这些动作结合到一起的最有效方法。时间研究是分析工作或任务，以便确定完成这些工作或任务所需要的工作要素、这些要素发生的先后顺序及有效地完成它们所需要的时间。时间研究的目的是确定处于平均水平上的人员完成所研究的工作或任务应该花费多长时间。

1.观察法的优点

（1）全面性。观察法要求工作分析人员对各种有代表性的作业条件下的各种有代表性的作业活动作普遍观察，因此，通过观察，工作分析人员能够比较全面地了解工作要求，观察法特别适用于那些主要运用体力活动来完成的工作。

(2)手段多样,效率较高。在观察分析中,工作分析人员可以深入到工作现场,借助于感官对某些特定对象的作业活动进行直接观察,观察人员还可以借助于各种测量仪器和记录设备,比如声级计、照度计、照相机、录音机、摄像机等,以提高观察的精确度和效率。

2.观察法的缺点

观察法经常使用的是动作研究和时间研究,通常只能用于分析存在大量重复而且操作重复期较短的体力操作,因此它的局限性也十分明显。

(1)适用范围具有一定的局限性。适合于以外显动作为主的职务,对于脑力劳动成分比较高的职务,效用不大;适合于活动范围不大的职务,对于活动范围很大的职务,由于分析工作所消耗的人力、物力和时间较大,难度也较大;对于在一些特设环境中活动的职务,难以运用观察法进行分析。

(2)难以获得任职者的合作。对于一些任职者来说,会产生心理抗拒,他们会觉得自己受到监视或威胁,同时,也可能造成动作变形。

(3)难以得到有关任职者资格要求的信息。

(4)观察者必须经过认真的培训,才能知道应该观察什么和记录什么。

在运用观察法时,职位分析人员应事先准备好观察表格(见表3-1),以便随时进行记录。条件好的企业,可以使用摄像机等设备,将员工的工作内容记录下来,以便进行分析。另外要注意的是,有些观察工作行为要有代表性,并且尽量不要引起被观察者的注意,更不能干扰被观察者的工作。

表 3-1　工作分析观察提纲(文员岗位)[①]

被观察者姓名		日期	
观察者姓名		观察时间	
工作类型		工作部门	

观察内容:

1.什么时候开始正式工作?＿＿＿＿＿＿

2.上午工作多少小时?＿＿＿＿＿＿

3.上午休息几次?＿＿＿＿＿＿

4.第一次休息时间从＿＿＿＿＿到＿＿＿＿＿

5.第二次休息时间从＿＿＿＿＿到＿＿＿＿＿

6.完成多少任务(接听电话、打字、复印、会议记录、接待客人)＿＿＿＿＿＿

7.平均多少时间完成一件任务＿＿＿＿＿＿

8.与同事交谈几次＿＿＿＿＿＿

9.每次交谈约＿＿＿＿＿分钟

10.工作中遇到什么困难?＿＿＿＿＿＿

11.全天出现几次差错?＿＿＿＿＿＿

12.下午工作多少小时?＿＿＿＿＿＿

13.有无向领导汇报工作?＿＿＿＿＿＿

14.工作时间离开办公室外出几次?＿＿＿＿＿＿

15.外出时间共多少?＿＿＿＿＿＿

16.外出原因?＿＿＿＿＿＿

---

① 王玺、王东旭、仇丽娜:《职位分析与职位评价实务》,中国纺织出版社,2004。

(二)访谈法

访谈方法要求工作分析人员会见工作承担者并对其进行访谈。访谈通常是在工作场所中进行的。它可以是结构化的,也可以是非结构化的。非结构化的访谈没有确定的提问清单或事先计划好的程序,随着访谈的展开程序逐步呈现。结构化的访谈遵守一个事先安排好的程序,它具有确保访谈涵盖工作的所有相关方面的优点,也使得对从做相同工作的不同人中得到的信息进行比较更加容易。

1.访谈法的优点

(1)双向沟通。访谈法是一种双向沟通,便于向任职者解释工作的必要性和功能,同时也有助于与任职者的沟通,消除其工作压力。

(2)具体准确。一般来说,任职者对于自己工作的特征最为熟悉,也最有发言权,由任职者本人描述工作内容,具体而准确。

(3)广泛深入。访谈过程如果能够得到访谈对象的合作,可以对工作者的工作态度与工作动机等深层次的信息有比较详细的了解,作为一种运用最为广泛的职务分析方法,访谈法能够简单而迅速地收集多方面的工作信息。

2.访谈法的缺点

(1)技巧要求高。访谈者的技巧,直接关系到访谈的效果。访谈员要有多方面的知识和能力,需要经过专门的训练。

(2)在访谈过程中容易受到任职者个人因素的影响,导致收集的信息有误差。

(2)工作成本高。访谈法比较费时,前期准备工作要花一定的精力。

3.运用访谈法的注意事项

(1)培训访谈者,以便对访谈术语和回答提问有系统认识。

(2)事先沟通,应在访谈前三天通知访谈对象,使其对工作内容有时间总结回顾。

(3)信息确认,访谈过程中,访谈者应就对象提供的信息及时要求其确认,访谈结束后,所有的信息要点都必须得到提供者认可。

表 3-2 工作分析面谈问题样本[①]

(1)请问你的姓名、职位名称、职位编号是什么?

(2)请问你在哪个部门工作? 你的部门经理是谁? 你的直接上级是谁?

(3)请问你主要做哪些工作? 可以举一些实例。

(4)请你尽可能详细地讲讲你昨天一天的工作内容。

(5)请问你对哪些事情有决策权? 哪些事情没有决策权?

(6)请讲讲你在工作中需要接触哪些人?

(7)请问你需要哪些设备和工具来开展你的业务? 其中哪些是常用的? 哪些只是偶尔使用,你对目前的设备状况满意吗?

(8)请问你在人事审批权和财务审批权方面有哪些职责? 可以举些实例。

(9)请问你做好这项职位需要什么样的文化水平? 需要哪些知识? 需要什么样的心理素质?

(10)你觉得目前的工作环境如何? 是否还需要更好的环境? 你希望哪些方面得到改善?

(11)你的工作对体质有什么要求?

---

① 王玺、王东旭、仇丽娜:《职位分析与职位评价实务》,中国纺织出版社,2004。

续表

(12)你的工作对个人的性格和能力有什么要求？
(13)你的工作对身体和健康的影响如何？
(14)你觉得该工作的价值和意义有多大？
(15)你认为怎样做才能更好地完成工作？
(16)你还有什么要补充的？

（三）问卷法

工作分析问卷法是让有关人员以书面形式回答有关职位问题的调查方法。工作分析问卷通常有三到五页长，包括客观性和开放式问题。针对现存的工作，由任职者填写问卷，让主管人员来检查，然后把它返回给工作分析人员。如果被分析的是新工作，问卷通常要交给将监督担任这项新工作的员工的管理者。如果被分析的工作是空缺的，但与这个组织中的另一项工作完全相同，问卷将由这项相同工作的任职者来填写。

1.问卷法的优点

(1)可以在短时间内从众多任职者那里收集所需的信息资料，不像访谈法那么费时费力；

(2)可在生产和工作时间之外填写，不影响正常工作；

(3)调查范围广，可用于多种目的、多种用途的职务分析；

(4)比较而言，它更适用于收集管理型工作的信息。

2.问卷法的缺点

(1)问卷编制的技术要求较高，其设计难度较大，需要进行反复测算，所花成本费用较高。

(2)不同任职者因对问卷中同样问题理解的差异，会产生信息资料的误差，进而偏离职位分析的目标。

(3)问卷的回收率通常偏低，偏低的回收率既与被调查者的配合态度有关，也与问卷的编制有关。

(4)它的具体形式限制了其使用范围，只适宜于对文字有理解能力并有一定表达能力的人。

问卷法是一种应用非常普遍的工作分析方法，所用的问卷表主要有两种：一种是一般工作分析问卷表，这种表的内容具有普遍性，适用于各种职务(如表 3-3)；另一种是指定工作分析问卷表，是专门为特定的工作职务设计的(见表 3-4)。

表 3-3　一般工作分析问卷(部分)

1.职位名称				
2.比较适合任此职位的性别是(　)				
A.男性	B.女性	C.男女均可		
3.最适合任此职位的年龄是(　)				
A.20 岁以下	B.21～30 岁	C.31～40 岁	D.41～50 岁	E.51 岁以上
4.能胜任此职位的文化程度是(　)				
A.初中以下	B.高中、中专	C.大专	D.本科	E.研究生以上
5.此职位的工作地点在(　)				
A.本地市区	B.本地郊区	C.外地市区	D.外地郊区	E.其他

6. 此职位的工作主要在( )(指 75% 以上时间)

    A. 在室内   B. 在室外   C. 室内外各一半

7. 任此职位者的一般智力最好在( )(见前述)

    A. 90 分以上   B. 70~89 分   C. 30~69 分   D. 10~29 分   E. 9 分以下

8. 此职位工作信息来源主要是( )

    A. 书面材料(文件、报告、书刊杂志、各种材料等等);

    B. 数字材料(包含各种数据、图表、财务数据的材料);

    C. 图片材料(设计草图、照片、X 照片、地图等等);

    D. 模型装置(模型、模式、模板等等);

    E. 视觉显示(数字显示、信号灯、仪器等等);

    F. 测量装置(气压表、气温表等各种表具);

    G. 人员(消费者、客户、顾客等等)。

表 3-4 指定工作分析问卷(推销员)[①]

    说明以下职责在你工作中的重要性(最重要的打 10 分,最不重要的打 0 分,标在右侧的横线上)。(部分)

1. 和客户保持联系＿＿＿＿＿＿＿＿＿＿＿＿＿＿＿＿＿＿＿＿＿＿＿

2. 接待好每一个客户＿＿＿＿＿＿＿＿＿＿＿＿＿＿＿＿＿＿＿＿＿＿

3. 详细介绍产品的性能＿＿＿＿＿＿＿＿＿＿＿＿＿＿＿＿＿＿＿＿＿

4. 正确记住各种产品的价格＿＿＿＿＿＿＿＿＿＿＿＿＿＿＿＿＿＿＿

5. 拒绝客户不正当的送礼＿＿＿＿＿＿＿＿＿＿＿＿＿＿＿＿＿＿＿＿

6. 掌握必要的销售知识＿＿＿＿＿＿＿＿＿＿＿＿＿＿＿＿＿＿＿＿＿

7. 善于微笑＿＿＿＿＿＿＿＿＿＿＿＿＿＿＿＿＿＿＿＿＿＿＿＿＿＿

8. 送产品上门＿＿＿＿＿＿＿＿＿＿＿＿＿＿＿＿＿＿＿＿＿＿＿＿＿

9. 参加在职培训＿＿＿＿＿＿＿＿＿＿＿＿＿＿＿＿＿＿＿＿＿＿＿＿

10. 把客户有关质量问题反馈给有关部门＿＿＿＿＿＿＿＿＿＿＿＿＿＿

11. 准备好各种推销工具＿＿＿＿＿＿＿＿＿＿＿＿＿＿＿＿＿＿＿＿

12. 每天拜访预定的客户＿＿＿＿＿＿＿＿＿＿＿＿＿＿＿＿＿＿＿＿

13. 在各种场合推销本企业产品＿＿＿＿＿＿＿＿＿＿＿＿＿＿＿＿＿

14. 讲话口齿清楚＿＿＿＿＿＿＿＿＿＿＿＿＿＿＿＿＿＿＿＿＿＿＿

15. 思路清晰＿＿＿＿＿＿＿＿＿＿＿＿＿＿＿＿＿＿＿＿＿＿＿＿＿

16. 向经理汇报工作＿＿＿＿＿＿＿＿＿＿＿＿＿＿＿＿＿＿＿＿＿＿

17. 每天总结自己的工作＿＿＿＿＿＿＿＿＿＿＿＿＿＿＿＿＿＿＿＿

18. 每天锻炼身体＿＿＿＿＿＿＿＿＿＿＿＿＿＿＿＿＿＿＿＿＿＿＿

19. 和同事保持良好关系＿＿＿＿＿＿＿＿＿＿＿＿＿＿＿＿＿＿＿＿

20. 自己设计一些小型促销活动＿＿＿＿＿＿＿＿＿＿＿＿＿＿＿＿＿

21. 不怕吃苦＿＿＿＿＿＿＿＿＿＿＿＿＿＿＿＿＿＿＿＿＿＿＿＿＿

① 胡君辰、郑绍谦主编:《人力资源开发与管理》(第三版),复旦大学出版社,2006。

此外职位分析问卷法(PAQ)也是使用较为广泛的有相当信度的工作分析方法。它是1972年由普渡大学教授麦克考密克(E.J.McComick)开发出的结构化的工作分析问卷。PAQ研究设计者最初的设计理念主要有以下两点：开发一种通用的、以统计分析为基础的方法来建立某职位的能力模型，以淘汰传统的测验评价方法；运用统计推理的方法进行职位间的评价，以确定相对报酬。此后，在PAQ的运用中，研究者发现PAQ提供的数据同样可以作为其他人力资源功能板块的信息基础，例如工作分类、人职匹配、工作设计、职业生涯规划、培训、绩效测评以及职业咨询等。这些运用范围的扩展，表明PAQ可以运用于建设企业职位信息库，以整合基于战略的人力资源信息系统，事实上在国外PAQ的这种战略用途已经得以证明，取得很好的效果。工作分析问卷的主要优点是能被用来分析几乎任何种类的工作，而且也相对容易使用。主要缺点是问卷太长。

（四）工作日志法

工作日志法是由任职者按时间顺序，详细记录自己在一段时间内的工作内容与工作过程，经过归纳、分析，达到工作分析的目的的一种工作分析法。日志的形式可以是不固定的，也可以由组织提供统一的格式。

1.工作日志法的优点

（1）信息可靠性较高。由于是由职位上的任职者自己进行的工作记录，记录的内容会比较真实和详细，因此，工作日志法具有可靠性的优点，往往适用于确定有关工作职责、工作内容、工作关系、劳动强度方面的信息。

（2）费用较低。由于是由职位上的任职者自己进行的记录，所需费用也较低。

2.工作日志法的缺点

（1）适用范围较窄。不适用于工作循环周期长、工作状态不稳定的职位。

（2）存在信息失真的可能性。由于工作日志法是由工作任职者自行填写的，任职者可能更注重工作过程，而对工作结果的关心程度不够。

（3）对任职者的要求较高，任职者必须完全了解工作职务的情况和要求。

（4）这种方法的信息整理工作量大，归纳工作繁琐。

一般来说，在用于工作分析时，工作日志法很少作为唯一的、主要的信息收集技术，常常要与其他方法相结合。实际工作中，工作分析人员通常会将组织已有的工作日志作为问卷设计、准备访谈或者对某一项工作做初步了解的文献资料来源。

三、工作分析结果

工作分析通过对工作信息的收集、整理、分析与综合，其成果是形成工作说明书，工作说明书的主要内容：一是工作描述，主要对职位的工作内容进行概括，包括工作的目的、职责、任务、权限、业绩标准、职位关系、工作的环境条件、工作的负荷等；二是工作规范，是工作的任职资格要求，主要对任职人员的标准和规范进行概括，包括该职位的行为标准，胜任职位所需要的知识、技能、能力、个性特征以及对人员的培训需求等内容。工作说明书的这两个部分并非简单的罗列，而是通过客观的内在逻辑形成一个完整的系统。

（一）工作描述

工作描述，又称职位描述或岗位描述，是对职位本身的内涵和外延加以规范的描述性文件。它以书面的形式解释一项工作叫什么、要做什么、在哪里做和怎样做。

虽然工作描述的格式在不同情况下多少有些变化,但大多数工作描述都包含下面这些内容,见表 3-5。

表 3-5　工作描述的内容[①]

分类	内容项目	项目内涵	应用目标
核心内容	工作标识	工作名称、所在部门、直接上级职位、薪点范围等	
	工作概要	关于该职位的主要目标与工作内容的概要性陈述	
	工作职责	该职位必须获得的工作成果和必需担负的责任	
	工作联系	该职位在组织中的位置	
选择性内容	工作权限	该职位在人事、财务和业务上做出决策的范围和层级	组织优化、职位评价
	履行程序	对各项工作职责的完成方式的详细分解与描述	绩效考核、上岗引导
	工作范围	该职位能够直接控制的资源的数量和质量	管理人员的职位评价、上岗引导
	职责量化信息	职责的评价性和描述性量化信息	职位评价、绩效考核
	工作条件	职位存在的物理环境	职位评价
	工作负荷	职位对任职者造成的工作压力	职位评价
	工作领域特点		上岗引导/职位评价

工作描述包括核心内容和选择性内容,前者是任何一份职位描述都必须包含的部分,这些内容的缺失,会导致我们无法对本职位与其他职位加以区分;后者并非是任何一份职位描述所必需的,而可由职位分析专家根据预先确定的职位分析的具体目标或者职位类别,有选择性的进行安排。

1.核心内容

(1)工作标识。工作标识是关于职位的基本信息,是一个职位区别于其他职位的基本标志。通过工作标识,可以向职位描述的阅读者传递关于该职位的基本信息,使其能够获得对该职位的基本认识。

(2)工作概要。工作概要又称为工作目的,是指用非常简洁和明确的一句话来表述该职位存在的价值和理由。

(3)工作职责。所谓工作职责主要指该职位通过一系列什么样的活动来实现组织的目标,并取得什么样的工作成果。它是在前面的工作标识与工作概要的基础上,进一步对职位的内容加以细化的部分。一般说来,职责描述应遵循以下书写规则:

①必须采用"动词+名词+目标"或者"工作依据+动词+名词+目标"的书写格式。

②必须尽量避免采用模糊性的动词,如"负责"、"管理"、"领导"等。

③必须尽量避免采用模糊性的数量词,如"许多"、"一些"等,而尽可能表达为准确的数量。

④必须尽量避免采用任职者或其上级所不熟悉的专业术语,尤其要尽量避免采用管理学专业的冷僻术语,如确实有采用术语的必要,须在职位说明书的附件中予以解释。

⑤当其存在多个行动和多个对象时,如果行动动词和对象之间的关系会引起歧义,需要

进行分别表述。

（4）工作联系。职位描述中所提到的工作联系主要包括两部分：一部分是该职位在组织中的位置；另一部分是该职位任职者在工作过程中，与组织内部和外部各单位之间的工作联系，包括联系的对象、联系的方式、联系的内容和联系的频次等。

2.选择性内容

（1）工作权限。工作权限是指根据该职位的工作目标与工作职责，组织赋予该职位的决策范围、层级与控制力度。该项目主要应用于管理人员的职位描述与职位评价，以确定职位"对企业的影响大小"和"过失损害程度"，另一方面通过在职位说明书中对该职位拥有的工作权限的明确表达，可以进一步强化组织的规范化、提升任职者的职业化意识，并有助于其职业化能力的培养。

职位描述中的工作权限往往并非来自于对工作本身的分析，一些企业通常会有《分权手册》以明确不同岗位的职权大小。在实际的职位分析操作中，工作权限一般包括三个部分：人事权限、财务权限和重大的业务权限，其分别和《分权手册》中的人事管理分权、财务管理分权、业务与技术管理分权等不同板块相对应。

（2）工作范围。所谓工作范围是指该职位的任职者所能掌控的资源数量和质量，以及该职位的活动范围，它代表了该职位能够在多大程度上对企业产生影响，在多大程度上能够给企业带来损失。

（3）业绩标准。业绩标准又称为"业绩变量"，是在明确界定工作职责的基础上，对如何衡量每项职责的完成情况的规定。它是提取职位层级的绩效考核指标的重要基础和依据，在以考核为导向的职位描述中，业绩标准是其所必须包含的关键部分。但是，业绩标准不是简单地等同于绩效考核中的考核指标，它主要是告诉我们应该从哪些方面和角度去构建该职位的考核指标体系，而没有提供具体的操作性的考核指标。

（4）工作环境条件。工作环境条件主要是针对操作工人的职位描述，其目标是界定工作的物理环境在多大程度上会对工人造成身体上的不适或者影响其身体健康。在制造类企业中，这一部分内容是传统的"工作分析"的核心内容。随着后工业化时代的到来，该部分已经逐步丧失了其传统的地位，尤其是针对管理人员和专业人员的职位分析，对"工作环境"的界定已无实际的意义

（5）工作压力因素。工作压力因素主要指由于工作本身或工作环境的特点给任职者带来压力和不适的因素。在众多的工作压力因素中，我们主要关注工作时间的波动性、出差时间的百分比、工作负荷的大小这三个方面的特征。并且，这些特征在职位描述中都将其划分为若干等级，进行等级评定，从而为职位评价直接提供信息。

（二）工作规范

工作规范是对任职者任职资格的文字描述，是指为了保证工作目标的实现，任职者必须具备的知识、技能与能力要求。工作规范说明了职位对任职者在教育程度、工作经验、知识技能、身体素质、个性特征等方面的最低要求。

工作规范中任职资格可以区分为显性任职资格和隐性任职资格。任职资格组成部分及其与工作的内在关系如图3-4所示。

1.显性任职资格

显性任职资格是指可通过检验、测量和审查等方法来进行证明或衡量，具有很高准确性

的人员特征。主要包括身体素质、教育程度、工作经验、工作知识、工作技能等方面。

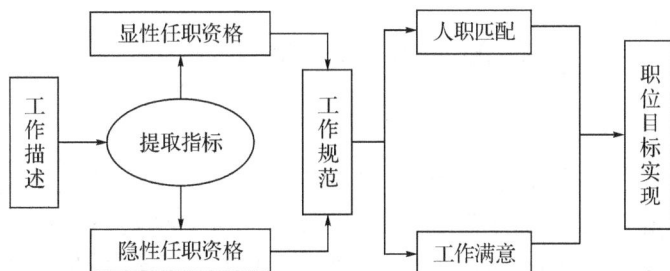

图 3-4 任职资格的组成及其与工作的内在关系[①]

（1）身体素质

身体素质是人先天的形状和能力的物理状况。最基本的要求是身体健康状况,有时一些特殊工作也要求身高尺寸、体型、力量大小、耐力等因素。例如,对安检执勤人员要求"能经常举起 30 公斤以上的重物"和"能够连续站立 2 个小时"。

（2）教育程度

教育程度是指岗位所需的接受教育的程度。最常见的是通过任职者完成正规教育的年限与专业来表述。例如,对人力资源部经理的教育程度的要求是"大学本科毕业,人力资源管理或工商管理专业"。

（3）工作经验

工作经验是指任职者所需的工作经历,它可以通过工作年限和所从事的具体工作来表述。例如,对人力资源部经理要求"5 年以上人力资源相关工作经验,3 年以上管理工作经验"等。

（4）工作知识

工作知识是指任职者在其关键工作领域拥有的事实型与经验型信息,它包括任职者通过学习、以往的经验所掌握的事实、信息和对事物的看法。例如,对人力资源部经理的工作知识要求"熟悉人力资源管理知识;全面理解公司的发展远景,熟悉公司的业务整体运作流程及制度,熟悉公司各部门的职能、职责、职权"。

（5）工作技能

工作技能,是指对与工作相关的工具、技术和方法的运用。事实上,职位所要求的工作技能会随着职位的不同存在很大的差异,但在职位说明书中,为了便于对不同职位的技能要求进行比较,我们往往只关注其中的少数几项对所有职位均通用的技能,包括:计算机技能、外语技能与公文处理技能。

2.隐性任职资格

隐性认职资格指难以测量或者测量的准确性较低,但却与工作绩效相关性更高的任职要求,主要指任职者胜任能力要求。胜任能力是指一个人的潜在特质,一般不宜改变。不同企业和不同职位对胜任能力的要求等级也不尽相同,这需要根据企业的性质和各类职位特点,提出任职者需要具备什么样的能力,从而形成企业的胜任能力库。

---

① 王青编著:《工作分析——理论与应用》,清华大学出版社、北京交通大学出版社,2009。

第三节 工作设计

事实上,在前面工作分析的讨论中,我们所强调的还仅仅是了解工作是怎样做的、是以一种什么样的方式做的、以及为了做这些工作需要达到怎样的技能要求。尽管这些都是非常必要的,但是它毕竟是一种静态的工作观,即假定工作已经存在,并且这些工作已经按照一种最好的方式被组织了起来。然而,一位管理者常常会遇到某种工作单位还不存在的情况,因而要求他们从头开始来对工作单位中的工作进行设计。有时候还会出现这样一些情况,即某个已有工作单位中的工作负担增加了,或者是尽管工作负担没有变化但工作小组中的人员规模却减少了。这种情况在组织精简运动中是一个越来越明显的趋势。最后,有时候还有可能会发现某些工作并不是以一种最有效的方式被完成的。在所有这些情况下,管理者都有可能会决定改变完成工作的方式,从而使该工作单位能够更加有效且效率更高地完成工作,而这就要求对现有的工作进行重新设计。

小故事

不拉马的士兵

一位年轻有为的炮兵军官上任伊始,到下属部队视察操练情况。他在几个部队发现相同的情况:在一个单位操练中,总有一名士兵自始至终站在大炮的炮管下面,纹丝不动。军官不解,究其原因,得到的答案是:操练条例就是这样要求的。军官回去后反复查阅军事文献,终于发现,长期以来,炮兵的操练条例仍因循非机械化时代的规则。站在炮管下面的士兵的任务是负责拉住马的缰绳(在那个时代,大炮是由马车运载到前线的),以便在大炮发射后调整由于后坐力产生的距离偏差,减少再次瞄准所需的时间。现在大炮的自动化和机械化程度很高,已经不再需要这样一个角色了,但操练条例没有及时地调整,因此出现了"不拉马的士兵"。军官的发现使他获得了国防部的嘉奖。

(资料来源于杨沛霆主编:《用故事轻松领导》,机械工业出版社,2005)

一、工作设计的概念

工作设计是指为了有效地达到组织目标与满足个人需要而进行的工作内容、工作职能和工作关系的设计。工作设计分为两类:一是对企业中新设置的工作职位进行设计;二是对已经存在的缺乏激励效应的工作按照该理论进行重新设计,称作工作再设计。

为了有效地进行工作设计,必须全面地了解工作的当前状态(通过工作分析来了解),以及它在范围更广的工作单位内部的整个工作流程中的状态(通过工作流程分析来把握)。只要获得了工作单位以及工作本身所需要完成的任务这方面的详细知识,管理者就可以选择多种方式来对工作进行设计。

工作设计说明工作将怎样做、谁来做和在什么地方做这些基本问题。工作分析和工作设计直接联系在一起。实际上，大多数工作分析是在以前已经设计过的现存工作的基础上来进行的。然而，根据新近的工作分析结果来对工作进行重新设计也是常见的。例如，工作分析可能显示目前完成某项工作的方法（工作设计）无效或包含不必要的任务。

二、工作设计的内容

工作设计的主要内容包括以下五个部分：

（一）工作内容

即确定工作的一般性质问题。主要有多样性、自主性、复杂性与整体性。

（二）工作职能

指每件工作的基本要求和方法，包括工作责任、工作权限、信息沟通方式、工作方法以及协作要求。

（三）工作关系

这是指个人在工作中所发生的人与人之间的关系，包括与他人交往关系、建立友谊的机会和集体工作的要求等。

（四）工作结果

这是指工作的成绩与效果的高低，包括工作绩效和工作者的反应。前者是工作任务完成所达到的数量、质量和效率等具体指标；后者是指工作者对工作的满意程度、出勤率和离职率等。

（五）工作结果的反馈

主要指工作本身的直接反馈和来自别人对所做工作的间接反馈。即指同级、上级、下属人员的三个方面的反馈。

一个好的工作设计可以减少单调重复性工作的不良效应，而且还有利于建立整体性的工作系统。此外，还可以充分发挥劳动者的主动性和创造性。

三、工作设计的要求

工作设计必须达到以下四点基本要求：

1. 全部职位的集合通过职位设计应能顺利地完成组织的总任务，即组织运行所需的每一件工作都落实到职位规范中去。

2. 职位分工应有助于发挥人的能力，提高组织效率。这就要求职位设计全面权衡经济原则和社会原则，找到一个最佳的结合点，并保证每个人有效地工作和积极性的发挥。如果工作负荷过低，会导致人、才、物的浪费；如果超负荷工作，又会影响员工的工作情绪，并给机器设备造成不必要的损害。

3. 全部职位所构成的责任体系应能保证组织总目标的实现，及组织运行所要达到的每一项工作结果、组织内每一项资产的安全及有效运行都必须明确由哪个职位负责，不能出现责任空当的情况。

4. 职位设计应考虑现实的可能性。每个职位规定的任务、责任可以由当时资源条件决定，不能脱离资源约束来单独考虑组织的需要。

正如前面所讨论过的，工作分析和工作设计是具有内在联系的。工作分析常常表明一项工作何时需要重新设计。通常情况下,一家公司是想通过工作再设计来使其变得更富有效率或更有效。为了对工作进行再设计,必须首先获得与现有工作有关的详细信息,即工作分析过程。工作分析不仅确定工作要求,而且也对做该工作所需的技能做出概括。

小贴士

哈克曼和奥德汉姆的工作特征模型

工作特征模型,也称作五因子工作特征理论,是哈佛大学教授理查德·哈克曼(Richard Hackman)和伊利诺依大学教授格雷格·奥尔德汉姆(Greg Oldham)提出来的。

模型认为我们可以把一个工作按照它与核心维度的相似性或者差异性来描述,于是按照模型中的实施方法丰富化了的工作就具有高水平的核心维度,并可由此而创造出高水平的心理状态和工作成果。

工作特征模型的核心内容(维度)是:

(1)技能的多样性(skill Variety):也就是完成一项工作涉及的范围。包括各种技能和能力。

(2)任务的一致性(task Identity):即在多大程度上工作需要作为一个整体来完成——从工作的开始到完成并取得明显的成果。

(3)任务的重要性(task Significance):即自己的工作在多大程度上影响其他人的工作或生活——不论是在组织内还是在工作环境外。

(4)自主性(autonomy):即工作在多大程度上允许自由、独立,以及在具体工作中个人制订计划和执行计划时的自主范围。

(5)反馈性(feedback):即员工能及时明确地知道他所从事的工作的绩效及其效率。

理查德·哈克曼(Richard Hackman)和格雷格·奥尔德汉姆(Greg Oldham)设计的动机与五因子的关系方程为:

$$\text{Score} = \left(\frac{(V+I+S) \times A \times F}{3} \right)$$

根据这一模型,一个工作岗位可以让员工产生三种心理状态即:感受到工作的意义,感受到工作的责任和了解到工作的结果。这些心理状态又可以影响到个人和工作的结果即:内在工作动力、绩效水平、工作满足感、缺勤率和离职率等,从而给以员工内在的激励,使员工以自我奖励为基础的自我激励产生积极循环。工作特征模型强调的是员工与工作职位之间的心理上的相互作用,并且强调最好的工作设计应该给员工以内在的激励。

(资料来源:MBA智库百科)

四、工作设计的方法

(一)工作专业化

工作专业化是一种传统的工作设计的方法。他通过动作和时间研究,把工作分解为许多很小的单一化、标准化和专业化的操作内容及操作程序,并对工人进行培训和激励,使工作保持高效率。此种工作设计的方法在流水线生产上应用最广泛。

当员工的素质和精力都难以适应复杂而综合的工作时,就应该通过提高工作专业化程度使工作简化。工作专业化有利于提高劳动效率,也有利于发挥每个劳动者的个人专长。但是,如果过于专业化就会使工作枯燥乏味,员工容易产生厌倦情绪,反而降低劳动效率。因此,在工作专业化原则中要注意掌握好专业化的度,从而获得最佳的平衡点上的生产效率。

工作专业化的特点:

(1)机械工作的节拍决定工人的工作速度;

(2)工作的简单重复性;

(3)对每个工人所要求掌握的技术比较低;

(4)每个工人只完成每件工作任务中很小的工序

(5)工人被固定在流水线的单一岗位上,限制了工人之间的社会交往。

(6)工人采用什么设备和工作方法,均由管理职能部门作出规定,工人只能服从。

背景资料

亚当·斯密和专业化

专业化至少早在 1776 年就与管理者有关。在《国民财富的本质和原因研究》中,亚当. 斯密详细地讨论了专业化的重要性,并以制作大头针为例来说明其好处。根据斯密的观点,制作大头针中的专业化意味着"一个人抽出金属丝,另一个人把它拉直,第三个人切断它,第四个人削尖,第五个人在顶部压出一个头,等等。在一个 10 人的工厂里……当他们竭尽全力时,他们一天能做出 12 磅大头针。一磅中等规格的大头针多达 4000 个。"斯密说:"如果他们全都开独立的工作……肯定没人一天做得了 20 个大头针,或许一个也做不了。"斯密得出结论,专业化的益处来源于三种不同的情况:(1)每个工人的灵巧性增强;(2)节省从一种工作转移到另一种工作所损失的时间;(3)能够使一个工人做许多工作的机器的发明。

(资料来源于劳埃德·拜厄斯和莱斯利·鲁:《人力资源管理》,人民邮电出版社,2004)

(二)工作扩大化

工作扩大化是指在横向水平上增加工作任务的数目或变化性,使工作多样化,但工作的难度和复杂程度并不增加。例如,邮政部门的员工可以从原来只专门分捡邮件增加到也负责将邮件分送到各个邮政部门。通常这种新工作同员工原先所做的工作非常相似。这种工作设计导致高效率,是因为不必要把产品从一个人手中传给另一个人而节约时间。此外,由于完成的是整个一个产品,而不是在一个大件上单单从事某一项工作,这样在心理上也可以得到安慰。该方法是通过增加某一工作的工作内容,使员工的工作内容增加,要求员工掌握更多的知识和技能,从而提高员工的工作兴趣。

一些研究表明,工作扩大化的主要好处是增加了员工的工作满意度和提高了工作质量。例如:IBM 公司报告工作扩大化导致工资支出和设备检查的增加,但因质量改进,职工满意度提高而抵消了这些费用;其他一些公司则通过实行工作扩大化提高了产品质量,降低了劳务成本,工人满意度提高,生产管理变得更有灵活性。

背景资料

工作倦怠

据调查,最易犯的"职场通病"中排名第一的就是工作倦怠。中国人力资源开发网进行的"工作倦怠指数"调查显示,4000名被调查者中,有70%出现轻微的工作倦怠;有39.22%出现中度工作倦怠;还有13%的受调查者出现了严重的工作倦怠,也就是每8个受调查者中基本上就有一个出现比较严重的工作倦怠症。

工作倦怠的发生是一个渐进过程。工作初期人们的工作热情高涨、资源充足,但随后,热情不断降低,资源和能量不断消耗,倦怠感便开始袭来,工作到4年左右达到高峰。根据国外的经验,这一时间一般在工作2到5年时发生。职业倦怠心理都会不同程度存在于每一个职业人的身上,它对个人和组织都是一种能量的耗竭。中国现在已经进入职业枯竭的高发期,现代人产生工作倦怠的时间越来越短,有的甚至工作8个月就开始对工作厌倦,而工作一年以上的白领有高于40%的人想跳槽。

(资料来源:中国人力资源开发网)

(三)工作丰富化

所谓的工作丰富化是指在工作中赋予员工更多的责任、自主权和控制权。是对工作内容和责任层次基本的改变,旨在向知识员工提供更具挑战性的工作。工作丰富化与工作扩大化、工作轮换都不同,它不是水平地增加员工工作的内容,而是垂直地增加工作内容。这样,员工会承担更多的任务、更大的责任,员工有更大的自主权和更高程度的自我管理,还有对工作绩效的反馈。

1.工作丰富化的条件

实现工作丰富化需要一定的条件,只有在以下六个方面有所变革,才能实现工作丰富化。

(1)责任。不仅要增加操作者生产的责任,而且还要使他们有责任控制产品质量,并保持生产的计划性、连续性和节奏性,使每一个工人都感到自己有责任完成一件完整的工作。

(2)决策。给工作者更多的工作自主权,以提高他们自己在工作中的权威性和自主性。

(3)反馈。把工作者所做的工作成绩和效果数据及时直接地反馈给本人。

(4)考核。根据工作者达到工作目标的程度,给操作者以奖励和报酬。

(5)培训。为使员工更好地发挥潜力,应通过培训等方式使员工掌握更多的生产技能。

(6)成就。通过提高工作者的责任心和决策的自主权,培养员工对所承担工作的成就感。

2.工作丰富化的意义

工作丰富化是对工作责任的垂直深化。它使得知识员工在完成工作的过程中,有机会获得一种成就感、认同感、责任感和自身发展。但在实施充实工作内容过程中,应遵从下列五个原则:增加工作的责任和难度;赋予知识员工更多的责任;赋予知识员工自主权;将有关工作业绩及时反馈给知识员工;对知识员工进行必要的培训。

3.工作丰富化的理论基础

工作丰富化实际上是双因素理论的一种应用。美国行为科学家弗雷德里克·赫兹伯格在《工作的激励因素》一书中，提出了双因素理论。该理论认为，具有较强激励作用的因素即激励因素，它多为工作内容及工作本身方面的因素，如成就感、同事认可、上司赏识等。而使员工感到不满意的因素，大多属于工作环境或工作关系方面的，叫做保健因素，如公司政策、管理措施、监督、人际关系、工作条件、工资福利等。工作丰富化的建立可以鼓励内在动机，因为它可以赋予员工执行工作中更多的控制权、责任和自由决定权，促进了员工的成长和自我实现。因为动机不断增强，绩效就会提高。

目前流行的设计工作丰富化方法主要是观察法、面谈法、分析工作流程法、结构线索法和调查问卷法。当然，工作丰富化绝不可以无限制的任意实施，否则，整个组织将会遇到不可克服的矛盾，诸如：技术问题，任何企业都不能容许某个职工为了使工作丰富化而改乱一条专业生产自动线，因为这是一种较大的工作，是远非一个人可以完成的，必须有组织的、集中大量的人力来进行；成本问题，如果工作丰富化的成本太高，而产生的价值不大，并且见效太慢，也是不能允许进行的；对于职工的过分要求，如对工作的保障条件要求过高，或不满意合理的规章制度，不愿意接受必要的监督等，则不能迁就，更不能作为"丰富化"看待，这种情况下，还是应当采取一定的措施的。

小贴士

零与零的加减乘除——职务丰富化激励过程中的常见四个错误

主管们通过工作丰富化来激励员工的过程中经常会犯四个错误，可以用以下四个公式来总结：

零加上零：增加毫无意义的日常办公室工作，这等于零加上零，例如在前台的工作中加上原本没有的预订机票的任务。

零减去零：去掉工作中一些困难的，使员工得以轻松完成更多的不那么有挑战性的工作，等于减掉了员工成就和辅导更多责任与发展的希望，例如让一个不能很好进行演讲讲解的研究人员的讲解工作去掉，专门负责案头工作。

零乘以零：提高对员工的工作定额要求，发出更高的挑战，但并不对工作方式产生改变，这等于零乘以零，例如将某位记者的每周撰写新闻稿件数量增加120％，并不提供额外的帮助。

零代替零：把那些原本就需要丰富化的工作重新在员工中组合分配，等于用一个零代替另外一个零，例如一位外企主，她手下有三位员工长期负责一些琐碎事物，为了更好地激励他们工作，并且使其有成长的空间，决定将其分管的工作对调，以进行"职务丰富化"。但是，出乎她意料的事情发生了，居然大家都不愿意进行工作掉换，宁愿在原来的位置上重复每天发邀请函这一类枯燥的工作。

（资料来源：中国人力资源开发网）

（四）工作轮换

工作轮换是将员工由一个岗位调到另一个岗位以扩展其经验的培训方法。这种方法并不改变职位本身,而是使员工定期的进行工作轮换。这样,会使员工具有更强的适应能力、对工作的挑战性以及在一个新职位上产生的新鲜感,能够激励员工做出更大的努力。这种知识扩展对完成更高水平的任务常常是很有必要的。轮换培训项目也可以帮助新员工理解他们工作领域内的各种工作。通过工作轮换,让员工在能力要求相似的工作之间不断调换,以减少工作的枯燥单调感。现在有些公司从长期培养员工的角度出发,在录用新员工后的一至两年内会让员工在公司主要的部门都工作一段时间。这种方法能非常有效地提高员工的能力。

小案例

索尼的"求人广告"

索尼公司的内部小报上,经常刊登各部门的"求人广告",员工可以自由而且秘密地前去应聘,他们的上司无权阻止。另外,公司每隔两年便让员工调换一次工作,特别是对于精力旺盛、干劲十足的员工,不是让他们被动地等待工作变动,而是主动给他们施展才华的机会。这样的岗位轮换,激发了员工的工作热情,为人才提供了一种可持续发展的机遇。

(资料来源:易才网)

此外,工作轮换是最为有效的消除部门之间隔阂的办法,无论是长期的工作轮换还是短期的工作轮换,都有这样的积极意义。部门间的隔阂主要来自于对其他部门工作的不了解,短期的工作轮换就是这个问题的解决之道。短期的工作轮换能使员工身体力行地感觉到其他部门的辛劳,能从真正意义上达到"换位思考",这对于促进企业部门之间的理解有非常巨大的作用。同时,这种工作轮换对促进部门之间有效合作同样意义重大。在很多时候,由于部门之间对对方的运作不了解,所以在合作中产生一种很普遍的现象:A部门交给B部门的东西往往达不到B部门的期望值,或者B部门要费很大的力气去"翻译"。出现这种情况,其主要原因不在于A部门能力,而是A部门根本不明白B部门要他们交付这些东西的用途。工作轮换则能有效地解决这个问题,经历过跨部门的工作或者培训之后,员工对其他部门的工作流程、工作方式都会有比较深刻的理解,进而明确其他部门提出来的要求,部门间的合作也变得更加默契,更为有效。

部门之间的隔阂还有可能来自于感情因素,这时候巧妙利用长期轮换就能顺利解决问题。有这样一个案例:某企业的营销部与销售部配合不好,原因是营销部原老总对销售部有偏见,这种情绪影响着营销部的所有员工,久而久之就成为了营销部对销售部的一种偏见。后来企业利用长期轮换的方法,从销售部里提升了一个能人作为营销部的老总,这样就堵住了偏见的源头,部门之间的隔阂就慢慢消失了。

总而言之,在进行工作设计的时候,理解各种工作设计方法所可能产生的内在优缺点是非常重要的。管理者需要对这些不同的工作设计方法都有充分的认识,理解与每一种方法相联系的成本和收益,在它们之间进行适当的平衡,从而为组织谋取一种竞争优势。

(五)可选择的工作时间安排

在过去几年中,组织日益脱离传统的工作时间安排,试图增加生产率或降低成本。虽然工作时间安排的改变通常不改变要做的工作,但他们会影响工作怎样分配。最常见的可供选择的工作时间安排是弹性工作时间、远程办公、工作分担和紧缩工作周。

1. 弹性工作时间

弹性工作时间,或称灵活的工作小时,允许员工在一定的限度内选择他们开始和结束工作的时间。通常,组织确定一个所有员工都必须工作的核心时段(如上午 10 点到下午 3 点),然后,留给每一个员工来决定工作开始和结束的时间,只要是包括这个核心时段的足够长的时间就可以。有些弹性工作时间方案允许员工每天的工作时间不同,只要他们满足某个具体的总时数就可以,通常是 40 小时。弹性工作时间的优点是允许不同的员工保持不同的生活方式和时间安排;另一个潜在的优点是避开高峰时间及减少旷工和迟到。从企业的观点看,弹性工作时间也有助于招募新员工和减少员工的流动率。据统计,实行弹性工作时间安排的组织其生产效率平均有 1 到 5 个百分点的增长。但弹性工作时间缺点是,有可能会造成管理者在沟通和协调上的问题。

小案例

宝洁中国公司员工每周选一天在家办公

因为第二天在家上班,宝洁上海分公司的海伦昨晚已把自己的 MSN 名字改成:"明天在家办公,有事请致宅电:×××××××××。"

近日起,宝洁中国有了一项新福利,员工在每周五个工作日当中可以选一天在家上班。在家办公省却路上时间补睡眠。

海伦说:"在家办公,能把来回路上的 1 个半小时节约下来,我已经答应去接女儿放学,她特别高兴。"目前宝洁公司在中国共有 6000 余名员工,在上海办公室工作的员工在 950 人左右。这些办公室工作的员工可以根据自己的需要,每周选择一天在家办公。

"非全职工作"一周工作四天拿八成工资。

除了每周一天在家上班的福利以外,宝洁公司员工还可以申请一个"非全职工作"。

员工可以根据自己的需要,申请一周工作 3 天或者 4 天。在这段时间里,员工将根据自己每周的工作时间,拿 60% 或者 80% 的工资,但公司不会扣发员工的其他福利,比如说社会保险金、意外保险等。

(资料来源:东方网)

2. 远程办公

远程办公就是在家办公或虽在旅行但可以与办公室联系这种做法。今天的信息技术(个人电脑、互联网和移动电话等)已经使远程办公对许多公司来说已成为现实。根据会计办公室(General Accounction Office)的数据,1650 万美国人至少每个月有一次远程办公,其中 930 万是至少每周一次。大量的公司现在用远程办公来招募合格的员工,特别是紧俏的劳动力市场。

远程办公的优点包括避开高峰时间、避免办公室中的烦扰和能够有灵活的工作时间。其潜在的缺点是存在员工在家里办公的健康和安全有关的保障问题等。

3. 工作分担

工作分担是一个相对较新的概念,它是指两个或两个以上兼职工作的人从事一项通常由一个全职工作的人所承担的工作。工作分担可以采取平等地分担责任或职责的形式,或者是两者的结合。工作分担对想工作但又不想全日工作的人特别有吸引力。与工作分担有关的一个重要因素是福利怎样处理。通常,福利在兼职员工之间按比例分配。有些组织允许实行工作分担的员工通过支付按比例分配的福利与全职员工的保险费之间的差额来购买全额健康保险。

小案例

二人一职　职场惬意新模式

主角:莎伦和琳达

分享职位:人力资源工作

过去的 15 年中,48 岁的莎伦.塞尔康和 45 岁的琳达.格拉季谢夫斯基在 3 家不同公司分担过 7 份人力资源工作。她们现在是设在匹兹堡的 PNC 金融服务集团的薪酬顾问,该公司的一位主管瓦伦丁娜.普热德茨基描述她们:"她们在我眼中是一个人。"

莎伦和琳达在她们家庭和职业生涯的转折点偶然产生了这个想法。20 世纪 80 年代后期,她们同时担任全职薪酬顾问的梅隆金融集团陷入混乱。银行减员 20%,而且在寻找鼓励最有才干的员工留下来的办法。第一个孩子出生之后,莎伦与另一个女人搭伙工作。她的合伙人离开集团去教书之后,莎伦请琳达和她一起申请这份工作,琳达刚休完产假,想有多点时间陪自己的儿子。1991 年 10 月她们开始一起工作。

她们那时建立的频繁沟通和紧密组织到今天依旧完好,只是因为电子邮件和移动电话变得更为便捷。莎伦周一、周二工作;琳达周四、周五工作,周三她们轮换着来。每天她们要谈话和交换文本信息很多次,更多的则在周三进行。她们上夜班,记录方案的细节和电话日志,甚至描述她们遇到的人的肢体语言。莎伦说:"我们过度地补偿,这样人们就明白我们没有出现任何疏漏。跟别人交谈时,我们总是参考我们的记录。"这些循环往复的工作使每周的工作时间要增加 3 个小时,但是琳达说:"我们知道这份工作随时可能结束,所以我们尽可能多做。"

在她们刚开始分享工作时,同事们并不总是支持。莎伦说:"人们会试图在我们中间制造裂缝,同事会说昨天琳达跟我说这个了,而事实上她没有。"或者是人们说:"哇!你真幸运啊。"我会说:"你当然知道我们只有一半酬劳。"

(资料来源:中国人力资源开发网)

4. 紧缩工作周

在紧缩工作周的情况下,每天工作的小时数增加,但每周的工作日减少。通常是按照让员工每天工作 10 小时每周工作 4 天来实施的。它的优点是更低的旷工和迟到、更少的开工准备时间和更多的料理个人事务的时间。一种潜在的缺点是经常因为工作时间较长而产生疲劳。

【本章小结】

工作分析是对组织中某一特定工作或职务的任务、职责、权利、隶属关系、工作条件等相关信息进行收集和分析，做出明确规定，并确认完成工作所需要的能力和资质的过程。它是组织人力资源规划以及其他一切人力资源管理活动的基础。工作分析不仅对于人力资源部门的人力资源规划、招聘、培训绩效管理、薪酬等活动来说非常重要的，而且对于直线管理人员来说也是十分重要的。

工作分析是一个全面的评价过程，这个过程可以分为四个阶段：一是准备阶段，其主要任务是了解情况，确定样本，建立关系，组成工作小组；二是调查阶段，其主要任务是对整个工作过程、工作环境、工作内容和工作人员等主要方面作一个全面的调查；三是分析阶段，其主要任务是对有关工作特征和工作人员特征的调查结果进行深入全面的分析；四是完成阶段，此阶段的任务就是根据规范和信息编制"工作描述"和"工作规范"，最后形成工作说明书。这四个阶段关系十分密切，它们相互联系、相互影响。

在实践中，进行工作分析有很多种方法，这主要是针对搜集与职位有关的信息而言的，要收集大量有效的相关工作信息，常用的方法有观察法、访谈法、问卷法、工作日志法。工作分析通过对工作信息的收集、整理、分析与综合，其成果是形成工作说明书，工作说明书主要内容包括：一是工作描述，主要对职位的工作内容进行概括，包括工作的目的、职责、任务、权限、业绩标准、职位关系、工作的环境条件、工作的负荷等内容；二是工作规范，是工作的任职资格要求，主要对任职人员的标准和规范进行概括，包括该职位的行为标准，胜任职位所需要的知识、技能、能力、个性特征以及对人员的培训需求等内容。

工作设计是指为了有效地达到组织目标与满足个人需要而进行的工作内容、工作职能和工作关系的设计。工作设计分为两类：一是对企业中新设置的工作职位进行设计；二是对已经存在的缺乏激励效应的工作按照该理论进行重新设计，称作工作再设计。工作设计的主要方法有工作专业化、工作扩大化、工作丰富化和工作轮换。此外，组织在日益脱离传统的工作时间安排，虽然工作时间安排的改变通常不改变要做的工作，但他们会影响工作怎样分配。最常见的可供选择的工作时间安排是弹性工作时间、远程办公、工作分担和紧缩工作周。

直线部门经理和人力资源部门人员在工作分析方面的职责分工情况如下：

	直线部门经理	人力资源部门人员
工作分析	1. 提供本部门相关工作的职位信息，如具体说明每项工作所需要的绩效标准或者员工的资格条件，或者提供本部门各项工作的关键事件； 2. 提供本部门相关职位的调查和分析对象的样本； 3. 参与本部门每项工作的工作说明书的编写； 4. 在实施过程中，对工作说明书进行评估和反馈； 5. 保持工作说明书的准确性，当一项工作的内容、背景或员工的资格条件有重大变化时，经理们必须通知人力资源管理部并要求对该工作做一次重新分析。 6. 贯彻工作分析结果。如理解工作的流程、进行工作再设计、招聘员工、传达工作责任和绩效评估等。	1. 获得上级管理机构的支持 2. 确定工作分析目的和目标 3. 制定工作分析计划 4. 挑选有关的专家 5. 收集资料 6. 选择合适的收集和记录工作分析信息的方法 7. 把工作分析的结果编成文件 8. 传播工作分析的结果——工作说明书 9. 根据直线部门经理对工作说明书实施的反馈，修改工作说明书。

附录1　工作说明书样本

某公司项目部经理工作说明书

职位名称	项目部经理	职位编号	
所在部门	项目部	职位定员	
直接上级	工程副总经理	工资等级	
所辖人员		工作分析日期	

本职：负责公司市场研究和营销管理工作，并为上级领导制定公司发展战略提供信息支持

职责与工作任务

职责一	工作任务	职责表述：研究分析公司外部环境，提供外部信息报告	工作时间百分比
		研究公司所处行业状况，并提交相关研究报告	频次：
		对公司生产的产品进行市场细分，研究优劣势，并提交相关研究报告。	频次：
		根据细分结果，研究竞争对手市场战略，并提交相关研究报告	频次：
职责二	工作任务	职责表述：负责公司市场营销目标的实现和计划的执行	工作时间百分比
		建立和维护营销信息系统	频次：
		根据市场状况，合理制定产品价格，并报部门主任	频次：
		策划并实施各项市场促销活动	频次：
		评估渠道代理资格，选择合作伙伴	频次：
		管理公司形象和品牌宣传的具体工作	频次：
职责三	职责表述：完成领导交办的其他事项		频次：

权限

权限一：公司发展规划和发展战略建议权

权限二：公司产品定价建议权

权限三：公司渠道商的选择建议权

权限四：公司营销活动的建议权

绩效标准：工作主动性、市场调研效果、各类营销策划方案质量、协助领导决策情况

工作协作关系：

内部协调关系	各部门相关人员
外部协调关系	各类市场机构

所需记录文档：营销策划方案、工作计划、工作总结、部门相关质量体系和环境体系文件

任职资格

教育水平	本科
专业	市场营销或相关专业
经验	2年市场相关工作经验
知识	战略管理、市场营销、项目管理、相关财务知识
技能技巧	常用办公软件、管理技能、人际技能、组织技能
培训经历	相关知识培训

工作条件及其他

使用工具设备	计算机、打印机、电话、Internet网络、计算器、档案柜、复印机
工作环境	一般工作环境
工作时间特征	正常工作时间，经常加班和出差

备注：

附录2 工作分析问卷样本[①]

填写人姓名：_____ 职位名称：_____

1. 所在职位的基本情况

直接上级主管：_____ 所属部门：_____

职位等级：_____

2. 工作的主要内容和权责（简要叙述，超出项目可以附表）

序号	工作内容	对该工作的权责	是否需请示	请示对象	工作标准

3. 你所在职位工作中使用的主要设备（请在相应栏中填写并画"√"）

设备名	必备	经常使用	偶尔使用	辅助工具

4. 你认为胜任你所在职位的最低学历要求（请在相应栏中填写并画"√"）

初中及以下□ 　高中□ 　中专或技校□ 　大专□ 　本科□

硕士研究生以上□

5. 你认为胜任所在职位工作所需要的主要在职培训

培训科目	培训内容	最低培训时间	备注

6. 你认为你所从事的职位需具备多长时间的相关工作经验（请在相应栏中填写并画"√"）

不需要□ 　3个月□ 　6个月□ 　1年□ 　3年□ 　5年□ 　10年□

10年以上□

7. 你认为胜任你所在职位必需的职业资格（或职称）是_____

你认为胜任你所在职位必需的工种等级是_____

8. 你认为你所在职位需要主管监督的程度是（选取一项，请在相应栏中填写并画"√"）

□所有异常情况均需向主管报告

□每天向主管报告若干次，听取其指示

□遇有重大异常情况时，才向主管报告

□工作指派后，大部分的工作内容决定于本人

---

① 王青编著：《工作分析——理论与应用》，清华大学出版社、北京交通大学出版社，2009。

□只列出工作目标,由本人自行决定工作方式

□在组织一般政策指导下,工作方式与协调均由本人自行负责

9.你认为你所在职位在组织内部的位置(请在相应栏中填写并画"√")

(1)职能性质

□决策　□指挥　□计划　□技术　□协作辅助　□一线操作执行　□其他

(2)重要程度

□关键　　□重要　　□次要　　□一般　　□可有可无　　□不需要

10.你所在职位相关的主要协作部门有

相关协作部门	职位	进行何种协作
内部:		
外部:		

11.工作中与你交往的其他人员及交往情形

人员类别	密切	经常	有时	没有	主要交往方式	交往目的
本部门同事						
其他部门人员						
客户或供应商						
一般大众						
政府机构人员						
其他						

12.请简要叙述你所在职位的工作环境要求(请填写答案,或在备选答案中画"√")

温度:＿＿＿＿＿＿＿＿＿＿　湿度＿＿＿＿＿＿＿＿＿＿

噪声(无　轻　一般　严重)　　粉尘(无　少　一般　严重)

异味(无　少　较浓　严重)　　危险性(安全　较危险　危险)

其他:＿＿＿＿＿＿＿＿＿＿

13.请根据你的实际情况回答下列问题:

(1)正常的工作时间为每日＿＿＿＿开始至＿＿＿＿结束。

(2)每日有无午休时间＿＿＿＿,多长时间＿＿＿＿;有无休息日＿＿＿＿,多长时间＿＿＿＿。

(3)有无加班情况＿＿＿＿,通常时间为＿＿＿＿。

(4)工作最忙时间常发生在:＿＿＿＿季度,＿＿＿＿月,＿＿＿＿旬,每周星期＿＿＿＿,每天＿＿＿＿(时间段)。

(5)有无出差情况＿＿＿＿,平均每月＿＿＿＿次,交通工具通常是＿＿＿＿。

(6)其他＿＿＿＿。

14.从事你所在职位的工作是否有限制(请填写答案,或在备选答案中画"√")

性别:□无限制　　□男性　　□女性

体力要求:□轻　　□较轻　　□一般　　□较重　　□重

仪表要求:□无　　□有

年龄要求:□无　　□有　　　年龄区间_____

身高要求:□无　　□有　　　身高区间_____

体重要求:□无　　□有　　　体重区间_____

其他要求(请说明):_____

15.你认为胜任你所在职位需具备的能力要求(请在备选答案中画"√")

计划决策能力	□高	□较高	□一般	□较低	□低
应变能力	□高	□较高	□一般	□较低	□低
组织协调能力	□高	□较高	□一般	□较低	□低
公关意识	□高	□较高	□一般	□较低	□低
理解能力	□高	□较高	□一般	□较低	□低
操作能力	□高	□较高	□一般	□较低	□低
激励能力	□高	□较高	□一般	□较低	□低
创新能力	□高	□较高	□一般	□较低	□低
分析能力	□高	□较高	□一般	□较低	□低
实施能力	□高	□较高	□一般	□较低	□低
谈判能力	□高	□较高	□一般	□较低	□低
沟通交流能力	□高	□较高	□一般	□较低	□低
责任心	□高	□较高	□一般	□较低	□低
进取心	□高	□较高	□一般	□较低	□低
安全意识	□高	□较高	□一般	□较低	□低
主动性	□高	□较高	□一般	□较低	□低

16.请补充该表没有列出,但你认为有必要强调的内容:_____

以下问题,若你有直接下属请继续填写。

17.请列出你直接管辖的工作职位及下属人数_____

18.你对下属工作所负的主要责任(请填写答案,或在备选答案中画"√",可多选)

□指导　　　　　□指派任务　　　　□检查工作成果　　　□分派人员

□规划工作内容　□甄选新人　　　　□协调彼此工作　　　□解决员工问题

□其他

【复习思考题】

1.工作分析的含义是什么? 并简述工作分析相关术语之间的关系。

2.试述工作分析在人力资源管理中的地位和意义。

3.如何进行工作分析? 简述工作分析流程。

4.试述工作分析的主要方法及其优缺点。

5.什么是工作描述和工作规范? 两者的主要内容是什么?

6.工作设计的含义是什么? 工作设计有何意义?

7.如何进行工作设计? 工作设计的主要方法有哪些?

8.简要解释下列可供选择的工作时间安排:弹性工作时间、远程办公、工作分担和紧缩工作周。

【技能应用题】

1. 完成学业后，你或许将加入劳动就业大军中。对你来说，工作分析和工作设计的含义是什么？

2. 你认为哪种工作分析方法最适合大型超市中的工作？对于公共图书馆中的工作呢？

3. 用附录2中的工作分析问卷分析你最近所承担的工作。你的工作可能是暑假工作、兼职工作或学校里的社会工作。完成问卷以后，回答下列问题：

（1）你认为这个工作分析问卷抓住了你的工作本质吗？如果没有，遗漏了什么？

（2）你会建议在这个工作问卷中做哪些改进？

4. 用同样这份工作分析问卷，去对你选择的一个实际的工作承担者进行访谈。在完成问卷后，为这项工作撰写一份完整的工作说明书。

【案例分析题】

案例分析一：某公司职位分析案例①

A公司是我国中部省份的一家房地产开发公司。近年来，随着当地经济迅速增长，房产需求强劲，公司有了飞速发展，规模持续扩大，逐步发展为一家中型房地产开发公司。随着公的发展和壮大，员工人数大量增加，众多组织和人力资源管理问题逐步凸显出来。

公司现有的组织机构，是基于创业时的公司规划，随着业务扩张的需要逐渐扩充而形成的，在运行的过程中，组织与业务上的矛盾已经凸显出来。部门之间、职位之间的职责与权限缺乏明确的界定，扯皮推诿现象不断发生；有的部门抱怨事情太多，人手不够，任务不能按时、按质、按量完成；有的部门又觉得人员冗杂，人浮于事，效率低下。

公司人员招聘方面，用人部门给出的招聘标准往往含糊，招聘主管往往无法准确地加以理解，使得招来的人大多不尽如人意。同时目前许多岗位往往不能做到人事匹配，员工能力不能得以充分发挥，严重挫伤了士气，并影响了工作的效果。公司员工的晋升以前由总经理直接做出。现在公司规模大了，总经理已经几乎没有时间来与基层员工和部门主管打交道，基层员工和部门主管的晋升只能根据部门经理的意见来做出。而在晋升中，上级和下属之间的私人感情成为了决定性的因素，有才干的人往往却并不能获得提升。因此，许多优秀的员工由于看不到自己未来的前途，而另寻高就。在激励机制方面，公司缺乏科学的绩效考核和薪酬制度，考核中的主观性和随意性非常严重，员工的报酬不能体现其价值与能力，人力资源部经常可以听到大家对薪酬的抱怨和不满，这也是人才流失的重要原因。

面对这样严峻的形势，人力资源部开始着手进行人力资源管理变革，变革首先从进行职位分析、确定职位价值开始。职位分析究竟如何开展、如何抓住职位分析过程中的关键点，为公司本次组织变革提供有效的信息支持和基础保证，是摆在A公司面前的重要问题。

A公司在公司内部进行了一次职位分析尝试。首先，他们开始寻找进行职位分析的工具与技术。在阅读了国内目前流行的几本职位分析书籍之后，他们从其中选取了一份职位

① 杨顺勇、王学敏、查建华主编：《人力资源管理》（第二版），复旦大学出版社，2007。

分析问卷,来作为收集职位信息的工具。然后,人力部将问卷发放到了各个部门经理手中,同时他们还在公司的内部网页上发了一份关于开展问卷调查的通知,要求各部门配合人力部的问卷调查。

据反映,问卷在下发到各部门之后,却一直搁置在各部门经理手中,而没有发下去。很多部门是直到人力部开始催收时才把问卷发放到每个人手中。同时,由于大家都很忙,很多人在拿到问卷之后,都没有时间仔细思考,草草填写完事。还有很多人在外地出差,或者任务缠身,自己无法填写,就由同事代笔。此外,据一些较为重视这次调查的员工反映,大家都不了解这次问卷调查的意图,也不理解问卷中那些陌生的管理术语,何为职责,何为工作目的,许多人对此并不理解,很多人想就疑难问题向人力部进行询问,可是也不知道具体该找谁。因此,在回答问卷时只能凭借自己个人的理解来进行填写,无法把握填写的规范和标准。

一个星期之后,人力部收回了问卷。但他们发现,问卷填写的效果不太理想,有一部分问卷填写不全,一部分问卷答非所问,还有一部分问卷根本没有收上来。辛苦调查的结果却没有发挥它应有的价值。

与此同时,人力部也着手选取一些职位进行访谈。但在试着谈了几个职位之后,发现访谈的效果并不好。因为,在人力部,能够对部门经理访谈的人只有人力资源部经理一人,主管和一般员工都无法与其他部门经理进行沟通。同时,由于经理们都很忙,能够把双方的时间凑一块,实在不容易。因此,两个星期时间过去之后,只访谈了两个部门经理。

人力部的几位主管负责对经理级以下的人员进行访谈,但在访谈中,出现的情况却出乎意料。大部分时间都是被访谈的人在发牢骚,指责公司的管理问题,抱怨自己的待遇不公等。而在谈到与职位分析相关的内容时,被访谈的人往往又言辞闪烁,顾左右而言他,似乎对人力部这次访谈不太信任。访谈结束之后,访谈人都反映对该职位的认识还是停留在模糊的阶段。这样持续了两个星期,访谈了大概1/3的职位。王经理认为此事不能再拖下去了,因此决定开始进入项目的下一个阶段———撰写职位说明书。

可这时,各职位的信息收集却还不完全。怎么办呢? 人力部在无奈之中,不得不另觅他途。于是,他们通过各种途径从其他公司中收集了许多职位说明书,试图以此作为参照,结合问卷和访谈收集到一些信息来撰写职位说明书。

在撰写阶段,人力部还成立了几个小组。每个小组专门负责起草某一部门的职位说明书,并且还要求各组在两个星期内完成任务。在起草职位说明书的过程中,人力部的员工都颇感为难,一方面不了解别的部门的工作,问卷和访谈提供的信息又不准确;另一方面,大家又缺乏写职位说明书的经验,因此,写起来都感觉很费劲。规定的时间快到了,很多人为了交稿,不得不急急忙忙东拼西凑了一些材料,再结合自己的判断,最后成稿。

最后,职位说明书终于出台了。然后,人力部将成稿的职位说明书下发到了各部门,同时,还下发了一份文件,要求各部门按照新的职位说明书来界定工作范围,并按照其中规定的任职条件来进行人员的招聘、选拔和任用。但这却引起了其他部门的强烈反对。很多直线部门的管理人员甚至公开指责人力部,说人力部的职位说明书是一堆垃圾文件,完全不符合实际情况。

于是,人力部专门与相关部门召开了一次会议来推动职位说明书的应用。人力资源部经理本来想通过这次会议来说服各部门支持这次项目。但结果却恰恰相反,在会上,人力部遭到了各部门的一致批评。同时,人力部由于对其他部门不了解,对于其他部门所提的很多问题,也无法进行解释和反驳。因此,会议的最终结论是,让人力部重新编写职位说明书。后来,经过多次重写与修改,职位说明书始终无法令人满意。最后,职位分析项目不了了之。人力部的员工在经历了这次失败的项目后,对职位分析彻底丧失了信心。他们开始认为,职位分析只不过是"雾里看花,水中望月"的东西,说起来挺好,实际上却没有什么大用,而且认为职位分析只能针对西方国家那些管理先进的大公司,拿到中国的企业来,根本就行不通。原来雄心勃勃的人力资源部经理也变得灰心丧气,但他却一直对这次失败耿耿于怀,对项目失败的原因也是百思不得其解。

那么,职位分析真的是他们认为的"雾里看花,水中望月"吗?该公司的职位分析项目为什么会失败呢?

思考题:

(1)试分析该公司为什么决定从职位分析入手来实施变革,这样的决定正确吗?为什么?

(2)请用本书中所讲到的知识,分析在职位分析项目的整个组织与实施过程中,该公司存在着哪些问题?

(3)该公司所采用的职位分析工具和方法主要存在着哪些问题?请用课程中的知识加以分析。

案例分析二:人们希望更富有挑战性的工作

张大明是飞轮汽车公司一名十分优秀的工人,他在公司已经工作多年,技术娴熟,他的产量是整个车间最高的,差错率是最低的,因此,他的工资为每小时 18 元(该工作平均工资水平为每小时 13 元),在做同样工作的员工中他的工资是最高的。但是,大家万万没有想到,他居然辞职了。

当朋友问他辞职的原因时,他说:"我现在每天都在做同样的事情,太没有意思了。当旅客座椅从生产线上下来以后,我就把它们放进车里,跳上车,用四个螺栓将它们固定在车身上,用扳手把它们拧紧,然后,跳下车,把座椅后面的两个螺丝装好。就这样,一个小时我可以装 20 辆汽车。一天 8 个小时,周而复始。这样的工作我已经做了两年了,如果再这样做下去,我想我会发疯的。"

两个月以后,一位朋友在一家汽车修理厂看到了张大明,他现在的工资是每小时 15 元。朋友问他:"你现在的工资还不如原来的高,为什么要从事这项工作呢?"张大明说:"我觉得现在的工作更有意思,因为,每辆汽车的故障往往是不相同的,我必须设法找出故障原因,并且用各种不同的方法来处理它们,非常有挑战性。我现在对修理非常感兴趣,觉得一天的时间很快就过去了。"

思考题:

(1)从案例中你看出了什么问题?

(2)作为管理者应当如何调动职工的积极性?

第四章　人员招聘

主要知识点

1. 招聘的含义和流程
2. 胜任素质模型的建构
3. 招聘计划和招聘的准备工作
4. 招聘渠道和选拔方法的分类
5. 招聘的后续工作

技能提升

1. 能为组织设计招聘方案
2. 能根据实际情况选择合适的招聘渠道
3. 能根据具体情况选择合适的选拔方法
4. 能熟练处理招聘后续工作

【引导案例】

微招聘渐受大学生追捧　微博求职成"新宠"

核心提示

"23岁,大学本科,计算机专业,爱健身、性豪爽。喜交际,人际广。积极进取,上进心强。踏实肯干,意志坚强。望得一机会,让我展现自己。"最近,太原理工大学大四学生小刘每天睡觉前,都要花5分钟的时间浏览自己的微博,看看有没有单位在他发的求职信息上进行回复,也顺便浏览其他单位的招聘信息。近来,随着微博在网民中的广泛使用,不少大学生开始利用网络拓宽和创新求职方式,微博、网上招聘逐渐成为一种求职新方式。

学生很热衷

据了解,"微简历"是在微博上兴起的一种简历,求职者要在140字以内展示自己。许多招聘公司在微博上发布招聘岗位和要求,求职者按要求发布微博,介绍自己的基本情况和专长。

"通过微博获取求职信息感觉很方便啊,也很有针对性,可以根据我的专业和兴趣来决定关注对象,又不会浪费太多时间。"小刘说。

小刘现在已是微博专家,在微博求职兴起的时候,他就成为了这支队伍中的一员,"应届生求职网"、"职信"、"职来职往",这些求职微群都在他的关注之列。

记者采访了解到,和小刘有相同举动的毕业生不在少数,在穿梭于各种招聘会之余,很多热衷于"织围脖"的学生也成了很多企业微博的粉丝。还有很多应届生直接把自己的求职信息公布在微博上。

"多了一种求职方式,使我们有了更多的机会和选择。"小王说,关注企业微博,一方面可以搜集招聘信息,另一方面还可以了解公司新闻、企业文化,对成功应聘很有帮助。而自己的微博则可以更好地展示自我,也是一种推销。

企业也青睐

昨日,记者登录新浪微博,在搜索栏中输入"微博招聘"一词,相关微博有200万多条,并且针对招聘应聘微博还推出了专门的微博求职应用,添加此应用后可以免费发布招聘信息、查询招聘信息,或通过微博信息进行应聘联系。

除了通过公司官方微博发布招聘信息之外,一些公司人力资源部的工作人员,还会通过个人微博发布招聘信息,更有一些企业直接开通了招聘专用微博,例如"海航集团校园招聘"、"盛大网络校园招聘"等。

此外,人才招聘公司也大举入驻微博,在网罗各种招聘信息的同时,还提供了许多求职建议和职业测评。记者看到,"智联招聘"的粉丝数已超过17万人,"中华英才网"的粉丝数也超过5万人,"应届生求职网"粉丝数超过11万人。

据了解,微博受企业青睐的一个重要原因是"零成本"。特别是一些中小企业,公司规模不大,招聘人数不多,参加招聘会成本高,借助微博可以有效降低成本。

信任是关键

记者了解到,与传统招聘模式相比,微博求职仍旧存在着一些不安全因素。微博虽有"认证"一说,但并不严格,无法确保信息的真实性。

昨日,在太原人才大市场,正在招聘会上找工作的刘彤对记者说:"我还是觉得微博招聘不太靠谱,毕竟对方说的你无法证实,也没有权威机构帮你确认。"

"微博招聘对于求职者和招聘公司来说,都存在一个诚信问题。"在我市长期从事招聘工作的邓先生表示,在微博上,对于应聘者来说,你只要把自己所谓的硬件标准,比如说学校、学历、实践标准、实践经验这些指标写出来就行。不过,这些文字究竟有多大的"水分",对应聘者是一个考验。同时,很多企业的官方微博也应从为应聘者负责的角度出发,发布招聘信息。目前就有一些企业出于公关宣传的目的,在微博大量发布招聘信息,引起求职者质疑。这些"不信任"因素,也给仍处于"试验期"的微博招聘造成了不小的麻烦。

(摘自太原新闻网:2012—04—12)

引导案例中的微博招聘是近年来兴起的人力资源招聘渠道,它给招聘者和应聘者都带来了新的机遇和挑战。在当今经济快速发展、科技日新月异、人才频繁流动的时代,一个组织能否招聘到自己需要的优秀人才,是决定其兴衰成败的重要问题。最早提出"人力资源"(Human Resource)概念、被誉为人力资源管理开创者的戴维·尤里奇(Dave Ulrich)教授说:"什么样的公司能赢?不是靠产品特色,也不是靠成本领先,在这个不断变化着的高科技驱使下的商业环境中,发现和留住人才将成为竞争的重点。"如何把握人力资源招聘的基本原理,同时应对瞬息万变的时代潮流,这正是本章所要探讨的主题。

第一节 招聘概述

一、招聘的含义

招聘(Recruitment),从字面上看就是招募和聘用的意思。国际上许多学者从不同角度对招聘进行了定义(如表4-1),这些定义各有侧重,纵览这些观点,我们可以对招聘这一概念有较为全面的认识。

在本书中,我们将招聘定义为:一个组织根据人力资源规划和工作分析的要求,寻找和吸引组织所需的人力资源,然后通过科学的甄选,最终予以录用的过程。

表4-1　招聘的各种定义

雷蒙德·A·诺伊	招聘包括招募与选拔。招募是为现有的或预期的空缺职位吸引尽可能多的合格应聘者,这是个搜寻人才的过程,为空缺职位找到最优秀的应聘者群体;选拔是不断地减少应聘者清单的人数,直到剩下那些最有可能达成期望产出或结果的人。
西蒙·多伦	招聘是组织依据一定的制度与法规,通过一系列活动过程,从大量高素质人员中挑选出最佳人选,以满足组织的需要;同时也满足应聘者个人的需要,以增强他们留在组织中的可能性。
爱华·拉齐尔	招募和雇佣是指根据预先制定的招募、用人、报酬等标准,通过一系列活动,能够使企业以最低的成本吸引、筛选到高质量、喜欢该工作又适合该职务的求职者的过程。
约瑟夫·普蒂	招聘是依据人力资源开发计划和预测的有效性,发现潜在人才,并根据短期和长期的需求来预期职务空缺和新的用人机会,制定、确定有关政策,以规划和满足未来需要的过程。
詹姆斯·斯通纳	招聘是以人力资源管理计划为依据,建立充足的备选人才库,以在需要时可以从中选拔合适的人才。
R·韦·蒙迪	招聘是能及时地、足够多地吸引具备资格的个人,并鼓励他们申请加入到组织中来工作的过程。
乔治·T·米尔科维奇、约翰·W·布得罗	招聘是确认和吸引大量应聘者的过程,从中选拔可接受雇用要求的人。
罗伯特·马希斯	招聘与选拔就是选择潜在的任职者。

二、招聘的意义

招聘是一个双向的过程,它既是组织选择个人,也是个人选择组织。它像一条纽带,可以实现双方的联结和匹配。成功的招聘是一个双赢的过程,对双方都有重要意义。

对组织而言,招聘是人力资源的"入口",在人力资源管理乃至整个组织管理中举足轻重。从现实角度看,招聘可以弥补当前岗位的空缺,以满足组织的正常运行。从长远角度看,招聘可以为组织未来发展的需要,发现潜在人才、构建人才梯队计划,以实现组织的持续发展。此外,招聘还可以起到展现组织形象,扩大组织知名度等作用。

对应聘者而言,首先,招聘为应聘者提供了可以展现自己的舞台和了解组织的平台;其次,应聘者在笔试、面试、评价中心、心理测验等一系列测评环节中可以获得自我认知的机会;再次,招聘可以帮助应聘者找到适合自己的岗位,获得自我发展、自我实现的机会,有利于应聘者职业生涯的发展。

![小贴士]

国有三不祥

一次齐景公打猎途中遇到了虎和蛇,回来后问国相晏婴这是不是不祥之兆,晏婴回答说,国家真正的不祥之兆有三种,"有贤而不知,一不祥;知而不用,二不祥;用而不任,三不祥也"(见《晏子春秋》)。晏婴的意思是说,对一个组织来说,最不祥的莫过于在招聘人才方面出问题。正因为人才招聘的重要意义,中国历代都十分重视招贤纳士。如商汤五次币聘伊尹,周朝每年三月"聘名士,礼贤者",燕昭王筑黄金台,曹操三下求贤令,朱元璋广布招贤榜,还有萧何月下追韩信、刘备三顾茅庐等故事更是家喻户晓。

三、招聘流程

招聘的过程,大致可以分为准备、招募、选拔、录用和评估五个阶段,具体如图 4-1 所示。其中最核心的是招募和选拔两个阶段,前者通过各种方式吸引足够的候选人才来应征,后者使用各种方式挑选出合适的人员进入岗位。

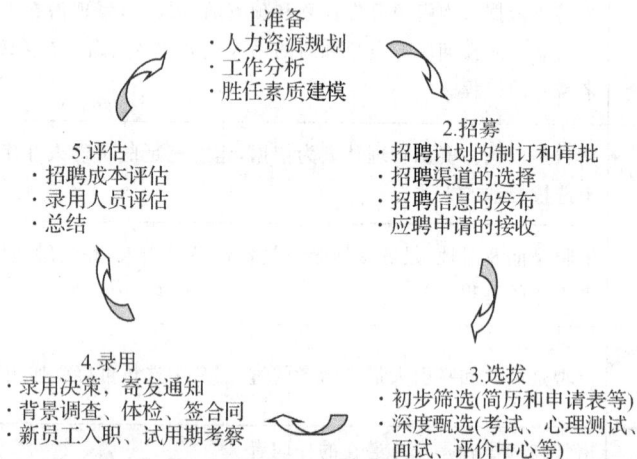

图 4-1　人力资源招聘的流程

准备阶段。准备阶段主要包括人力资源规划、工作分析和胜任素质建模三项工作。人力资源规划是通过人力资源需求和供给预测,判断未来组织内部的人力资源在数量、结构、层次等方面是否平衡,以此来决定需要招聘的岗位。工作分析是明确员工在工作中应承担的责任和应具备的素质。胜任素质是区分绩效优秀员工和绩效普通员工的素质,传统的工作分析为招聘合格员工提供了标准,而胜任素质建模则为招聘绩效优秀员工提供了标准。

招募阶段。招募阶段是在准备阶段的基础上,结合组织内外部环境,制定符合组织实际情况的、具体可行的招聘计划,确定招聘策略,选择招聘渠道(包括内部渠道和外部渠道),构建招聘团队,发布招聘信息,制作招聘广告,以吸引足够多的应聘者,并进行应聘信息的收集整理。

选拔阶段。选拔阶段是从应聘者中挑选出组织需要的合适人员。这一阶段结合准备阶段对招聘岗位素质要求的分析,建立各岗位的甄选评价体系,然后针对不同岗位的要求确定相应的甄选方式组合,通过初步筛选和深度甄选,作出对每个应聘者个性特征、能力倾向、知识经验的综合评价。

录用阶段。录用阶段是依据选拔阶段的评价和相关的人事制度,对应聘者做出初步的录用决策,并结合岗位和应聘者的情况确定薪酬,然后对录用者进行背景调查和体检,并签订劳动合同,安排入职手续、适应性培训、试用期考察等,最终对符合条件者予以正式录用。

评估阶段。评估阶段是对招聘活动的评估和总结。这一阶段主要是通过一些相关的指标来衡量本次招聘工作的有效性,评价招聘活动是否在合适的预算和时间内,招聘到了适合于组织需要的人员。

四、招聘原则

招聘工作必须在一定的原则指导下进行,这些原则包括:

公开原则。招聘信息要公之于众,招聘过程要透明操作,这一方面可以广泛吸纳人才,另一方面使招聘置于社会的监督之下,防止徇私舞弊。

公平原则。招聘要对所有的应聘者一视同仁,平等相待,不人为制造各种不平等的限制条件或优先优惠政策。

竞争原则。适度的、良性的竞争有利于优秀人才的脱颖而出,所以在招聘中要防止拉关系、走后门、裙带风等现象的发生。

择优原则。择优录取是招聘的基本原则,它是指在适合岗位要求的基础上尽量选择更为优秀的人才,这就需要设计科学的选拔方法。

能级原则。能级是指人的能力分级,不同岗位的能级标准是不一样的,具有不同能级的人,应配置在不同岗位上,给予不同的权力和责任,使人尽其才,物尽其用。

匹配原则。招聘并不是挑选十全十美的人,而是要挑选与岗位匹配(Person-Job Fit)、与团队匹配(Person-Group Fit)、与组织匹配(Person-Organization Fit)的人,让适合的人处于适合的位置。

双向原则。双向选择是劳动力市场资源配置的基本原则。组织可以根据自己的要求自主选择所需的员工,同时应聘者也可以根据自己的条件自主选择向往的组织。

科学原则。选拔过程不能完全靠主观的印象、直觉、经验等,而需要通过一些科学的操作程序、评价标准和评价方法,有效地甄别应聘者的实际水平和发展潜力。

经济原则。经济原则即重视招聘的效率和效益,尽可能以最低的成本获得最适合的人才,避免人才高消费。这里的成本不仅包括招聘所需的费用,还包括因招聘失误或员工离职给组织造成的损失等。

合法原则。招聘必须遵守国家相关的法律法规,严禁各类招聘歧视(如性别、年龄、容貌、种族、信仰等),并履行法律法规要求组织所承担的社会责任。

五、招聘的责任主体

在传统的人事管理中,招聘几乎完全由人事部门负责,用人部门只是被动地接受录用人员。而现代的人力资源管理,则要求人力资源部门和用人部门共同合作,而且其中起决定作用的是用人部门,人力资源部门在招聘过程中更多地起组织与服务的作用。因为用人部门最清楚所需要的人是做哪些工作,应该具备什么素质,在录用什么样的员工的问题上,用人部门最有发言权。

著名管理学家托马斯·彼得斯曾明确指出："员工招聘工作是一线管理者的责任，它太重要了，千万不能授权给'专家'去干，企业一线管理人员要舍得花时间和精力于人员招聘工作。"人力资源招聘不仅仅是一个技术性的问题，一些软性指标（如服务态度、合作精神、忠诚度等）的评价必须经由一线管理人员甚至未来同事的参与才能很好地完成。

第二节　招聘准备

组织要招聘到真正需要的人力资源，必须做好前期的准备工作。招聘的准备包括人力资源规划、工作分析和胜任素质模型，它们就像招聘工作的三驾马车一样，人力资源规划是招聘工作的"领跑者"，而工作分析和胜任素质模型则是招聘工作的"左右两翼"。传统的工作分析更多地关注绩效合格的素质要求，即一个人能不能干这项工作；而基于胜任素质的工作分析则更多关注绩效优秀的素质要求，即一个人能不能干好这项工作。因为人力资源规划和工作分析前面章节已有详述，本节主要介绍胜任素质模型。

一、胜任素质

胜任素质（Competence 又译为胜任特征、胜任力等）这一概念最早是 1973 年由美国著名心理学家麦克利兰提出，他在研究中发现人们主观上认为能够决定工作成绩的一些人格、智力、价值观等方面的因素，在现实中并没有表现出预期的效果。于是他采用行为事件访谈法（Behavioral Event Interview，简称 BEI）收集第一手材料，比较分析工作表现一般和优秀的员工具体行为特征的各项差异，最终提炼了出真正影响工作业绩的个人条件和行为特征（即胜任素质）。简单的地说，胜任素质就是决定个体在既定职位上能够达成优秀工作成果的那些独特的内在特征。

背景资料

麦克利兰

戴维·麦克利兰（David Clarence McClelland，1917—1998），杰出的美国社会心理学家，1987 年获得美国心理学会杰出科学贡献奖。1971 年，麦克利兰应邀承担美国新闻总署的一个项目"如何选拔高效能的海外文化事务官员"，此项目意在帮助美国政府挑选驻外联络官及为政府设计一种能够有效预测实际工作业绩的人员选拔方法。在麦克利兰之前，要想成为联络官，必须通过"驻外服务官员测试"。这一测试的评价内容主要包括：智商、学历、学习成绩及一般人文常识与相关的文化背景知识。然而实践证明，用这种方法挑选出来的人有很多并不能胜任工作。麦克利兰研究小组首先把被试者分为绩优组与普通组，然后采用行为事件访谈法，得出了驻外联络官的胜

任素质模型,即用"跨文化的人际敏感性、人的积极期望、快速进入当地的政治网络"三种胜任素质来甄选。1973年,麦克利兰在《美国心理学家》杂志上发表了《测量胜任素质而不是智力》的文章,标志着现代胜任素质研究的开端。

二、胜任素质模型

胜任素质模型是指出色地完成特定工作所需要具备的胜任素质的总和。胜任素质模型主要回答了两个问题:完成工作所需要的技能、知识和个性特征是什么,以及哪些行为对于工作绩效和获取工作成功来说是具有最直接的影响。常见的胜任素质模型有冰山模型、洋葱模型、胜任素质辞典等。

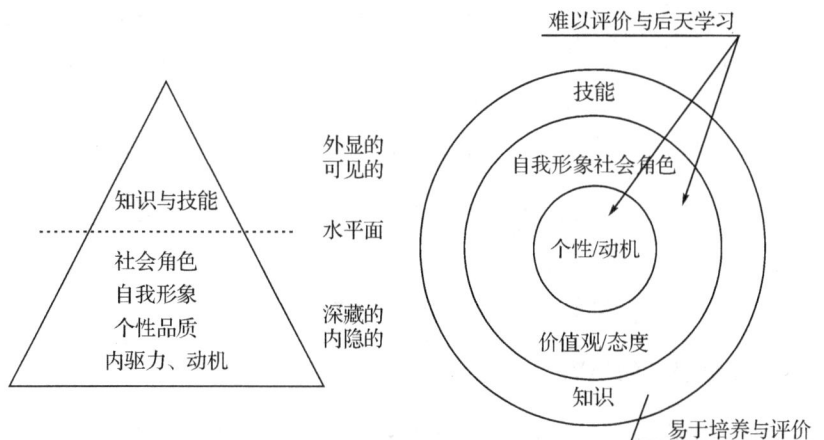

图4-2　冰山模型和洋葱模型

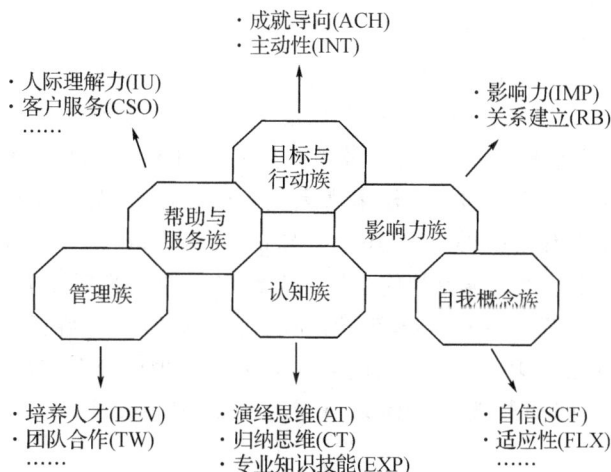

图4-3　通用型胜任素质模型

冰山模型中,知识和技能裸露在水面上,这部分属于基准性素质,它不能把表现优异者与表现平平者区别开来,这些素质容易被测量和观察,可以通过培训习得。内驱力、动机、个性品质、自我形象、社会角色等潜藏于水底下,这部分属于鉴别性素质,它是区分绩效优异者与平平者的关键因素,这些素质不容易被观察和测量,也很难通过培训得以形成。洋葱模型把胜任素质由内到外概括为层层包裹的结构,它和冰山模型本质是一样的,如图4-2。

从1989年起,麦克利兰开始对全球200多项工作所涉及的胜任素质进行研究,经过逐步的发展与完善,共提炼形成了21项通用胜任素质,构成了胜任素质辞典(Competency Dictionary)的基本内容。这些素质可以归为目标与行动族、帮助与服务族、影响力族、管理族、认知族、自我概念族六个方面(见图4-3)。

三、胜任素质模型的建构

胜任素质模型的建立一般采用工作胜任素质评估法(The Job Competence Assessment Method,JCAM),这一方法早在麦克利兰等人负责美国新闻总署项目时就已开始采用。利用这种方法建立胜任素质模型的基本步骤可以简述为:第一步,对既定职位进行全面分析,确定高绩效模范员工绩效标准;第二步,对高绩效员工进行分析比较,建立起初步的胜任素质模型;第三步,对初步建立的胜任素质模型进行验证,使之具有足够的效度。

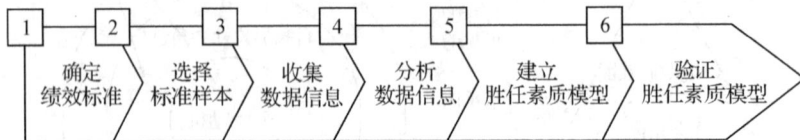

图4-4　JCAM胜任素质模型开发流程

四、基于胜任素质模型的招聘

在过去的许多招聘实践中,人们往往以为自己知道要寻找什么样的任职者,而且也经常会根据自己对这类任职者特征的理解,去选择或设计一些甄选方法来识别应聘者。但是,他们所依据的经验式标准以及由此所使用的甄选方法,往往是一厢情愿的,因为他们并没有找到组织和职位对任职者的真正要求。

当我们基于胜任素质模型进行招聘时,关注的将是应聘者身上那些能够实现组织所要求的绩效结果的心理特征和行为模式,所以具备胜任素质的任职者在工作中创造的价值将是不可估量的。正如人们所说的"你可以教导一只火鸡如何爬树,但更容易的事则是直接雇用一只松鼠。"如果我们能雇用到一只松鼠来完成爬树的任务,肯定比雇用一只火鸡并培训它来完成同样的任务要有效率得多。Hunter、Schmidt和Judiesch发现那些在胜任素质具备程度比一般员工高出一个标准差的优秀员工能给组织带来的额外价值,可以高达47%～120%。20世纪90年代起,一些公司和专业研究机构开始着手将胜任素质模型应用到人力资源管理体系(特别是招聘环节)中。如国际人力资源管理研究院(IHRI)建立了一套完整的基于胜任素质的招聘和甄选操作体系(Competency-Based Recruitment and Selection,CBRS)。

除招聘外,胜任素质模型在人力资源管理的其他环节都有广泛的应用,已经越来越成为现代人力资源管理的基石之一。

第三节　人员的招募

人员招募是根据组织人力资源规划和工作分析的要求,把具有一定知识、能力和相关特性的人员吸引过来,为下一步的人员选拔奠定基础。

一、招聘计划

凡事预则立,不预则废,招聘也不例外,招聘计划做得好不好直接影响到整个招聘过程的顺利进行。

招聘计划的主要内容包括:

招聘的规模。招聘计划中,首先需要明确本次招聘哪些岗位,需要多少人员(人员需求清单),以及获得这些人员大致需要吸引多少应聘者。应聘人数与录取人数的比

```
      50          新雇佣人员
     100          接到录用通知者(2:1)
     150          实际接受面试者(3:2)
     200          接到面试通知者(4:3)
    1200          招募来的求职者(6:1)
```

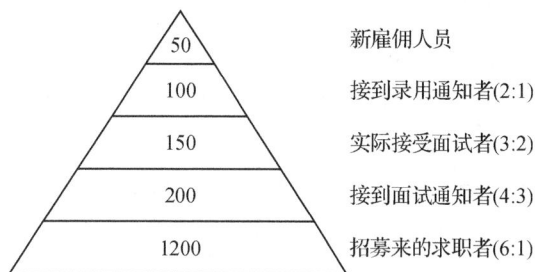

图 4-5　招聘录用的金字塔模型

率,依具体情况而不同。如"招聘录用金字塔模型"(图 4-5 所示)认为理想比例是 24∶1。

招聘的范围。一般来说,招聘信息发布越广,接收到信息的人就越多,挑选的余地也就越大,但费用也会相应地增加。这就需要根据人才分布情况、供给状况以及成本预算等确定招聘的区域。比如某公司的高管和专家在全国(甚至全球)范围内招聘,专业技术人员在华东地区招聘,基层职员则在本地招聘。

招聘的渠道。招聘渠道一般分为内部招聘和外部招聘两大类,具体下文有详细介绍。

招聘的时间。在招聘计划中,要对招聘的各个环节需要花费的时间、截止日期等进行明确的规定,列出详细的招聘工作时间表,以保证招聘工作一步一步、有条不紊地进行。

招聘的预算。招聘的费用预算主要包括:人工费用(招聘人员的报酬等),业务费用(通讯费、广告费等)和其他开支(如场地租用费等)。

招聘的团队。招聘需要人力资源部门与用人部门的紧密配合,所以在招聘计划中,必须确定招聘的各个阶段参与的部门和人员(特别是负责人),明确各自的职责,并对相关人员进行必要的培训。

当然,具体内容在实际拟订时有所损益,表 4-2 为某公司的一份招聘计划书。

表 4-2　某公司的招聘计划书

一、招聘目标		
职位名称	人员数量	其他要求
研发部工程师	4	本科以上学历,通信专业,35 岁以下
行政文员	2	本科以上学历,有相关工作经验
二、信息发布时间和渠道		
1	××报纸	3 月 18 日
2	××网站	3 月 18 日
三、招聘小组成员名单		
组长	王刚(HR 部经理)	负责招聘工作的整体协调

续表

成员	李旭（HR招聘专员）	负责招聘工作的具体事务

四、选拔方案及时间安排

拟聘岗位	事项	负责人	时间安排
研发部工程师	资料筛选	研发部经理	3月25日截止
	初试（心理测验、面试）	研发部经理	3月27日
	复试（笔试）	研发部命题小组	3月29日
行政文员	资料筛选	行政部经理	3月25日截止
	面试	行政部经理	3月27日

五、新员工上岗时间

预计在4月10日左右

六、招聘费用预算

1.××报纸广告刊登费用,4000元
2.××网站信息刊登费用,800元
合计:4800元

七、招聘工作时间表

3月11日	起草招聘广告
3月12日~1月13日	进行招聘广告版面设计
3月14日	与报社、网站联系
3月18日	报社、网站刊登广告
3月19日~1月25日	接待应聘者,整理应聘资料,对资料进行筛选
3月26日	通知应聘者面试
3月27日	进行软件工程师笔试（复试）
3月30日	向通过复试的人员通知录用
4月10日	新员工上班

二、招聘渠道

（一）招聘渠道的分类

根据申请者来源的不同,招聘渠道可以分为两类:内部招聘和外部招聘。

内部招聘是指从组织内部获得所需的人才,它是组织充分利用和开发现有人力资源的一种模式。内部招聘具体包括内部晋升或工作轮换、内部竞聘、临时人员筛选、返聘或重新聘用等。外部招聘是指从组织外部获得所需的人才,具体包括传统媒体广告、校园招聘、熟人推荐、委托专业机构招聘、网络招聘等。

内部招聘和外部招聘是相辅相成、互为补充的,一般来说两者相结合会产生较好的效果。

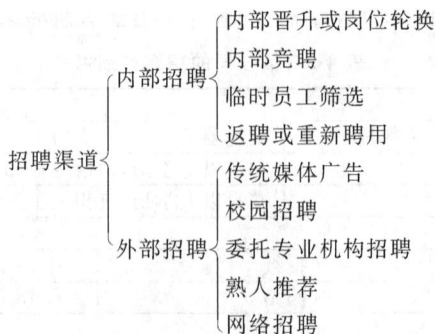

图4-6　招聘的渠道

（二）招聘渠道的比较

内部招聘和外部招聘各有优缺点（见表 4-3），我们需要根据具体的情况，去选择合适的渠道（或渠道的组合）。选择过程中我们要考虑符合以下一些特性：目的性（达到招聘的要求）、经济性（花费较小的成本）、可行性（符合现实的条件）等。

表 4-3　内外部招聘优缺点比较

	内部招聘	外部招聘
优点	• 组织对候选人的能力有清晰的认识 • 候选人了解工作要求和组织 • 奖励高绩效，有利于鼓舞员工士气 • 组织仅仅需要在基本水平上雇佣 • 更低的成本	• 更大的候选人蓄水池 • 会把新的技能和想法带入组织 • 比培训内部员工成本低 • 降低徇私的可能性 • 激励老员工保持竞争力，发展技能
缺点	• 会导致"近亲繁殖"状态 • 会提升为了提升的"政治性行为" • 需要有效的培训和评估系统 • 可能会因为操作不公或心理因素导致内部矛盾	• 增加与招募和甄选相关的难度和风险 • 需要更长的培训和适应阶段 • 内部员工可能感到自己被忽视 • 新的候选人可能并不适合企业文化 • 增加搜寻成本

（三）内部招聘的方法

人们通常以为招聘都是对外的，而实际上组织内部员工也是空缺岗位的重要候选者，而且有越来越多的组织开始注重从内部招聘员工。

内部招聘的主要渠道有：

1.内部晋升或岗位轮换

运用内部晋升或岗位轮换，首先需要建立完善的职位体系，明确不同职位的责任、素质要求、级别等，作为晋升和轮换的依据；其次需要建立员工的职业生涯管理体系，让员工看到晋升和轮换的机会，从而起到正向的激励作用；再次，员工晋升或轮换到新岗位之前（而不是之后）需要做好旧岗位的接替工作。

小贴士

波得原理

通过晋升和轮换来填补职位空缺要注意的问题是，一位员工在某个岗位上表现好，并不意味着他一定能胜任另一个岗位。美籍加拿大管理学家劳伦斯·彼得（Lanrence J. Peter）发现了，在一个等级制度中，每个员工都趋向于晋升到他所不能胜任的地位，这就是著名的"彼得原理"。因为员工在现任职位上表现好（胜任）就会被提升到更高一级职位，其后如果继续表现好（胜任）则将进一步被提升……直至到达他所不能胜任的职位。由此可以推论，每一个职位最终都将被一个不能胜任该职位的员工所占据。这是许多组织效率不高的原因之一。

2.内部竞聘

内部竞聘是在组织内部发布招募信息（如内部网站、公告栏），任何符合条件的员工可以根据自己的意愿自由竞争、应聘上岗。竞聘人员必须接受选拔评价程序，经过选拔评价符合任职资格的人员才能予以录用。多见于管理和领导岗位。

3.临时员工筛选

临时员工筛选是指组织从临时工、实习生、借调人员、派遣人员等人员中选择合适的人选成为正式员工。组织要重视这部分人力资源的价值,给予临时员工转正的机会,不仅可以填补组织的空缺,还可以提高他们的工作积极性。

4.返聘或重新聘用

返聘或重新聘用是指组织将解聘或待聘的员工重新聘用到合适的岗位,比如许多组织会返聘已经退休的技术人员。因为这些员工曾经被成功招聘到组织内任职,组织对他们比较了解,可以节省招聘时间和节约招聘成本,而且由于他们熟悉组织环境,可以尽快上岗。如像埃森哲、微软等国际知名企业都建立了"老同事重聚会",以便与离职员工保持联络,在公司出现职位空缺时重新聘用这些员工。

(四)外部招聘的方法

1.传统媒体广告

传统的媒体广告是外部招聘中最常使用的渠道。可选择的媒体很多,如报纸、杂志、广播电视、网络、传单等等,具体选择时,需要综合考虑目标群体的特征、各种媒体的优缺点及适用范围等因素(见表4-4)。媒体广告的设计应遵循 AIDA 原则:Attention(引起求职者注意)、Interest(引起求职者兴趣)、Desire(引起求职愿望)、Action(引起求职行动)。

表4-4 广告媒体优缺点及适用范围比较[①]

类型	优点	缺点	适用范围
报纸	标题短小精炼;广告大小可灵活选择;发行集中于某一特定地域;各种栏目分类编排,便于积极的求职者寻找	容易被未来可能的求职者所忽视;集中的招募广告容易导致招募竞争的出现;发行对象无特定性,组织不得不为大量无用的读者付费;广告的印刷质量一般比较差	当你想将招募限定于某一地区时;当可能的求职者大量集中于某一地区时;当有大量的求职者在翻看报纸并希望被雇用时
杂志	专业杂志会到达特定的职业群体手中;广告大小有灵活性;广告的印刷质量较高;有较高的编辑声誉;时限较长,求职者可能会将杂志保存起来再次翻看	发行的地域太广,故在希望将招聘限定在某一特定区域时通常不能使用;广告的预约期较长	当所招募的工作承担着较为专业时;当时间和地区限制不是最重要的时候;当与正在进行的其他招募计划有关联时
广播电视	不容易被观众忽略;能够比报纸和杂志更好地让那些不是很积极的求职者了解到招募信息;可以将求职者限定在某一特定区域;极富灵活性;比印刷广告能更有效地渲染雇用气氛;较少因广告集中而引起招募竞争	只能传递简短的、不是很复杂的信息;缺乏持久性;求职者不能回头再了解(须要不断地重复播出才能给人留下印象);商业设计和制作(尤其是电视)不仅耗时而且成本很高;缺乏特定的兴趣选择;为无用的广告接受者付费	当处于竞争的情况下,没有足够的求职者看你的印刷广告时。当职位空缺有许多种,而在某一特定地区又有足够求职者的时候。当需要迅速扩大影响的时候。当在两周或更短的时间内足以对某一地区展开"闪电式轰炸"的时候。当用于引起求职者对印刷广告注意的时候

① [美]加里·德斯勒著,刘昕译:《人力资源管理》(第六版),中国人民大学出版社 1999 年版,第127页。

续表

类型	优点	缺点	适用范围
招募现场的宣传资料	在求职者可能采取某种立即行动的时候，引起他们对企业雇用的兴趣。极富灵活性	作用有限。要使此种措施见效，首先必须保证求职者能到招募现场来	在一些特殊场合，如为劳动者提供就业服务的就业交流会、公开招募会、定期举行的就业服务会上布置的海报、标语、旗帜、视听设备等。或者当求职者访问组织的某一工作地时，向他们散发招募宣传材料
网络广告	不受时空限制，方式灵活，快捷，成本低；联系方便，时间周期长；可以与招聘及人力资源管理的其他环节形成整体	没有在网站上查找工作的潜在应聘者可能会没有看到空缺职位	适用于有机会使用电脑和网络的人群，适合急需招聘和长期招聘的职位

2. 校园招聘

校园招聘的主要形式有：组织各种校园活动（如招聘宣讲会、校园竞赛等）、邀请学生进入组织中实践（参观访问、社会实践、工作实习等）、设立奖学金制度或与学校联合培养等。校园招聘的好处在于新员工的可塑性强，容易融入组织文化。但新员工通常缺少职位所需的技能，需要花时间学习，组织需要有完善的培训体系。图 4-7 是联想公司和宝洁公司最新的校园招聘广告封面。

图 4-7　2013 年联想和宝洁校园招聘广告封面

3. 委托专业机构招聘

专业人才机构主要指人力资源服务公司、人才中介服务公司、人才交流中心、人才租赁公司、职业介绍所、招聘洽谈会、猎头公司等。专业人才机构一方面为组织寻找合适的人才，另一方面也帮助人才找到合适的组织。因为这些机构专业从事人力资源招聘，有着丰富的经验、资源和信息，所以对组织来说，委托他们招聘是比较省时省力的方式。

4.熟人推荐

熟人推荐就是由组织的员工、客户或合作伙伴等推荐合适人选,这是许多国际知名企业常用的招聘渠道,我国沿海地区一些企业在招募一般员工时采用的"老乡介绍老乡"也属于这一类型。

由于推荐人对应聘者的素质比较了解,对组织的情况也有相当了解,所以在推荐时已经进行了岗位与员工的匹配分析;同时由于自己介绍来的员工质量会影响到自己在组织中的声誉(大部分员工不会推荐看起来不够格或不体面的候选人),因此推荐人会承担起一部分对新员工的培训和控制工作。这是熟人推荐方式的优点所在。

不过熟人推荐的前提是必须建立一套明确、严格的举荐制度,否则容易产生一些负面影响,比如某些人会千方百计为亲朋好友争取职位,某些人为栽培自己的势力在组织中安插自己的亲信等等,而且此类录用人员一多容易在组织里形成帮派、裙带关系。

5.网络招聘

网络招聘是指利用互联网进行的招聘活动,它通过计算机网络在求职者与组织之间建立了一种方便沟通的渠道。随着组织信息化程度的提高和互联网家庭用户的迅猛增长,网络招聘已得到越来越多的组织和求职者的认可,它已不仅仅是一个发布招聘广告的渠道,而已成为一个具有多种功能的招聘服务系统(如面试等环节也可以在网上进行)。

网络招聘的优点是招募范围广、信息量大、可挑选余地大、应聘人员素质高、招募效果好、费用低。其缺点是由于传播面广,组织可能会收到大量不合格的求职申请,而一些非常适合的人群可能因为很少上网而无法得知相关信息。

网络招聘可以有两种方式:一种方式是在组织自己的网站上发布招聘信息,另一种是在专业的招聘网站(目前国内比较知名的招聘网站有:前程无忧网、智联招聘网、中华英才网等)上发布招聘信息。

第四节　人员的选拔

选拔是从诸多候选人中挑选出适合空缺岗位的人,实现人员和岗位最佳匹配的过程。通过初步筛选(粗选)、深度挑选(细选)和最终甄别(精选),最终保障组织人才选拔的质量。

所有选拔方法都有一个一致的目的:通过搜集申请者的个人特征信息,尽量准确地预测申请者未来工作绩效。由于选拔工作直接关系到岗位最终候选人的质量,因此,人员选拔是招聘过程中最关键的一步,也是技术性最强、难度最大的一步。

一、选拔的标准

组织在选拔过程中需要根据岗位要求(包括工作分析的要求、胜任素质的要求等)、组织文化等设定选拔的标准,只有事先设定选拔的标准,才能根据这把"尺子"去测评每一位应聘者。

选拔标准与招募时设定的应聘标准略有不同,应聘标准是必备条件,而选拔标准则是择优条件。通常应聘者在招聘广告中看到的是该岗位素质要求的简单描述,如果在招募过程中使用具体且详尽的描述,会使部分谦虚谨慎或只要简单培训便能上岗的求职者退缩。

测评标准体系的设计分为横向结构和纵向结构两个方面。横向结构是指将需要测评的素质进行分解,并列出相应的项目;纵向结构是指将每一项素质用规范化的行为或表征进行描述与规定,并按层次细分。横向结构是基础,纵向结构是对横向结构各项素质推向可操作化。图4-8是一个测评标准体系的基本模型。

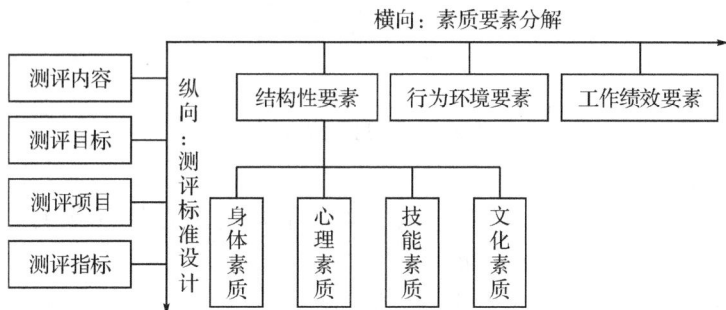

图4-8 测评标准体系基本模型

从大的方面看,选拔标准可以考虑三个方面的内容:职业品德、职业能力和个性特质。前两者即通常所说的德和才,如万向集团的用人标准是:有德有才者,大胆聘用,可三顾茅庐,高薪礼聘;有德无才者,委以小用,可教育培训,促其发展;无德无才者,自食其力;无德有才者,坚决不用,如伪装混入,后患无穷。至于个性特质,在选拔中关注较多的是应聘者的职业性向,即一个人所具有的有利于他在某一职业方向成功的个性特质,这些特质最终会体现在员工的职业品德和职业能力中。

小知识

科举制度——中国的"第五大发明"

在中国这样一个广土众民的国家,如何从茫茫人海中选拔出治国平天下的优秀管理人才,是摆在历代制度设计者们面前的大问题。靠世袭?靠推荐?靠养士?靠关系?靠战功?靠财富?……这些方式都问题重重,不是长治久安之道,中国人最终创造了科举制度,并且从隋唐直至清末实行了长达一千三百年之久。它在民间和政府之间打通了一条公平的、制度化的招聘渠道,使管理人才能够从社会基层源源不断地输送到政府管理机构中。孙中山在《五权宪法》中说:"现在各国的(文官)考试制度,差不多都是学英国的。穷流溯源,英国的(文官)考试制度,原来还是从我们中国学过去的,所以中国的考试制度,就是世界中最古最好的制度。"可以说科举制度是一项伟大的制度创新,有学者将称之为中国的"第五大发明"。近代以来科举制度受到批判,其实问题并不在公平考试选拔人才这种方式本身。

二、选拔的方法

目前常用的选拔方法有:申请表和简历筛选、笔试、面试、心理测验、评价中心等。这些方法可以按一定的流程组合使用,相互补充,形成一个"漏斗式"的人员甄选过滤器(如图4-8)。

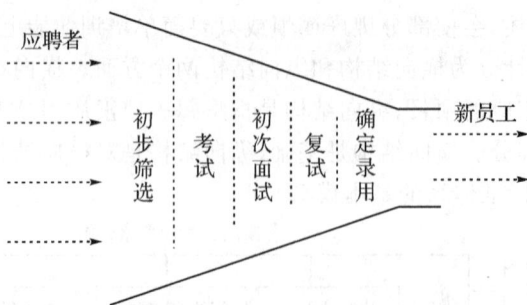

图 4-9 人员选拔的流程

（一）初步筛选

在求职者众多、面试成本压力大的情况下，组织往往将申请表（由组织定制）和简历（由求职者自制）的筛选作为人员挑选的第一步。

简历是应聘人员向其组织提供的材料，其优点在于形式灵活，有利于求职者自由展现自己的能力和风格。但由于缺乏规范性，简历内容的随意性较大，有些组织需要的信息不能获得，而且因为形式不统一，不利于比较鉴别。另外，简历还有可能存在自我夸大的倾向（据美国专家估计，30%的求职者简历注水，例如编造以往的经历、业绩，虚构教育背景、隐瞒处分甚至犯罪记录等），需要招聘组织对所提供信息予以核查与证实。

申请表则是组织精心设计的，它要求应聘者系统、详细地提供组织所关注的信息，因此可以在一定程度上克服个人简历的上述弊端，所以申请表常与个人简历配合使用。申请表一般包括个人基本情况、应聘岗位情况、工作经历和经验、教育和培训情况、生活和家庭情况、个人的职业发展设想、个人的任职要求等。

此外，还可以参考推荐信、档案等材料，尤其是档案，它记录着一个人过去的重要经历。在我国的人才流动中承担着特殊职能，很多组织可以通过核查档案，与求职申请表、简历进行比较，以验证这方面信息的正确性。

（二）笔试

笔试即我们熟悉的知识考试，它可以有效地测量求职者的基础知识、专业知识、管理知识和其他相关知识以及综合分析、文字表达等方面的能力。如高等教育入学考试（高考）、公务员选拔中的《行政职业能力测验》、《申论》等科目即采用笔试的形式。

笔试是使用频率非常高的一种人才选拔方法，相对节省时间，成本较低，效率较高，成绩评定也比较客观，对知识、技能的考察有较高的效度和信度。但不能全面考查求职者的工作态度、品德修养和其他一些潜在的能力。

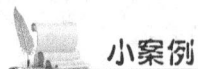

小案例

2013 国家公务员考试行政职业能力测验样题

第一部分　常识判断

（共 20 题，参考时限 15 分钟）

根据题目要求，在四个选项中选出一个最恰当的答案。

1.《国家"十二五"时期文化改革发展规划纲要》提出要加大政府对文化事业建设的投入力度。下列属于政府投入保障政策的是：

　　A.支持文化企业在海外投资、投标、营销、参展和宣传等活动

　　B.继续完善文化市场的准入政策,吸引社会资本投资文化产业

　　C.文化内容创意生产、非物质文化遗产项目经营享受税收优惠

　　D.通过政府购买服务的方式,鼓励社会力量提供公共文化产品

……

第二部分　言语理解与表达

（共40题,参考时限35分钟）

本部分包括表达与理解两方面的内容。请根据题目要求,在四个选项中选出一个最恰当的答案。

21.莫里哀曾说："喜剧的责任,就是通过娱乐来纠正人的缺点。"近年来的法国轻喜剧,尤其擅长_____,用淡淡的笑声拆解社会难题的九连环,具有较高的思想价值和现实意义。

　　填入划横线部分最恰当的一项是：

　　A.举重若轻　　　　B.借古讽今　　　　C.微言大义　　　　D.振聋发聩

……

第三部分　数量关系

（共15题,参考时限15分钟）

在这部分试题中,每道题呈现一段表述数字关系的文字,要求你迅速、准确地计算出答案。

61.某单位2011年招聘了65名毕业生,拟分配到该单位的7个不同部门,假设行政部门分得的毕业生人数比其他部门都多,问行政部门分得的毕业生人数至少为多少名？

　　A.10　　　　　　　B.11　　　　　　　C.12　　　　　　　D.13

……

（三）面试

面试是人员选拔中最为传统也最为常用的一种方法。所谓面试,是指经过精心设计,有目的地在特定场景下通过面对面的交谈与观察,由表及里评价申请者相关素质的一种人员评价方法。

1.面试的类型

按规范程度可以分为结构化面试、半结构化面试和非结构化面试。结构化面试又称标准化面试,是指面试前先就面试的题目、程序、评分标准等进行系统的结构化设计。非结构化面试是指对面试的题目、程序、评分标准等均未给出明确的规定和限制,主试者可以随意发挥。半结构化面试即只给出部分的规定和限制,主试者可以根据应试者的回答进一步挖掘信息。实际应用中通常采用半结构化面试。

按面试气氛可以分为压力面试和非压力面试。压力面试是将应试者置于一种人为的紧张气氛中,主试者"穷追不舍"地提出一些带有挑衅、非议、质疑、刁难甚至是不礼貌的问题,以考察应试者的应变能力、判断能力、压力承受能力、情绪稳定性等。非压力面试是指主试

者在轻松、和谐的气氛下进行的面试。大多数岗位需要在无压力或低压力的状态下面试,这有助于应试者呈现真实的状态。

按人员组成可以分为一对多面试(一个主试者对一个应试者)、一对多面试(一个主试者对多个应试者)、多对一面试(多个主试者对一个应试者)、多对多面试(多个主试者对多个应试者)。

小贴士

以下四种一对一面试的座位安排,您觉得哪种相对来说更妥当些?

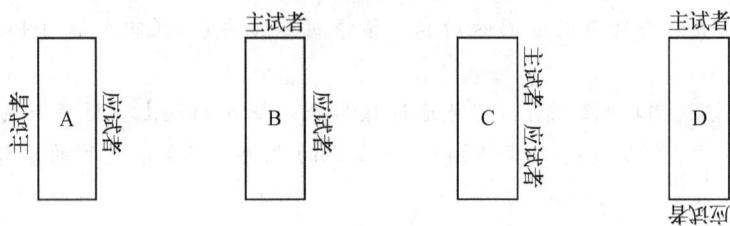

相比较而言,A 中主试者与应试者距离较近且直接面对,应试者通常会有心理压力;D 中主试者与应试者距离较远,应试者会觉得有一种障碍和隔膜;C 中双方坐在同一侧,显得面试不正式、不规范;B 中不仅距离上比较合适,还不会给应试者造成过多心理压力。当然,这只是一般而言,具体情况还要具体分析。

2.面试的流程

面试的整个过程大体可以分为三个阶段:面试准备阶段、面试执行阶段和面试评价阶段。

(1)面试准备阶段

面试准备阶段的主要工作包括:明确面试目的;回顾职务说明书;阅读应聘者材料;拟定面试提纲;制定面试评分表(样例见表4-5);确定面试时间、地点和主试者等。

表 4-5　面试评分样表(节选)

应聘者姓名:＿＿＿＿＿＿　　应聘的职位:＿＿＿＿＿＿＿

评价指标	观察要点	权重	评分				
			优秀 5	良好 4	中等 3	较差 2	很差 1
仪表举止	衣着打扮得体;言行举止随和;有一般的礼节;无多余的动作	5					
言语理解和表达能力	能准确理解他人意思,口齿清楚,言语流畅,内容有条理、有逻辑性;用语准确、恰当、有分寸,他人能理解并具有一定说服力	15					
……	……						
综合得分							
面试官评语				签名:＿＿＿＿＿＿＿　　　日期:＿＿＿＿＿＿＿			

（2）面试执行阶段

面试的执行阶段大体可以分为五个部分：

①关系建立阶段。这一阶段主试者通过简洁的欢迎词和开场白，为应试者创造轻松、友好的氛围，帮助应试者消除紧张戒备心理。

②导入阶段。这一阶段主试者主要问一些应试者比较熟悉的、开放性的问题，如让应试者介绍一下自己的工作经历等等。一方面进一步缓解气氛，另一方面也为后面提问做些准备。

③核心阶段。这是整个面试过程中最重要的阶段，约占整个面试时间的80％。这一阶段主试者将着重收集关于应试者胜任素质的信息，对应试者的各项关键胜任素质作出评价，并作出初步的录用决定。

④确认阶段。这一阶段主试者将进一步对核心阶段所获得的对应聘者关键胜任素质的判断进行确认和核实，在此阶段一般不再引入新话题，可以将前面提及的内容请应试者概括或再次深入地阐述。

⑤结束阶段。这一阶段是主试者检查是否遗漏了关于那些关键胜任素质的问题，是主试者加以追问的最后机会，同时也是应试者向主试者了解相关信息的机会。

以上五个阶段的划分，并不是固定的模式，仅仅是一种指导，在组织运用过程中，应根据实际情况灵活掌握，使面试的整个过程既有连续性又有阶段性。

（3）面试评价阶段

面试结束后，主试者应根据面试记录回顾面试过程，在面试评价表中对应试者进行评价。面试评价一般要在面试结束后马上完成，以免时间间隔太久遗忘信息导致错误的评价。评价可以采用总体评价和分析评价两种形式。总体评价是依靠主试者对应试者的综合判断来决定应聘者是否适合所应聘的职位。分析评价是首先确定一些重要的评价要素，然后由主试者根据应试者在面试中的表现对各评价要素分别评分，最后综合各要素的得分得到总分。

（四）心理测验

美国著名心理测量学家阿纳斯塔西（A. Anastasia）认为，"心理测验实质上是行为样本的客观的标准化的测量"。它是通过对人的一组可观测的样本行为进行有系统的测量，来推断人的心理特征的测评方法。

第二次世界大战以来，心理测验在组织评价和选拔员工方面已获得越来越多的应用。这里我们介绍招聘中常用的两类心理测验：能力测验和人格测验。

1.能力测验

能力是指顺利完成某种活动所必须具备的心理特征。能力可以分为一般能力和特殊能力。一般能力指完成各种活动都必须具备的能力（即通常所说的智力），包括注意力、观察能力、记忆能力、思维能力、想象能力等。特殊能力指从事某种专业活动所需要的能力，如音乐能力、美术能力、飞行能力、文书能力、机械能力等。

招聘选拔中常用的一般能力（智力）测验有韦克斯勒智力测验和瑞文标准推理测验等，尤其以韦氏测验使用较多。韦氏成人智力量表包括十一个分量：言语量表六个（常识、理解、算术、相似、背数、词汇），操作量表五个（填图、积木、图法排列、数字符号、图形拼凑）。通过分析被试者的各项得分和总体得分，可以了解他的智力状况。

小案例

数学能力的测试——Google 的整蛊题

专业知识测试并不一定意味着死气沉沉地坐在教室里答 2 小时的考题。只要有创意，专业知识测试同样可以非常有趣。

Google 在美国招聘时曾使用过一种奇特的招聘方式。2005 年 9 月底 Google 在硅谷各大地铁站的 3 块 15 米长的米色广告牌上，简简单单刷着"（在'e'的数列中所能找到的第一个十位数质数）.com"，没有公司名也没有任何广告词。

这是一道数学题。自然常数 e(2.718281828⋯)的第一个十位数质数，是目标网站的名字。好奇分子忍不住用 Google 搜索答案，不少人后来在规定时间内，登录上了 www.7427466391.com。然而，那不是梦寐以求的终点站，网站上贴出一条更令人头疼的数学问题，答出这个问题，能得到进入下一个网页的密码⋯⋯跑完数学"马拉松"，7500 个"幸存者"走入 Google 实验室网页，成功投出简历。最后，Google 只要了 50 个人。

Google 通过这种招聘方法为自己找到了既具备数学功底又富有好奇心的人。

2. 人格测验

人格(personality)也称个性，主要是指人所具有的与他人相区别的独特而稳定的思维方式和行为风格。组织行为学的研究表明，人格特征对员工工作绩效影响很大，不同的人格特征适合于不同种类的工作，个体在工作中的失败也常常由于人格方面的因素所引起。所以通过心理测验了解员工的人格特征很重要。

人格测验的方法很多，典型的有自陈量表、投射测验等。

自陈量表法又称问卷法，即对拟测量的个性特征编制若干测试题（陈述句），被试者逐项给出书面答案，依据其答案来评价某项个性特征。常见的测量表有大五人格测验、卡特尔 16 种人格因素测验(16PF)、明尼苏达多相人格测验(MMPI)、迈耶斯-布里格斯人格类型指标(MBTI)等。

表 4-6 "大五人格"测验的维度及含义

人格维度	各维度的含义
外向型 Extraversion	好交际对不好交际，爱娱乐对严肃，感情丰富对含蓄。表现出热情、社交、果断、活跃、冒险、乐观等特点。
神经质或情绪稳定型 Neuroticism	烦恼对平静，不安全感对安全感，自怜对自我满意。包括焦虑、敌对、压抑、自我意识、冲动、脆弱等特质。
开放型 Openness	富于想象对务实，寻求变化对遵守惯例，自主对顺从。具有想象、审美、情感丰富、求异、创造、智慧等特征。
随和型 Agreeableness	热心对无情，信赖对怀疑，乐于助人对不合作。包括信任、利他、直率、谦虚、移情等品质。
尽责型 Conscientiousness	有序对无序，谨慎细心对粗心大意，自律对意志薄弱。包括胜任、公正、条理、尽职、成就、自律、谨慎、克制等特点。

自陈量表具有一定的逻辑和规律,在测验中被试者可能会猜测到测验的意图,表现出社会赞许倾向,而投射测验向被试者提供意义并不明确的刺激情境,由于测验意图不明确,被试者不知道自己的反应会作何解释,不可能进行自我掩饰,往往会下意识地表现出内隐的人格。比如罗夏墨迹测试是用向被试者提供一套墨迹图(如图 4-10),向应聘者询问"这看上去像什么";主题统觉测验是给被试者19 张卡片,要求应聘者根据卡片上的画面讲 19 个故事。

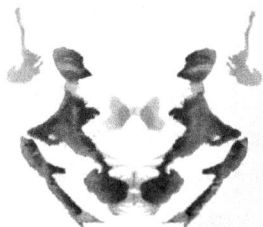

图 4-10　罗夏测试墨迹图例

（五）评价中心

评价中心(Assessment Center)是以情景模拟为核心的综合性测评方法,它是把应聘者置于模拟的工作情景中,由多名评价者用多种测评技术,考察和评价应聘者在特定情境下的心理、行为表现,从而判断其与应聘岗位的匹配程度,预测其潜力和绩效的前景。

评价中心有无领导小组讨论、公文筐测验、角色扮演、案例分析、管理游戏、辩论赛、演讲等多种形式,以下简要介绍有代表性的四种。

小贴士

古人的选拔方法

【八观六验】凡论人,通则观其所礼,贵则观其所进,富则观其所养,听则观其所行,止则观其所好,习则观其所言,穷则观其所不受,贱则观其所不为。喜之以验其守,乐之以验其僻,怒之以验其节,惧之以验其特,哀之以验其人,苦之以验其志。八观六验,此贤主之所以论人也。(《吕氏春秋·论人》)

【七观】知人之道有七焉:一曰问之以是非而观其志,二曰穷之以辞辩而观其变,三曰咨之以计谋而观其识,四曰告之以祸难而观其勇,五曰醉之以酒而观其性,六曰临之以利而观其廉,七曰期之以事而观其信。(诸葛亮《将苑》)

【八征】知之有八征:一曰问之以言以观其详。二曰穷之以辞以观其变。三曰与之间谍以观其诚。四曰明白显问以观其德。五曰使之以财以观其廉。六曰试之以色以观其贞。七曰告之以难以观其勇。八曰醉之以酒以观其态。八征皆备,则贤不肖别矣。(姜子牙《六韬·选将》)

【九征】君子远使之而观其忠,近使之而观其敬,烦使之而观其能,猝然问焉而观其知,急与之期而观其信,委之以财而观其仁,告之以危而观其节,醉之以酒而观其则,杂之以处而观其色。九征至,不肖人得矣。(《庄子·列御寇》)

1.无领导小组讨论

无领导小组讨论(Leaderless Group Discussion,LGD)是将应聘者分成 5～8 人的小组,不指定小组领导,不提示重点,不布置议程,要求小组成员在限制的时间(一般为 45～60 分钟)内,就一个指定的问题通过讨论形成最后结论。所谓"无领导"就是指参加讨论的一组被评价者,在讨论问题的情境中的地位是平等的,其中并没有哪一个人被指定充当小组的领导者。

这一方法最早使用于1925年德国陆军军官的选拔,后来逐渐在其他企事业单位中得到应用。通过无领导小组讨论,评价人员既可以考察应聘者的团队合作能力、语言表达能力、组织协调能力、决策能力、沟通能力、说服能力、应变能力等能力特征,又可以考察应聘者的自信心、宽容性、情绪稳定性、内外倾向性等个性特征。就其应用范围来说,适于对中高层管理人员的素质测评。

2.公文筐测验

公文筐测验,又叫公文处理测验,是评价中心最常用和最核心的方法之一。该测验要求应聘者扮演组织中的某一角色(一般是应聘的岗位),在规定条件下(通常是较紧迫困难的条件,如时间、信息有限,孤立无援等)对该岗位实际工作中所涉及的资料和文件(如备忘录、函电、汇报、声明、投诉、请示、通知等)进行处理和作出决策。处理完毕后,一般还要求应聘者填写行为理由问卷,说明处理的理由。通过观察应聘者在规定条件下处理公文的行为表现以及分析应聘者的处理理由,评估其计划、组织、授权、决策和问题解决能力等多方面的管理潜质。

3.角色扮演

角色扮演是要求应聘者扮演一个特定的角色,去处理一系列尖锐问题和人际矛盾,以此观察应聘者的各种行为表现,了解其心理素质和潜在能力。它主要考察应聘者对角色的适应性、角色中的行为表现以及在处理问题中表现出来的人际关系技能、情绪控制能力、化解问题能力、管理协调能力等。

小案例

一个10分钟的角色扮演实例

指导语:你将与其他两个人共同合作,而且你们三个角色的行为是相互影响的。请快速阅读关于你所学角色的描述,然后认真考虑你怎样扮演那个角色。进入角色前,请不要和其他两个被试者讨论即席表演的事情。请运用想象使表演持续10分钟。

1.图书直销员(角色一):你是个大三的学生,你想多赚点钱自己养活自己,一直不让家里寄钱,这个月内你要尽可能多地卖出手头的图书,否则你将发生经济危机。你刚在党委办公室推销。办公室主任任凭你怎样介绍书的内容,他都不肯买。现在你恰好走进了人事科。

2.人事科主管(角色二):你是人事科的主管,刚才你已注意到一位年轻人似乎正在隔壁的党委办公室推销书,你现在正急于拟定一个人事考核计划,需要参考有关资料。你想买一些参考资料,但又怕上当受骗,你知道党办主任走过来的。你一直非常忌讳别人觉得你没有主见。

3.党办主任(角色三):你认为推销书的大学生不安心读书,想利用推销书的办法多赚到一点钱,以使自己的生活过得好一点。推销书的人总是想说服别人买他的书,而根本不考虑买书人的意愿与实际用途。因此你对大学生的推销行为感到恼火。你现在注意到这位大学生马上会利用你的同事想买书的心理,你决定去人事科阻挠那个推销员,但你又意识到你的行为过于明显会使人事科长不高兴,认为你的好意是多余的,并产生他无能的感觉。

角色扮演要点参考(仅供评分人参考):

1. 角色一应:①避免党委办公室情形的再度发生,注意强求意识不要太浓;②对人事科主管尽量诚恳有礼貌;③防止党办主任的不良干扰。

2. 角色二应:①尽量检查鉴别书的内容与适合性;②尽量在党办主任说话劝阻前作出决定;③党办主任一旦开口,你又想买则应表明你的观点,说该书不适合党办是正确的,但对你还是有用的。

3. 角色三应:①装着不是故意来搞乱为难大学生的;②委婉表明你的意见;③注意不要恼怒大学生与人事科主管。

4. 案例分析

案例分析通常是主试者提供给应聘者一些实际工作中碰到的现实问题的书面材料,要求他们解决案例中的问题并提交书面报告(或作口头发言)。案例分析在设计与操作上相对简便易行,既可以考察一些一般性的技能如数据分析能力、材料组织能力、文字组织能力,也可以考察一些综合性的能力,如决策能力、问题解决能力等。

三、选拔方法的效度和信度

"工欲善其事,必先利其器",选拔方法本身的好坏在很大程度上影响着选拔效果的好坏。选拔方法的评价指标有很多,如效度、信度、难度、区分度、常模化和标准化等等。这里介绍其中很重要的两个指标:效度和信度。

效度(Validity)即测量的有效性、正确性的程度,它是指测量工具能测出所要测量特质的准确程度。具体可以分为内容效度、结构效度和效标效度等。对于人力资源选拔来说,效度就是测试结果与未来工作绩效相关的程度,而这正是我们在选拔过程中最为关心的问题,即应聘者得分的高低能否有效地预测他在将来工作中绩效的高低,高分者是否一定表现优异,低分者是否一定表现糟糕。前面讲到麦克利兰之所以提出"测量胜任素质而不是智力",就是因为一般智力测验的得分并不能有效地预测那些驻外联络官将来实际工作中的绩效。

信度(Reliability)即测量的可靠性、稳定性的程度,它是指相同的或等值的测试对同一测量对象重复测试所得分数的一致性程度。具体还可以分为重测信度、复本信度等。重测信度又称稳定性系数,它是使用同一测验在同一条件下对同一组被试者前后施测两次,求两次得分间的相关系数。比如我们用同一把秤称同一个物体数次,若测量结果忽高忽低,往往说明这一测量工具缺乏信度。复本信度又称等值性系数,它是以两个等值但不同的测验(复本)来测同一组被试者,求得两个得分间的相关系数。比如考试中使用 A、B 卷考同一群学生,若考试成绩差异很大,往往说明这一套试卷缺乏信度。

效度和信度的关系是:信度是效度的必要(非充分)条件,即效度高必然信度高,效度低信度可能高,信度低必然效度低,信度高未必效度高;效度受信度制约(一个测验的效度不会超过它信度的平方根)。

第五节　招聘后相关事务

选拔结束后还有相关的招聘后工作,包括录用工作和招聘评估等。

一、录用工作

（一）作出录用决策

录用决策是对选拔过程中产生的信息进行综合分析,确定每个候选人的素质和能力特点,根据预先设计的人员录用标准挑选出最合适的人员的过程。

要进行录用决策,首先要汇总评价分数,对选拔过程产生的信息进行系统化处理,然后根据一定的决策方法作出最终的选择。决策方法有排序法（将分数从高到低排序）、划线法（划定一个录用分数线）、梯队法（考虑测量误差,把测量误差范围内的分数看做没有高低之分）等。

对初步决定的录用者,要进行背景资料调查（如学历、工作经历、品行记录等,以确定其是否真正具备资格）,并就薪酬福利等问题进行面谈（看双方能否在待遇上达成共识）。在这一阶段可能有部分候选人会被排除在录用名单以外,在录用名单正式确定后,就要以书面或其他方式通知所有应聘者（录用通知或辞谢通知样例见表 4-7）。

表 4-7　录用通知及辞谢通知样例

录用通知书

_____先生/女士:

上周与您的会面非常愉快。我们现在很高兴地通知您,我们企业向提供_____职位。

接受该职位的工作意味着您应该完成下列工作职责并对其负责:

1.　_____

2.　_____

3.　……

您的工资将是每个月_____元。

我们很希望您能接受该职位的工作。我们会为您提供难得的发展机会、良好的工作环境和优厚的报酬。

希望您在_____月_____日前得到您是否接受该职位的答复。如果您有什么问题,请尽快与我们联系。联系电话是_____。

期望尽快得到您的答复。

此致

敬礼

　　　　　　　　　　　　　　　　　　　　　　　　　　　　××公司人力资源部

辞谢通知书

_____先生/女士:

十分感谢您对我们企业_____职位感兴趣。您对我们企业的支持,我不胜感激。您在应聘职位时表现良好,我们印象深刻。但由于我们名额有限,这次只能割爱。我们已将您的资料录入我们的人才库,并会保留半年,如果有职位空缺,我们会优先考虑您。

感谢您能够理解我们的决定。祝您早日找到理想的职业。

对您热诚应聘我们的企业,再次表示感谢!

此致

敬礼

　　　　　　　　　　　　　　　　　　　　　　　　　　　　××公司人力资源部

(二)实施录用决策

录用决策完成后,就要进入决策的实施阶段,即人员的入职阶段。这一阶段主要包括转档案、入职体检、填写登记表、签订劳动合同以及之后的试用期管理和新员工培训等一系列常规性工作。

二、招聘评估和总结

招聘结束后,要对招聘工作进行评估和总结,以检验本次招聘是否达到预期目标,有助于下次招聘的改进和完善。

(一)招聘评估

招聘评估主要包括招聘成本评估和录用人员评估等。

招聘成本评估是指对招聘的费用进行调查、核实,并对照预算进行评价的过程。招聘成本包括招募成本、选拔成本、录用成本、安置成本、离职成本和重置成本等。

录用人员评估是指根据招聘计划对录用人员的数量和质量进行评价的过程。常用的数量指标有:录用比(录用人数/应聘人数)、招聘完成比(录用人数/计划招聘人数)、应聘比(应聘人数/计划招聘人数)等,此外还可以根据招聘的要求或工作分析的要求对录用人员进行等级排序以及根据未来的发展性等方面来确定其质量。

表 4-8 是一个一般性的招聘评价指标的示例。

表 4-8 招聘评价指标体系示例[①]

指标分类	指标名称
一般评价指标	补充空缺的数量或百分比 及时补充空缺的数量或百分比 平均每位新员工的招聘成本 低成本招聘的新员工数量或百分比 留职至少一年以上的新员工数量或百分比 对新工作满意的新员工数量或百分比
基于招聘者的评价指标	前来面试者的数量 被面试者的数量 被面试者对面试质量的评价 职业前景介绍的数量和质量等级 推荐的应聘者中被录取的比例 推荐的应聘者中被录用且业绩突出的员工比例 招聘的少数民族和妇女的人数 平均每次的面试成本
基于招聘方法的评价指标	引发的申请的数量 引发的合格申请的数量 所产生的少数民族和妇女申请者数量 平均每个申请的成本 从方法实施到接受申请的时间 平均每个被录用员工的招聘成本 招聘人员的质量(业绩、人员变动率、出勤等)

[①] George T. Milkovich and John W. Boudreau: Human Resource Management,Richard D. Irwin,1994,p. 311.

（二）招聘总结

招聘总结是通过撰写总结报告，对招聘工作的全过程进行记录和经验总结，并对招聘活动的结果等进行评定，主要内容有招聘计划、招聘进程、招聘结果、招聘经费、招聘评定、经验总结等。

【本章小结】

招聘是一个组织根据人力资源规划和工作分析的要求，寻找和吸引组织所需的人力资源，然后通过科学的甄选，最终予以录用的过程。

招聘的过程，大致可以分为准备、招募、选拔、录用和评估五个阶段，其中最核心的是招募和选拔两个阶段。

胜任素质就是决定个体在既定职位上能够达成优秀工作成果的那些独特的内在特征。常见的胜任素质模型有冰山模型、洋葱模型和胜任素质辞典等。

招聘计划包括确定招聘的规模、招聘的范围、招聘的渠道、招聘的时间、招聘的预算、招聘的团队等方面的内容。

招聘的渠道主要分为内部招聘和外部招聘。内部招聘主要包括内部晋升或工作轮换、内部竞聘、临时人员筛选、返聘或重新聘用等渠道。外部招聘主要包括传统媒体广告、校园招聘、熟人推荐、委托专业机构招聘、网络招聘等。

选拔是要从诸多候选人中挑选出适合空缺岗位的人，实现人员和岗位最佳匹配的过程。常用的选拔方法有：申请表和简历筛选、笔试、面试、心理测验、评价中心等。

面试是指经过精心设计，有目的地在特定场景下以面对面的交谈与观察为主要手段，由表及里评价申请者相关素质的一种人员评价方法。

评价中心是以情景模拟为核心的综合性测评方法，它是把应聘者置于模拟的工作情景中，由多名评价者用多种测评技术，考察和评价应聘者在特定情境下的心理、行为表现，从而判断其与应聘岗位的匹配程度，预测其潜力和绩效的前景。

招聘还包括录用和评估等后续工作，录用工作可以分为作出录用决策、实施录用决策等，评估工作可以分为招聘成本评估和录用人员评估等。

直线部门经理和人力资源部门人员在招聘方面的职责分工情况如下：

直线部门的工作内容和职责	人力资源部门的工作内容和职责
• 提出人力资源需求	• 选择招聘的渠道，设计选拔的方法
• 提供招聘职位的工作说明及录用标准	• 策划招聘广告，联系信息发布
• 应聘者初选，确定参加面试的应聘人员的名单	• 负责简历等求职资料的接收登记，应聘者资格审查
• 参与测试内容的设计和测试工作的开展	• 通知参加初试、复试的应聘人员，初试、复试工作的组织
• 录用人员名单、工作安排及试用期间待遇的确定	• 个人资料的核实，录取（或辞谢）通知的寄发
• 正式录用决策	• 新员工报到及安置，正式合同的签订
• 新员工培训的策划	• 新员工培训的服务
• 参与招聘评估以及人力资源规划的修订	• 负责招聘评估以及人力资源规划的修订

【复习思考题】

1. 招聘的含义是什么? 招聘的过程包括哪几个阶段?
2. 什么是胜任素质? 如何建构胜任素质模型?
3. 招聘前,企业需要做哪些准备工作?
4. 一个完整的招聘计划包括哪些内容?
5. 招聘渠道有哪些? 各渠道有什么特点?
6. 选拔方法有哪些? 各方法有什么特点?
7. 面试有哪些类型? 面试的流程是怎样的?
8. 心理测验有哪些类型?
9. 评价中心技术包括哪些具体的方法?
10. 选拔结束后的员工录用工作有哪些?
11. 如何评价一次招聘工作的好坏?

【技能应用题】

1. 有人认为大学教育应该加强通识教育,也有人认为大学教育应该加强专业教育,结合你自己的大学生活,谈谈你的看法。你认为大学生应该在课堂内外做些什么,以提高将来就业应聘时的竞争力。

2. 选择一个真实的组织,根据该组织的实际情况,为它设计一份完整的招聘方案,然后请该组织的招聘主管(或专员)提提建议。然后组成小组对方案中的面试(以及评价中心)环节进行模拟,感受真实的选拔过程。

3. 假设你不久前创办了一家公司,现在想招几名员工(根据自己的情况选择行业、岗位)。请为此设计一份招聘方案,并拟定一则招聘广告(根据方案中的发布渠道)。然后向你的同学描述你的公司,试着应用自己设计的招聘方案,看看有多少同学愿意加入你的团队,询问他们接受/拒绝的理由。

4. 请为《人力资源管理》这门课程设计任课老师的选拔标准。每个标准后面都需要附理由。

5. 选择一个你梦寐以求的岗位,为自己设计一份简历,并请同学、老师或业内人士看看,哪些方面还需要完善。

【案例分析题】

案例分析一:丰田的全面招聘体系

丰田公司除了著名的"看板生产系统"和"全面质量管理"体系外,在揽才上还有"全面招聘体系"。丰田公司全面招聘体系的目的就是招聘最优秀的有责任感的员工,为此公司做出了极大的努力。丰田公司全面招聘体系大体上可以分成6大阶段,前5个阶段招聘大约要持续5～6天。

第一阶段丰田公司通常会委托专业的职业招聘机构,进行初步的甄选。应聘人员一般会观看丰田公司的工作环境和工作内容的录像资料,同时了解丰田公司的全面招聘体系,随后填写工作申请表。1个小时的录像可以使应聘人员对丰田公司的具体工作情况有个概括了解,初步感受工作岗位的要求,同时也是应聘人员自我评估和选择的过程,许多应聘人员知难而退。专业招聘机构也会根据应聘人员的工作申请表和具体的能力和经验做初步筛选。

第二阶段是评估员工的技术知识和工作潜能。通常会要求员工进行基本能力和职业态度心理测试,评估员工解决问题的能力、学习能力和潜能以及职业兴趣爱好。如果是技术岗位工作的应聘人员,更加需要进行6个小时的现场实际机器和工具操作测试。通过1~2阶段的应聘者的有关资料转入丰田公司。

第三阶段丰田公司接手有关的招聘工作。本阶段主要是评价员工的人际关系能力和决策能力。应聘人员在公司的评估中心参加一个4小时的小组讨论,讨论的过程由丰田公司的招聘专家即时观察评估,比较典型的小组讨论可能是应聘人员组成一个小组,讨论未来几年汽车的主要特征是什么。实地问题的解决可以考察应聘者的洞察力、灵活性和创造力。同样在第三阶段应聘者需要参加5个小时的实际汽车生产线的模拟操作。在模拟过程中,应聘人员需要组成项目小组,负担计划和管理的职能,比如如何生产一种零配件,人员分工、材料采购、资金运用、计划管理、生产过程等一系列生产考虑因素的有效运用。

第四阶段应聘人员需要参加一个1小时的集体面试,分别向丰田的招聘专家谈论自己取得过的成就,这样可以使丰田的招聘专家更加全面地了解应聘人员的兴趣和爱好,他们以什么为荣,什么样的事业才能使应聘员工兴奋,更好地做出工作岗位安排和职业生涯计划。在此阶段也可以进一步了解员工的小组互动能力。

通过以上四个阶段,员工基本上被丰田公司录用,但是员工需要参加第五阶段一个2.5小时的全面身体检查。了解员工的身体一般状况,和特别的情况,如酗酒、药物滥用的问题。

最后在第六阶段,新员工需要接受6个月的工作表现和发展潜能评估,新员工会接受监控、观察、督导等方面严密的关注和培训。

思考题:

"全面招聘体系"是企业招聘的经典案例,非常理想地实现了招聘设计中的各项原则,堪称"教科书"般的 HR 实践。请思考以下问题:

1. 丰田公司的招聘过程运用了哪些选拔方法?

2. 丰田公司的"全面招聘体系"中有哪些值得学习的地方?

3. 丰田公司的"全面招聘体系"适用于其他公司吗?为什么?

案例分析二:××学院商学分院学工办人力资源招聘方案设计

前　言

商学分院学工办隶属于××学院学工委,由商学分院学工副院长分管,现有主任2名,辅导员6名。商学分院学工办以服务广大学生为宗旨,主要负责学生教育与思想政治管理及学生成长、成才等相关工作。

通过对商学分院学工办进行工作分析、环境分析及人力资源规划,根据其需求、供给的预测及岗位分析的结果,我们建议商学分院学工办对外招聘学工办主任助理1名,主要负责学生心理工作以及协调学工办内部工作。

一、招聘原则

在商学分院学工办人员招聘的过程中,需要遵循公平、公开、公正以及竞争、择优、人事匹配、效益最优等原则。

二、招聘流程

据调研得知,商学分院学工办的招聘由组织人事部统一进行,我们针对此次招聘的实际情况,设计总流程如下:人力资源规划;岗位分析;确定招聘条件;确定招聘渠道;确定宣传办法;发布招聘信息;收集招聘信息;甄选(筛选招聘信息;确定笔试环节;确定面试环节;确定评价中心);确定录用人选;招聘评估与总结。详细招聘流程如图1所示。

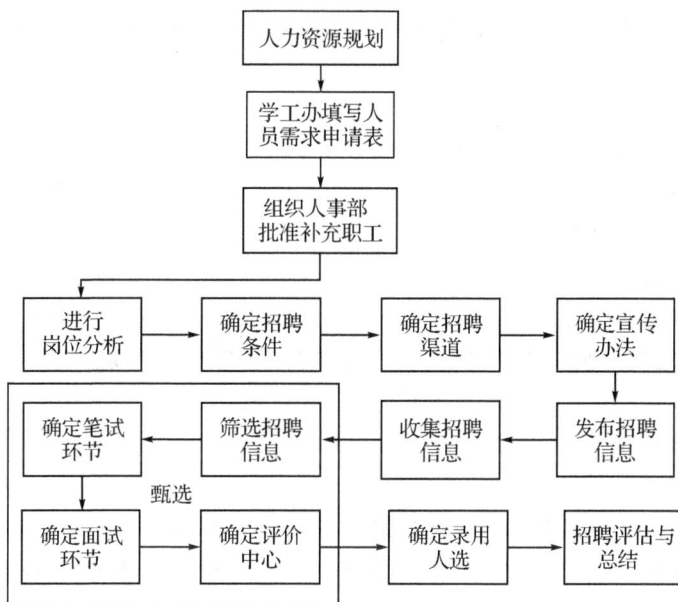

图1　××学院商学分院学工办招聘流程

三、部门人员需求申报及审核

(一)部门人员需求申报

通过调研,我们了解到现有学工办人员普遍认为其工作量繁重,每周平均加班时间达6～8小时。根据对商学分院学工办人力资源需求、供给的预测,我们建议招聘学工办主任助理1名,即商学分院学工办应申报需求人数1名。在2012年5月,由商学分院学工办主任向××学院组织人事部提出人员需求申请,填写相关表格(见附录1:××学院空缺岗位公开招聘申请表)。

(二)需求审核

首先,组织人事部会根据商学分院学工办目前的人员使用情况及未来发展需要,综合考虑该部门是否需要增加空缺岗位;其次,组织人事部会审核需求岗位的岗位需求、相关经验等实际任职资格,并对招聘方案的可行性、招聘费用的合理性等其他内容进行审核。

四、确定岗位人员要求

计划招聘的学工办主任助理,主要负责学生的心理工作以及科研创新、短学期实践教育、保险理赔、勤工助学、公寓管理、用印管理等相关工作。由于此岗位主要负责学生心理工作,因此所招聘的人员必须是心理学专业本科及以上毕业生,或者获得心理咨询师等相关证书;同时,该人员也应有责任心、服务意识、创新意识,并具备一定的管理能力、协调能力及沟通能力。

五、招聘渠道及信息发布途径选择

（一）内部招聘

由于招聘的岗位主要负责学生心理工作,需要该人员是心理专业本科及以上毕业生,或者获得心理咨询师等相关证书,而学工办现有几名干事中没有符合条件的人员,且现有员工的工作已是处于超负荷状态（平均每周加班6～8小时）,因此排除了部门内部选拔的可能性。可以从其他分院的学工办或相关行政部门进行招聘,在××学院内部通过行政办公网等浏览度较高的网站发布招聘信息,和在校园内人流量较大的地方（例如二食堂门口、地下通道等）张贴相关招聘海报。

（二）外部招聘

通过对几种主要外部招聘方式的比较分析,另从招聘成本、招聘的效果、招聘的有效性等几个角度进行考虑,以及各种招聘方式缺点规避的可能性,我们小组认为商学分院学工办的人才招聘可选择网络招聘、校园招聘两种外部招聘渠道。网络招聘可在人才网、毕业生就业网等优秀的招聘网站上发布信息;校园招聘则向浙江大学、浙江师范大学等已经与××学院有了良好合作关系的院校,去函告知我校的人才需要。而这些院校会针对招聘信息采取相应的措施,例如在校园网上发布信息,制作招聘简章（见附录2:浙江大学××学院商学分院学工办招聘简章）等。

发布时间定于2012年5月20日—6月1日。

六、接受应聘材料

参加校园招聘及内部招聘的人员可现场填写相应表格（见附录3:应聘人员登记表）;进行网络招聘及人力资源公司招聘的人员可在网上下载应聘人员登记表,并在2012年6月5日前发送至××邮箱,或直接将表格交至××学院组织人事部办公室。

七、甄选

（一）初步筛选

组织人事部在收到应聘人员登记表后,将于2012年6月7—11日进行初步筛选,对所有信息严格按照相关任职资格及要求进行筛选,筛选比例控制在1:6左右。在筛选时,主要依据两方面条件:一方面是学校的硬条件,包括硕士学历、中共党员、年龄30岁以下;另一方面是软条件,包括相关心理工作经验等。

（二）笔试

在初步筛选后,对应聘人员进行笔试,笔试时间是2012年6月13日。笔试内容包括三部分:一是行政能力测验,测试应聘者的各方面能力;二是申论,主要是在高等教育、学生管理等方面的论述题;三是心理测验。由于此次招聘的人员应具备一定的心理素质,因此要进行心理测验。组织人事部会综合评定应聘者的笔试成绩,并选取1:2的比例发放面试通知书,进行面试。

（三）面试

在笔试结束后进行面试,面试时间是2012年6月21日。面试环节主要考查的是应聘者的、沟通能力、创新能力等相应综合能力,包括应聘者的个人性格、举止态度、个人修养、对学校的设想、对工作的认知程度等(见附录4:面试问题及面试评分表),每位面试者的时间控制在10～15分钟。面试采用的是多对多的形式,七名面试官对五名应聘者。面试官包括:商学分院学工办内部人员2名、组织人事部工作人员2名、面试专家2名、校领导1名。

(四)评价中心

在进行面试后,还要进行情景模拟测验(在面试后当天进行),以选取最适合学工办主任助理这一岗位的人才。在这一环节进行的是无领导小组讨论,人数控制在5～8人。讨论的问题如下:有一个对生活失去信心的学生,他努力学习了可是成绩依旧不理想,女朋友不久前也跟他分了手,说是两个人不合适。现在的他觉得生活失去了目标,觉得做什么都没有意义。如果遇到这样的一名学生,你该如何做?而后让应聘者进行小组讨论,讨论的时间在10～15分钟左右。最后,请应聘者选择一名代表来阐述小组的观点。在小组讨论期间,面试官将对每位应聘者的表现进行观察及记录,并在讨论后提出其他问题(见附录5:小组讨论评分表及其他问题)。

八、确定录用人员

应聘者通过笔试和面试后,得到两个成绩。笔试成绩的30%和面试的70%(其中,面试成绩取的是所有面试官打分的平均值)相加即得到招聘测试的总成绩,招聘者按照加权成绩的排名情况,从高到低择优录取。如有平分的情况,则招聘组织内部开会讨论录取选择,如果意见不一致需通过对应聘者的进一步了解决定最后的录取。

九、发布录用通知

在面试及评价中心结束后5日内,通过网络、电话通知应聘者被录用,如果应聘者没被录取,也要及时通知其人,以免耽误其应聘计划。之后还要通过书面通知来告知其录用情况,被录用者凭书面录用通知于2012年6月28日到××学院组织人事部签订聘用合同,办理调动手续,并告知其日后工作事宜。若没有来签订聘用合同,则电话询问。

十、招聘总结及评价

在整个招聘过程结束后,组织人事部负责招聘的人员应对本次商学分院学工办主任助理的招聘过程进行总结和评价,需要在7月6日前完成。本次招聘负责人需要对面试官(在面试结束后)和被录用者(在签订聘用合同时)进行问卷调查,结合调查资料并从招聘总流程的设置、招聘渠道、发布信息的方式及甄选环节(笔试、面试过程)等,是否达到人事匹配、效益最优、经费最简等要求,对招聘成本及收益进行分析,并为下次招聘提供参考意见,最终形成本次招聘的总结与评价。

附录:(略)

思考题:

本案例是人力资源管理专业的大三学生为××学院商学分院学生工作办公室设计的招聘方案,请参考本章学过的内容,思考一下这个方案还有哪些地方需要改进?

第五章　绩效管理

【引导案例】

阿里巴巴的考核机制

阿里巴巴集团成立于1999年,拥有多家处于中国电子商务行业领袖地位的公司,如阿里巴巴网络有限公司(为全球领先的B2B电子商务公司)、淘宝网(中国最大的在线零售网站)、支付宝、阿里巴巴云计算、中国雅虎等。

阿里巴巴的绩效考核独具特色,很早就建立了与公司核心价值观紧密关联的绩效考核机制。"客户第一、拥抱变化、团队合作、诚信、激情、敬业"是阿里巴巴的核心价值观。为了量化六大价值观,阿里巴巴将其具体演化成30种行为方式,每个季度对这些行为进行考核,考核员工是否合格的标准是"业绩占50%,价值观占50%"。另外,所有的员工在完成业绩、价值观的双重考核之后,各部门主管按"271"原则对员工的工作表现进行评估:20%超出期望,70%符合期望,10%低于期望。

如何保证考核的公正性?在阿里巴巴员工进行自我评估、主管给员工考核时,如果考核成绩在3分以上或0.5分以下,都要用实际案例来说明这个分数。主管完成对员工的评估,同时跟员工进行绩效谈话以后,员工就可以在电脑上看到主管对自己的评价。同时,员工也可以随时找人力资源部人员,反映考核中的问题。另外,阿里巴巴的内部沟通非常通畅的。阿里巴巴有公开的总裁热线、open邮箱,员工可随时致电、写信给总裁,总裁会及时回复。同时,企业高管还会定期召开圆桌会议,员工可自由报名参加,高管现场解答员工问题;不能当场解决的,也会在一周内制定行动方案。这些问题及回复,也会及时在企业内网、内刊中公布。员工有任何意见、建议,还可以在阿里巴巴的内网论坛中畅所欲言——不过,论坛实行实名制,员工可以说任何话,但要对自己说过的话负责。

独具特色的绩效管理做法,为阿里巴巴公司的快速发展提供了强大的管理支持。绩效管理是人力资源管理中的核心部分,任何一项人力资源管理活动都与绩效管理有密切关联。绩效管理为制定人力资源计划和人力资源决策提供一定的依据,同时又是检验其他人力资源管理活动的重要手段。企业绩效管理工作的好坏,直接关系到员工自身的发展和企业的兴衰,它是企业促进人力资源管理科学化、规范化的重要途径。本章将对绩效管理的概念、工具、方法以及在实践中应当注意的问题等进行深入介绍。

第一节　绩效管理概述

一、绩效的概念

(一)绩效的含义

绩效,是管理者经常挂在嘴边的一个词,但要对它下一个明确的定义却不是件容易的事。1989年版的《辞海》未收入"绩效"一词。而《牛津现代高级英汉词典》把"Performance"的解释是"执行、履行、表现、成绩",其实这样的界定也并不清晰。实际上,对于绩效的含义,一直以来不同的人就有着不同的理解,角度不同,对绩效的看法也不相同。

第一种观点认为绩效是结果。其中比较典型的是贝纳丁(Bernardin)等人(1984年)的定义,他们将绩效定义为"在特定时间范围,在特定工作职能或活动上生产出的结果记录",他们认为,对于绩效管理来说,采用以结果为核心的方法较为可取,因为它是从顾客的角度出发的,而且可以使个人的努力与组织的目标联系在一起。

第二种观点认为绩效是行为。墨菲(Murphy)于1990年指出:"绩效被定义为一套与组织或组织单位的目标相互关联的行为,而组织或组织单位则构成了个人工作的环境";坎贝尔(Campbell)则认为:"绩效是行为,应该与结果区分开,因为结果会受系统因素的影响"。并且给出了绩效的定义:"绩效是行为的同义词,它是人们实际的行为表现,而且是能观察得到的。就定义而言,它只包括与组织目标有关的行动或行为,能够用个人的熟练程度(即贡献水平)来评定等级(测量)。绩效不是行为的后果或结果,而是行为本身……绩效由个体控制下的与目标相关的行为组成,不论这些行为是认知的、生理的、心智活动的或人际的"。坎贝尔的观点认为尽管绩效是行为,但并非所有的行为都是绩效,只有那些有助于组织目标实现的行为才能称为绩效。博曼(Borman)和默特维德(Motowildo)在1993年则提出了绩效的二维模型,认为行为绩效包括任务绩效和关系绩效两方面,其中,任务绩效指所规定的行为或与特定的工作熟练有关的行为;关系绩效指自发的行为或与非特定的工作熟练有关的行为。

实际上,绩效既包括工作的最终结果,也应包括工作行为、以及工作行为背后的态度和能力。绩效管理的最终目的就是提高员工有利于组织目标实现的增值产出。从绩效管理的角度来看,我们不仅要看员工有没有完成工作目标,而且还要看其工作目标是如何实现的。因此,我们应当以全面的观点来看待员工的绩效。绩效反映了员工在一定时间内以某种方式实现某种结果的过程。在本章中,绩效被定义为经过评价的工作态度、行为、与结果。

按绩效的不同层次,绩效可分为个人绩效和组织绩效两个方面。组织绩效是建立在个人绩效实现的基础上,但个人绩效的实现并不一定保证组织是有绩效的。如果组织的绩效按一定的逻辑关系被层层分解到每一个工作岗位以及每一个人的时候,只要每一个人都达成了组织的要求,组织的绩效就实现了。但是,组织战略的失误可能造成个人绩效的目标偏离组织的绩效目标,从而导致组织的失败。

(二)绩效的特点

绩效具有以下三个特点:

(1)多因性。所谓多因性是指员工的绩效的高低是由多方面因素决定的。现代科学技术与心理学的研究表明,员工的绩效的影响因素主要包括四个方面:技能、激励、机会和环境。我们用公式表示如下:

$$P = F(S, O, M, E)$$

其中:

S 指技能(Skill),它是指员工的工作技巧和能力水平,它取决于个人天赋、智力、经历、教育与培训等个人特点;

O 指机会(Opportunity),它是某员工得到某一工作岗位的机会或承担某一工作任务的机会,对员工来讲,机会是偶然性的,是不可控的因素,在组织管理中,机会的公平性是影响员工组织公平感与工作满意度的重要因素;

M 指激励(Motivation),它是指职工的工作积极性,它本身取决于职工个人的需要结构、个性、感知、学习过程与价值观等个人特点;

E 指环境(Environment),它包括企业内部的客观条件,如劳动场所的布局与物理条件、任务的性质等,也包括企业之外的客观环境,如政治、经济状况、市场竞争强度等。

小知识

试想甲和乙在一场台风中进行网球赛,那么环境因素(风向)就比个人技能因素(网球水平高低)对比赛结果的影响更大。甲和乙无论谁赢得一分,都是取决于那一刻风是往哪边刮的,而个人的努力程度对比赛结果几乎没有什么影响,这样甲和乙都会放弃努力,让运气决定比赛的胜负。

(2)多维性。绩效的多维性是指需要从多个方面或维度对员工的绩效进行分析与评价。比如对一名生产线上的工人绩效进行评价时,既要看其产量指标完成情况,还要综合考虑其产品的质量、原材料消耗、能源消耗、设备保养状况等,同时还要看其与同事的工作配合程序、按指令操作机器设备情况等,只有通过综合的评价,才能得出最终的评价结果。

(3)动态性。由于影响员工绩效的因素是多方面的,而每一因素又处于不断变化之中,因此,员工的绩效也会随着时间的推移而发生动态变化。原来绩效较差的,可能由于能力的提高、工作条件的改善或积极性的发挥而变好,而原来绩效较好的由于种种原因也可能变差。因此,在进行绩效评价时不能以一成不变的思维来对待员工的绩效。

二、绩效管理的含义

绩效管理是指为了达成组织的目标,通过持续开放的过程,实现组织目标所预期的利益和产出,并推动团队和个人做出有利于目标达成的行为的过程。绩效管理是管理者保证员工的工作活动和结果与组织目标保持一致的一种手段和过程。它的根本目的是为了持续改善组织和个人的绩效,最终实现组织的战略目标。

绩效管理的特点体现在以下四个方面:

(1)绩效管理以组织战略为导向,是综合管理组织、团队和员工绩效的过程。通过绩效管理过程,可以把员工的工作目标与组织目标进行有效整合,防止组织战略稀释现象的发生。绩效管理特别强调管理者与员工之间的双向、持续的沟通。不论是绩效目标的制定还是绩效评价结果的确定与绩效改进计划的制订,都需要管理者与被管理者双方进行持续开放双向沟通,开放双向沟通的行为将持续贯穿绩效管理的全过程。

(2)绩效管理是提高工作绩效的有力工具。这是绩效管理的核心目的之一。绩效管理的各个环节都是围绕这个目的服务的。绩效管理的目的并不是要把员工的绩效分出上下高低,或仅仅为奖惩措施寻找依据,而是针对员工绩效实施过程中存在的问题,采取恰当的措施,提高员工的绩效,从而保证组织目标的实现。

(3)绩效管理是促进员工能力开发的重要手段。通过完善的绩效管理促进人力资源开发职能的实现,已成为人力资源管理的核心任务之一。通过绩效沟通与绩效考评,不仅可以发现员工工作过程中存在的问题,通过有针对性的培训措施及时加以弥补,更为重要的是,通过绩效管理还可以了解员工的潜力,从而为人事调整及员工的职业发展提供依据,以达到把最合适的人放到最合适的岗位上的目的。

(4)绩效管理是一个完整的系统。绩效管理不同于绩效考核,传统的绩效考核仅是对绩效本身的衡量与评定,而很明显,绩效管理所包括的内容要广泛得多,绩效管理不仅要对员工的工作绩效做出评定和估价,更为重要的是通过绩效管理过程促进员工能力的提高与绩效的改进。两者的对比可见表5-1。

表 5-1　绩效管理和传统的绩效考核的区别

绩效考核	绩效管理
管理过程中的局部环节和手段	一个完整的管理过程
侧重于判断和评估	侧重于沟通和绩效的提升
只出现在特定时期	伴随管理活动的全过程
事后评价	事前沟通、事中沟通,事后评价
单向的	双向的
注重结果	注重态度、行为和结果
主管像法官	主管像教练

三、绩效管理的流程

绩效管理是一个完整的系统性工作,它的流程见下图 5-1。绩效管理流程中的四个主要环节可以被归纳为 PDCA 四阶段。

(一)绩效计划(P)

"凡事预则立,不预则废",说的就是计划的重要性。无论组织的目标多么远大,它的实现一定需要有计划的支持。绩效计划是在将组织目标进行分解和明确岗位工作职责的基础上,管理者和员工根据既定的绩效标准,共同制定岗位下一阶段的工作任务、拟达到的目标、以及拟采取的行动计划的过程。

(二)绩效实施和管理(D)

它是贯彻和执行绩效计划的过程。为保证组织有效实现绩效计划,一般需要做好绩效信息的收集、绩效情况的沟通工作,在这一过程中,少不了的是主管对于员工的及时反馈、探讨、指导、建议和帮助。

(三)绩效评估(C)

是指在及时了解绩效信息的情况下,主管对员工的绩效情况进行评定,以及时发现绩效计划实施进度情况、效果好坏、存在的问题。从而为完善绩效计划、指导绩效计划的实现,以及组织目标的实现提供保证。

(四)绩效反馈(A)

它是指根据绩效评估过程中所发现和反映出来的问题,主管与下属及时进行沟通,找出差距,并提出下一步的行动或改进计划,从而提高个人绩效、团队绩效和组织绩效。

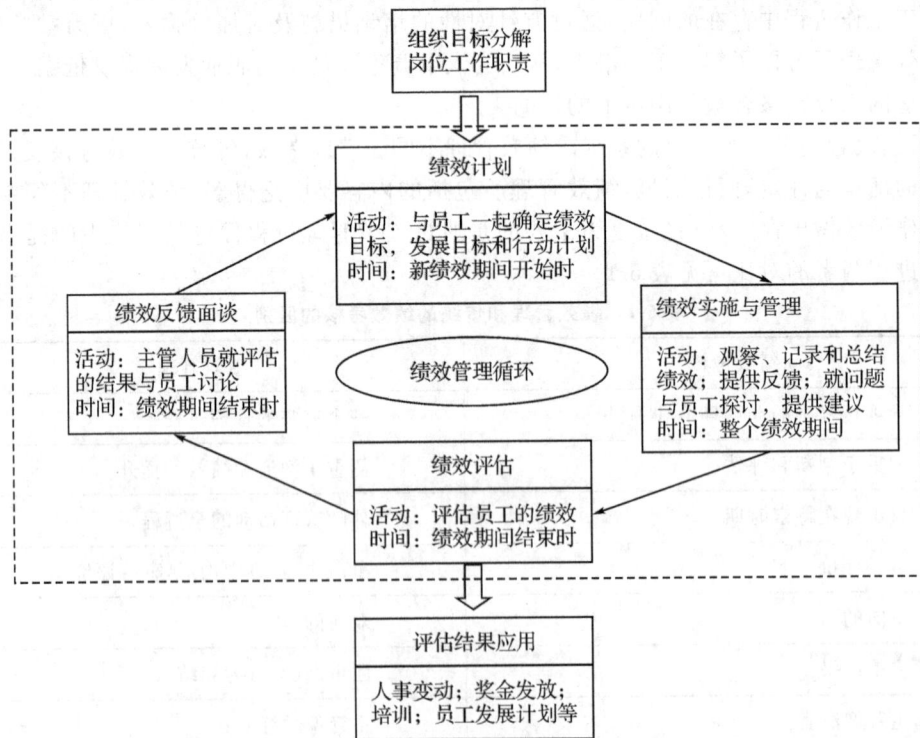

图 5-1　绩效管理流程

第二节　绩效计划

一、绩效计划的含义

绩效计划是由管理者与员工根据既定的绩效标准,共同制定并修正绩效目标,以及实现目标的步骤的过程。绩效计划也是经理人员和员工共同沟通,对员工的工作目标和标准达成一致意见,形成契约的过程。简单地说,绩效计划就是一个关于工作目标和标准的契约。一般来说,绩效计划应该告诉员工该做什么、为什么做、需要做到什么程度、何时完成、员工的决策权限等。由此可见,绩效计划具有引导员工行为和监督员工的双重作用。

制定一个完整有效的绩效计划需要注意双方的沟通、员工参与和承诺。这里所说的沟通是指管理者和员工的双向沟通。沟通主要内容包括:

（一）管理者应提供的信息

组织的目标、业务单元的目标、对员工的期望、工作标准及期限等。另外,第一次绩效计划沟通时,还应该为员工提供一些信息,如绩效管理的目标、对员工个人及组织的好处、绩效管理的宗旨、方法和流程、绩效计划沟通中上级会提供的信息、员工自己需要提供的信息及必需的准备以及绩效计划的最终目的与结果等。

（二）员工应提供的信息

包括对工作的认识、对工作的不明之处、工作计划、工作中可能遇到的问题及可能需要的资源等。

同时,员工的参与和承诺会影响到绩效计划的执行。参与是指一个人在形成某种态度时卷入的程度,即是否参与态度形成的过程。一般来说,参与程度越大,员工支持组织工作及努力实现目标的可能性就越大。一旦员工积极参与了,即使在执行的过程中发生了非常大的困难,员工也会尽力去完成工作,实现目标。承诺是指一个人就某种态度所进行的公开表态,即正式的承诺。承诺对组织的重要性可以从下面的背景资料中看出来。

▍背景资料

关于承诺

社会心理学家多伊奇和杰勒德做了一个非常著名的实验。他们要求被试者对某件事做出自己的判断。这些被试者分别面对四种不同的情况:第一种情况,被试者只需要做出自己的判断,不用通过任何方式将自己的判断表达出来,称之为"无承诺组";第二种情况,要求被试把自己的意见写在一块儿童玩具写字板上,这种写字板上面是一层透明纸,揭下来之后写在上面的字就会消失,这组称为"弱私下承诺组";第三种情况,要求被试者把自己的意见写在一张纸上,并被告知这张纸要收上去,但他们不必签名,这组被称为"强私下承诺组";第四种情况,要求被试者将自己的意见写在一张纸上,并签上自己的名字,而且告辞他们这张纸要收上去,这组被称为"公开承诺组"。然后请代表群体压力的许多假被试发表一致的意见,再由这些真正的被试者发表意见。结果如表 5-2 所示。

表 5-2 被屈从于群体压力改变自己最初想法的情况

被试组	改变最初意见的占比/%
无承诺组	24.7
弱私下承诺组	16.3
强私下承诺组	5.7
公开承诺组	5.7

(来源于武欣:《绩效管理实务手册》,机械工业出版社,2001)

二、绩效计划的程序

绩效计划的确定程序基本上可以分为三个阶段:准备阶段、沟通阶段和确认阶段。

(一)准备阶段

首先,应该准备必要的信息,这是充分沟通的条件。信息主要分为三类:

1.第一类是关于组织的信息。为了使绩效计划能够和组织的目标结合在一起,在进行绩效计划沟通之前,考核者和被考核者都需要重新回顾组织的目标。关于整个组织的信息不应该只是高层管理人员了解就可以了,对于基层部门和员工来说,了解关于组织发展战略和经营计划的信息也有助于在工作之中保持正确的方向和原则。

2.第二类信息是部门(团队)信息。部门(团队)信息是确定员工个人绩效计划的主要来源。每一个部门(团队)的信息都是根据组织的整体目标逐渐分解而来的。

3.第三类信息是个人信息。这类信息主要包括被考核对象的工作描述(比如职位说明书)和上个考核期的评估结果。

其次,就是沟通方式的确定和准备。一般来说,采取什么样的方式,需要考虑不同的环境因素、员工特点以及达成工作目标的特点。如果希望借助绩效计划的机会向员工做一次动员,不妨召开员工大会。如果只与部门或者团队成员有关,可以开一个部门或者小组会议,对绩效目标和计划予以讨论,有助于在部门或者团队成员之间达成共识,增强协调和配合。即使是在考核者和被考核者之间单独交谈,也应该考虑沟通的方式。无论采取何种方式,目的都是使考核者和被考核者对绩效目标和计划达成共识。

(二)沟通阶段

沟通阶段是绩效计划确定过程的核心环节。既然是沟通,就要遵循沟通的一些基本原则:

1.相对宽松和良好的环境与气氛,尽可能减少环境和气氛带来的压力,同时减少外界干扰;

2.双方在沟通中是一种相对平等的关系,都应该认真听取对方的意见和建议;

3.应该承认被考核者是自己所负责业务领域的专家,因此确定衡量标准时应该更多地发挥被考核者的主动性,更多地听取被考核者的建议和意见;

4.考核者的责任主要在于如何使被考核者的工作目标和整个业务单元或者这个组织的目标结合在一起;

5.双方应该一起作决定,而不是考核者依靠自己职位上的权威代替员工作决定,实践证明,被考核者自己做决定的成分越大,绩效管理的阻力越小,最终越容易成功。

（三）确认阶段

经过认真的准备和充分的沟通之后,形成了初步的绩效计划。最后还需要对绩效计划进行审定和确认,以保证绩效计划完成了以下的结果和目的:

1.绩效目标和计划与被考核者的工作职责是一致的;

2.被考核者的工作目标与公司的总体目标紧密相连,并且被考核者清楚地知道自己的工作目标与组织的整体目标之间的关系;

3.考核者和被考核者对被考核者的主要工作任务、各项工作任务的重要程度、完成任务的标准、在完成任务过程中享有的权限都达成了共识;

4.考核者和被考核者双方都十分清楚在完成工作目标的过程中可能遇到的困难和障碍,并且明确了考核者所能提供的支持和帮助;

5.形成了一个经过双方确认的文档,该文档中包含员工的工作目标、衡量工作目标完成情况的标准或者方法、各个工作目标的权重,并且考核者和被考核者都在这份文档上签字确认。

三、绩效计划的内容

绩效计划的内容通常包括（参见样表5-3）:

1.员工在本次绩效期间的工作目标;

2.达成目标的结果;

3.结果的衡量和评判标准;

4.如何获得员工工作结果的信息;

5.员工各项工作目标的权重;

6.绩效计划各部分内容的完成时间;

7.潜在的可能影响员工绩效计划完成的因素。

表 5-3 绩效计划样本

职位名称:**车间主任** 任职者签名:_____ 上级管理者签名:_____ 计划适用于____至____(年/月/日)

工作要项	目的	重要性	权重	潜在障碍	绩效目标	可能的业绩评价指标	行动计划
成本控制	在第二季度期间减少15%的部门开支	必须控制成本以提高利润	25	买方价格过高及竞争的限制	对所有零件招标竞价,找到至少三家新的供应商	任务完成提高的百分比	在4月10日前完成招标计划;在4月15日前核准招标计划;在5月10日前实施招标计划
生产时间安排	把客户订单的延期减少到3个工作日	如果过分延期将会失去主要客户	40	使用新机器的开支,增加员工的抵制	9月1日前安装一线、二线自动化零件生产线	错过最后期限的产品数量,保住的顾客数量	在5月1日前准备好报告;在5月12日前核准计划;在6月30日前完成自动化项目

续表

工作 要项	目的	重要性	权重	潜在 障碍	绩效 目标	可能的业绩 评价指标	行动 计划
供应	原材料储备不足，船运延期	上月流失了 4 个顾客，损失总额达 18.5 万元	15	卖主不可靠，货运方的违约行为	寻找新卖主，指派检验员到采购部监督工作的进行情况	完成天数，保住的顾客数，拒收货物百分比，货物延期造成的损失金额等	在 4 月 20 日前找到新卖主；在 4 月 30 日前挑选、培训新的检验员
保安	避免内部员工偷窃行为的发生	上季度库存货物损失达 5.5 万元	10	绝大多数材料存放在无人看守的地方	在 3 个月内将库存货物损失减少 50%	发生盗窃事件的次数；丢失库存原材料的总价值	在 4 月 1 日前提出行动计划；在 4 月 15 日前为重要材料提供安全的储存地
生产安全	第一季度因事故造成的实际损失上升了 30%	过去的两年里保险费用上升了 60%，受伤员工带薪休养日益增加	10	发现了新的风险隐患，主管人员没有对安全问题引起足够的重视	本季度将事故发生频率减少 12%；本季度将事故严重程度减少 12%	能在事故发生后第二天写出关于事故次数和百分比的报告，在事故中受伤的人员数量和工时损失；改善不安全工作条件的开支	从 4 月 1 日起每周作一次报告；在 5 月 1 日前提出改正行动方案；在 6 月 30 日前实施方案。

第三节　绩效评价的内容设计

一、绩效评价的指标、目标与标准

在进行绩效评价时，评价者需要解决的两个问题是评价什么和怎么评价的问题。前者是有关于绩效指标的选取。后者是通过绩效目标和绩效标准的事先明确来决定。

（一）绩效指标

绩效指标指的是从哪些方面来对工作进行进行衡量或评价。需要解决评价"什么"的问题。总体来说，绩效指标从大类上来说，可分为工作结果指标、工作行为指标和工作态度指标三种。

在实际工作中，由于对岗位的考核内容往往涉及许多，既有对岗位职责完成情况进行考核，又有对考核期内特定任务完成情况的考核；既有对结果的考核，又有对行为和态度的考核。因而想要穷尽对岗位所有职责和内容的考核显然是不可能的。在现实中，我们往往只选取那些与岗位职责和目标关系密切的指标进行考核，即通常是通过提取关键绩效指标

(KPI)完成考核的。

一般来说,KPI指标的确定是在对组织目标进行分解,对部门及员工职责进行分析和对工作流程进行分析的基础上形成的。在制定KPI时,首先需要明确公司的愿景和使命,在此基础上寻找影响这一愿景和使命实现的关键指标,然后将指标自上而下分解到不同层次和职能的管理者,以及员工身上,形成一个完整的KPI指标体系。

(二)绩效目标

绩效目标指的是被考评者在每个绩效指标上希望达到的程度。如对一名销售员,"销售额"是该岗位的绩效指标,销售额"达到15万"就是该销售员的绩效目标。

根据组织行为学中的"目标设置理论",一个合理的目标设置对于个人的行为具有重要的激励作用。在设置绩效目标时,通常要求达到符合SMART原则,即:

1.明确具体的(Specific)。绩效目标应该尽可能细化,具体化,便于员工理解,从而有助于绩效的实现。

2.可衡量的(Measurable)。尽量以可衡量的方式描述绩效目标,使员工的实际绩效能与之相对照,在操作时更具可操作性。

3.行为导向的(Action-oriented)。绩效目标应该可以引导员工的行为,使员工很明确地知道通过怎么样的行为可以达到目标。

4.切实可行的(Realistic)。为员工制定的绩效目标应该是在员工能力所及范围之内,但同时要对员工具有一定的挑战性,从而既不使员工失去信心,又能激发员工的潜能。

5.时间限制性(Time-bounded)。为员工设定的目标必须是要在一定的时间范围内完成,每项工作都不可能无限拖延时间。

(三)绩效标准

对员工进行绩效评价,光有绩效指标和绩效目标还不够,还需要有一定的标准对每一指标的完成情况进行衡量,即需要确定绩效标准。绩效标准包括绝对标准、相对标准和客观标准三种。

1.绝对标准。即建立员工工作行为特质标准,然后将达到该项标准列入评估范围内,而不在员工相互之间作比较。

2.相对标准。即把员工之间的绩效表现相互比较,将被评估者按某种向度作顺序排名,或将被评估者归入先前决定的等级内再加以排名。

3.客观标准。即评估者在判断员工所具有的特质以及其执行工作的绩效时,对每项特质或绩效表现,在评定量表上每一点的相对基准上予以定位,以帮助评估者作评价。

在制定具体的绩效考核标准时,要充分考核标准既要有科学性,又要有合理性与可操作性,因当尽量遵循以下原则:

1.定量要准确。绩效标准能用数量表示时尽可能用数量表示。同时,标准的定量必须准确。定量准确包括三个方面:各指标标准的起止水平应是合理的;各标准的含义、相互之间的差别应是明确合理的,评分应是等距的;选择的等级档次数量要合理。

2.内容要先进合理。所谓先进是指考核指标要反映企业的科学技术水平、管理水平,不至于使员工的每项指标都达到满分;所谓合理是指考核标准不能太严,使员工的考核分数都很低。一般情况下,应以多数员工都能达到的水平为考核的及格分。

3.绩效考核标准要针对不同的岗位及承担该岗位被考核者的特点而定。同样的指标,对于不同的岗位其要求是不同的。因此,应该根据岗位的特点来设计考核标准。比如出勤率指标,对于门卫而言有一个很严格的标准,而对于销售员而言这一标准通常会宽松的多。

4.文字应简洁通俗。在标准中,应尽量使用人们常用的大众化语言和词汇,表达力求简明扼要,专业术语及模棱两可的词句尽量不用,以减少因考核者对词汇概念理解的不同而产生的评定差异。

🖎 小知识

手表与考评标准

如果你有一块手表,你能很肯定现在的时间;如果你同时拿着两块手表,你反而会失去对手表指示时间的信心。同理,对同一件工作不能采用两种不同的考评标准。考评标准不仅要合理,同时要相对稳定,至少在一段时间内保持稳定。

二、确定绩效评价的内容

通常而言,绩效评价的内容包括工作结果、工作态度和工作能力三方面,因而绩效指标也有工作结果指标、工作态度指标和工作能力指标三种。

(一)工作结果指标

工作结果考评考核的是员工在工作中的最终结果。设置该指标的目的是了解员工最终的工作成果。常见的工作结果指标可用 QQTCS 模型加以描述,即从数量(Quantity)、质量(Quality)、时限(Time)、成本(Cost)和满意度(Satisfaction)等多个角度加以衡量,如表 5-4 所示。

表 5-4　工作结果指标的类型

指标类型	举例	信息来源
数量	产量 销售额 利润	业绩记录 财务数据 财务数据
质量	一等品率 独特性 差错率	生产记录 上级评估 客户评估
时限	及时性 供货周期 投诉响应时间	客户评估 财务数据 业绩记录
成本	单位产品的成本 投资回报率	财务数据 财务数据
满意度	外部客户满意度 内部客户满意度	外部客户评价 内部客户评价

小知识

黑熊和棕熊喜食蜂蜜,都以养蜂为生。它们各有一个蜂箱,养着同样多的蜜蜂。有一天,它们决定比赛看谁的蜜蜂产的蜜多。

黑熊想,蜜的产量取决于蜜蜂每天对花的"访问量"。于是它买来了一套昂贵的测量蜜蜂访问量的绩效管理系统。在它看来,蜜蜂所接触的花的数量就是其工作量。每过完一个季度,黑熊就公布每只蜜蜂的工作量;同时,黑熊还设立了奖项,奖励访问量最高的蜜蜂。但它从不告诉蜜蜂们它是在与棕熊比赛,它只是让它的蜜蜂比赛访问量。

棕熊与黑熊想的不一样。它认为蜜蜂能产多少蜜,关键在于它们每天采回多少花蜜——花蜜越多,酿的蜂蜜也越多。于是它直截了当告诉众蜜蜂:它在和黑熊比赛看谁产的蜜多。它花了不多的钱买了一套绩效管理系统,测量每只蜜蜂每天采回花蜜的数量和整个蜂箱每天酿出蜂蜜的数量,并把测量结果张榜公布。它也设立了一套奖励制度,重奖当月采花蜜最多的蜜蜂。如果一个月的蜜蜂总产量高于上个月,那么所有蜜蜂都受到不同程度的奖励。

一年过去了,两只熊查看比赛结果,黑熊的蜂蜜不及棕熊的一半。

(来源:中人网)

(二)工作态度指标

工作态度考评考核的是员工在工作中付出的努力程序,即对工作的积极性的衡量。设置该指标的目的是培养员工良好的职业习惯。常见的态度考核维度包括:敬业精神、创新精神、忠诚度、责任感、积极性、协调性、进取心、诚实度、团队精神等。制定工作态度指标的原则也是尽量细化和行为化。下面我们用表5-5～表5-7来说明如何做到态度指标的细化和行为化。

表5-5 团队精神维度

级别	团队精神:在团队目标下,对目标利益和协作的共同认知
	定义
一级	能在团队中配合其他成员,有一定的合作精神,态度端正,有时会考虑团队目标与利益
二级	尊重团队中的每一位成员,能在团队中积极配合其他成员,有较好的合作精神,态度端正,当团队目标利益与个人目标利益冲突时,总是以团队为先
三级	经常为团队提出有意义、建设性的意见,当团队目标利益和个人目标利益冲突时,总是以团队为先
四级	能加强团队中其他成员的合作意识,能加强跨部门团队的合作意识,当团队目标利益和个人目标利益冲突时,总是以团队为先
五级	能管理团队使之成为一个高度配合、互相信任与支持的团队,并与其他团队紧密配合,团队成员都能做到当团队目标利益和个人目标利益冲突时,绝对以团队为先

表 5-6　责任感维度

级别	责任感:在工作职责的基础上,完成任务的意识
	定义
一级	根据一般职责要求,基本完成工作目标
二级	根据工作标准来完成工作目标
三级	严格执行工作标准,有高度的自觉性与主动性
四级	对工作标准进行审视,能够提出改善意见
五级	能对整体工作方法、流程进行分析,并提出改善方案

表 5-7　进取心维度

级别	进取心:树立更高的工作目标,不懈地追求发展
	定义
一级	按照工作职责要求,主动完成工作任务
二级	具备对本职工作的热爱,积极努力地完成工作任务,主动寻找差距
三级	具有事业心,为更好地达到工作目标,主动学习,注重创新
四级	具备较强的使命感和事业心,坚持学习、吸收新知识,为自己树立更高的目标
五级	具有强烈的使命感和事业心,主动迎接工作挑战,不断向更高的目标奋进

需要注意的是,进行态度指标考核时,不同的职务考核的内容应该是不一样的。比如,会计应侧重于严谨性和责任感,而管理职位应侧重于团队精神、进取心和责任感。同时,对不同层次的员工,考核的要求也应该不一样,比如,高层管理人员的团队意识可能需要达到 4～5 级,而一般工作人员则只需要达到 2～3 级就可以了。

3.工作能力指标

工作能力考评考核的是员工职务工作中发挥出来的能力。设置该指标的目的是鼓励员工个人能力的积累。一般是根据实际情况与标准或要求对比,然后进行评定。一般工作能力指标的制定原则是尽量细化和行为化。如表 5-8 所示。

表 5-8　某公司的员工素质能力等级对照[①]

能力维度	评价要素	A 级	B 级	C 级	D 级
人际交往能力	关系建立	易与他人建立可信赖的积极发展的长期关系	能够与他人建立可信赖的长期关系	较为自我,不易与他们建立长期关系	刚愎自用,不易与他人相处,自我封闭
	团队合作	善于与他人合作共事,相互支持,充分发挥各自优势,保持良好的团队气氛	能够与他人合作共事,相互支持,保证团队任务的完成	团队合作精神不强,对工作有影响	不能与人很好合作,独断专行
	解决矛盾	巧妙地和建设性地解决不同矛盾	能够解决已发生的矛盾,不致对工作产生大的负面影响	解决矛盾手法生硬,影响工作顺利进行	遇到矛盾不知如何解决
	敏感性	对他人较关心,容易感知别人的想法,体谅他人,善于领会他人的请求,并付诸适当的言行	能关心他人,体谅他人,领会他人的请求,有时帮助想办法解决	有时能关心他人,体谅他人苦衷	不太关心他人,对他人的需求毫无感知

---

① 王璞主编:《人力资源管理咨询务实》,机械工业出版社,2003。

续表

能力维度	评价要素	A级	B级	C级	D级
影响能力	团队发展	易与他人沟通,积极促进团队协作,在团队中是自然的核心人物,并引导团队达到组织目标	能够根据公司要求努力促进团队协作和沟通,使工作顺利开展	尚能与人合作,但协调不善,影响工作	无法与人协调
	说服力	能够表达自己的主张、论点及理由,比较容易说服别人接受某一看法与意见	能说服下级、同事、上级接受某一看法和意见	说服别人比较困难	无法说服他人,或咄咄逼人,或逃避退让
	应变能力	待人处世很灵活,善于审时度势,很容易适应岗位、职位或管理的变化所带来的冲击,并能顺应变化,很快适应环境,取得主动	待人处世较灵活,能够根据公司要求,认可公司变化所带来的冲击,并能顺利完成转变	对公司变化或角色转变不太适应,工作开展困难	待人处世刻板,适应性差
	影响能力	能积极影响他人的思维方式和发展方向	能以自己的言行带领大家努力工作	有时能影响他人	对他人几乎无影响力或完全操纵利用他人

三、考评权重、频率设计

(一)权重分配

权重是一个相对概念,一般是针对某一个或一些指标而定的。一般来说,某一指标的权重代表了该指标在整个事件或活动中的重要程度,一般情况下,整个事件或活动的权重之和为1或100%。企业可根据自己的特点和需要进行分配。权重的分配在一定程度上反映出企业文化,以及现阶段企业重视和期望什么。

在制定具体的绩效评估指标时,一般从两方面进行考虑:对结果的关注和对过程行为的关注。但是对处于不同层次的人员,由于他们各自承担的责任范围不同,结果指标和行为指标所占的权重也是不同。处于企业高层的管理者,往往更多的是对结果承担责任,工作内容更多的是决策和管理,需要的是灵活性和艺术性,对其在达成结果的过程中的行为很难进行严格规范,因此绩效指标也应该是以结果指标为主。而基层员工往往不能直接对结果承担责任,或者说基层员工对结果的影响主要是通过其完成任务过程中表现出来的行为规范性来决定的,因此对基层员工来说过程控制就显得非常重要,我们在设计绩效指标时,应对基层员工在行为指标上设置较大权重,而结果指标则比重较小。

绩效考评根据考评频率等因素可以分为多种,比如按考评频率可以分为年度考评、季度考评、月度考评等。不同的考评种类涉及的维度不尽相同,即使是相同的维度,也可能由于考评的目的不同,权重也会有差异。下面以表5-9加以说明。

表5-9 某公司季度和年度考评的权重分配

季度考评		年度考评	
考评维度	权重/%	考评维度	权重/%
结果指标	80	结果指标	70
态度指标	20	能力指标	15
		态度指标	15

（二）频率设计

考评频率是指对不同的被考评人分别在什么周期内进行考评。需要企业根据被考评员工的工作性质和企业绩效考评的目的来决定。一般比较常见的有以月为周期（比较适合工作难度不大，工作结果容易测量的工作，如生产制造）、以季度为周期（一般职位均适合，但需要注意的是考评的维度应该不是较长时期才能表现出来的维度；但总经理及高层管理人员由于工作性质原因，往往不参加）和以年为周期（适合所有职位，反映长期性的工作结果、态度和能力）。

企业不同的职务、不同的职能部门，在绩效考评的维度、主体、季度考评和年度考评的内容、权重设计上有所不同。一般来说，企业不对总经理和高层管理人员进行季度考评，原因是他们的工作结果往往需要经过较长的时间才能反映出来，企业更注重的是其工作效果的长期性。而中下层管理人员、研发人员、生产人员和营销人员则会采用季度考评与年度考评相结合的方法。

四、关键绩效指标（KPI）及其应用

（一）KPI 基本概念

绩效管理的过程，从某种意义上来说，是绩效控制的过程，通过绩效管理，不断发现并解决员工实施绩效过程中存在的问题，从而保证员工的绩效得到持续提高。而在实际当中，员工在其工作岗位上从事的工作内容可能是包含许多方面的，绩效管理没有必要也不可能对所有内容面面俱到，而是为员工设定一些关键绩效指标，通过关键绩效指标进行绩效管理，可以保证真正有助于组织战略目标实现的行为受到认可和鼓励。

KPI（关键绩效指标）是 Key Performance Indicators 的英文缩写，是反映个体和组织关键业绩贡献的评价依据和指标。KPI 是指标，不是目标，但是能够借此确定目标或行为标准；是绩效指标，不是能力或态度指标；是关键绩效指标，不是一般所指的绩效指标。

KPI 是用来衡量员工工作绩效表现的量化指标，是绩效计划中的重要组成部分。KPI具有以下几方面特点：

1. KPI 来自于对公司战略目标的分解

这首先意味着，作为衡量各职位工作绩效的指标，关键绩效指标所体现的衡量内容最终取决于公司的战略目标。当关键绩效指标构成公司战略目标的有效组成部分或支持体系时，它所衡量的职位便以实现公司战略目标的相关部分作为自身的主要职责；如果 KPI 与公司战略目标脱离，则它所衡量的职位的努力方向也将与公司战略目标的实现产生分歧。

KPI 来自于对公司战略目标的分解，其第二层含义在于，KPI 是对公司战略目标的进一步细化和发展。公司战略目标是长期的、指导性的、概括性的，而各职位的关键绩效指标内容丰富，针对职位而设置，着眼于考核当年的工作绩效、具有可衡量性。因此，关键绩效指标是对真正驱动公司战略目标实现的具体因素的发掘，是公司战略对每个职位工作绩效要求的具体体现。

最后一层含义在于，关键绩效指标随公司战略目标的发展演变而调整。当公司战略侧重点转移时，关键绩效指标必须予以修正以反映公司战略新的内容。

2. KPI 是对绩效构成中可控部分的衡量

企业经营活动的效果是内因和外因综合作用的结果，这其中内因是各职位员工可控制

和影响的部分,也是关键绩效指标所衡量的部分。关键绩效指标应尽量反映员工工作的直接可控效果,剔除他人或环境造成的其他方面影响。例如,销售量与市场份额都是衡量销售部门市场开发能力的标准,而销售量是市场总规模与市场份额相乘的结果,其中市场总规模则是不可控变量。在这种情况下,两者相比,市场份额更体现了职位绩效的核心内容,更适于作为关键绩效指标。

3.KPI是对重点经营活动的衡量,而不是对所有操作过程的反映

每个职位的工作内容都涉及不同的方面,高层管理人员的工作任务更复杂,但KPI只对其中对公司整体战略目标影响较大,对战略目标实现起到不可或缺作用的工作进行衡量。

4.KPI是组织上下认同的

KPI不是由上级强行确定下发的,也不是由本职职位自行制定的,它的制定过程由上级与员工共同参与完成,是双方所达成的一致意见的体现。它不是以上压下的工具,而是组织中相关人员对职位工作绩效要求的共同认识。

KPI所具备的特点,决定了KPI在组织中举足轻重的意义。首先,作为公司战略目标的分解,KPI的制定有力地推动公司战略在各单位各部门得以执行;其次,KPI为上下级对职位工作职责和关键绩效要求有了清晰的共识,确保各层各类人员努力方向的一致性;第三,KPI为绩效管理提供了透明、客观、可衡量的基础;第四,作为关键经营活动的绩效的反映,KPI帮助各职位员工集中精力处理对公司战略有最大驱动力的方面;第五,通过定期计算和回顾KPI执行结果,管理人员能清晰了解经营领域中的关键绩效参数,并及时诊断存在的问题,采取行动予以改进。

具体来看,KPI有助于:

(1)根据组织的发展规划/目标计划来确定部门/个人的业绩指标;

(2)监测与业绩目标有关的运作过程;

(3)及时发现潜在的问题,发现需要改进的领域,并反馈给相应部门/个人;

(4)KPI输出是绩效评价的基础和依据。

当公司、部门乃至职位确定了明晰的KPI体系后,可以:

(1)把个人和部门的目标与公司整体的目标联系起来;

(2)对于管理者而言,阶段性地对部门/个人的KPI输出进行评价和控制,可引导正确的目标发展;

(3)集中测量公司所需要的行为;

(4)定量和定性地对直接创造利润和间接创造利润的贡献作出评估。

(二)KPI指标体系建立步骤

企业关键绩效指标体系的建立,一般可以遵循以下四个步骤进行设计:

1.企业战略目标分解

由于员工的工作行为最终是以实现企业战略目标为导向的,所以部门和员工个体的关键绩效指标的制定都要源于企业总体战略目标的回顾和分解。在具体进行战略目标分解时,首先需要企业高层明确公司的总体战略目标,然后由企业的中高层将战略目标分解为主要的支持性子目标,进而再由直线经理根据相应的子目标确定部门的业务重点,即本部分的关键绩效领域,并在此基础上,确定部门和个人的绩效目标,也就是在考核周期内所要达到的对企业战略目标有增值作用的工作产出。

2.考核指标的建立

在确定了工作产出之后，需要确定从哪些具体项目去衡量工作产出，也即确立考核的指标。通常来说，在对绩效进行考核时，数量化的指标最好，但也不是所有工作产出都可以量化，如管理人员的工作绩效。通常而言，关键绩效指标有四种类型，数量指标、质量指标、成本指标和时限指标。

3.考核标准的设定

考核标准的设定与考核指标的确定密不可分，二者基本同时完成，它们是关键绩效指标体系的核心组成部分。考核指标解决"考核什么"的问题，考核标准解决的是"考核到什么程度"的问题，也就是人们通常所说的做得"怎样"、"完成多少"等方面的问题，两者尽管密切相关，但概念上有严格区别。

当绩效指标确定之后，设定考核的标准会相对容易一些。对于可以量化的关键绩效指标，其标准是客观的，管理者需要做的是与员工充分沟通，使设定的标准具体挑战性、激励性并被员工接受。对于难以量化的指标，管理者在设定标准时，则需要尽可能使标准能够操作化。

4.KPI 的审核

前面我们确定了工作产出，设定了关键绩效指标和标准，最后我们还需要对关键绩效指标进行审核，其目的主要是为了确认这些关键绩效指标是否能够全面、客观的反映被评价对象的工作绩效，以及是否适合于评价操作。审核关键绩效指标主要可以从以下七个方面进行。

(1)工作产出是否为最终产品？通过关键绩效指标进行考核主要是对工作结果的考核，因此在设定关键指标的时候也主要关注的是与工作目标相关的最终结果。在最终结果可以界定和衡量的情况下，我们就尽量不去追究过程中较多的细节。

(2)关键绩效指标是否是可以证明和观察的？在设定了关键绩效指标之后，我们就要依据这些关键绩效指标对被考核者的工作表现进行跟踪和考核，所以这些关键绩效指标必须是可以观察的。

(3)多个评价者对同一个绩效指标进行评价，结果是否能取得一致？如果设定的关键绩效指标真正是 SMART 的绩效指标，那么它就应该具有清晰明确的行为性考核标准，在这样的基准上，不同的考核者对同一个绩效指标进行考核时就有了一致的考核标准，能够取得一致的考核结果。

(4)这些指标的总和是否可以解释被评价者 80％以上的工作目标？关键绩效指标是否能够全面覆盖被考核者工作目标的主要方面，也就是我们所抽取的关键行为的代表性问题，也是我们非常关注的一个问题。因此，在审核关键绩效指标的时候，我们需要重新审视一下被考核者主要的工作目标，看看我们所选的关键绩效指标是否可以解释被考核者主要的工作目标。

(5)是否从客户的角度来界定关键绩效指标？在界定关键绩效指标的时候，充分体现出组织内外客户的意识，因此很多关键绩效指标都是从客户的角度出发来考虑的，把客户满意的标准当作被考核者工作的目标。所以，我们需要审视一下，在设定的关键绩效指标中是否能够体现出服务客户的意识。

(6)跟踪和监控这些关键绩效指标是否可以操作？我们不仅要设定关键绩效指标，还需要考虑如何依据这些关键绩效指标对被考核者的工作行为进行衡量和考核,因此,必须有一系列可以实施的跟踪和监控关键绩效指标的操作性方法。如果无法得到与关键绩效指标有关的被考核者的行为表现,那么关键绩效指标也就失去了意义。

(7)是否留下超越标准的空间?需要注意的是,关键绩效指标规定的是要求被考核者达到工作目标的基本标准,也就是说是一种工作合格的标准。因此绩效标准应该设置在大多数被考核者通过努力可以达到的范围之内,对于超越这个范围的绩效表现,我们就可以将其认定为卓越的绩效表现。

五、平衡计分卡

平衡计分卡最初源于1990年美国诺顿研究所主持并完成的"未来组织绩效衡量方法"研究计划。该计划的目的在于找出超越传统以财务会计量度为主的绩效衡量模式,以使组织的"策略"能够转变为"行动"。在此基础上,这项计划的带头人——美国著名管理会计学家、哈佛大学教授卡普兰(Robert Kaplan)和诺顿研究所的所长诺顿(David Norton)又进行全面而深入的研究,并于1992年、1993年和1996年分别发表了《平衡计分卡:良好的绩效评估体系》《平衡计分卡的应用》和《将平衡计分卡用于战略管理系统》三篇论文。1996年,卡普兰和诺顿的第一本专著《平衡计分卡——化战略为行动》出版,标志着平衡计分卡理论的建立。随着企业对平衡计分卡运用的不断丰富和完善,这个框架又进一步升华。

2001年和2004年,卡普兰和诺顿出版了第二本和第三本书,书名分别为《战略中心型组织》和《战略地图——化无形资产为有形成果》,在这两本书中,作者针对平衡记分卡在实施过程中出现的问题,解释如何运用平衡记分卡实施战略,并提出了战略地图的概念并作了应用上的解释。

根据Gartner Group的调查说明,到2000年为止,在《财富》杂志公布的全世界前1000位公司中有40%的公司采用了平衡计分卡系统。最近由美世咨询管理公司对214个公司的调查中发现,88%的公司提出平衡计分卡对员工报酬方案的设计与实施是有帮助的,并且平衡计分卡所揭示的非财务的考核方法,在这些公司中被广泛运用于员工奖金计划的设计与实施中。

平衡计分卡最突出的特点是:将企业的愿景、使命和发展战略与企业的业绩评价系统联系起来,它把企业的使命和战略转变为具体的目标和评测指标,以实现战略和绩效的有机结合。平衡计分卡以企业的战略为基础,并将各种衡量方法整合为一个有机的整体,它既包含了财务指标,又包含了顾客角度、内部流程、学习和成长的业务指标,使组织能够一方面追踪财务结果,一方面密切关注能使企业提高能力并获得未来增长潜力的无形资产等方面的进展,这样就使企业既具有反映"硬件"的财务指标,同时又具备能在竞争中取胜的"软件"指标。图5-2描述了这四个方面及其相互之间的关系。

平衡计分卡的内容包含以下四方面:

1.顾客方面:其目标是解决"顾客如何看待我们?"这一类问题。"如何为顾客创造价值"这是公司的首要任务。公司如何以顾客为导向进行运作已经成为管理层首先考虑的问题。平衡计分卡要求管理者把顾客服务的声明转化为具体的测评指标,这些指标应该能够反映真正与顾客相关的因素。顾客所关心的四类事情包括:时间、数量、质量和服务、成本。对于企业来说,应该明确这些方面所应该达到的目标,然后把这些目标转化为指标。客户方面

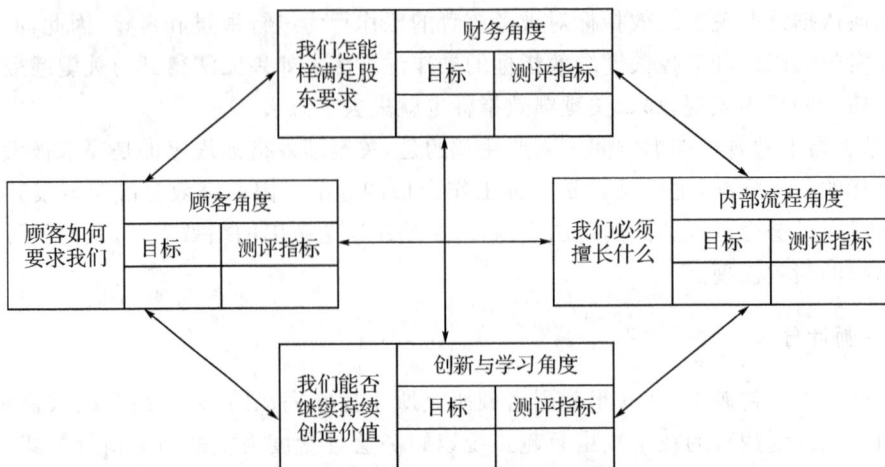

图 5-2　平衡记分卡四个方面绩效测评指标之间关系

体现了企业对外界变化的反应。常见的客户指标包括送货准时率、客户满意度、产品退货率、合同取消数等等。

2. 内部过程方面：其目标是解决"我们必须擅长什么？"这一类问题。以顾客为基础的指标十分重要，但是优异的顾客绩效来自组织中所发生的流程、决策和行为。管理者需要关注这些使公司能满足顾客需要的关键的内部经营活动。内部过程方面的指标应该来自于对顾客满意度有最大影响的业务流程，包括影响循环期、质量、员工技能和生产率的各种因素。常见的内部过程指标包括：生产率、生产周期、成本、合格品率、新产品开发速度、出勤率等等。内部过程是企业改善其经营业绩的重点。

3. 学习和创新方面：其目标是解决"我们能否继续提高并创造价值？"这一类问题。以顾客为基础的测评指标和内部业务程序测评指标，确定了公司认为对竞争取胜最重要的参数。但是环境和竞争要求公司不断改进现有产品和流程。只有通过持续不断地开发新产品、为顾客提供更多价值并提高经营效率，公司才能够发展壮大，从而增加股东价值。学习和创新方面的指标将注意力引向企业未来成功的基础，涉及人员、信息系统和市场创新等问题。

4. 财务方面：其目标是解决"我们怎样满足股东？"这一类问题。告诉企业管理者他们的努力是否对企业的经济收益产生了积极的作用。因此，财务方面是其他三个方面的出发点和归宿。常见的财务指标包括销售额、利润率、资产利用率等。

平衡计分卡中的所谓"平衡"是指体现是在长期与短期目标之间、在外部计量（股东和客户）和关键内部计量（内部流程/学习和成长）之间、在所求的结果和这些结果的驱动因素之间、在强调客观性测量和主观性测量之间保持平衡。

小案例

平衡计分卡的运用

紧随国外平衡计分卡的应用热潮，我国也迅速引入平衡计分卡。2003—2004 年期间，青岛啤酒厂开始关注和研究平衡计分卡，逐步认识到平衡计分卡是提升集团战略执行力和组织协同力的有效方法。青岛啤酒厂通过制定满足股东、满足客户、高效的流程、有动力的团队的战略,把四个维度的战略目标清晰地表达出来,使每个人都明确了公司的整体目标以及每年要达到的目标。平衡计分卡的实施帮助青岛啤酒厂实现了"从并购式发展到内涵式发展"的战略转变,公司不但在财务管理上取得突破性成果,而且销售收入、利润率、市场占有率都位列行业第一,同时在非财务管理上也获得很大进步。

（来源于赵敏：《平衡计分卡在我国企业的应用》,《理论探索》,2012 年第 1 期）

第四节　绩效评价的方法

一、绩效评价的方法

尽管绩效管理的思想日益得到重视,但是在这个循环的过程中,如何进行绩效考核,即如何就员工的绩效表现进行评价,依然是绩效管理的重点和关键。绩效考核在整个绩效管理循环中发挥着重要作用,没有绩效考核,也就没有考核结果,也无法对员工过去的绩效表现进行总结,发现过去工作中存在的问题,以及找到改善绩效的方法。

明确绩效考核的重要性,有助于员工和管理者正视绩效考核,并以积极的态度参与这项工作。另外,绩效考核是与组织的战略相连的,它的有效实施将有利于把员工的行为导向到战略目标上来。整个绩效考核体系的有效性还对组织整合人力资源、协调控制员工关系具有重要意义。不准确或不符合实际的绩效考核可能不会起到真正的积极的激励效果,反而会给组织人力资源管理带来重重障碍,使员工关系紧张、团队精神遭到损害。

绩效评估的方法根据所使用的标准不同,可以分为三类:相对评价法、绝对评价法和描述法(如图 5-3 所示)。其中相对评价法又称比较法,是指进行员工与员工之间的比较。绝对评价法根据比较的对象不同,又可分为量表法和目标管理法。其中量表法是指将员工的行为和客观标准的比较,而目标管理法进行员工和客观目标的比较。通常情况下,企业中对各类人员的绩效评估,往往是上述几种方法的组合。

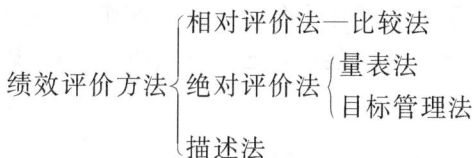

$$\text{绩效评价方法} \begin{cases} \text{相对评价法——比较法} \\ \text{绝对评价法} \begin{cases} \text{量表法} \\ \text{目标管理法} \end{cases} \\ \text{描述法} \end{cases}$$

图 5-3　绩效评价方法的分类

（一）相对评估法

对很多人力资源决策来说,最基本的问题通常是:"假如我们必须裁员,那么我想知道在我们这个群体里谁是工作绩效最差的人,谁是工作绩效最好的人,谁应该重新培训,谁应该被分配特殊任务。"对此类决策来讲,运用相对评估法是恰当的,他最终产生的结果是按工作绩效由高到低排序的员工名单,据此可以做出精简组织、人事调整的决策。

相对评估法是指在对员工进行相互比较的基础上对员工进行排序,提供一个员工工作的相对优劣的评价结果。排序的主要方法包括简单排序法、交替排序法、配对比较法和强制分布法,其中最常用的是强制分布法。

1.简单排序法

在简单排序法中,主管按绩效表现从好到坏的顺序依次给员工排序,这种绩效表现既可以是整体绩效,也可以是某项特定工作的绩效。这种绩效排序仅适用于小企业,当企业员工的数量比较多时,以这种方法区分员工绩效就比较困难,另外,当个人的业绩水平相近时也难以进行准确排序。

2.交替排序法

如果要进行绩效对比的员工比较多,主管给员工绩效进行依次排序就会比较困难。这时,可以应用交替排序法。具体做法是:第一步是把最好的员工列在名单最前面,表现最差的员工列在名单最后面;然后在剩下的员工中挑选最好的列在名单第二位,把表现最差的列在名单倒数第二位……这样依次进行,主管不断挑选出最好的和最差的员工直到排序完成,排序名单上中间的位置是最后被填入的。

3.两两比较法

两两比较法指在某一绩效标准的基础上,把每一个员工都与其他员工相比较来判断谁"更好",记录每一个员工与任何其他员工比较时被认为"更好"的次数,根据次数的高低给员工排序。这种方法较之排序法的优点在于:考虑了每一个员工与其他员工绩效的比较,更加客观,参见表5-10。

表5-10 两两比较法示例

	张某	李某	王某	赵某	合计
张某		+	－	+	2
李某	－		－	+	1
王某	+	+		+	3
赵某	－	－	－		0

两两比较法存在的问题是:

(1)如果需要评价的人数很多,则需要的比较次数将会非常多,工作量很大[若需评价的人数为 N,则需要的比较次数为 $N(N-1)/2$]。

(2)若评价出甲比乙表现好,乙比丙表现好,丙比甲表现好,则无法自圆其说。排序法与两两比较法有一个共同的问题:在排序中每个人的位置唯一。这意味着任何两个员工的表现必能分出先后,但事实上则是不可能的。通常发生的情况是:某些员工的表现差不多,难分伯仲。

4.强制分布法

在这种方法下,主管事先确定若干绩效等级和相应比例,然后按照每个人的绩效情况强制列入某一等级。在这种方法下,绩效评估结果不再着重于具体排序,而着重于每个人的绩效等级。不少跨国公司采用了这种方法,如图5-4是爱立信公司的绩效考核分类。

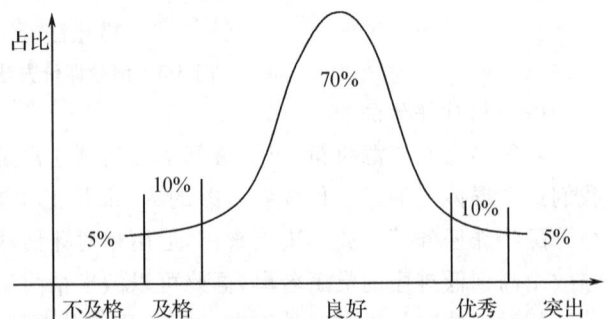

图5-4 爱立信公司的绩效考核分布

这种方法的优点是有利于管理控制,特别是在引入员工淘汰机制的公司中,它能明确筛选出淘汰对象,由于员工担心因多次落入绩效最低区间而遭解雇,因而具有强制激励和鞭策功能。当然,它的缺点也同样明显,如果一个部门员工的确都十分优秀,如果强制进行正态分布划分等级,可能会带来多方面的弊端。

从以上介绍的四种基本的比较方法可以看出,相对评估法的优点是成本低、实用,评定所花费的时间和精力非常少。而且,这种绩效考核法有效地消除了某些评定误差,如避免了考核结果过于一致的情况。当然相对评估法也有几个缺点:首先,因为判定绩效的评分标准是模糊或不实在的,评分的准确性和公平性就可能受到很多质疑。其次,相对评估法没有具体说明一个员工必须做什么才能得到好的评分,因而它们不能充分地指导或监控员工行为。最后,公司用这样的方法不能公平地对来自不同部门的员工的绩效进行比较。比较常见的例子如:A 部门排在第六名的员工可能比 E 部门的第一名做得更好。

(二)量表法

简单地说,量表法就是将考核内容分成若干维度,再将每一维度划分为几个不同的等级,主管根据被考核者实际绩效表现情况对每一项目进行打分,并把各项得分相加,即得出每个人的绩效分数。具体来说,量表法包括以下几种不同的考核技术。

1.图尺度考核法

图尺度考核法也称为等级评价法,是最简单和运用最普遍的工作绩效评价技术之一。这种方法先给出不同等级的定义和描述,然后考核者针对每一个绩效指标、管理要项按照给定的等级进行评估,然后再给出总的评估,这种方法的关键在于评价等级说明。表 5-11 是这种方法的示例。

表 5-11　图尺度考核法示例

用下列评定量表按每一品质评价该工人:

5＝优秀;你所知道的最好的工人。

4＝良好;满足所有的工作标准,并超过一些标准。

3＝中等;满足所有的工作标准。

2＝需要改进;某些方面需要改进。

1＝不令人满意;不可接受。

A.衣着和仪表	1	2	3	4	5
B.自信心	1	2	3	4	5
C.可靠程度	1	2	3	4	5
D.机智和圆滑	1	2	3	4	5
E.态度	1	2	3	4	5
F.合作	1	2	3	4	5
G.热情	1	2	3	4	5
H.知识	1	2	3	4	5

图尺度评价表开发成本较小,适用于组织中全部或大部分岗位。但这种方法的主要缺点是不能有效地指导行为,也就是说,评定量表不能清楚地指明员工必须做什么才能得到某个确定的评分,评价等级的描述相对比较模糊和抽象,不同的人对于每一等级的理解存在差异,因而造成评估标准的不一致。

2.行为观察量表法

行为观察量表(Behavioral Observation Scales,简称 BOS)。行为观察法是列举出评估指标(通常是期望员工工作中出现的比较好的行为),然后要求评估人在观察的基础上将员工的工作行为同评价标准进行对照,看该行为出现的频率或完成的程度如何(从"几乎没有"到"几乎总是")的评估方法。

行为观察评估法并非评估被评估者做某项工作的水平或优劣程度,而是观察被评估者做某项特定行为的频度,设定与频度相关的分值。例如,一名营业员在一月之内与顾客发生0次争执得5分;发生1~2次争执得3分;发生3~4次争执得2分;发生5次争执得1分;发生5次以上争执得0分。这样,在每项行为方面评定分值的基础上,我们可根据实际需要将各个方面设定不同的权数,从而得出综合分,参见表5-12。

行为观察评估法的突出优点是直接、可靠,被评估者更易接受反馈、提高自身绩效。但这种方法的缺点也是显而易见的,工作量很大,若观察的目标较多,则会出现较大的失误。

表 5-12　某医院医生的行为观察评估

被评估者	职务	部门
评估日期	评估者	职务

根据职工表现下列行为的频率来对员工进行绩效评估,请按下列的评分标准填写:

5＝一直(每月 16 次以上)

4＝经常(每月 9~15 次)

3＝有时(每月 4~8 次)

2＝偶尔(每月 2~3 次)

1＝很少或从不(每月 1 次以下)

职位知识

_____对所有的病人及工作伙伴表现出无条件的积极态度和同情;

_____为每个病人提供详细的记录和反馈;

_____拥有医疗经验并熟练运用。

分析能力

_____能迅速地衡量病人的精神状况,并能作出相应的反应。

沟通能力

_____能与所有医院的员工交流医疗信息;

_____能利用有效的渠道进行沟通。

3.强迫选择量表法

强迫选择量表(Forced-Choice Scales,简称 FCS),是第二次世界大战以后由美国国防部开发研制的一种考评工具。主要着眼于尽量避免评估者心理因素掺入所造成的偏差。这种方法把描述各种绩效状况的大量陈述句分成 4~6 句组成的单元,每一单元中的那些句子描述的都是绩效中同一方面的情形。有的单元中的每个句子看上去都只有褒义,但其中其实只有大约半数真正与所考评的维度相关;考评者参照被考评者状况,与这些句子逐条对比选择,考核者必须从 4~6 句描述员工在某一方面的工作表现的选项中选择 1~2 个。

强迫选择法的优点在于用来描述员工工作表现的语句并不直接包含明显的积极或消极内容,考核者并不知道考核结果的高低。这种方面的缺点在于考核者会试图猜想人力资源部门提供选项的倾向性。此外,由于难以把握每一选项的积极或消极成分,因而得出的数据很难在其他管理活动中应用。表 5-13 是这种方法的一个示例。

表 5-13　强制选择法:对培训教师教学有效性的评价

1	对后进学生进行耐心的辅导
2	讲课时充满自信
3	讲课生动,能吸引学员注意,并产生兴趣
4	每课都给学布置预习下一课的目的与主题的任务

上例中只有 1 和 3 才是真正的有效的评语,但考核者在考核员工时并不知道,可以防止个人偏见。

4. 行为锚定评定量表(BARS)法

行为锚定评价量表(Behaviorally Anchored Rating Scales,简称 BARS),是由美国学者史密斯和肯德尔于 1963 年研究提出的。该方法利用特定的行为锚定量表来描述员工的行为和绩效,是传统的图尺度评价法和关键事件法(见本节后半部分相关内容)的结合。该方法一般需要先确定关键事件,再初步建立关键评价指标,然后重新分配关键事件,并确定相应的绩效评价指标,接着确定各关键事件的评价等级,最终才能建立起行为锚定评价表,如表 5-14 所示。

表 5-14　客户服务行为锚定等级考核

7	把握长远盈利观点,与客户达成伙伴关系
6	关注顾客潜在需求,起到专业参谋作用
5	为顾客而行动,提供超常服务
4	个人承担责任,能够亲自负责
3	与客户保持紧密而清晰地沟通
2	能够跟进客户回应,有问必答
1	被动的客户回应,拖延和含糊回答

(三)目标管理法

目标管理法是由美国著名管理学家德鲁克于 1954 年首次提出来的。使用这种方法评价员工的绩效时,关注的不再是员工的态度,而是工作业绩,强调工作结果。它要求员工参与组织目标的确立,并参与讨论部门的目标,确定个人的目标。通过这种方法,能够使员工加强参与感和责任感,实现"自我管理"。

目标管理法要求管理人员与每一位员工共同制定一套便于衡量的具体工作目标,并定期与员工共同审查其目标完成情况。要想建立一套实用的目标管理计划,需要与下属一起共同制定目标,并定期向他们提供反馈。目标管理法通常是指一种复杂的、涵盖整个组织的目标设立和评价体系。这种评价方法主要包括 6 个实施步骤:

(1)制定组织目标:制定下一年工作计划,确定公司相应的目标;

(2)制定部门目标:各部门负责人在了解到公司目标(如将利润提高 20%)后,还要与其上级共同制定本部门的工作目标;

(3)讨论部门目标:就本部门的目标与下属展开讨论(部门全体会议),并要求员工初步制定自己个人的工作目标。

(4)对预期成果的界定(确定个人目标):部门负责人与他们的下属人员共同制定短期的个人绩效目标。

(5)工作绩效评估:部门负责人对每一位员工的实际工作绩效与他们事前商定的员工个人工作目标进行比较。

（6）提供反馈：部门负责人与下属员工一起讨论和评价员工在目标实现方面所取得的成就。

（四）描述法

1.评语法

评语法，是常见的以一篇简短的书面鉴定来进行考评的方法。考核者以一篇简洁的记叙文来描述员工的业绩。这种方法集中描述员工在工作中的突出行为，而非日常业绩。考评的内容、格式、篇幅、重点等全由考评者自由掌握，不存在标准规范。

评语法的优点在于操作简单，对员工的评价深刻，在对员工今后的绩效改善帮助方面，有时可以称得上是一种最好的考核方法。其缺点在于考核结果在很大程度上取决于考核者的主观意愿和文字水平。此外，由于没有统一的标准，不同员工之间的考核结果难以比较。

2.关键事件法

在应用这种方法时，考核者将每一位被考核者在工作活动中所表现出来的非同寻常的好行为或者非同寻常的不良行为（或事故）记录下来。然后每隔一段时间，比如一个季度或者半年，考核者和被考核者根据所记录的特殊事件来讨论后者的工作绩效。

关键事件法有着许多优点：①它为考核者向被考核者解释绩效评估结果提供了确切的事实证据。②它保持一种动态的关键时间记录，可以使考核者获得一份关于被考核者运用何种途径消除不良绩效的具体实例。

表5-15为运用关键事件法对工厂助理管理人员进行工作绩效评价的实例。

表5-15　工厂助理管理人员关键绩效法应用实例

工作责任	目　　标	关键事件
安排工厂的生产计划	充分利用工厂中的人员和机器；及时发布各种指令	为工厂建立新的生产计划系统；上个月的指令延迟率降低了10％；上个月提高机器利用率20％
监督原材料采购和库存控制	在保证充分的原材料供应的前提下，使原材料的库存成本降低到最小	上个月使原材料库存成本上升了15％；"A"部件和"B"部件的订购富余了20％而"C"部件的订购却短缺了30％
监督机器的维修保养	不出现因机器故障而造成的停产	为工厂建立了一套新的机器维护和保养系统；由于及时发现机器部件故障而阻止了机器的损坏

如果要应用关键事件法对被考核者进行绩效考评的话，那么在确定绩效目标和计划的时候，就要将关键事件和绩效目标和计划结合起来。关键事件法通常可作为其他绩效考评方法的一种很好的补充。它在认定员工特殊的良好表现和劣等表现方面是十分有效的，而且对于制定改善不良绩效的计划也是十分方便的。但是，在对员工进行比较或者做出与之相关的薪酬、晋升或培训时，可能不会有太明显的作用。

（五）多考评主体的考评方法——360度评估法

360度评估法，又称"全方位考核法"，最早由英特尔首先提出并加以实施的。360度绩效反馈是指由员工自己、上司、直接部属、同事甚至顾客等全方位的各个角度来了解个人的绩效：沟通技巧、人际关系、领导能力、行政能力等。通过这种理想的绩效评估，被评估者不仅可以从自己、上司、部属、同事甚至顾客处获得多种角度的反馈，也可从这些不同的反馈源清楚地知道自己的不足、长处与发展需求，使以后的职业发展更为顺畅。

360度评估法的评价主体包括：

1.自我评价，是指让员工针对自己在工作期间的绩效表现，或根据绩效表现评估其能力和并据此设定未来的目标。当员工对自己做评估时,通常会降低自我防卫意识,从而了解自己的不足,进而愿意加强、补充自己尚待开发或不足之处。

2.同事评价,是指由同事互评绩效的方式,来达到绩效评估的目的。对一些工作而言,有时上级与下属相处的时间与沟通机会,反而没有下属彼此之间多。在这种上级与下属接触的时间不多,彼此之间的沟通也非常少的情况下,上级要对部属做绩效评估也就非常困难。但相反的,下属彼此间工作在一起的时间很长,所以他们相互间的了解反而会比上级与部属更多。此时,他们之间的互评,反而能比较客观。而且,部属之间的互评,可以让彼此知道自己在人际沟通这方面的能力。

3.下属评价。由部属来评价上司,这个观念对传统的人力资源工作者而言似乎有点不可思议。但随着知识经济的发展,有越来越多的公司让员工评估其上级主管的绩效,此过程称为向上反馈。而这种绩效评估的方式对上级主管发展潜能上的开发,特别有价值。管理者可以通过下属的反馈,清楚地知道自己的管理能力有什么地方需要加强。若自己对自己的了解与部属的评价之间有较大的差异,则主管亦可针对这个差异,深入了解其中的原因。因此,一些人力资源管理专家认为,下属对上级主管的评估,会对其管理才能的发展有很大的裨益。

4.客户评价。客户的评价对从事服务业、销售业的人员特别重要。因为唯有客户最清楚员工在客户服务、营销技巧等方面的表现与态度如何。所以,在类似的相关行业中,在绩效评估的制度上不妨将客户的评价列入评估系统之中。

5.主管评价。主管的评价是绩效评估中最常见的方式,即绩效评估的工作是由主管来执行。因此身为主管必须熟悉评估方法,并善用绩效评估的结果作为指导部属,发展部属潜能的重要武器。

随着企业的调整,一些公司常常会推动一些跨部门的合作方案,因此一些员工可能同时会与很多主管一起共事。所以在绩效评估的系统建立上,亦可将多主管、矩阵式的绩效评估方式纳入绩效评估系统之中。

二、有效运用绩效评估方法的原则

以上介绍了多种绩效评估的方法,各有优点,很难断言哪一种方法是最优的,企业应该根据自身情况,选择一种较为合适的评估方法。总的说来,选择绩效评估方法时应当遵循以下几个原则:

(1)最能体现组织目标和评估目的;

(2)对员工的工作起到正面引导和激励作用;

(3)能比较客观地评价员工工作;

(4)评估方法相对比较节约成本;

(5)评估方法实用性强,易于执行。

三、绩效考核中常见的误差及克服

虽然有许多方法可用于绩效考评,但是有些问题可能会使这些方法失去效率。这些问题主要包括以下几个方面:

(1)绩效评价标准模糊不清。这是造成绩效考评方法失效的常见原因之一。

(2)晕轮效应。晕轮效应指的是考核者对被考核者某一绩效要素评价较高,就会导致对此对象的其他绩效要素也评价较高。尤其是那些考核者印象比较好的员工,这种问题就更容易发生了。

(3)居中趋势。所谓居中趋势,就是被考核者的考评等级都向中间靠拢。比如,如果评价等级是从第1级到第7级,结果很可能就是考核者避开了较高的等级(第6、7级),也避开了较低的等级(第1、2级),而把大多数员工都集中在第3、4、5级上。这种过于集中的评价结果会使绩效考评丧失作用,对于企业提高绩效的努力作用很小。

(4)偏松或者偏紧倾向。有些管理者对下属要求很严,工作绩效考评偏高,有些要求比较松,工作绩效考评则偏低。这会在组织内部造成不公平。这种现象也很普遍。

(5)考核者的个人偏见。因为被考核者之间的个人差异(比如年龄、性别等个人特点方面的差异),会影响到考核者对他们的评价,甚至导致他们得到的评价大大偏离实际工作绩效。此外,被考核者过去的绩效状况可能会影响到当前所获得的绩效评价水平。比如,考核者可能会全面高估以往低绩效者的绩效改善状况,而将一位高绩效者的绩效下滑程度看得严重。当被考核者变化缓慢时,考核者可能对之并不敏感。

那么应该如何应对这些绩效考评中出现的问题呢?要想使这些问题对绩效考评的影响减小到最低程度,需要从以下两个方面做出努力:

第一,对考核者进行相关的培训,确保考核者对上述几种在绩效考评过程中容易出现的问题以及正确的做法都有清楚的了解,这样有助于在实际工作之中避免问题的出现。

第二,选择正确的绩效考评工具和方法。每一种方法都有其优点和不足,应该根据企业实际情况予以取舍,形成有效的方法组合。

第五节　绩效评价结果的应用

一、绩效反馈面谈

绩效考评的结果必须反馈给当事人,才能使当事人知道自己优势在哪里,不足在哪里,从而进一步分析不足的原因,加以改进。实践证明,反馈的最好方式是进行面谈,也就是说,由上级主管与被其考评的下级进行面谈。通过面谈,上级主管把被考评者的绩效考评结果通知被考评者,并在此过程中,帮助被考评者寻找所有造成不良绩效的原因,对于组织方面的原因,组织必须着手改善;属于员工方面的原因,则要求被考评者加以改进,上级尽可能给予帮助。

(一)面谈的准备

面谈是最好的反馈方式,但并不等于说只要采取了面谈反馈就一定可以收到良好反馈效果。实践证明,双方在面谈前作充分的准备非常必要。

1.考评者的准备

(1)选择最恰当的时间。时间要选择在双方都比较空且不大会受到干扰的时候,尽量不要接近员工下班的时间,而且应该由主管人员提出时间,并征得员工的同意,等确定后要事先通知员工。

（2）选择适宜场所。主管人员的办公室是最常用的绩效反馈面谈场地，但易受干扰，容易给员工造成紧张感。最好是选择单独一间不受干扰的办公室，或者是类似咖啡厅的地方进行面谈。

（3）准备资料。这些资料包括对员工的绩效进行评估的表格、员工日常工作表现的记录等。在与员工进行绩效反馈面谈之前，主管人员必须对有关的各种资料谙熟于胸，当需要时可以随时找到相关的内容。

（4）充分的心理准备。在面谈之前，要充分估计到被评估的对象在面谈中可能表现出来的情绪和行为。需要了解被评估对象的个性特征，以及本次绩效评估结果对其的影响，了解被评估对象对本次绩效评估可能表现出来的态度等等。

（5）计划好面谈的程序。包括如何开始面谈、绩效反馈面谈的过程、什么时候结束面谈以及以什么方式结束面谈等。

2. 被考评者的准备

（1）收集与绩效有关的资料。员工需要准备好表明自己绩效状况的一些事实依据。对于完成得好的工作任务，需要以事实为依据说明具体在哪些方面做得好；完成得不好的工作，也需要以事实为依据来说明理由。

（2）安排好自己的工作。在绩效面谈时员工无法在自己的工作岗位上，因此应事先安排好工作，在这段时间内避开一些重要的事情。如果有紧急的事情，应交代给同事，由同事帮助解决。

（3）准备好想向主管人员提出的问题。员工可以准备一些与绩效相关的问题，或者对绩效评定结果存在疑问的方面，在面谈中与主管人员进行交流。

（4）事先准备好个人的发展计划。绩效反馈面谈更关注将来的发展，员工应该能够提出自己的发展目标和计划，从而有助于主管根据员工的绩效状况给予适当的建议和帮助。

（二）绩效反馈面谈

1. 面谈原则

（1）建立并维护彼此的信任。首先，双方都需要摆正自己的心态，开诚布公，坦诚沟通；其次，努力创造有利于沟通的环境；另外，在面谈开始时，花上几分钟时间谈论一些轻松的话题可以比较容易地拉近双方的心理距离，促进彼此间的信任。

（2）清楚地说明面谈的目的。清楚地让被考评者明白此次面谈要做什么，达到什么目的。尤其重要的是，让被考评者知道考评的真正目的不是找茬，而是要帮助他总结经验，找到存在问题的原因，并进一步找到解决问题的办法，包括改进管理，从而帮助他在将来做得更好。

（3）鼓励被考评者讲话。对于那些不爱讲话或不大愿讲话的被考评者，应当鼓励其充分发表自己的看法，以使面谈者更有针对性地发现被考评者存在问题的症结所在，帮助其改进绩效。

（4）倾听。倾听非常重要，它将有助于让被考评者感到对方的真诚，有助于让被考评者充分发表其想法。倾听不等于保持沉默不语，而是要真正用心去理解对方的话语，并在必要的时候作适当的引导。好的倾听要做到不带任何偏见，同时也能听出弦外之音。

（5）避免冲突。避免面谈双方的冲突，是面谈成功的最低要求。作为考评者，应尽可能避免冲突的发生。在面谈中，上级主管不可能不谈及被考评者的不足，即使注意了讲话的语气,可能还会有的人"不能接受",此时,上级主管要保持尽可能克制,主管人员应就不同见解的问题向员工沟通清楚原则和事实,争取员工的理解。同时,多站在员工的角度,设身处地为员工着想,对自己的错误观点要勇于当着员工的面承认。

(6)关注绩效而不是性格特征。虽然绩效考评包括绩效、能力和态度三个方面,但反馈时一般把关注的重点放在绩效上,只有在明显因个人态度、能力原因而使得绩效不理想时,才提及性格,以提醒被考评者通过提高能力、转变态度来改进绩效。

(7)关注未来而不是过去。绩效考评是对既往绩效事实、在取得绩效过程中表现出来的能力和态度进行考核和评价,但了解过去并不是目的,帮助被考评者改进绩效才是真正的目的,所以,面谈关注的不是过去,而是未来,即把关注的重点放在如何分析绩效不良的原因进而如何改进绩效上。

(8)优点与缺点并重。面谈一方面是帮助被考评者改进绩效,另一方面也要指出被考评者成功的方方面面,分析成功的原因,进而增强被考评者的自信心,增强成就感。

(9)该结束时就结束。当绩效反馈面谈的目的已经达到,就应该结束面谈,不要拖延。需要说明的是,在很多情况下,绩效反馈面谈的目的并没有完全达到,也应该停止面谈。如双方的信任关系出现裂痕;下班时间到了;员工已经疲惫;出现意外紧急事情等。在这些情况下,双方应另外再约定一个时间继续进行面谈。

(10)以积极的方式结束面谈。让被考评者在结束时感到面谈不是上级的训话,而是指导其改进绩效,面谈不是形式上的泛泛面谈,而是找到了不足,指明了方向,增强了信心。总而言之,让被考评者既心情愉快,又有收获。

2.成功绩效面谈的技巧

上级主管在面谈时所面临的问题之一是促使被考评者诚实的回答,不管是同意还是不同意。当然,最重要的还是取得被考评者的信任,虽然如此,下面的面谈技巧仍然是不可少的。

(1)对事不对人。应该强调客观结果,不要涉及员工人格。考评者要表明他所关心的问题是哪方面的绩效,说明下级的实际情况与要求达到的目标间的差距,从而共同努力减少差距。

(2)谈具体、避免一般。不要作泛泛的、抽象的一般性评价,而要拿具体结果来支持结论,援引数据,列举实例。

(3)"三明治式"沟通。即沟通开始时用积极的语气开场,然后穿插批评,最后再用肯定和支持的话语结束。在绩效反馈面谈时,首先应先表扬特定的成就,给予真心的肯定,表现再不好的人也有值得肯定的地方,这样有利于建立融洽的气氛;然后提出需要改进的"特定"的行为,诚恳地指出不足和错误,提出让员工能够接受的改善要求,去除员工的抵触心理,表达出对员工的信赖和信心;最后以肯定和支持结束,表达对员工未来发展的期望。

(4)不仅找出缺陷,更要分析原因。找出原因的目的不是为了分清责任,而是为了在今后的工作中避免出现类似情况。

(5)保持双向沟通。在沟通中切忌主管唱独角戏,应当引发员工真诚的交流。

(6)落实行动计划。绩效面谈只有导致改进的实效,才算是成功。因此双方应该共同商量出有针对性的改进计划和方案,并逐一落实时间、地点、要求等实质性内容。

(7)有针对性地进行反馈面谈。在面谈中,管理者应当针对不同类型的员工选择不同的面谈策略,取得良好的反馈效果。

优秀的员工。对这种情况反馈最为顺利,但应注意两点:一是要鼓励下级的进取心,要为他定好个人发展计划;二是不要急于许诺,答应何时能够提拔或给予何种特殊物质奖励等等。

没有显著进步的员工。考评者应当开诚布公,跟他讨论造成当前这种状况的原因,是否因为目前岗位不适合他,还是因为个人态度或能力上存在不足,要让他意识他自己有哪些不足。

绩效差的员工。造成绩效差的原因可能有很多,如工作态度不端正,积极性不足、缺乏训练、工作条件不如意、主管对其支持不够等。必须具体分析,找出真正的原因并采取相应的措施,切忌不问青红皂白,认定准是下级自己的过错。

老资历员工。对这种下级应当表示出你的尊重。他们看到比他们年纪轻且资历浅的人后来居上,自尊心会受到伤害,或者是对他们未来的出路或退休感到焦虑。对他们要肯定他们过去的贡献,要耐心而关切地为他们出主意。

过于雄心勃勃的员工。有雄心是好事,但过分了则不好。他们会急于想提拔和奖励。对他们要耐心开导,说明政策,用事实说明他们还有一定的差距。但不能泼冷水,可以与他们讨论未来发展的可能性与计划,不要让他们产生错觉,以为达到某一目标就一定马上能获奖或晋升;要说明努力进步,待机会到来,自然会水到渠成的道理。

沉默内向的员工。这些人不爱开口,但并不意味着他们没有想法。对他们要耐心启发,用提出非训导性的问题或征询他意见的方式,促使其做出反应。

情绪易激动的员工。对这种人要耐心地听其讲完,尽量不要立即与他争辩。要有耐心,等其心情平静时与他共同分析,冷静地、建设性地找出解决问题的办法。

(三)绩效反馈效果评估

绩效反馈面谈后,主管需要对面谈的效果进行评估,以便调整绩效反馈面谈的方式,取得好的面谈效果。而了解绩效反馈对员工工作行为的影响,需要集中回答这样一些问题:

- 此次面谈是否达到了预期目的?
- 下次面谈应怎样改进面谈方式?
- 有哪些遗漏需加以补充?哪些讨论显得多余?
- 此次面谈对被考评者有何帮助?
- 面谈中被考评者充分发言了吗?
- 在此次面谈中自己学到了哪些技巧?
- 自己对此次面谈结果是否满意?
- 此次面谈的总体评价如何?

二、考评结果的应用

绩效考核结果主要应用于以下几个方面:

(1)用于奖酬分配。为了有效激励员工,员工的薪酬奖励应与其业绩关联。绩效评估结果为员工的报酬分配提供切实可靠的依据,促使企业薪酬分配合理化,使组织的薪酬体系更加公平化、客观化,并具有良好的激励作用。

(2)用于职位变动。绩效考核结果可以为职位的变动提供一定的依据。一个人通过绩效考核和反馈,能明确自己的长处和短处,是否适应目前的工作职位,通过职位调整使员工从事更加适合自己的工作。

(3)用于人力资源规划。通过绩效考核可以为组织提供总体人力资源质量优劣程度的确切情况,获得有关员工晋升和发展潜力的信息,有利于组织为了未来发展制定人力资源规划。

(4)用于人力资源开发。绩效评价结果为企业对员工进行全面教育培训提供了科学依据。当员工的绩效较差时,就要对其原因进行分析,如果员工仅仅是缺乏完成工作所必需的技能和知识,那么就需要对他们进行培训。绩效评估可以使员工清楚地理解他们当前的绩效与期望绩效之间存在的差距,帮助他们找到造成差距的原因以及制定改善绩效的行动计划,从而实现对其能力进行有针对性的开发和培训的目标。

(5)用于正确处理内部员工关系。公正、公平、公开的绩效考核结果为人力资源管理部门在提薪、奖惩、晋升、调动和辞退等重要的人力资源管理环节提供公平客观的数据,减少人为因素对管理的不利影响,有利于保持组织内部员工的相互关系建立在可靠的基础之上。

【本章小结】

绩效管理在人力资源管理各项职能工作中占有重要地位。绩效是被评价了的工作态度、行为与结果。绩效具有多因性、多维性和动态性的特点。绩效管理是指为了达成组织的目标,通过持续开放的过程,实现组织目标所预期的利益和产出,并推动团队和个人做出有利于目标达成的行为的过程。绩效管理与传统的绩效考核存在显著区别。绩效管理包含绩效计划、绩效实施与管理、绩效评估与绩效反馈四个环节,并构成一个管理的循环。

绩效计划是由管理者与员工根据既定的绩效标准,共同制定并修正绩效目标,以及实现目标的步骤的过程。绩效计划制定过程中需要注意双方的沟通、员工参与和承诺。绩效计划包含了准备、沟通和确认三个阶段。

绩效指标、绩效目标和绩效标准的含义各不相同。绩效指标可分为工作结果指标、工作态度指标和工作能力指标三种。其中常用的工作结果指标又包含了数量、质量、时限、成本和满意度几大类。工作态度指标和能力指标在评估时应当尽量做到量化和细化。在进行指标设计时,常用的方法是应用关键绩效指标(KPI)的思路,纵向分解目标、横向结合流程来进行指标确定。平衡记分卡是对传统上用财务会计量度企业绩效的拓展,通过财务角度、客户角度、业务流程角度、学习和成长角度等四个方面的指标设计,可以综合、全面地评估企业的绩效。

绩效评估方法分为相对评价法、绝对评价法和描述法。简单比较法等属于相对评价法;图尺度考核法、行为观察量表法、强迫选择量表法、行为锚定评价量表法、目标管理法等属于绝对评价法;而关键事件法则属于描述法。

绩效评估中经常会出现绩效评价标准模糊不清、晕轮效应、居中趋势、偏松或者偏紧倾向、考核者的个人偏见等误差,需要通过对评价者进行培训等方式加以克服。

绩效反馈面谈是绩效管理的重要组成部分。在面谈前要做好各种充分准备。在面谈过程中要注意原则和技巧的应用。绩效考核的结果可用于奖酬分配、职位变动、人力资源规划、人力资源开发、正确处理内部员工关系等各个方面。

直线部门经理和人力资源部门人员在绩效管理方面的职责分工情况如下:

	直线部门经理	人力资源部门人员
绩效管理	1.制定年度工作目标 2.制定下属岗位的绩效评估方案 3.收集信息 4.进行评估 5.提供绩效反馈 6.制定个人发展计划 7.进行内部沟通	1.制定绩效管理方案 2.提供培训 3.控制评估过程 4.制定个人发展计划 5.建立内部沟通机制

【复习思考题】

1.什么是绩效,它有哪些特点?

2.绩效管理与绩效考核有哪些区别?

3.绩效管理的流程包含哪些环节?

4.编制绩效计划的程序如何?绩效计划应包含哪些内容?

5.绩效指标、绩效标准与绩效标准的概念有哪些区别?

6.绩效指标有哪几种类型?

7.什么是关键绩效指标?如何提取关键绩效指标?

8.平衡记分卡从哪些角度评估一个组织的绩效?

9.绩效评价方法有哪些?各有哪些特点?

10.如何进行一次有效的绩效反馈?

【技能应用题】

1.对照绩效计划制定的步骤,请制定你本人某一学期的绩效计划书。

2.请选择某一现实中的企业,从绩效管理的思路帮助其完善目前的绩效管理制度体系。

3.请选择某一现实中的企业,随机选取该企业不同层次、不同职能类型的五个岗位,了解目前企业是如何对这些岗位的员工进行绩效考核的,指出其优势与不足,并提出相应的改进建议。

4.请用平衡记分卡的思路,设计某一单位(如企业、学校、医院)的公司层面的绩效评估指标,并解释其合理性。

5.请3～5位同学组成小组,自行假定不同类型的绩效考评结果,以及不同类型的被考核者,进行模拟绩效反馈面谈,要求拍摄DV,并在模拟面谈中至少应用和体现五个方面的绩效反馈原则(或技巧)。

【案例分析题】

案例分析一:科龙公司的三层次考核法

科龙公司对具体员工的绩效评估,最重要当然是其直接上司;直接上司的意见,是该员工绩效评估报告中最关键的内容。

此外,在有些部门中,对员工进行绩效评价的时候,还会考虑其他人的意见。这些人可能是该员工的同级,或者下级,或者间接上级,或者是其内部顾客(即该员工工作成果的使用者或合作者)。这也就是众所周知的所谓"360"度评估法或"270"度评估法。

员工的自我评价,也是绩效评估的一个重要方面。有趣的是,我们发现,大多数员工的自我评价,不是过高,就是过低。但通过综合各种意见,就可以使绩效评估结果趋向理性和客观。

科龙的绩效评估工作,自上而下,分为三个层面:

1. 公司对部长的绩效评估

主要是季度考评。在每个季度结束后,各部部长(业务部门叫总监)就填写一份《科龙干部绩效季度评估表》。表中内容主要有四部分:季度业绩回顾、综合素质评价、综合得分和评语。填写时,先由部长对上述四部分内容一一作出自我评价,然后再由其直接领导(总裁或副总裁)也对上述内容作出评价,最后由领导填写评语。

2. 部门对科长或分公司经理的绩效评估

这是科龙公司绩效评估工作的重点和难点。不同的部门,职责不同,而且涉及人数和范围都很广,有时还会有交叉考核或共同考核的情形。比如,在全国的 30 个分公司中,冰箱分公司经理和业务代表由冰箱营销本部考核,而分公司的财务经理则同时由财务部和冰箱营销本部考核。

部门对科室或分公司进行绩效评估的频率,基本上每月一次,而每季、每半年和每年的绩效评估,也会与当月的月度评估同时进行。但各部门评估方法和评估指标,千差万别。下面以市场研究部和冰箱营销本部来举例说明。

在每月底,市场研究部根据月初确定的工作计划,对各个科室的各项工作进行一一检查,然后按照各项工作的质量、效率、工作量等指标进行评分;根据评分数据,产生每月、每季、每年的"明星科室"、"金牌科长"、"需改进者"(后进员工)。该项工作由该部门自行开发的电脑软件和模板自动执行,可以在任一时刻查询任一科室和人员的绩效动态。

冰箱本部作为业务部门,其绩效评估的指标,与作为职能部门的市场研究部相比,有很大不同。它考核的对象有四个科室和 30 个分公司,其中分公司是重点。对分公司的考核指标,主要有:销量计划完成率、资金回笼完成率、库存量、渠道结构、零售网点数量、卖场管理、零售效率、市场份额等。根据不同的季节,或者根据营销策略的需要,其中有些指标会处于变动之中,有时又会增加一些指标:如在新产品上市阶段,往往会增加"出样商场数量"等指标。在对这些指标通过加权评分后,得出各分公司总的绩效评分。

3. 科室或分公司对其员工的绩效评估

对具体员工的绩效考核频度,一般也是每月一次,但评估指标就简单得多。他只对与其职责相关的指标负责。在总部,这项评估工作的执行者就是科长,而在分公司,执行者则是分公司经理。

以上是科龙绩效评估基本情况的简介,但在实际执行中,不但绩效评估指标经常处于动态变化之中,而且各种绩效评估的方法会交叉或同时使用,另外也会采取其他的一些评估手段,比如"360 度评估法"。采用这种评估方法的部门,员工不但要接受上级的评价,还要自评,同时也要接受下级对自己的评价。

根据每月、每季、每半年或每年的绩效评估结果,科龙各级管理层都会以正式的书面(文本或电邮)报告来公布评估结果。这是绩效沟通的主要方式。在这样的绩效评估报告里,绩效评估的结果,往往与相应的奖惩举措相伴随。

对于团队中表现最好的 20% 和最差的 10%,则另外通过绩效面谈的方式来沟通。通过绩效面谈,使优秀者继续保持其良好的绩效,并为其进一步的发展提供指导。对于表现不佳的员工,以绩效面谈的方式,对其进行提醒、分析、指导或者警告。

对于那些绩效表现变化显著的员工,也对其进行绩效面谈,以更加准确地了解变化的原因,从而采取针对性的举措。

思考题:

1. 科龙公司的三层次绩效考核方案有何特点? 有哪些可取之处?
2. 你认为科龙公司的绩效管理在实际应用中可能会出现哪些问题?

案例分析二:上达公司年绩考核

2011 年底,北京上达公司依照集团总部的指示进行员工年终绩效评估,以决定年终奖的分配办法。有人担心这样做会导致潜在的矛盾表面化,如有人闹辞职或故意制造混乱。那么究竟有没有必要进行员工绩效考评,如何开展员工的绩效考评,一时成了人力资源管理的难题。

公司领导在广泛听取员工的意见并权衡利弊之后,决定采用国际上比较时兴的 360 度绩效评估方法,即由上级、下级、同级全方位地对员工进行评估。为此,公司成立了由人力资源部、行政部、财务部和业务部四个部门经理、副经理组成的考评委员会,按照表 1 的内容先对财务部和行政部的员工进行考评。

表 1 员工绩效考评

被考评人姓名_____ 部门_____ 职务_____

考评人姓名_____ 部门_____ 职务_____ 考评时间_____

评价因素	内　　容	分数
基本情况 (20 分)	1. 出勤　事假扣 2 分/天,早退或迟到扣 1 分/次	
	2. 失误扣 5 分/次;优秀员工加 5 分/次;失误:次,评选优秀员工:次。	
工作态度 (50 分)	3. 工作责任心认真、努力、积极为公司着想;	
	4. 遵章守纪,坚持原则;	
	5. 重礼仪、懂礼貌、言行得体;	
	6. 关心集体、积极参与各项集体活动;	
	7. 工作积极主动,任劳任怨,勇于克服困难。	
工作协作性 (40 分)	8. 服从指挥,理解上级指示,正确处理公司内外部关系;	
	9. 能够与本部门同事主动配合,团结协作;	
	10. 与本公司其他部门人员沟通良好,积极配合业务开展;	
	11. 本人积极向上,不说对公司不利的话,不干对公司不利的事,起表率作用。	
工作能力 和成绩 (70 分)	12. 无失职或造成投诉的行为;	
	13. 完成了岗位职责规定的任务;	
	14. 具有良好的专业知识,业务熟练,能胜任本职工作;	
	15. 快速、及时、低成本地完成本职工作;	
	16. 具有独立解决问题的能力和应变能力;	
	17. 工作中能发现问题、创造性地解决问题,善于处理突发事件;	
	18. 工作效率高,有感召力,发展潜力大。	

说明:表 1 中每项最多评 10 分,可填 0～10 分;基本情况由公司的打卡机和档案记录获得,无需人为评估;"失误"是指记录在案的较严重的不良行为。

　　正式评定时,对每个部门的员工逐个进行评估,先由部门经理介绍待考评人的岗位职责,接着待考评人陈述自己的工作总结,然后评委及本部门的所有人员(包括被考评人)给被考评人评分。

　　计分规则:被考评人所在部门的经理在给本部门员工评分时具有较大的权重,一分等于其他评委三分。其他评委实行无记名评估,他们的权重相同。个人自我评分不纳入加权平均计算,但要存档。考评结果如表2所示。

表2　绩效考评结果

姓名	所属部门	自评分	主管评分	其他评委评分							平均分	加权平均值	误差率/%
王三	财务	155	146	148	152	162	121	130	131	156	142	143	14
李立	财务	160	146	152	160	160	126	153	156	151	151	149	23
张伟	财务	160	130	142	140	151	129	144	150	81	133	132	17
张进	财务	158	157	148	149	148	142	145	122	134	141	145	72
付兵	财务	160	124	141	138	157	148	134	148	102	138	134	64
赵平	行政	162	150	163	128	108	143	151	134	144	138	142	51
李丽	行政	164	159	148	144	140	122	138	122	154	139	145	90
史云	行政	160	152	131	128	144	139	146	155	164	143	146	37
张良	行政	158	163	154	158	128	159	150	163	139	150	154	58
王丽	行政	165	149	128	125	146	140	130	128	142	134	138	67

注:①其他评委指除直线经理外的其他考核人,包括同级员工。

　　②加权平均值=(主管评分×3+其他评委评分之和)/(3+7),3代表直线经理的权重,其他评委共7人。

　　③误差率=主管评分与其他评委平均分之差的绝对值除以加权平均值的最大差值,如:
$$14=|146-142|/(154-134)。$$

　　考评结果向员工通报后,没有出现较大风波,大家基本上认可这一事实。只有付兵和张伟因少拿奖金1000多元而到人力资源部来诉说"冤情",但在人力资源部向他们出具了整个评分结果,并解释了评分过程后,他们最终接受了这一结果。

　　公司领导对考评结果也较满意,认为它反映了公司员工的基本情况,达到了预期的目的。

　　思考题:

　　1.360度绩效评估有什么优缺点?

　　2.请你对本案例提出360度绩效评估的改进措施。

　　3.你认为做好360度绩效考评的关键因素是什么?

第六章　薪酬管理

【引导案例】

杰克·韦尔奇:一个差点改写历史的薪酬故事

通用电气公司(GE)前CEO杰克·韦尔奇在工商界是一个传奇式人物,号称世界第一经理人,他在GE的神奇业绩和经营管理思想充斥在报纸、电视、书籍以及世界各种媒体。然而,他在40多年前经历的一次薪酬事件差点改写了历史,几乎使他无法创造在GE的种种传奇。

1960年,杰克·韦尔奇在取得化学博士学位以后,选择了通用电气公司的一家分公司开始了自己的事业。他感到,在GE这样一家规模庞大的公司体系中,可以将自己的博士学问派上最大的用场。干了一年之后,1961年10月,他得到了公司的第一次的年度考核评语,由于他在公司创造了一种非常快速的流程,公司对他的评价很高。然而由于他所在的GE下属公司只按规定标准给他加了1000美元的年薪。因为无论表现得好与坏,每个人都得到了同样的加薪。他感到非常气愤和沮丧,把自己的老板称为"吝啬鬼",并毅然辞去了工作,接受了位于芝加哥的国际矿物化学公司提供的职位。但因为薪水问题,他待了仅仅一年,又辞工,准备前往另一家公司。

就在第二位老板准备为他开欢送晚会的头天晚上,通用电气公司总经理亲自飞到这个城市,向他提出了几乎无法拒绝的条件:假如他留在通用电气公司工作,公司将在薪酬上令他感到值得为它工作下去。公司还要向已经雇佣了他的那家公司道歉,并赔偿他们因此所造成的经济损失。杰克认为那是"一剂医治创伤的良药",欣然予以接受,回到GE继续工作,于是就有了我们今天所知道的作为通用电气CEO的杰克·韦尔奇。

从杰克·韦尔奇的小故事我们可以充分感受到,公平合理的薪酬制度对于吸引人才、留住人才以及对于企业长期的发展多么重要!任何组织只有具备科学合理的薪酬制度和公平有效的分配机制,才能招聘和留住所需的人才。将人才配置到合适的岗位,才能让人才为组织创造期望的业绩。

第一节　薪酬管理概述

薪酬(compensation)在英文中的本意是补偿、弥补。薪酬是企业为占用员工的时间、使用员工的劳动所付出的代价。计划经济时期,我国企业将薪酬看作国家对个人的再分配,称为"工资",按月支付。经济改革之后,工资的含义逐渐倾向为员工每月收入中稳定的部分,与业绩挂钩的部分则逐渐专用"奖金"这个词来表示。平时人们习惯与把薪酬称为"薪水"或"待遇"。"薪"的含义是木柴,因此薪水的本意代表的是生活必需的东西。待遇一词更偏向于"工资和福利总和"的意思,比如找工作或询问他人的时候常常会问"待遇怎么样?"回答的人会先说说收入,然后再重点强调分房或房贴等。

总体而言,薪酬在企业中承担着补偿、激励、调节和凝聚等四种功能。①补偿功能:薪酬是员工为付出的劳动、时间、精力等获得的补偿,也就是说薪酬的补偿功能代表了员工与企业之间的一种交换关系;②激励功能:薪酬是引导员工工作绩效的重要手段,在确保员工付出必要数量和质量的劳动、激发并保持其工作积极性上具有基础性作用。激励是薪酬最主要的目的;③调节功能:薪酬与其他管理实践相结合,能够起到配置和优化企业人力资源的作用。企业薪酬政策的调整能够非常灵敏、及时地起到"杠杆"作用,从而帮助协调企业管理意图和员工行为;④凝聚功能:公平合理的薪酬政策能在企业和员工之间建立共同的利益,可以增强组织的凝聚力和吸引力。

一、薪酬的内容

国外学者对薪酬有许多不同的定义。美国著名薪酬管理专家米尔科维奇认为,薪酬是雇员作为雇佣关系中的一方所得到的各种货币收入,以及各种具体的服务和福利之和。美国的薪酬管理专家马尔托奇奥将薪酬界定为:雇员因完成工作而得到的内在和外在的奖励,并将薪酬划分为外在薪酬和内在薪酬,其中内在薪酬是雇员由于完成工作而形成的心理形式,外在薪酬则包括货币奖励和非货币奖励。该定义更多将薪酬作为企业奖励员工,从而提高对员工的吸引、保留和激励效果的一种手段和工具来看待。美国薪酬协会2008年提出了总体薪酬(Total Compensation)的概念,总体薪酬是指员工从组织获得的可感知的、有价值的所有货币性报酬与非货币性报酬的总和,也是组织吸引、保留或激励员工的策略工具之总和。任何有助于吸引、激励或保留员工的有价值的东西,都可以算作总体薪酬的内容。

本书中,我们将薪酬定义为员工因向所在组织提供劳务而获得的各种形式的酬劳。狭义的薪酬指货币和可以转化为货币的报酬。广义的薪酬除了包括狭义的薪酬以外,还包括获得的各种非货币形式的满足。

薪酬包括经济性薪酬和非经济性薪酬两大类。经济性薪酬分为直接经济性薪酬和间接经济性薪酬。直接经济性薪酬是组织按照一定的标准以货币形式向员工支付的薪酬,包括工资、奖金、津贴与补贴、福利、股权等。间接经济性薪酬不直接以货币形式发放给员工,但通常可以给员工带来生活上的便利、减少员工额外开支或者免除员工后顾之忧,如保健计划、住房资助、员工服务、带薪休假等。非经济性薪酬是指无法用货币等手段衡量,但会给员工带来心理愉悦效果的一些因素,如良好的办公环境、融洽的人际关系、晋升、培训、发展机会、上级的赞赏与认可等。由于大多数的员工主要关注经济性薪酬,因此本章节将主要讨论经济性薪酬的管理。经济性薪酬的基本构成包括:

(1)基本薪酬。也称基本工资,它是企业按照一定的时间周期,定期向员工发放的固定报酬。基本工资主要反映员工所承担职位的价值或者员工所具备的技能或能力的价值,这就是以职位为基础的基本工资和以能力为基础的基本工资。在国外,基础工资往往有时薪、月薪和年薪等形式,中国大多数企业提供给员工的基础工资往往是以月薪为主,即每月按时向员工发放固定工资。

(2)可变薪酬。有时也称浮动薪酬、激励薪酬、或奖金,它是薪酬体系中与绩效直接挂钩的部分。它可以与员工的个人业绩相挂钩,也可以与其所在团队的业绩相挂钩,还可以与组织的整体业绩相挂钩,分别称为个体奖励、团队奖励和组织奖励。需要注意的是,奖金不仅要与员工的业绩相挂钩,同时也与员工在组织中的位置和价值有关,它通常等于两者的乘积。

(3)津贴:津贴往往是对员工工作中的不利因素的补偿。如企业对从事夜班工作的人,往往会给予额外的夜班工作津贴;对于出差的人员,往往会给予一定的出差补助;对于在远郊现场工作的人,往往给予远郊补贴。但是,津贴往往并不构成薪酬中的核心部分,它在整个薪酬包中所占的比例往往很小。

(4)福利。它也是经济性薪酬中十分重要的组成部分,在现代企业的薪酬设计中占据着越来越重要的位置。它是与岗位要求和工作业绩无关的经济报偿。通常以组织身份为依据发放,只要员工是组织中的一员,就能够享受到。福利对于企业吸纳和保留人才的重要性日益显现。在现代薪酬设计中,福利在很大程度上已经与传统的福利项目不同,带薪休假、健康计划、补充保险、住房补贴等已经成为福利项目中的重要形式,并且根据员工个人偏好而设计的自助餐式福利计划正成为新兴的福利形式,获得了广泛认可。

二、薪酬管理的内容

薪酬管理是企业组织在经营战略和发展规划的指导下综合考虑企业内外因素的影响而对本单位员工的薪酬的支付标准、发放水平、要素结构等进行确定、实施、调整和控制的过程。薪酬管理的内容主要包括:

(1)确定薪酬目标。薪酬管理的主要目的是用最小的薪酬成本获得最大的引导和激励效果,企业需要根据内外环境设置适合自己的目标,比如薪酬管理如何推动企业创新、如何促进企业扩大规模等。

(2)制定薪酬计划。确定薪酬管理的目的和政策后,企业要对年度薪酬做出规划和预估。薪酬计划是企业年度计划的一部分,因此薪酬计划既影响企业整体计划,又受到整体计划的制约。

(3)制定薪酬政策。薪酬管理的核心是薪酬政策,包括岗位工资政策、奖励性薪酬政策和员工福利政策。这些薪酬政策是企业根据企业目标、战略和外部条件等在工资、津贴、奖金、福利、股权的具体内容中做出的选择和组合。

（4）调整薪酬内容。在发放薪酬时，并不是死板的按照薪酬政策和薪酬计划执行，而是需要根据企业的现状在薪酬发放的时间、内容等做调整，比如经济环境突然恶化，企业可能要考虑递延发放；在企业年度收益非常喜人的时候，企业可能要考虑增发绩效奖励等。

企业实施有效的薪酬管理，将为组织吸引和留住所需的优秀人才和核心员工，激励组织内各类员工努力工作，提高效率和绩效；鼓励员工提高组织所需的知识和技能，挖掘自身潜力；在满足员工需要的同时达到组织目标，控制运营成本；塑造出良好的企业文化，提高组织的竞争力。

三、薪酬政策的制定条件

薪酬政策的制定是指企业根据企业目标，在权衡各种薪酬影响因素之后设计出来的、企业认为能平衡员工对稳定和发展两方面需要的人力资源工具。因此企业薪酬政策需要依据一定原则，根据影响薪酬政策的各因素的状况来设计。

背景资料

双因素理论

赫茨伯格的双因素理论认为对工作的满意感和不满意感并非存在于单一的连续体中，因此强调一些工作因素能导致满意感，称为"激励因素"；另一些因素则只能防止产生不满意感，称为"保健因素"。

激励因素包括工作本身、认可、成就和责任。这些因素涉及对工作的积极感情，又和工作本身的内容有关。这些积极感情和个人过去的成就，被人认可以及担负过的责任有关，它们的基础在于工作环境中持久的而不是短暂的成就。

保健因素包括公司政策和管理、技术监督、薪水、工作条件以及人际关系等。这些因素涉及工作的消极因素，也与工作的氛围和环境有关。也就是说，对工作和工作本身而言，这些因素是外在的，而激励因素是内在的，或者说是与工作相联系的内在因素。

（一）薪酬制度的设计原则

企业的薪酬管理系统需要同时达到公平性、竞争性、激励性和合法性。这四个要求分别强调薪酬设计的四个原则：具备内部一致性、外部竞争性、体现员工贡献和符合法律法规。

1. 具备内部一致性

内部一致性是指公司的员工认为所有员工的收入都体现了他们的价值，或者说企业内部不同职位之间的工资比率反映每位员工对公司的总体贡献。比如员工可能把自己的薪酬与比自己等级低的职位、等级相同的职位和等级更高的职位上的人所获得的薪酬进行比较，并根据比较的结果，判断企业对自己的劳动和付出给予的报偿是否公平。只有在员工认为自己得到的薪酬是公平的前提下，才可能产生组织认同。

企业在薪酬管理中如果想要满足内部一致原则，则需要注意以下两点：

（1）职位评价的标准。工作评估必须准确和公平，因为每位员工得到的收入都会受评估结果的重要影响。绩效评价中存在的主要问题是评分的主观性，这增加了评分中的不确定性和质疑。要使主观性降到最低程度，评价工作所使用的评定量表必须被明确界定，并让评估者经过彻底培训，可以完全熟练地进行评价。其次必须给被评价者提供完全、准确的工作描述。

（2）职位评价的程序。职位评价过程类似绩效评估，因为要求评价者在某个表格上评分。然而，在评分时，应该把重点放在工作本身的要求上，而不是在岗员工个人的绩效上。职位评价需要对每项工作的每个因素打分，直到所有因素都有对应的分数。然后再将所有可付酬因素的分数相加，得出每项工作的总分，从而反映工作对组织的相对贡献。

背景资料

员工对公平的判断来源

外部公平：同一行业、同一地区或同等规模的不同组织中类似工作和职位的薪酬应基本相当。对于从事同类工作的员工来讲，职位对他们的知识、技能和经验的要求相似，贡献也基本相似。在评价薪酬方面，员工天生具有比较自己所得和他人所得的倾向。员工会将自己的投入和获得比与企业外部的其他员工的投入和获得比进行比较，如果比较的结果相等，则感到公平。

内部公平：同一组织中不同职务所获得的收入有一个匀称的比例关系。只要比值一致，员工便认为组织的薪酬设计是公平的。员工会将个人薪酬与所在组织的其他类似职位或类似工作量的人的薪酬相比较，如果比较的结果相等，则感到公平。

结果公平：同一组织中居于相同岗位的人所获得的收入之间的比较，即同工同酬。如果存在任何与技能无关的因素导致薪酬差异，就会产生不公平。员工会对自己最终获得的薪酬量有一个总体的评价，这个评价就构成了他对本组织薪酬结果是否公平的感受。

程序公平：员工会对企业薪酬制度执行即薪酬发放进行评判。如果员工觉得薪酬发放过程严格、程序公平和结果公开透明，则会产生薪酬支付过程是公平的感受。

人际公平：员工不仅会对企业支付给自己的薪酬多少和如何支付进行是否公平的评价，还会对自己在企业里受到的重视程度进行评判，如果企业薪酬系统分配机制和管理层的人才价值取向都体现了对员工的尊重，员工就会感到自己在企业中受到了公平的待遇。

（来源于刘洪，钱焱：《薪酬管理》，北京师范大学出版社，2007）

2.具备外部竞争性

外部竞争是指企业需要在人才市场上与同类或不同类的企业之间竞争人才。为了能吸引更多高素质的员工加入，企业必须制定出一套具有吸引力的薪酬管理体系。如果求职者觉得进入企业后可能获得的收入会比其他企业低，或者觉得在企业的投入和收益之比低于其他企业，则会在人才竞争中处于劣势。企业没必要吸引所有高素质的人才，只要设计的薪酬管理体系能对企业想要的那些人才具有吸引力即可。比如同样是高素质的求职者，有些倾向于稳定，有些则倾向于竞争，如果企业想要的是富有冲劲的人，则可以采用奖金比例较高的薪酬组织策略。

企业如果想达到外部竞争性,则需要注意以下两点:

(1)收集薪酬市场信息。薪酬调查可以提供某类职位的市场平均水平、竞争对手的薪酬水平等信息。这些信息能帮助企业确立职位薪酬的水平基点和薪酬体系的工资比率。

(2)明确薪酬市场定位。企业需要确定自己在人才市场上是采取领先者,还是跟随者的位置。薪酬领先意味着企业的薪酬成本会很高,但相对来讲员工流动率较低,而且更容易招聘到素质更高的求职者。薪酬定位需要符合企业的战略规划,比如企业采用创新领先战略时,为了吸引研发人才,不可避免地需要采用薪酬领先者的定位。

3.体现员工贡献

薪酬是最常用于激励员工增加责任心、提高工作积极性和努力程度的方法。薪酬对员工的工作态度、工作行为和组织行为都有引导作用。从这种意义上来讲,薪酬可以被看作是企业与员工沟通的工具。企业通过薪酬结构、薪酬组合告诉员工企业看重的是什么。根据沟通的内容,薪酬政策对员工的引导包括三个方面:

(1)努力的方向。对员工努力方向的引导包括很多方面,比如个人岗位工作、组织其他活动、与其他同事的合作、与其他部门的协作、对上级的服从、对客户的重视等等。

(2)努力的程度。企业可以通过薪酬政策引导员工在多个方向上努力,但员工个人的时间和精力必然是有限的,企业需要在薪酬的引导中根据各个努力方向的重要性,对不同的方向有不同的激励程度。

(3)努力的时长。努力的时长是指努力的持续性,比如项目性工作可能要求参与项目的某些技术类员工在项目的初建阶段结束后便改为部分参与,当项目实施阶段结束后便退出项目工作。

4.符合法律法规

企业作为经济活动的基本单元之一,甚至可以被法律赋予类似人的权力(即"法人"),它的薪酬系统必须符合现行的法律、法规和规章。2008年我国新的劳动合同法实施以后,我国在有关劳动用工方面进入了全新的阶段。有关劳动工资等方面的法律法规必然会日益完善和健全。而且随着政府对企业劳动政策的监管力不断强化、员工法律意识的不断提高,企业在薪酬管理上符合法律法规的要求将会更高。

(二)影响薪酬政策的因素

影响企业薪酬政策的因素可以分为企业因素、职位因素、个人因素和环境因素等四类。

1.企业因素

(1)经营战略

企业的经营战略决定企业的组织结构、技术导向、员工成分等。企业薪酬管理体系不可避免地也必须服从企业的经营战略。

(2)发展阶段

在企业生命周期的不同阶段中,企业具有不同的特性,比如在初创期企业各方面都有较高的不确定性、在发展期企业对各种资源都有较高的需求、在成熟期企业具有较高的稳定性和惯性、在衰退期企业在许多方面都显得成本太高。企业的薪酬管理体系需要与企业所处的发展阶段的特点相协调。

表 6-1　薪酬战略与企业经营战略的匹配①

薪酬战略 要点	成长战略	稳定战略	紧缩战略
	强调创新、风险承担及市场开拓	增长率较高、劳动力队伍稳定	生产规模缩小、业务范围调整
薪酬决策	分散化、阶段性、个性化	集中化、连续性、标准化	集中化、阶段性、补偿性
支付依据	技能	工作	成本
短期报酬	低于市场水平的固定工资	高于市场水平的固定工资	接近市场水平的固定工资
长期报酬	奖金、股票选择权	市场水平之下的激励措施	无激励措施，辅以补偿措施

表 6-2　薪酬体系与企业发展阶段①

组织特征	企业发展阶段			
	初创期	成长期	成熟期	衰退期
HR 管理重点	创新、吸引关键人才、刺激创业	招聘、培训	保持员工队伍奖励管理技巧	减员、控制成本
经营战略	投资	投资	保持利润和市场	转向投资新领域
风险水平	高	中	低	中高
薪酬策略	个人激励	个人和集体激励	个人和集体激励	奖励成本控制
短期激励	股票奖励	现金奖励	利润分享和现金奖励	
长期激励	全面参与股票期权	有限参与股票期权	股票购买	
基本薪酬	低于市场水平	等于市场水平	高于/等于市场水平	低于/等于市场水平
福利	低于市场水平	低于市场水平	高于/等于市场水平	低于/等于市场水平

（3）财务状况

企业财务状况是对薪酬设计限制最大的因素。财务状况会影响到企业的薪酬定位和对员工的激励策略，而且会使薪酬结构在体现职位评价结果时存在较多限制。因此企业的财务状况是企业在薪酬政策的设计中不得不考虑的一个先决条件。

2.职位因素

（1）职位特征

职位特征是指岗位工作所需要完成的任务、岗位在组织结构中的位置等信息。这些职位相关的信息都是确定岗位薪酬的基本信息。职位特征通常记录在工作说明书中，工作说明书是工作分析的结果之一，因此设计薪酬政策的一个前提工作是工作分析。工作分析是否准确、细致都会对薪酬政策产生影响。

（2）职位价值

职位价值是指岗位对企业的相对价值。职位价值通常是在工作分析的基础上通过职位评价来确定，因此职位评价这是设计薪酬政策的基础工作。

3.员工因素

（1）工作绩效

相同条件下，工作结果好、工作效率高、资源损耗少的员工应该得到较高的报酬，这是健

---

① 于桂兰、魏海燕：《人力资源管理》，清华大学出版社，2004（有修改）。

全的薪酬管理体系的基本特征。

（2）知识技能

员工的知识和技能除了能影响员工自身的工作绩效外，还可能在员工相互交流和学习中逐渐提高企业的整体技术水平。而且相对较高的技术水平也在一定程度上决定企业技术进步的可能性有多大。企业在薪酬政策中有必要体现员工的知识和技能水平。

此外，有些技能资格还能直接帮助企业提升竞争力，比如拥有职业建造师资格的人数、职业会计师资格的人数等。而且根据法律法规的规定，有些职业资格是企业运行所必需的。是否拥有这些职业资格也应该在薪酬政策中有所体现。

（3）工作经验

工作经验是员工通过长期工作积累得到的工作胜任力。工作经验可以帮助员工在占用很少企业资源的条件下得到相对较高的产出。工作经验难以通过企业培训或正规教育得到，因此企业需要鼓励工作经验丰富的员工留在企业内，薪酬政策便有必要体现员工工作经验的价值。

（4）以往贡献

对于为企业发展做出过贡献的员工，企业也有必要在薪酬政策中体现出以往贡献的价值。员工的以往贡献尽管已经成为过去，但如果企业能让员工感觉到企业看重自己的贡献，不但能提高员工的工作积极性，而且对其他员工也是一种间接激励，"人情味"是非常好的组织文化和组织绩效的催化剂。

（5）发展潜力

企业对员工支付报酬一方面是对员工当前贡献的肯定，另一方面也是对员工未来绩效的期待。对于一些企业领导认为有较大发展潜力的员工，除了重点培养、接班计划等非经济激励外，还可以在薪酬政策有些考虑，使这些有潜力的员工更容易应对生活上的干扰因素，有更多精力投入到岗位工作中。

4.环境因素

（1）所处行业

各行各业在薪酬标准上都存在惯例，比如传统制造业的员工薪酬水平通常低于高新技术行业的员工薪酬水平。行业的薪酬水平是业内所有企业通过长时间博弈确定下来的，通常能在薪酬水平上实现较好的成本和效率。

同行间的相互参考可以看作最基本的薪酬调查，尽管这样的薪酬调查存在很多缺陷，但在企业缺少资金和时间时这是个相对可行的方法。事实上同行企业参考也是企业使用最多的薪酬调查方法。

（2）劳动力市场竞争

薪酬太低，企业招不到人；而薪酬太高，过高的成本就会降低企业的竞争力。因此，企业在薪酬政策上必须考虑到劳动力市场的竞争情况。对于在劳动力市场只有少量人员供给的岗位，企业不得不支付较高的薪酬以吸引应聘人员，而对于在劳动力市场有大量人员供给的岗位，企业支付的薪酬水平就可以相对低些。

（3）地区消费水平

地区的消费水平对企业的薪酬政策具有一定的指导意义。以处在不同消费水平地区的两个相同行业的企业为例，如果两个企业对同样的岗位都支付相同的薪酬，那么处于消费水平较高地区的企业的员工的实际收入,就会低于处于消费水平较低地区企业的员工。前者企业在薪酬上的竞争力就比后者要低。

（4）经济形势

经济发展存在一定的波动性,行业也同样存在一定波动。企业需要在经济形势好的时候,与员工分享经济形势带来的好处,如可以支付相对高的薪酬;在经济形势不好的时候,企业可能不得不支付相对较低的薪酬。当然,也有企业为了招揽人才,在经济形势不好的时候支付略高于同行水平的薪酬,从而以较低的成本获得更多素质较高的人才。

（5）法律法规

如前所述,法律法规是企业薪酬政策必须遵守的规则,诸如最低工作水平等都是企业必须遵守的限制条件。

第二节　薪酬体系设计

一、薪酬体系的基本类型

（一）以职位为基础的薪酬体系

职位薪酬体系是企业通过对岗位工作的职责大小、劳动复杂程度、任职资格条件等因素的评估,按岗位工作的相对价值的高低来决定员工的工资水平的一种薪酬制度。

这种薪酬体系建立在对岗位价值的评估基础之上,员工所在岗位对于公司的重要性是决定其基本工资的最主要因素。

职位薪酬体系的主要优点是:(1)与传统按资历或行政级别的薪酬模式相比,真正实现了同岗同酬,内部公平性较强;(2)如果员工的职位晋升,其薪酬也随之发生改变,调动员工努力工作以争取晋升机会的积极性。主要缺点是:(1)如果一个员工长期得不到晋升,尽管其岗位工作越来越出色,其收入水平很难有较大的提高,影响其工作积极性;(2)由于职位导向的薪酬制度更看重内部岗位价值的公平性,在从市场上选聘比较稀缺的人才时,很可能由于企业内部的薪酬体系的内向性而满足不了稀缺人才的薪酬要求,也就不利于吸引企业急需的专业人才和管理人才。

（二）以技能或能力为基础的薪酬体系

技能薪酬是一种建立在对员工技能进行评估基础上的薪酬制度。可按员工技能水平的高低划分出不同的工资级别标准,与传统的职位工资相比,技能工资制将组织的注意力放在提高员工的技能上。我国著名的管理咨询公司北京和君创业倡导基于能力的薪酬体系设计。实施技能工资制的关键在于能否科学有效地对员工的技能进行测试和评定。著名的素质冰山模型表明,员工有很大一部分能力是隐藏没有显现出来的,这样,基于技能的薪酬体系,哪些能力应用于固定工资,哪些能力又与浮动工资有关?哪些能力应用于短期激励和考核,哪些能力与长期激励和考核有关?这些都是需要弄清楚的问题。

技能薪酬体系的优点在于:(1)员工注重能力的提升,容易实现在公司里的岗位轮换,增加了发展的机会;(2)即使员工不变换岗位,只要在专业技能上不断强化和提升,就能增加收入,有利于留住企业专业技术人才。主要缺点是:(1)员工岗位相同,但由于技能不同而造成收入差异,容易造成不公平感;(2)高技能的员工未必有高产出,而且员工技能一旦评定之后,往往不会再降下来,造成企业人工成本的上升;(3)界定和评定技能不是件容易的事,造成管理成本较高;(4)员工着眼于提高自身技能,可能会忽视企业的整体需要和当前工作目标的完成。

(三)以绩效为基础的薪酬体系

绩效薪酬是指将员工的薪酬与其工作绩效相联系,以工作绩效作为员工薪酬的基础。员工绩效有个人绩效和团队绩效之分,相应的绩效薪酬也有个人绩效薪酬和集体绩效薪酬两种。个人绩效薪酬即根据个人绩效水平给予劳动报酬,它强调奖励个人的工作绩效,给予差别化的薪酬,其典型形式主要有计划奖励、业绩提薪和奖金计划等,以个人绩效为基础的薪酬制度能有效地提高员工的积极性、创造性和主动性。集体绩效薪酬是一种支持团队合作方式的薪酬模式,它不以个人绩效,而是以团队或整个企业来实施集体绩效薪酬,它有助于鼓励团队合作,使每个成员都有机会分享团队或企业的绩效进步。

绩效薪酬体系的优点在于:(1)将员工薪酬与其绩效紧密联系,有助于形成对员工努力工作并取得业绩的激励,企业的薪酬支持更具客观性和公平性;(2)将绩效与薪酬相结合能够有效地提高生产率,使得薪酬更具有市场竞争性,同时,由于将人工成本分为不变与浮动两部分,有助于企业控制成本。该体系的主要缺点是:(1)绩效薪酬体系的设计是建立在完善的绩效评估系统之上,在绩效考核制度不完善的情况下,很难做到科学合理;(2)过于强调个人绩效与薪酬挂钩,对企业的团队合作气氛造成不利影响,容易出现员工之间的过度竞争,影响组织整体目标的实现。

(四)以资历为基础的薪酬体系

根据员工在企业工作的时间长短来确定员工薪资的高低。这种方式以往国有企业中应用较多,传统日本企业所采用的"年功序列制"也是该薪酬体系的一种形式。现在,以工龄决定工资的做法越来越受到批评,尽管工龄仍然是企业决定员工工资时要考虑的因素。这种体系的设计思路主要是为鼓励员工为企业长期工作,增加企业的稳定性。

总体来看,上述四种薪酬体系在结构基础、价值、依据、工资对应对象、关键技术、优缺点等方面各不相同,企业在设计和应用时,要注意因地制宜、客观地加以选择,有时企业只选用一种薪酬体系即可,有时企业需要同时选用两种或两种以上的薪酬体系,视具体情况而定。

二、薪酬体系设计的基本步骤

薪酬体系的形成,需要以工作分析为基础,工作分析之后形成的工作描述被用来进行职位评估和薪酬调查。职位评价和薪酬调查是为了保证薪酬体系既有内部公平性又具有外部竞争性。这两项活动搜集到的数据被用来设计薪酬结构,包括薪酬级别的确定和薪酬浮动的范围。一旦薪酬结构确定之后,每个工作都会有适合的级别,员工的薪酬可以根据工作时间的长短和绩效的不同进行调整。最后,需要加强对薪酬体系的监督并适时更新。薪酬的体系设计的要点是对内具有公平性,对外具有竞争性。设计科学合理的薪酬体系,一般需要以下几个步骤:

(一)工作分析

工作分析是确定薪酬的基础。结合企业经营目标,企业管理层要在工作任务分析和人员分析的基础上,明确部门职能和岗位职责。

（二）职位评价

职位评价重在解决薪酬的对内公平性问题。它有两个主要目的：（1）比较企业内部各个职位的相对重要性,得出职位等级序列;（2）为进行薪酬调查建立可行的职位评估标准,消除不同公司间由于职位名称不同、或者即使职位名称相同但实际工作要求和工作内容不同所导致的职位难度差异,使不同职位之间具有可比性,为确保工资的公平性奠定基础。

（三）薪酬调查

薪酬调查是通过各种调查手段,来获取相关企业和本企业各职位的薪酬水平及相关信息。这些调查提供了给定岗位的最低、最高及平均工资水平,使企业能够很好地了解其他公司对从事何种工作的员工支付了怎样的薪酬。一项研究发现,93%的企业利用薪酬调查来确定他们的薪酬水平,55%的企业认为这种薪酬调查非常重要而且必要。对薪酬调查的结果进行统计和分析,就会使企业薪酬管理决策更为有效。它解决了薪酬的外部竞争力和对内公平的问题,是整个薪酬设计至关重要的环节。

（四）薪酬定位

在分析了同行的薪酬数据之后,需要做的是根据企业状况选用不同的薪酬水平进行薪酬定位。薪酬水平反映了企业薪酬相对于当地市场薪酬行情和竞争对手薪酬绝对值的高低。它对于员工的吸引力和企业的薪酬竞争力有直接的影响。常见的薪酬水平的定位有四种类型：

1. 领先型

将本企业人员的薪酬水平定位在高于市场平均薪酬水平之上,以领先于市场或许多竞争对手薪酬水平的一种策略。该策略的主要长处在于,能够吸引和留住高素质的人才,提高企业在人才市场中的吸引力,提高员工离职的机会成本,保持高效率的员工队伍,节省监督管理成本,减少劳动纠纷。其缺点在于带来了企业劳动力成本的增加和巨大的管理压力。如果不能将薪酬上的高投入转化为生产经营上的高效率和高回报,则高薪酬将成为企业的经营负担。在我国经济发展的早期阶段,跨国公司普遍采用这种策略以吸引优秀的本地人才。

2. 追随型

企业始终追随市场平均薪酬水平来进行薪酬定位,将本企业薪酬水平定位在等于或接近市场平均薪酬水平的一种策略。实施追随型薪酬策略的企业力图使本企业的薪酬水平与竞争对手基本保持一致,同时又希望能够保留一定的员工吸引力,不至于在劳动力市场上输给竞争对手。这种薪酬策略在高素质人才竞争上没有明显优势,但也没有领先型策略所带来的风险和过多的成本负担。

3. 滞后型

滞后型指企业按照低于市场薪酬水平或竞争对手水平的标准进行本企业薪酬定位的一种策略。滞后型薪酬策略显然不利于企业吸引高素质员工,还会削弱企业吸引和保留潜在员工的能力,但如果采用滞后型薪酬策略的企业能保证员工将来可以得到更高的收入,那么,员工的责任感会提高,团队精神也会增强,企业的劳动生产率也会提高。

4. 混合型

混合型指企业根据不同的职位类别或员工类别分别制定不同的薪酬策略,或者根据不同的薪酬内容制定不同薪酬水平的一种策略。该策略最大的特点是具有灵活性。如企业对那些技能水平高、对企业影响大的关键员工采取市场领先型薪酬策略,对中等技能水平的员工采用市场追随型薪酬策略,而对普通技能要求、劳动供给充足的员工则采用滞后型薪酬策略。这样的薪酬策略,既有利于企业保持在劳动力市场上的竞争力,又有利于控制企业劳动力成本。

（五）薪酬结构设计

薪酬结构是对同一企业内部的不同职位或者人员之间的薪酬所作的安排,它强调的是职位或者技能等级的数量、不同等级之间的薪酬差距以及用来确定这种差距的标准是什么。广义的薪酬结构还包括薪酬中的固定薪酬和浮动薪酬之间的比例关系,薪酬中的基本工资、绩效工资、奖金、福利等的构成关系。

一般来说,薪酬结构的构成要素有薪酬等级、薪酬区间、相邻两个薪酬等级之间的交叉和重叠关系等。具体如图6-1所示。

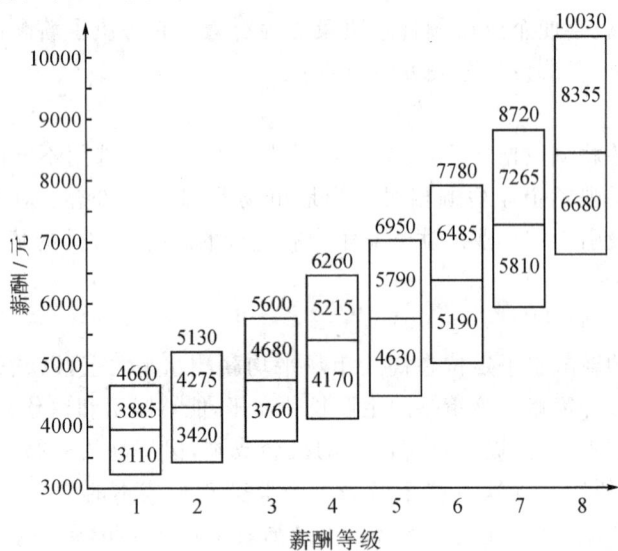

图6-1　薪酬结构

（1）薪酬等级。薪酬等级是指在同一企业里,薪酬标准由于职位或技能等级的不同而形成的一种序列关系或梯次结构形式。在薪酬管理实践中,各类型企业的薪酬等级数目差异较大。一般而言,企业中薪酬等级的多少取决于企业的规模、性质、组织结构以及工作的复杂程度,其数量没有绝对标准。

（2）薪酬区间。薪酬区间也称薪酬等级宽度、薪酬等级幅度。它指在同一个薪酬等级中,薪酬最高值与最低值之间形成的该等级薪酬变动的范围,表示同一薪酬等级允许变化的最大幅度。

确定薪酬区间一般有两种做法:一是根据不同的薪酬等级确定不同的薪酬幅度,即薪酬幅度差别化,不设定具体的数值;二是根据经验数据确定,一般来说,生产后勤类的薪酬等级幅度为15%～25%;中级管理类的薪酬等级幅度为25%～40%;高级管理类的薪酬等级幅度为40%～60%。

（3）相邻薪酬等级的交叉和重叠。在薪酬结构中,相邻两个薪酬等级之间经常会出现交叉和重叠情形。交叉、重叠幅度与薪酬等级的中值级差和薪酬等级幅度相关。所谓薪酬等级中值级差是指相邻两个薪酬等级中值之间的差距。假定薪酬等级的区间中值级差越大,同一薪酬区间的变动幅度越小,则薪酬区间的重叠区域就越小,反之则越大。

（六）薪酬体系的实施与修正

通常,企业在确定薪酬水平和结构后,要对总体薪酬水平进行准确的预算。在制定和实施薪酬体系过程中,及时的沟通、必要的宣传和培训是保证薪酬制度实施和改革成功的关键因素之一。人力资源部需要通过薪酬制度问答、员工座谈会、薪酬满意度调查等,充分介绍公司薪酬制定的依据,解决员工对于薪酬的困惑。为保证薪酬制度的适用性,还要对薪酬进行定期的调整和修正。

三、职位评价

职位评价是系统地确定组织内各职位相对价值的过程。职位评价的流程为:①设立职位评价项目并确定被评价的典型职位;②根据需要被评价的职位的特征确定评价小组;③选择职位评价的方法并培训评价小组的成员;④正式评价各具体的职位;⑤编写各职位的评价报告。

（一）职位评价的工作要求

职位评价过程中需要遵守一些原则,包括评价结果公开、以职位本身为依据、评价因素具有共性等:

1. 评价结果公开。因为职位评价最终得到的结果本身并没有实际意义,只有在职位价值相互比较中才能体现职位的贡献,所以职位评价过程应该有员工的广泛参与,评价结果应该公开并允许自由讨论。

2. 以职位本身为依据。职位评价的依据应该是职位本身的职责和任职资格,而非目前在岗位上工作的员工的能力、绩效等。职位本身的价值只有在岗位非空缺的时候才能体现。职位评价常常是以当前岗位上的员工的情况为原型,但应当注意在岗员工的表现并不等于岗位本身,这条原则是职位评价过程中非常容易违反的一条原则。

3. 评价因素具有共性。职位评价得到的各职位的价值因素应该具有共性。既然职位价值只有在相互比较中才能体现,那么如果各职位间确定价值的因素相似,则有助于相互比较,而且也容易实现内部一致性。

（二）职位评价的方法

职位评价是明确岗位工作的职责、任务等对企业的价值的过程。根据价值确定的思路,目前将职位评价方法分为排序法、分类法、因素法、点数法和海氏法等五类。前两种属于定性职位评价方法,后三种属于定量职位评价方法。严格来讲,海氏法是点数法的一类,但因为海氏法具有较高的通用性,因此常常将海氏法拿出来特别讨论。

表 6-3　职位评价方法分类[①]

比较方法	评价方法	
	考虑职位要素	考虑职位整体
职位与职位比较	因素法	排序法
职位与尺度比较	点数法	分类法、海氏法

---

① 刘昕:《薪酬管理》,中国人民大学出版社,2002(有修改)。

1. 排序法

排序法是由职位评价小组估计职位的总体价值,然后根据估计的职位价值将职位从高到低排序。在估计职位价值时,评价小组成员需要综合考虑各项因素,比如职责、权限、任职资格、工作环境等。根据排序方式的不同,排序法又可以分为直接排序法、交替排序法和配对排序法。

直接排序法是指根据估计得到的职位价值的大小依照从高到低或从低到高的顺序直接排序。直接排序法将职位的价值估计过程和排序过程严格分开。这样做的好处是职位评价工作的效率较高,坏处是需要评价的职位数目较多时,评价者在评价职位时,前后职位的评价容易相互干扰,增加评价偏差。

交替排序法是先从要评价的职位中找出价值相对最高的职位,然后在从剩余职位中找出价值相对最低的职位,接着再从剩余职位中依次找出价值相对最高和相对最低的职位,不断循环这个过程,直到所有职位都已经评价结束。交替排序法能较好地避免直接排序法中相近职位相互干扰的问题。

配对排序法是把所有职位列成 $N \times N$ 的表,然后两两比较,价值大的职位加一分,价值小零分,最后把各职位在两两比较中的得分加起来就得到职位的价值评价和排序。如果出现加总分数相同的情况,再由评价小组讨论排序。配对排序法不但能够强制避免职位评价中临近职位相互干扰的问题,而且将职位评价时的价值估计限定在两个职位之间,从而大大降低了评价者评价职位价值高低的难度。但是该法大大增加了职位评价的次数,如果需要评价 N 个职位,则意味着要评价 $\dfrac{N(N-1)}{2}$ 次。

上述三种排序法,与上一章绩效评估中的相对评估法在原理上非常相似。该方法的优点是简单易行,费用较低。排序法不需要复杂的量化技术,避免分解薪酬要素所需的大量时间精力。但也因此存在一些缺陷:①完全依靠评价者的个人知识和经验来判断职位的价值,评价标准模糊;②没能明确职位价值中的薪酬要素,增加了后期薪酬设计的难度;③只能通过排序的方式确定职位之间价值的相对高低,无法判断职位之间价值差异的大小。

因此排序法适合规模小、结构简单、职位类型较少的企业。在这类企业中,评价者熟悉所有的职位,能较准确地评价职位的总体价值。

2. 分类法

分类法是先评价职位的价值,然后将职位放入预先确定的职位等级。

分类法首先根据企业现有职位的数目和特点划出不同类型,然后确定同类职位内的职位等级。这里的职位等级与企业组织结构中的等级不同。组织结构中的等级是管理层级,核心内容是保证企业运行顺畅的管理链;职位等级则是同类职位内,根据职位价值确定的等级。职位等级以管理层级为基础设置,但并非百分之百的契合管理层级。职位等级在现实中的一种表现就是"职称",高级工程师和工程师可能做完全一样的工作。不过通常"职称"并不符合企业薪酬管理的目的,所以会根据自己的需要设置内部的职位等级。

在确定职位等级之后,要根据所确定的职位等级说明,明确描述相同职位类型中不同职位等级之间的差别。理想的方式是职位等级描述用固定的描述说明要承担哪些责任,不需要承担哪些责任,从而可以对职位等级的差异有明确的理解。比如美国联邦政府的职位等级描述使用的固定描述内容包括:岗位知识要求、监督控制要求、指导方向、工作复杂性、工作范围、人际互动程度、人际互动目的、体力要求、工作环境等。如表 6-4 是美国办事员的职位类别说明。

表 6-4　美国办事员职位类别[①]

一级办事员	工作简单,没有监督责任,不需要与公众互动
二级办事员	工作简单,没有监督责任,需要与公众互动
三级办事员	工作中度复杂,没有监督责任,需要与公众互动
四级办事员	工作中度复杂,有监督责任,需要与公众互动
五级办事员	工作复杂,有监督责任,需要与公众互动

完成职位等级说明后,由职位评价小组根据等级说明进行职位价值归类。尽管已经有较为详细的文本材料作为职位价值评价的基础,但评价小组仍然需要由熟悉被评价职位的人组成。

分类法的好处是评价效率非常高,可以快速评价大量职位,而且对评价者做简单培训便可以开始评价工作。不过分类法仍然是一种定性的职位价值评价方法,职位等级描述仍然具有较大的主观性,如果想在大型组织中建立大多数人都能接受的职位等级描述,需要耗费大量的时间,反而使得评价本身的效率得不偿失。而且等级描述具有一定刚性,如果职位发生变动或增加新职位,则只能勉强塞入原有的职位类型和等级。

3.因素法

因素法是以明确的薪酬要素为基础的评价方法。企业首先确定各职位共同具有的薪酬要素,然后选择各职位类型中具有代表性的典型职位,用薪酬要素评价典型职位的相对价值,然后再通过比较其他职位与典型职位来确定其他职位的薪酬。

因素法首先需要建立一套薪酬要素,这也是因素法中最关键、最困难的部分。薪酬要素的确定标准包括:反映职位在某方面的价值;最大限度区别于其他薪酬要素;多种职位类型共有。比如工作强度、技能或资格要求的难度、担负责任的大小等都是较好的薪酬要素。

其次,要选择具有代表性的典型职位。典型职位的选择也有一些标准可以参考:职位涵盖面广;员工普遍熟悉并认可;所代表的工作类型差别尽量大。比如表 6-5 示例中的Ⅰ、Ⅱ、Ⅲ、Ⅳ分别属于管理类、技术类、市场类和行政类。

表 6-5　因素法职位评价示例[①]

薪酬金额/元	薪酬要素			
	知识技能	工作强度	风险责任	环境条件
50				
100			Ⅳ	Ⅳ
150		Ⅳ		
200	Ⅳ			
250				Ⅰ
300		Ⅲ		
350		Ⅱ		Ⅱ
400	Ⅲ			
450		Ⅰ	Ⅲ	
500	Ⅰ		Ⅱ	Ⅲ
550	Ⅱ			
600			Ⅰ	

---

① 于桂兰、魏海燕:《人力资源管理》,清华大学出版社,2004。

　　然后,确定每个典型职位在各个薪酬要素上的价值。这里得到的价值将直接用货币衡量。比如在行政类典型职位上,知识技能对企业的价值为 200 元。典型职位在各薪酬要素上的体现的价值多少,需要职位评价小组经过反复讨论后确定。

　　最后,参考典型职位在各薪酬要素上的价值评价,确定所有企业职位在各薪酬要素上体现的价值水平,加总后便得到薪酬总额。比如某行政类职位经过比较评定后,确定在各薪酬要素上体现的价值如表 6-6 所示,则该职位的总体价值是 550 元。

表 6-6　某行类职位薪酬要素上体现的价值

薪酬要素	知识技能	工作强度	风险责任	环境条件
薪酬金额/元	200	150	100	100

　　因素法在定量评价职位的同时,通过使用典型职位的方法兼顾了评价的效率。如果逐个讨论每个职位在薪酬要素上的价值,不但非常费时,而且评价相似的职位也使评价小组的成员不得不做大量重复的判断工作。所以因素法是一种能兼顾客观和效率的方法。因素法的问题是选出所有岗位共同拥有的薪酬要素难度较大,较难得到所有员工的认同。

　　4.点数法

　　点数法是在不同职位类型内确定薪酬要素并评价职位价值的方法。点数法可以看作是因素法与分类法相互取长补短后的结合。

　　点数法通常依次包括以下步骤:

　　(1)确定薪酬要素。薪酬要素的确定方法与因素法相同,这些薪酬要素是职位价值的基础。薪酬要素的确定根据企业需要而有所不同,点数法本身没有对薪酬要素的选择做出规定。不过企业通常会从职位责任、能力要求、任务难度和工作条件等几个方面来设置薪酬要素。

　　(2)确定薪酬要素内的等级。接着要将薪酬要素划分为不同的等级,并明确定义达到各个等级的标准和等级分数。等级分数应使用 0～1 之间的小数,可以按照一定的规律确定,如等比分配、等差分配等。利用薪酬要素等级,企业可以明确各职位等级的差别,从而让职位等级更客观。如果企业习惯于采用简约的管理风格,则甚至可以抛弃职位等级的概念,只使用薪酬等级。

　　(3)确定各个薪酬要素的价值范围。薪酬要素价值范围决定了被评价职位在该薪酬要素上能体现的最低和最高价值。比如秘书在责任因素上的价值范围是 0～800 元,如果机要秘书在责任因素上的等级得分是 0.8,则意味着这个职位在责任因素这个薪酬要素上的体现的价值是 640 元(800×0.8)。

　　(4)评价各职位在薪酬要素上的等级。职位评价小组评价每个职位在对应职位类型的各薪酬要素上的等级。用得到的等级分数和薪酬要素的价值范围计算得到各职位在各薪酬要素上的价值,加总后得到职位的总体价值。

　　通常企业很难用点数法对所有职位一一确定价值,所以也用因素法的方法,先评价典型职位的价值,然后通过与典型职位进行比较来确定其他职位的相对价值。

　　为了避免确定价值系数中的不确定性,可以制作出薪酬因素等级价值表,如表 6-7 所示。等级的高低取决于薪酬要素间的相对重要程度,重要程度越高则等级越高;等级的多少取决于薪酬要素之间的区分度,薪酬要素之间越难区分,则等级的数目越少。借助薪酬因素等级价值表,可以较大提高点数法的使用效率。

表 6-7 薪酬要素等级价值[1]

薪酬要素		等级						
		7	6	5	4	3	2	1
责任因素	风险控制的责任				80	60	40	20
	成本控制的责任		40	30	20	15	10	5
	指导监督的责任		40	30	25	20	15	10
	内部协调的责任				30	22	15	7
	外部协调的责任					30	20	10
	工作结果的责任		40	30	24	18	12	6
	组织人事的责任				40	30	20	10
	法律上的责任				70	54	36	18
	决策的层次			30	24	18	12	6
知识技能因素	最低学历要求		30	25	20	15	10	5
	知识多样性				30	22	14	7
	熟练期			20	16	12	8	4
	工作复杂性			40	32	24	16	8
	工作经验	40	36	28	20	15	10	5
	工作的灵活性				40	30	20	10
	语文知识				25	20	15	10
	数学知识			25	20	15	10	5
	综合能力				50	35	20	10
努力程度因素	工作压力				40	30	20	10
	精力集中程度			40	32	24	16	8
	体力要求				10	7	4	0
	创新与开拓				40	30	15	0
	工作紧张程度				40	30	20	10
	工作均衡性				30	21	14	7
工作环境	工作时间特征				30	21	14	7
	工作危险性					30	20	10
	职业病				15	10	5	0
	环境舒适性			25	20	15	10	5

　　相对于前面几种职位评价方法而言,点数法最客观,评价过程本身也最有效率。但是评价所使用的薪酬要素、薪酬要素价值范围等工具的制定工作却需要相当多的时间和成本。此外由于薪酬要素建立在职位类型的基础上,所以不同职位类型之间的价值实际上不存在可比性,企业可能需要主观规定各职位类型之间的相对价值,从而削弱了点数法的客观性。

5. 海氏法

　　海氏法是美国薪酬设计专家爱德华·海(Edward Hay)根据点数法发展出来的职位评价方法。海氏法简化了薪酬要素等评价工具的制定工作,而且也解决了不同职位类型的职位之间可比性的问题。

---

[1]　于桂兰、魏海燕:《人力资源管理》,清华大学出版社,2004。

海氏法其实是确定了适合于所有职位的薪酬要素,包括三个一级要素和八个二级要素。见表 6-8。

表 6-8　海氏法的薪酬要素体系[①]

一级薪酬要素	知识技能水平	问题解决能力	岗位行为责任
二级薪酬要素	专业知识	思考环境	行为自由程度
	管理能力		行为结果作用
	人际能力	问题难度	行为风险责任

知识技能水平是指使岗位工作绩效达到可接受程度所必须具备的专业理论知识和实际运用能力。知识技能水平划分为三个二级薪酬要素:①专业知识。是指职位相关的科学知识、专门技术和操作方法。②管理能力。是指职位绩效所需的计划、组织、指挥、协调、控制等技能。③人际技能是职位绩效所需的人际关系协调、沟通、激励、培养等方面的能力。在用海氏法进行职位比较时,知识技能水平因素的相对价值通常遵循 15%级差原则。

问题解决能力是指岗位工作需要发现、诊断、分析问题,并提出解决方案的能力。问题解决能力划分为两个二级薪酬要素:①思考环境。是指岗位性质对任职者思维能力的限制程度。②问题难度。是指分析和解决问题对任职者创造性思考的要求程度。问题解决能力是对知识技能的具体运用,所以一般采用知识技能水平利用率来衡量,用百分比的方式。

岗位行为责任是指岗位行为自由程度以及需要对行为和结果承担的责任。岗位行为责任分为三个二级薪酬要素:①行为自由程度。是指岗位工作需要接受指导和命令的程度,或岗位行为受控制的程度。②行为结果作用。是指岗位行为的结果在企业承担的角色类型。③行为风险责任。是指岗位行动的结果对企业经济绩效的影响大小。岗位行为责任采用相对价值设定。

职位相对价值是上述三个薪酬因素的综合,具体而言是:

$$职位相对价值 = \alpha \times (知识技能水平 \times 问题解决能力) + \beta \times 岗位行为责任$$

其中 α 和 β 是取值范围 0 到 1 的权重系数,且 $\alpha + \beta > 1$。企业根据职位类型的不同确定权重,基本思路为:

- 会计、技工等技术性职位:$\alpha = \beta$
- 研发、销售等创造性职位:$\alpha > \beta$
- 总裁、经理等管理性职位:$\alpha < \beta$

四、薪酬调查

薪酬调查是一项为了解劳动力市场薪酬现状,为企业确定薪酬政策提供参考基点的活动。薪酬调查的流程包括:①设计薪酬调查,包括内容和对象等;②根据薪酬调查的设计开发调查问卷;③选择或组建实施调查工作的小组;④核查并分析薪酬调查的数据。

(一)薪酬调查的设计

薪酬调查是一项耗费时间的工作,而且常常需要企业外部的人参与配合。为了能在较短时间内尽量完备地得到企业需要的薪酬,需要在薪酬调查前做充分的准备,做到有的放矢,有章可循,因此需要在实施薪酬调查前仔细设计调查项目。

---

① 刘洪、钱焱:《薪酬管理》,北京师范大学出版社,2007。

薪酬调查设计中,需要逐个考虑薪酬调查的职位范围、内容和对象。

1.调查的职位范围

薪酬调查如果针对所有相关职位展开,则不但调查成本很高,而且需要的时间也会很长,此外不同企业由于组织结构、传统等方面的区别,可能相同名称的职位有不同的岗位职责,所以在薪酬调查中不用收集所有工作的信息。企业通常有两种调查方式:①针对职位类型展开调查;②针对典型职位展开调查。

如果采用针对职位类型的调查,则需要确定职位类型中各职位的区别程度。所以这种调查方法适合与职位评价中的分类法、点数法和海氏法配合使用。

如果采用针对典型职位的调查,则需要明确典型职位与其他职位之间的区别。所以这种调查方法适合与职位评价分析中的因素法和海氏法配合使用。

如果企业关心的职位特殊性很高,则可以采用调查类似但普通的职位,或者调查相关的多个职位的方法,以便为估计该职位的薪酬水平提供参考。不过企业在确定特殊性较高的职位的薪酬水平上灵活性也较大。

2.薪酬调查的内容

企业薪酬调查的主要内容是其他企业相关职位的薪酬数据。也可能涉及薪酬相关的其他信息:

(1)职位薪酬的理论范围:企业为该职位设置的薪酬最高和最低是多少?

(2)职位薪酬的实际范围:企业目前给该职位发放的薪酬中最高和最低是多少?

(3)职位员工的平均起薪:企业支付给该职位入门员工的薪酬的平均值是多少?

(4)职位薪酬的当前均值:目前企业给该岗位员工支付的薪酬的平均值是多少?

除了薪酬数据外,薪酬调查还可能包括企业的薪酬管理体系,比如薪酬结构、发放方式等。这类信息有助于企业设计更富有竞争力的薪酬体系。

3.薪酬调查的对象

为了使薪酬调查更加有效,企业在薪酬调查前要先划定调查哪些对象,以及数据有效的时间段。

在薪酬调查前,首先要确定哪些企业在被调查的职位或职位类型上属于竞争对手。这些竞争对手就是薪酬调查的主要对象,确定竞争对手需要考虑以下因素:

(1)职位类型:职位类型不同,企业的竞争对手也不同,比如秘书职位,所有一定规模以上的企业都是竞争对手。

(2)企业行业:许多职位存在行业壁垒,特别是技术类职位。

(3)竞争区域:有些企业尽管可能从职位类型上来看属于竞争对手,但可能因为地域上距离较大,所以不可能与企业产生竞争。所以企业需要明确劳动力市场竞争的区域。确定竞争区域需要以职位类型为基础。有些职位可能是省内竞争,有些则可能完全不受地域限制,比如 CEO。

(二)薪酬调查的实施

薪酬调查实施主要包括以下方面内容:①确定数据来源;②开发调查工具;③实施薪酬调查。

1.确定薪酬数据来源

实施薪酬调查的第一步是根据之前薪酬调查设计确定调查数据的来源。薪酬调查的后续步骤都需要根据调查数据来源确定。

薪酬数据的来源可以有以下几种：

（1）政府部门薪酬调查。政府人保部门会定期公布薪酬指导意见，政府部门会通过行政手段收集数据。政府部门收集到的数据较全面，但数据并非根据企业需要收集的，所以适用性较差。如果政府薪酬指导意见中涉及的职位与企业需要调查的职位非常相近，则可以省去企业很多时间和精力。

（2）政府所属的调查队。政府创办的专业调查机构由于具有半官方的性质，再加上对当地社会熟悉，所以调查工作较容易，而且信息也可以更全面。只是调查队并非专业的薪酬调查机构，所以薪酬调查方面专业性较差，企业也需要承担部分调查工作。

（3）人才服务机构调查。人才服务机构包括人才服务中心和人才招聘网站。人才服务机构在薪酬调查方面的优势在于薪酬调查工作方式灵活，可以随时展开，而且拥有较多现成的辅助信息。不过人才服务机构的薪酬调查无法深入，而且数据准确性也无法保证。如果企业需要的数据简单，则人才服务机构较为合适。

（4）专业薪酬调查公司。专业薪酬调查公司有成熟的调查方法、数据模型，可以在较短时间内获得数据。专业薪酬调查公司能最大限度地减少企业在薪酬调查方面需要的时间和精力，但是相对来讲，企业需要支付的成本也较大。

（5）公司自行组织调查。如果需要调查的职位或职位类型很少，企业可以自行展开薪酬调查。可以通过竞争企业中熟悉的人、以前工作过的人等那里直接了解竞争企业中的薪酬数据。但即便需要调查的职位很少，如果想要做充分调查，仍然需要占用企业的许多时间和精力。所以企业通常会选择个别关键竞争企业做重点调查，再选择少数竞争企业做辅助调查。

2.调查问卷的设计

调查问卷只有在企业需要自己参与调查的情况下才需要自行设计。调查问卷的设计必须以前面确定的职位范围、调查内容和调查对象为基础。

如果企业自己实施薪酬调查，则问卷设计需要注意以下要点：①问卷应当尽量简洁，长度不超过2页A4纸。②在问卷头部显眼的位置添加"匿名说明"。③问题描述应当清楚明了，避免模棱两可的表述，避免开放性问题。

表6-9　薪酬调查表示例①

职位：人事总监　　　　　　　　　　　　　　　　　　　　　　＿＿＿＿年＿＿＿＿月＿＿＿＿日

	金额/（元/年）	比例	公司一般水平	增幅	备注
底薪					
奖金					
津贴					
其他收入					
合计					

① 刘洪、钱焱：《薪酬管理》，北京师范大学出版社，2007.

（三）薪酬调查的结果

市场薪酬调查的主要成果是形成一份完整的、准确的薪酬调查报告。一份好的薪酬调查报告可以帮助企业了解薪酬水平的整体状况，有利于企业控制劳动力成本，又能保持对关键人才的吸引、保留和激励。同时，还可以预测薪酬政策在将来的变化和发展趋势，为企业制定薪酬制度、控制薪酬总水平、确定各类人员薪酬相对水平等提供基本数据。

在薪酬调查数据收集结束后，对调查数据进行分析时，可以计算出每一职位的最高和最低的薪酬率、加权平均和算术平均数、中位数等一系列数值。利用从职位评价中所获得的职位等级与薪酬调查中所获得的对应薪酬最高值、最低值、平均数或中位数，可以绘成不同薪酬分位的市场薪酬结构线，这些结构线共同组成了市场的薪酬分布图，如图 6-2 所示。

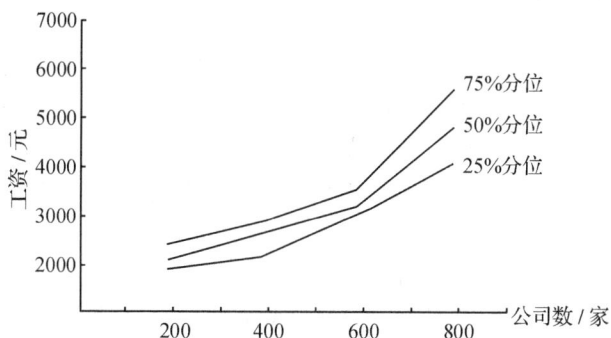

图 6-2　薪酬分位

上述薪酬示意图中的薪酬分位是薪酬设计中的专用术语，如 25% 分位、50% 分位、75% 分位，它们的含义是，假如有 100 家公司（或职位）参与薪酬调查，薪酬水平按照由低到高排名，它们分别代表着第 25 位排名（低位值）、第 50 位排名（中位值）、第 75 位排名（高位值）。通常，由于薪酬具有刚性特征，在短期内急剧降薪几乎不太可能，所以采用高位值的企业，一般需要有较雄厚的财务能力和完善的管理基础作为支撑，否则当企业的市场前景不妙时，将会使企业处于被动状态。

五、奖金设计

奖金是薪酬中十分重要的组成部分，它根据员工的工作绩效进行浮动，因此也称为可变薪酬。同样是对员工的工作绩效进行反映，相对于绩效调薪而言，奖金具有以两个优点：（1）奖金的刚性低于绩效调薪。通过绩效调薪实现薪酬的上升比较容易，降薪却相对较难，因此，许多企业的绩效调薪往往只升不降，会由于工资的刚性而造成整个企业薪酬成本的大幅度提升。奖金则由于其不累计计入基础工资部分，只一次性发放，在企业经济效益不好时可以不再发放，不具有刚性，有利于企业控制人工成本的膨胀。（2）奖金的激励效果高于绩效调薪。绩效调薪相对于整个薪酬包而言，其比例过小，即使员工的绩效很杰出，其获得的绩效提薪幅度也往往难以超过 10%；另一方面，不同绩效水平的员工绩效提薪往往也难以拉开差距，因此提薪难以真正激励员工。而奖金却由于其基数相对较大，所以能够地对员工进行有效激励。

根据其支付基础不同，奖金可以分为组织奖励、团队奖励和个人奖励。组织奖励以组织整体业绩来作为奖金支付基础，团队奖励是以团队整体业绩作为支付基础，个人奖励则是根据员工个人业绩作为奖金发放依据。

（一）组织奖励

1.组织奖励的依据

组织奖励是根据组织整体业绩来确定奖金发放的依据和标准。因此，实施组织奖励计划的前提是要确定整个公司的关键业绩指标，然后根据这些关键业绩指标的完成情况来确定整个企业的奖金发放基数和实际的奖金发放额度。因此，衡量公司业绩是组织奖励的关键。传统的公司业绩衡量方法主要是对财务指标进行评价，但由于财务指标仅仅反映了公司的短期经济成果，这些指标的良好表现并不能完全保证公司在战略上的成功，尤其不能使企业获得在未来成功的关键。因此，现代公司绩效评价指标体系，不再仅仅是对财务指标进行衡量，而是要求建立一套综合性的评价指标体系，如基于平衡记分卡的评价指标体系。

由于组织奖励是根据企业的整体业绩来进行发放的，参与组织奖励计划的人员往往并非企业的全体员工，而是组织中那些能够对企业整体业绩产生直接影响的人员，他们往往包括组织中高层管理人员和核心技术人员、专业人员和业务人员。另外，参与组织奖励计划的人员并非对奖金总额进行平均分配，而是仍然需要区分不同人员对组织业绩的贡献差异。

（二）团队奖励

团队奖励是根据组织、团队或者部门业绩来进行奖金分配决策的一种方式。团队奖励计划主要有以下两种不同的模式，即利润分享计划和收益分享计划。

1.利润分享计划

利润分享计划，是将公司或者某个利润单位所获得的利润或者超额利润的一部分在组织和员工之间进行分享的一种计划。

一般来讲，利润分享的关键在于确定利润分享的额度，而这一比例的确定有三种方式：第一种是以利润实体获得的总体利润为基数，在组织和员工之间分享总利润的一定比例，比如规定拿出总利润5％来奖励员工；第二种方式是采用超额利润分享的方法，即设定一个目标利润，将超过这一目标利润的部分按一定比例来进行分享，比如，规定目标利润为1000万元，在超过了1000万元利润以上的部分在组织和员工之间以7：3的比例来进行分享；第三种方式是采用累进分享比例的方法，即规定若干个利润段，在不同利润段采用不同的分享比例，比如，规定在300万元利润以内分享比例为5％，在300万～600万元之间分享比例为10％，600万～900万元之间的部分分享比例为15％，900万元以上的部分分享比例为20％。

2.收益分享计划

所谓收益分享计划，是指将企业的成本节省在组织和员工之间进行分享的一种团队奖励方式。由于计算和分配企业成本节约的方式不同，收益分享计划又主要包括三种方式：斯坎伦计划、拉克计划和分享生产率计划。这三个计划都是世界范围内著名的收益分享计划，他们的实施都旨在通过一种群体分享计划来鼓励员工参与公司决策，为公司的经营管理尤其是生产管理提供意见和建议，通过这种意见和建议来改善公司的经营效率，然后再将改进效率所获得的收益的一部分拿来奖励员工，这样就形成了一个提高公司或者团队整体绩效的良性循环。

（三）个人奖励与综合奖励计划

个人奖励计划，主要是根据员工个人的工作业绩来作为奖金发放的依据。

个人奖金的发放首先需要确定奖励周期，根据企业的考核周期，可以采用年终奖、半年奖和季度奖等几种不同的奖励方式。在中国企业中,目前使用最为普遍的方式是在每年年末根据年度考核结果来发放年终奖。因此,这里我们主要依据年终奖的发放来讲解个人奖金的基本原理。

个人奖励计划的制订主要涉及两个方面:一个是如何确定个人奖金基数;二是如何根据考核结果确定奖金发放比例。后者主要是绩效考核所要解决的问题,因此,在这里我们主要针对个人奖金基数的确定问题来进行介绍。

奖金基数的确定主要有两种方式:一是根据基础工资来确定奖金基数,这是一种仅仅考虑个人因素的传统奖励方式;二是根据组织和团队的整体业绩来进行自上而下的奖金切分,这是一种综合了组织奖励、团队奖励和个人奖励的三位一体的奖励计划。

1. 根据基础工资和个体业绩的个人奖励计划

员工所获得的基础工资综合了职位评价结果、劳动力市场价格、员工过去的工作绩效等多种因素,因此是衡量员工个人对组织的价值和贡献的一个综合性指标。因此,可以根据基础工资的一定比例来确定年终奖金基数。一般而言,在给予员工的整个薪酬包中,基础工资和奖金的比例大概在 7∶3 较为合适,即年终奖发放的基数大概为该员工月度基础工资的 5 倍左右。

这种根据基础工资来确定奖金基数的方法,虽然综合反映了员工对组织的价值,但却由于没有与组织的整体业绩,尤其是与组织的整体利润状况相挂钩,使员工的个人奖励难以根据企业的业绩进行浮动,不利于企业进行成本控制,反而会给企业带来固定成本。

2. 基于组织和团队整体业绩的个人奖励计划

基于基础工资和个体业绩的个人奖励计划,仅仅考虑了个人的价值、贡献和业绩,无法避免传统的个人奖励计划的弊端,无法有效地促进团队合作和组织整体业绩的提升及改进。因此,为了避免这种奖励计划的缺陷,现代企业在制定企业内部的个人奖励系统时,需要综合组织、团队和个人三个层面的贡献和业绩来设计奖金系统,它主要包括以下几个步骤:

(1)根据企业的整体经济效益确定企业可以发放的奖金,再根据组织的其他非经济类指标的结果,来确定在这一部分可发放奖金中具体可以有多大比例能够用来进行奖金发放,从而确定企业的总体奖金包。

(2)在确定企业总体奖金包的基础上,企业需要进一步将奖金包分配到各个部门。而分配的主要依据是各部门对企业战略的贡献差异,这就需要对各部门的战略贡献能力进行评价。

(3)某部门的可发奖金包还不能代表该部门能够实际发放的奖金数量,它还需要根据该部门的 KPI 指标考核结果确定该部门的实发奖金数量。当该部门的业绩高于组织期望时,就能够得到超额奖励;反之,就要从奖金包中扣除一部分。

(4)在得到各部门实发奖金包的基础上,需要进一步进行部门内部人员的奖金分配。

(5)通过这样的分配,就可以得到每个员工的奖金基数,然后再结合该员工的年度考核结果,确定其奖金的实际发放额度。

六、宽带薪酬

宽带薪酬始于 20 世纪 80 年代末到 90 年代初,是目前国外比较流行的一种薪酬结构设计模式,它主要是对传统等级薪酬结构的改进和优化。宽带薪酬是指对多个薪酬等级以及薪酬变动范围进行重新组合,从而变成只有相对较少的薪酬等级以及相应的较宽薪酬变动范围。

在宽带薪酬结构中,一般可能只有少数几个等级的薪酬级别,而每个薪酬级别的最高值与最低值之间的区间变动比率要达到100%或100%以上,有的甚至达到200%～300%,而传统的薪酬区间的变动比率通常只有40%～50%。宽带薪酬主要适合于扁平化组织、团队导向、能力导向等新型管理模式的企业,更适合知识经济时代的新型组织的需求。

宽带薪酬的优越性在于,它鼓励员工技能的开发,强调职位的发展,支持企业的扁平化发展,淡化组织的等级意识等,它能引导员工将注意力转移到重视个人能力和技能的提升上,引导企业以市场为导向关注劳动力市场的供求变化以改变薪酬结构和薪酬制度,改变企业内部员工原有的管理理念和管理人员的管理角色,促进个人和企业绩效水平的提升。当然,宽带薪酬也有其局限性,它比较适用于扁平化的组织,并不是所有组织都适用;它对管理者的管理胜任能力提出较高要求。另外,宽带薪酬制度下,宽松的管理使得薪酬决策和管理权力下放,使企业管理难度也加大了,如管理不善,将造成人工成本难以控制。

第三节　员工福利

员工福利是指企业出于保障目的直接或间接支付给员工的薪酬。福利的目的是满足员工对稳定的需要,从而稳定企业的员工队伍,降低流动率。

员工福利政策具有以下特点:

(1)固定薪酬成本。福利属于固定薪酬成本,一旦设定,通常会长期存在,成为薪酬成本中的固定部分。

(2)无差别适用。员工福利通常是普遍适于所有企业员工。多数员工福利与职位等级无关,但也存在与职位挂钩的福利制度,比如高管可以免费使用公司车辆。

(3)非现金形式。员工得到的多数福利都是非现金形式,而且很多福利也不是直接从企业享受到。

一、福利设计的要素

在设计员工福利时需要考虑以下因素:

(1)法律法规的规定。法律法规规定了一些企业必须提供的福利。这些福利不论员工是否需要,企业愿意提供,这些规定福利都是企业必须负担的成本。正因为如此,员工会认为企业的这部分支出理所当然,企业负担的这些成本反而不能为企业带来回报。但企业如果没有这些福利或在这些福利上有什么疏漏,则可能带来不必要的麻烦。

(2)竞争企业的政策。薪酬调查中应该涉及竞争企业的福利政策,了解竞争企业中有哪些福利,哪些本企业的薪酬部分在竞争企业中算作福利,哪些则正相反。企业的福利包也会是企业间人才竞争必须考虑的要点。

(3)企业的财务状况。由于福利具有普适性,所以不能忽视福利带给企业的薪酬成本,特别是员工基数大的情况下。企业在设计福利组合时还需要考虑福利成本占薪酬成本的比重、企业的获利能力等。在福利成本较高时,有些企业采用雇佣临时工来规避福利成本。

（4）福利的享受范围。因为福利不与绩效挂钩,而且具有普适性,所以通常难以产生激励效果,但也可以通过给不同职位价值的职位设置存在等级的福利组合来制造出激励效果。

（5）员工的福利偏好。福利设计中处理成本与效率关系时的一个关键是了解员工的需要,比如企业位置偏僻时,提供上下班大巴、免费午餐等便能达到较好的福利效率。

二、员工福利方法

员工福利从性质上分为法定福利和企业福利。常见福利见图 6-3。

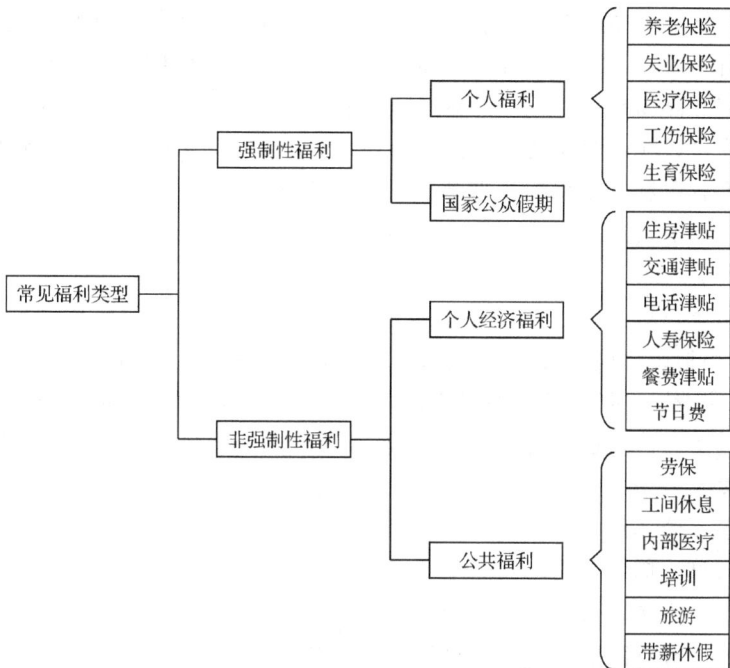

图 6-3　常见企业员工福利类型[1]

（一）法定福利

1. 社会保险

我国法律规定的社会保险基金包括养老保险、失业保险、医疗保险、工伤保险和生育保险。社会保险由社会统筹和个人账户相结合,社会统筹是指基金的来源由国家统一规定、计划和安排。社会保险基金是国家强制向政府、集体和个人征收,用于抵御劳动风险的基金。

我国的养老保险由三个部分组成:基本养老保险、企业补充养老保险、个人储蓄性养老保险。基本养老保险亦称国家基本养老保险,是国家强制实施的养老保险;企业补充养老保险是指由企业为本企业职工建立的辅助性的养老保险;个人储蓄性养老保险是员工自愿参加、自愿选择经办机构的补充保险。基本养老保险的计算方法如下:

$$每月应缴额＝单位应缴额＋个人应缴额$$
$$单位应缴额＝单位缴费基数×缴费比例$$
$$个人应缴额＝参保人员缴费基数总和×缴费比例$$

① 于桂兰、魏海燕:《人力资源管理》,清华大学出版社,2004(有修改)。

其中,单位缴费基数是单位发放工资总额和个人缴费基数中较大的一个,单位缴费比例一般不超过20%;个人缴费基数为本人月工资收入,个人缴费比例为8%。

失业保险是由用人单位按照工资总额的2%缴纳、个人按本人工资的1%缴纳。失业保险的支付范围是:失业保险金、领取医疗保险金期间的医疗补助金、丧葬补助金、抚恤金等。享受失业保险的条件是所在单位和本人按规定履行缴费义务满1年,非本人意愿中断就业,且已办理失业等级并有求职要求。

基本医疗保险由用人单位缴费和职工缴费两部分组成。用人单位缴费率在职工工资总额的6%左右,职工缴费率一般为本人工资收入的2%。

工伤保险是针对容易发生工伤事故和职业病的工作人群的特殊社会保险。工伤保险不实行统一费率,而是根据各行业的伤亡事故风险和职业危害程度类别,实行不同的费率。费率包括差别费率和浮动费率。差别费率的确定依据是各行业的伤亡事故风险和主要危害程度划分的职业伤害风险。职业伤害风险越大,则费率越低。浮动费率是指政府根据行业或企业的安全生产状况和工伤保险的收支情况,规定费率可以在行业基准费率基础上浮动。浮动费率使安全状况较差的企业或行业多缴纳工伤保险费,而安全状况好的企业或行业少缴纳工伤保险费。

生育保险由企业承担,职工不缴纳。企业应按照工资总额的一定比例来缴纳生育保险费,缴费比例有当地政府确定,最高不超过1%。由生育保险支付的费用包括女职工生育期间的检查费、接生费、手术费、住院费和医疗费。超出规定医疗服务费和药费由职工个人承担。产假期间的生育津贴也从由生育保险基金支付。

2.假期制度

假期制度包括公休假日、法定节假日、带薪年休假。

公休假日又称为周休制度。我国规定每周2天周休。

法定节假日分为全体人民节假日、部分人民节假日和少数民族节日。全体人民节假日如元旦、五一、十一等;部分人民节假日如妇女节;少数民族节日如回族的古尔邦节。

带薪年休假是指职工每年享有的保留工作和工资的连续休假制度。我国法规规定职工累计工作已满1年不满10年的,年休假5天;已满10年不满20年的,年休假10天;已满20年的,年休假15天。法定休假日、休息日不计入年休假的假期。但一些特殊情况不享受带薪休假,比如教师等每年假期时间大于年休假时间的工作。

上述假期时间均包括公休假日和法定节日在内。除上述假期时间外,企业还可以根据实际需要给予路程假。

3.住房公积金

住房公积金是指单位及其职工缴存的长期性住房储金。住房公积金由包括单位缴存的部分和个人缴存的部分,属于员工个人所有。员工住房公积金的月缴存额度为员工本人上年度平均工资乘以员工住房公积金缴存比例;单位住房公积金的月缴存额度为员工上年度平均工资乘以单位住房公积金缴存比例。职工和单位住房公积金的缴存比例均不得低于职工上年度月平均工资的5%。

(二)企业福利

企业福利从对象上来讲,可以分为个人经济福利和员工公共福利;从内容来讲,则类型很多,包括免费企业资源、消费补贴、补充保险、健康休闲计划、教育福利等。

免费企业资源包括上下班大巴、免费用车、免费住宿、免费食堂或午餐等由企业购买并直接提供给员工的企业资源。免费企业资源的特点是为员工生活提供便利。企业提供的生活便利有助于提高员工的归属感。

消费补贴包括的方面很广,如交通补贴、通讯补贴、住房补贴、购车补贴等。一些补贴与员工的职位特征有关,如管理层或销售类岗位需要与外界大量沟通,企业提供通讯补贴有助于降低员工的工作压力。还有些补贴与员工金额较大的生活消费有关,比如住房补贴。这类补贴有助于降低员工的生活压力。

补充保险是企业根据法律法规的规定或岗位需要为员工缴纳的保险。常见补充保险包括补充养老保险、意外险、财产险、寿险等。

健康休闲计划包括企业卫生设施、企业医疗保健计划、文娱体育设施、旅游计划等。健康休闲计划的目的是促进员工身体和心理的健康。

教育福利是指企业为员工支付的正规教育、非岗位培训、短期教育等方面的费用,比如研究生毕业后报销学费的 80%。

小案例

外国公司的福利

• 当初为苹果电脑研发出麦金塔电脑的员工,公司请他们签名,并在该型电脑的内部,把他们的签名全刻了上去。

• 大都会汽车公司每个月选出表现优异的员工,然后利用经销商的电子看板,在上面打出"本月份优良员工"的名字。

• 联邦快递用员工子女的名字,来给新买的飞机命名。公司以抽签的方式来挑选幸运者,选中之后,不但把孩子的名字漆在飞机的鼻尖上,而且把孩子和他的家人送到飞机工厂,参加命名仪式。

• 大西洋贝尔电话公司的行动电话部,用优秀员工的名字,作为中继站的站名。

• 全录公司在表扬员工时,公司的走廊上会响起祝贺的钟声。

• 太平洋瓦斯与电力公司的员工完成某一特殊任务时,类似轮船的汽笛声便响遍四方。

• 为了奖励某一位店面经理,克莱尔服饰连锁店的地区经理选一个星期六,去代替那位店面经理工作一天。

• 生产医疗电子产品的物理控制公司,当每一位新员工进来时,不管他的职位高低,总裁辛普森一定找时间与他相处一个钟头,辛普森认为这样做是绝对必要的。

• 当威京货运公司雇进一批新员工时,一定会举行为期一天的新人训练,并由总裁或另一位高级主管接待他们一小时。

• 玫琳凯化妆公司的新进员工,在进公司第一个月之内,公司创办人玫琳凯·艾许一定会接见他们。

• 田纳西的"管理21"管理顾问公司持有贵宾证的优秀员工,能够享受一个月或一个季度的免费权益,譬如在员工餐厅免费吃午餐,免费使用公司的健身中心,或者免费使用停车场。

- 福特汽车与美国电报电话公司，用他们的员工担任电视广告的角色。
- 印第安纳波利斯电力公司为优秀员工付一个月或一年的停车费。

三、弹性福利制度

福利是企业提供给员工的一种额外工作报酬，其目的是体现企业对员工的关怀，塑造一种大家庭式的工作氛围，但很多企业在向员工提供福利的过程中发现，员工的内在需求多种多样，众口难调，企业很难用统一的福利计划去满足员工的多样性需求，相反，企业却付出了大量的成本。当公司提供的福利与部分员工的需求之间出现脱节时，这种福利就难以提高员工的满意度，真正达到其原本的目的。在这种情况下，企业为了减轻负担，更好地满足员工个性化的需要，于是开始设计弹性化的福利制度。

弹性福利制是一种有别于传统固定式福利的新员工福利制度，又称为"自助餐式"福利（Cafeteria Style Benefit）。它是企业在考虑员工需要的基础上，设计一套员工可以有限度地自主选择福利项目的制度。当然，企业所设计的福利项目必须符合国家、地方有关政策和法规规定，灵活地让员工有条件地在预先设定的福利项目中进行选择，从而最大限度地满足不同员工在不同方面的福利需求。

实行弹性福利制度后，员工可以自主地选择更能满足自己需要的福利项目，这无形中增加了福利对员工的价值，在一定程度上让员工感觉到自己被企业所尊重，进而激发员工为企业的发展服务的潜能。对企业而言，由于这种福利制度能提高员工的满意度，进而也会提高企业的竞争力。不足之处是，这种制度设计起来难度较大，管理的难度和费用都比较高。

第四节　特殊薪酬问题

一、高管薪酬

企业高管是个特殊的群体，高管有可能获得额度非常大的薪酬，使得高管成为人们向往的职位。但高管与其他职位显著不同的地方是各个公司高管之间的薪酬差别非常大。

小案例

"打工皇帝"唐骏跳槽　身价约合 10 亿

2008 年，被称为"中国第一职业经理人"的唐骏，从盛大集团跳槽了，新东家是名不见经传的新华都集团。让很多人垂涎欲滴的是，这一次他的身价是现金加原始股约合 10 亿元人民币！据说目前这笔资产已经转到了唐骏的个人账户上。

按唐骏的说法，中国有几千万的职业人，"我现在就是为中国的职业人在做代言"；"中国的职业经理人和国外的差距是 30 年，美国的职业经理人的最高身价是微软公司的 CEO，身价是 50 亿美金,我唐骏的身价跟他比起来差远了,我的出现其实某个意义上,是给中国职业经理人看到了一种希望,一个标杆"。

（来源:中人网,www. chinahrd. net）

高管薪酬之所以存在薪酬额度大、工作差别大的特点,有两种可能的原因:

一是高管薪酬通常直接与企业绩效挂钩。高管薪酬中常常包括按企业业绩的某个百分比支付奖金的内容,这样做能有效激励企业高管,但因为企业业绩常常是个非常大的基数,即使奖金系数很小,高管得到的奖金额度也会很大。

二是高管能直接影响自己的薪酬。高管直接影响自己的薪酬水平的方法很多,比如企业高管可以利用外部信息让董事会或企业主相信自己的薪酬水平偏低,然后让董事会或企业主以某种方式给自己加薪。高管还可以利用管理变革、组织变革等方式为自己赢取获得更高收益的机会,比如增加自己薪酬与绩效挂钩的比例。

高管薪酬设计应该完全从激励的角度设计,保障成分可以非常小或忽略。高管薪酬设计中各薪酬组成部分注意点如下:

(1)基本工资。在确定高管基本工资时,最主要的是保持工资的市场竞争力。高管的基本工资存在较大的行业差异,因此只需要以业内企业高管的工资水平为基础。

(2)年度奖金。年度奖金在高管薪酬中占很大比例。奖金在薪酬中的比例通常也以根据行业水平设计。这部分薪酬最容易受高管直接操控,因此设计时需要增加部分限制条件。

(3)长期激励。最常见的长期激励方式是股权激励。长期激励是现在使用越来越多的高管奖励性薪酬方法,也是产生极高薪酬的主要来源。目前倾向于限制使用这种薪酬方法,因为股票市场的价格波动与企业业绩并非直接相关。

(4)高管福利。由于有些福利与收入挂钩,所以高管的福利通常也更高。必要时企业也需要为高管提供一些额外福利,目的是避免高管因生活事务占用时间而干扰企业工作。

(5)高管特权。高管特权主要源自高管拥有对企业的控制权,从而能控制企业资源。

二、外派员工薪酬

随着越来越多国内企业开始进入国际市场,外派员工的薪酬设计逐渐成为一个重要议题。

外派员工薪酬设计通常需要考虑以下问题:基本薪酬确定方法、外派津贴、外派福利。

在确定外派员工的基本薪酬时有母国标准法、当地标准法、就高法和平衡法。①母国标准法是指根据母国的薪酬制度确定外派员工的薪酬。这种方法适合短期外派人员。②当地标准法是指根据外派地的薪酬水平确定外派员工的薪酬。这种方法只有在外派地的薪酬水平较高时才有吸引力,所以也只适合于这种情况。③就高法是指选择母国薪酬和外派地薪酬中高的那个。这种薪酬政策对外派员工最有吸引力,当然对企业而言成本最高。④平衡法是让薪酬水平保证与外派员工生活水准与在母国时一样。这种薪酬政策的薪酬成本比就高法要低些,但是开发成本却很高。

外派津贴是吸引员工外派的主要方法。外派津贴包括以下方式:①按照基本工资的百分比确定,比如基本工资的 15%。②如果外派地的生活条件差很多,则可以适当增加发放比率。

外派福利的目的是照顾外派员工在国外的生活,避免员工为了适应外派地生活而干扰工作。外派福利包括:①消费补贴:如果外派地的物价水平高于母国,为了避免员工的生活水平下降,企业应该向外派员工发放消费补贴。②住房:企业通常要为外派员工提供住房或帮员工找到住房并支付房租。在文化差异不大的情况下,企业可以选择发放租房补贴,让员工自行寻找住房。③个人所得税:大部分国家采用工作所在地作为缴税依据。企业需要帮助外派员工处理相关手续。④子女教育:对于长期外派的员工,企业需要考虑帮助员工解决一些家庭问题。常见的家庭问题就是子女教育。

三、销售人员薪酬

销售人员是企业中非常特殊的一个群体,企业生产的产品或提供的服务都通过销售人员的销售产生,因此销售人员的薪酬一直是企业薪酬管理的热点。

为了使销售人员能具有最大的灵活性,以适应客户,因此销售工作具有以下特点:①工作时间相对自由;②工作结果的明确可测;③工作业绩波动性强。由于销售工作以结果论成败,因此销售人员薪酬管理的特点是①薪酬组合内容简单,②薪酬与员工业绩高度相关。

销售人员的薪酬通常简单地包括两个部分:底薪和业绩奖励。

底薪是用来保证销售人员的基本生活。底薪可以采用固定底薪和浮动底薪两种形式。固定底薪与员工的销售业绩无关,每月按固定数额发放。浮动底薪则与销售责任挂钩,当销售员工完成了销售目标时,则全额发放底薪,如果没有完成销售目标,则按底薪的一定比例发放。企业采用浮动底薪方案时,底薪的额度比采用固定底薪方案是要高。一般来讲,企业大多采用部分底薪浮动的方式。

业绩奖励的要点有两个:①确定奖励基础;②确定奖励比例。

$$业绩奖励＝奖励基础×奖励比例$$

奖励基础可以是销售合同金额,也可以是销售回款金额。对企业而言,按回款额发放奖励相对保险,可以避免企业产生呆账坏账,但按照合同额发放奖励有助于推动企业成长。因此在企业成长阶段可以考虑采用根据销售合同金额发放业绩奖励。

奖励比例的确定也比较微妙。奖励比例太高,降低企业收益,奖励比例太低,不能对销售人员起到激励效果。确定奖励比例的参考信息主要是行业惯例和企业经营业绩。此外可以对采用浮动奖励比例,即在销售业绩超出销售目标较低时,奖励比例较高;在销售业绩超出销售目标较多时,奖励比例较高。

最后企业需要考虑如何组合底薪和业绩奖励。企业可以采用较高比例的底薪和较低比例的业绩奖励,也就可以采用较低比例的底薪和较高比例的业绩奖励。通常成长型企业适合采用业绩奖励比例较高的模式,而成熟企业适合采用底薪比例较高的模式。

四、研发人员薪酬

创新是现代企业竞争优势的主要来源,因此如何激励研发人员也越来越受到重视。

研发人员薪酬设计的困难在于员工个人业绩难以衡量,但员工的个人能力却对研发结果有很大影响。因此研发人员通常采用能力工资和团队绩效奖励相结合的方式。

企业在设计研发人员能力工资结构时,有两个要点:①工资浮动幅度;②工资等级。研发人员的工资浮动幅度应该尽量的大,以便能拉开不同能力员工的薪酬差距,从而能体现个人能力对研发的重要性。此外应该设置固定的工资等级,并根据职位分析确定的能力模型设定工资等级。工资等级的作用在于将员工能力与工资客观地挂钩。明确的工资等级能激励研发员工努力学习提高自身能力。

由于研发人员的个人绩效较难评定,因此研发人员的绩效奖励通常采用团队绩效方式。团队绩效根据团队的类型不同可以分为部门团队和项目团队两种。部门团队是根据部门业绩评定部门奖励,然后再将部门奖励分配给个人。项目团队的团队绩效通常采用项目提成的方式,团队采用项目方式管理和分配奖励。

此外,对于关键研发人员,企业还需要有其他激励措施。比如初创企业常常给予关键研发人员股权或利润分享。有些企业还给予关键研发人员总裁特权,比如有权使用公司轿车等。

【本章小结】

薪酬是企业对员工价值的肯定。薪酬管理的目的是引导员工的行为。由于人类的行为具有复杂性,因此企业需要采用不同形式的薪酬:工资、津贴、奖金、福利和股权。企业在设计工资、奖金、福利等的组合时,需要兼顾内部一致性、外部竞争性,并且要能体现员工的价值,遵守国家法律法规的规定。

企业基本的薪酬体系有以职位、以技能或能力、以绩效和以资历为基础等四种。企业薪酬体系的设计基本步骤是工作分析、职位评价、薪酬调查、薪酬定位、薪酬结构设计和薪酬体系的实施与修正。宽带薪酬是目前国外比较流行的新型薪酬管理模式,比较适合知识型经济下新型组织的需求。

员工福利是薪酬中满足员工保障需要的部分。有些福利是法律规定的部分,包括社会保险、假期制度和住房公积金等。有些部分则是企业自行提供,目的是减少员工的生活顾虑,将精力更多投入到岗位工作。弹性福利制度将是企业今后在福利管理上的一种新趋势。

不同职位类型在薪酬管理上就有所差异,如企业高管、外派人员、销售人员和研发人员。这些职位类型因为特色明显、重要性高,因此在薪酬管理上需要特别考虑。

直线部门经理和人力资源部门人员在薪酬管理方面的职责分工情况如下:

	直线部门经理	人力资源部门人员
薪酬管理	1.帮助确定体现职位价值的因素 2.帮助选择需要调查的对象 5.确定团队绩效奖金的分配 6.收集并提供员工福利建议	1.组织职位评价工作 2.评价职位在企业中的相对价值 3.设计薪酬调查问卷并组织实施薪酬调查 4.设计工资结构体系 5.设计奖励性薪酬方案 6.设计员工福利政策 7.计算员工工资 8.计算员工奖金并报高层批准 9.帮助员工了解企业福利包的内容 10.发放工资、奖金和福利

【复习思考题】

1. 企业薪酬包括哪些内容？
2. 薪酬管理的内容是什么？
3. 企业薪酬设计应该遵循哪些原则？
4. 哪些因素会影响企业薪酬政策？
5. 职位评价有哪些方法？
6. 奖金设计有哪几种类型？
7. 国家法定的员工福利的内容是什么？

【技能应用题】

1. 用各种职位评价方法分析自己家庭中各"职位"的相对价值。（提示，不必局限价值的含义，可以自行确定对家庭而言重要的价值是什么。练习的重点是熟悉各评价方法的应用。）

2. 选择一个你熟悉或喜欢的工作，设计一次薪酬调查，然后撰写一份薪酬调查报告。

3. 选择你喜欢的一个行业并假设自己是这个行业的一位老板，企业有 10 名员工。根据你选择的行业设计一个薪酬体系，重点要说明设置该薪酬体系的理由。

4. 上网查找一家知名企业的信息，了解该企业的福利方案，并说明如何能将弹性福利制度应用于该企业。

【案例分析题】

案例分析一：华为的薪酬体系

是薪酬，也是心愁，白了 HR 的少年头。开春三月正是许多公司为即将进入一个新的财政年度精心制定薪酬策略的时候。同行业的薪酬行情如何？整体的薪酬市场又将面临着什么样的问题？考虑到这些问题，对于本公司的薪酬战略又应该如何制定呢？这一些不仅仅是领导者在关注的问题，同样更是站在第一线的 HR 们需要身体力行的任务。

岁前岁后，总有人才流失，也由新鲜的血液进来，如何把一年年的积累下来的好员工通过薪酬体系留下来，又怎样才能把中高层管理人员的积极性调动起来？就这些问题，我们可以看到大面积的进人也大幅度地走人的神秘的华为集团可以说独有法宝，也正是这些法宝让华为人一直像"狼"一样进攻着市场。华为是如何做到这一点的呢？

曾经担任华为集团副总裁、人力资源总监的张建国先生则从一个体系的构建上作出了具体的剖析。

"薪酬"对每一个人来说，都是一个非常关心的话题，但是，作为 HR 来说，制定这样的一个体系首先要着眼于企业的战略发展。张建国认为，薪酬设计关键是要达到两个核心目的：一个是效率，一个是价值。从而通过薪酬设计体系实现效率优先，兼顾公平，可持续发展。从这个意义上讲，薪酬设计将不再仅仅停留在单纯的薪酬问题，它将为提高企业的竞争力以及全体员工的士气和对公司的归属意识，起着战略性的意义。

"HR要从企业自身的价值导向和战略目标两个层面来考量企业的薪酬架构,并在这个基础上对企业内部各类人员进行价值排序,并衡量各自的价值。"那么,对于今天面临着人心涣散或者高人才流失率的企业来说,企业在薪酬设计体系上应该如何着手呢? 在南国花园会所里,已经是益华时代管理咨询公司总经理的张建国先生提出了这样的一个案例:

"就拿我做的一个珠海德案例来说吧,根据了解,这个公司的员工月收入都普遍比较低,但是每每到了年底,就有可能莫名其妙地得到一大笔奖金。从老板的角度来看,他的薪酬成本还是比较高的,可问题是,有些员工仍旧对薪酬有很大的报怨,甚至有些骨干员工觉得受到不公平待遇,纷纷离开公司,另谋高就。遇到这种情况,老板也很委屈:我没少花钱,怎么就留不住人呢?"

"这说明了一个什么? 这是因为虽然企业发给员工的薪酬较高,但是员工在工作中感觉不到,年底总收入高,这在很多人眼里只是一个未知数。企业虽然支出的钱不少,但他没有充分发挥员工的自主能动性和满足员工的自我价值实现意识,在员工的眼里,年底的那份奖金是不可知的,这也就与他的个人能力或者是绩效考核方面无法关联,所以,这样的薪酬体系不但找不到好的人才,而且也留不住好的人才。"

除了要让员工感觉到劳有所得外,是否还需要树立一种薪酬的等级制度? 对此,张建国谈到了这样的一个情况,在一些企业里边,在员工阶段,企业往往能够将现金收入等量化进他们的工资报表中,但是到了管理层人员,因为这个、那个的原因,许诺了许多,也划拨了许多,但在工资中就是体现不出来,这往往就造成中高层离奇地离开,也就是,你没有提拔他的时候,他作为员工还是就就业业地工作,但提拔了却反而逼着他选择了离开。不是这些中高层出了问题,而是企业家、或者是人力资源管理方面没有随着提拔而改变相应的管理方法。

1. 构建内部公平与外部竞争的薪酬体系

所谓内部薪酬的公平,就是要求自己所得要与公司内部做出相同贡献的人相当。但具体起来又怎么执行呢?

公平是相对的,而不公平是绝对的,而这个不公平又是怎样才可以核算呢? 张建国提到,处于这种情况下的企业是有很多的,在内部薪酬公平这个问题上,有的员工在感到自己受到了不公正的对待后,可能会采取各种消极抵抗的方式对待工作,甚至最终会离开公司。由于现代企业是一个分工协作的群体,个人对组织的边际贡献很难准确测量,大多数员工总会认为自己贡献得多而收入得少,总会希望取得更多的报酬,因而"自我比较不公"总是存在。企业要关注解决的主要是内部公平,但内部公平的测量在很大程度上要依据外部比较。因而在关注内部公平的同时也要关注外部竞争。

而外部的竞争力则主要是通过薪酬的调整与支付来进行分析,具体的评价标准是:第一看是否能有助于实现企业战略,第二看能否帮助提升企业战略,最后看能否促进组织成长。在这个基础上确定了以市场、责任、行为、绩效为一体的四大要素薪酬评价体系后,这种外部竞争力的分析才能够帮助企业来具体解剖其薪酬考核体系是否完善。

体系毕竟是一个比较宽泛的东西,就具体到薪酬的层面上,大约存在哪些不同的划分? 对于企业不同员工来说,又应该怎样分配才是合理的呢?

对这个疑问,张建国解释,一般来说,报酬的存在有以下四种不同形式:股金、工资、奖金、福利。具体分配比例为:操作人员基本工资占月总收入90%,奖金占10%,无股金;专业人员为基本工资60%,奖金25%,股金15%;中层经理基本工资为50%,奖金30%,股金

20%;高层基本工资为40%,奖金20%,股金40%。通过实践证明,如果合理的运用这种分配形式,效果会是很好的,既保证留住了高层管理人才,又激励了刚进入公司的员工,大大提高了公司的人力资本。

2.华为的薪酬体系模型

结合在华为集团多年做人力资源的经验,张建国具体地从华为的薪酬模型来分析这个企业为什么能够抑制具有"狼"的精神的"DNA"所在:这首先就是我们刚才特别强调的华为的战略观念:在薪酬体系构建上的内部公平性和外部竞争性的辩证统一;在具体的职位评估上的完善分级,即:第一,明确公司价值导向,第二,确定职位评估原则,第三,确定职位评估方法,第四,评估职位等级。

当然,确定了这些评价体系与标准后,还要有详细的、充分的调查、研究与制度,以保证论证的合理性。

思考题:

请根据案例思考下列问题:

1.你认为怎样才能体现薪酬公平?

2.谈谈你对华为工薪酬体系的看法。

案例分析二:薪酬系统的冲突①

两年前,某国有企业与刚进入国内的某外资企业合资成立了融创电子商务有限公司。身处一个非常有潜力的行业,融创的发展突飞猛进,去年年销售额达30亿元人民币。然而在公司快速发展的过程中,内部却出现了一些矛盾,员工们无心工作,怨声载道,而这一切的焦点都集中在薪酬上。

"我在这里工作比在原来的国有企业累多了,为什么还是按原来的标准给我发工资?"

"同是一个公司的职员,为什么他的工资标准比我高出这么多?"

"凭什么外企过来的人就能拿那么高的工资?"

……

融创公司的薪酬体系到底出现了什么问题,引发如此多员工的不满? 融创高层管理者一致认为是人事组成结构的复杂性导致了薪酬体系的内部不公平。

融创公司的在职人员由三部分组成:国有企业派来的;外资企业派来的;融创向社会招聘的。这就使公司的薪酬存在着三种体系:国有企业派来的是将原来的工资标准平移过来,外资企业派来的员工拿着很高的外资企业补贴,合资公司招聘的员工按照合资公司的标准领取薪酬。这三种薪酬体系造成了员工矛盾的激化。

鉴于这种情况,融创公司决定进行薪酬改革,统一薪酬标准。然而,改革并没有消除员工的不满,反而将矛盾进一步升级。由于公司高层大部分是国有企业派来的管理者,因此改革后实行的薪酬体系带有浓厚的国企色彩,而这与注重追求效率和激发员工积极性的外企薪酬标准形成了鲜明的对抗,于是公司中国企员工与外企员工之间的矛盾不可避免地被激化了。

---

① 来源:http://www.chinahrd.net/zhi_sk/jt_page.asp? articleID=82502.

在融创新制定的薪酬标准中,固定的基本工资和岗位工资占有很大的比重,而浮动的绩效工资只占有很少的一部分,少到基本无法体现员工之间素质、能力的差异。例如,一个普通业务员的月薪是 2000 元的话,那么他的固定部分是 1800 元,而浮动部分只有 200 元。这是典型的国有企业薪酬标准,目的是为了让员工有一种稳定感。但是,外资企业大多希望自己的员工有一种压迫感,他们会把绩效工资提得很高,让员工之间素质、能力的差异在薪酬上有所体现,促使员工在这种差异的激励中不断进取。于是,不同文化下的薪酬标准的差异使员工之间的内部公平受到冲击。

明显的国企薪酬文化还体现在绩效工资的考核上。绩效工资扣的多,奖励的少。公司领导层为了稳定,对员工做了大量限制性条款,甚至有下班忘记关电脑扣绩效工资 50 元的规定。员工在这种薪酬文化的影响下,天天只会想着不要犯错误。而外企的薪酬文化是以激励为目标,相反,他们考核指标中更多的是如何给员工增加绩效奖金的条款。这样的差异体现在公司里,必然会引发大量从外企过来的员工的不满。

岗位价值体现不公平也是矛盾的焦点。国有企业以公平为主,外资企业注重效率。融创公司内部,现各部门岗位的基本工资和岗位工资都没有拉开距离,大家基本上都是一样的,这看起来好似公平,但是从外企过来的员工对此的抱怨声一浪高过一浪。他们认为公司内各部门各岗位职责不一样,承担的责任、工作的难度都有很大的差异,这种差异体现在员工的能力、工作量上,这样一碗水端平,的确有失公平。

……

很明显,两种薪酬文化激烈交锋,严重制约了公司的进一步发展。

思考题:

案例中的薪酬冲突是近年企业转制、兼并中常见的一个问题。这个问题很难解决,但却不得不面对。请思考以下问题:

1. 结合自己对国企和外企的了解,描述在你的印象中,国企的薪酬政策有什么样的特点,外企的薪酬政策有什么样的特点。两种薪酬体系的优劣各是什么?

2. 相同的薪酬政策,国企的员工认为公平,外企员工认为不公平。你支持那一方? 请说明理由。

3. 如果现在需要你帮助修改融创公司的薪酬政策,你打算怎么改? 请制作简单的项目计划书。

第七章　培训与开发

【引导案例】

宝洁大学:无处不在的学院[①]

很难想象,一家已经170多岁的老公司,每年还能吸引无数年轻名校生的青睐,人才流失率一直维持在不到行业平均水平的一半。而即便那些离开的人,也大多对这所商界的"黄埔军校"心存感激与怀念。他们都以曾在这所学校学习过而倍感自豪,并自发建立了一个闻名业界的校友会。

它并不是牛津、剑桥,不是耶鲁、哈佛,它只是一所企业的大学。它的名字叫宝洁学院。在"宝洁校友会"长长的名单中,不乏微软的史蒂夫·鲍尔默、易趣的梅格·惠特曼、波音的吉姆·麦克纳尼、通用电气的杰夫·伊梅尔特、联合利华的保罗·波尔曼这些大名鼎鼎的商业领袖。"宝洁校友"在商界的威名,甚至让猎头公司直接把分公司开进了宝洁所在的写字楼。

宝洁的企业大学由全球总部的GM学院、全球总部职能部门的职能学院、各大区的宝洁学院和大区的职能学院四部分共同构成。其中,GM学院针对的是总经理级及拟提升为总经理的员工。宝洁在全球的每个大区都有一所宝洁学院,它的定位非常清晰,只负责培训新员工的公共技能。相关专业技能培训则由全球总部级别的职能大学及每个大区的职能学院承担,因此宝洁大学就是由几十个彼此独立的学院构成的全球化的企业大学。

作为宝洁内部最高级别的培训项目,总经理学院(GM college)专门负责培训那些总经理级别或拟提升为总经理的员工。这个师资高端、耗资巨大的项目以主题鲜明的奇特课程著称。"太牛了!先是一位美国盲人分享攀登珠穆朗玛的经历,然后是画家给学员们画像,做成一面形态各异的人物墙,还有就是HR跟着自己的顾客去商场shopping……每次都有

[①]　改编自牛思远等:"宝洁大学:工作着　学习着　快乐着",http://www.pg.com.cn/News/Detail.aspx? Id=889,原文转载自《南都周刊》。

一个鲜明的主题,精彩极了!"说这些话时,宝洁大中华区人力资源部副总监陆国坤眉飞色舞。宝洁总经理学院的培训分为两个板块,除了每个季度各个大区的总经理都会到辛辛那提的总部开会,由总部的副总裁甚至 CEO 讲课以外,还有一个板块需要总经理们和自己的 HR 一起参加,HR 充当总经理的教练。令陆国坤印象深刻的美国之行,便是他以"总经理教练"的身份去的。"对总经理级的高管是会专门配备教练的。"为了做好"教练"的工作,陆国坤也要参加专门的培训,"前阵子我就去马尼拉参加了四天培训,专门教你作为总经理的教练,如何去培训你的总经理,怎么帮助他制定计划,参加他的会议,怎么跟同事交流等。"

正式成立于 1992 年的宝洁学院(P&G college),是一个有正式编制和专职人员的实体部门,其宗旨是将公司高级经理的经验及理念传授给其他年轻的员工,每年大约有 4000 名员工在宝洁学院接受培训。陆国坤解释,大区宝洁学院的定位非常清晰,只负责新员工培训中的公共部分和公共管理技能的部分培训,不会包揽一切。在中国宝洁学院,有 20 多门公共课程,大致分为领导力、基本管理沟通技巧和通用管理技巧三类。就像大学里的公共课一样,它们教给员工的是"通识能力"。中国的大区宝洁学院设在人力资源部内,有 4 名左右的培训协调员。这些协调员每人负责内容相近的几门课程,相当于这些课程的项目经理,负责发掘讲师、更新讲师、培训教材更新、培训申请注册、课程评估等整个培训的过程。从教学力量的角度看,宝洁学院又是一所虚拟学院。因为学院的老师是分散在各职能部门的主管,学院主要扮演组织者和协调者的角色,按照课程的需求邀请资深的高级经理人来讲课。

与有正式编制和专职人员的宝洁学院不同,各职能学院是高度灵活的非正式组织,学院的名称每年都可能发生变化。除了生产部和销售部等大的部门设立专职培训经理和培训管理员外,其他部门的培训经理和培训协调员都是兼职的。这些专职或兼职的培训经理就是职能学院的"院长",需要为本部门的同事设计最符合部门特色的专业课程,请来最合适的讲师授课。就跟传统大学里按学科划分的学院一样,依据各自的特色需求,不同部门的职能学院建立起的培训内容和体系常常会截然不同,只不过比传统大学的课程更贴近企业的需要。在客户关系发展部(CBD),一名新进的管理培训生将得到一整年 52 个星期的岗上培训。如果你进的是核心生意渠道(CBC),这一年中得到的则是销售技巧的集中培训,并会与分销商的销售代表一起进行各种规模的顾客覆盖和运营。"我们部门现在就有个三级经理在做'bring outside in'课程,每次一个话题,请别的跨国公司、咨询公司、公关公司的高层来讲课,很受欢迎。"对外事务部高级经理张群翔说,在强调内部传承的宝洁,这种外部讲师授课的形式并不多见,"也仅是因为我们部门是窗口,才会这样。"

无论是哪一个职能学院,按级别培训的思路和大区宝洁学院都是一样的。宝洁大中华区通用的员工级别从 1 级到 6 级,一个正式员工从 1 级经理开始,每往上升一级都要经历对应的培训课程。据陆国坤介绍,级别不同,课程的内容和难度也不同。而像市场部,对应不同级别员工的职能学院干脆直接冠名为"助理品牌经理学院"、"品牌经理学院"和"总监、副总监学院"。

培训机制是整个培训体系里非常重要的组成部分,它涵盖了宝洁从实习生到总经理的所有员工,自迈进宝洁大门的那一天开始,培训的项目将会贯穿他们直到退休的整个职业生涯。在不同的职业阶段,在不同的部门岗位,都有相对应的培训项目——就仿佛一条制造人才的流水线,在个人成长的不同环节为你定制不同的部件和养料。

培训与开发一直是企业获得竞争优势的重要方式,但培训与开发并不是都能带来期望的结果。提高培训与开发有效性的关键是对培训与开发进行系统化的管理。

第一节　培训与开发概述

一、培训与开发的含义

培训(training)与开发(development)是一对联系密切而又有所区别的概念。虽然在组织管理的实践中经常不作严格的区分,但它们还是具有不同的含义和侧重点。培训主要指的是向员工传授完成当前某项任务或工作所需的知识和技能,而开发拥有

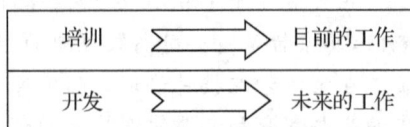

| 培训 | ⟹ | 目前的工作 |
| 开发 | ⟹ | 未来的工作 |

图 7-1　培训与开发的区别

一个更长期的关注焦点,更加强调和关注于为未来工作任务做准备(如图 7-1 所示)。本书不对培训和开发进行严格的区分,某些地方使用简称"培训"。

培训与开发指的是组织为了使员工获得或改进与工作有关的知识、技能、态度和行为,所做的有计划的、系统性的各种努力,通过这些努力可以有效地提高员工现在和未来的工作绩效并帮助员工对组织的战略目标做出贡献。现代培训与开发强调组织与个人的共同成长,一方面培训开发工作应当以企业战略为出发点来开展,服务于企业的整体发展;另一方面培训与开发的重点在于通过有计划的学习,帮助员工个人提高关键技术和能力,同时与员工的职业生涯发展相一致。

常见的培训与开发活动主要包括:新员工的入职培训、员工的业务培训以及管理技能开发等。新员工入职培训是指新员工学习组织重要的价值观和行为规范,学习如何建立工作关系,以及学习如何在岗位上行使职责的过程。员工的业务培训把范围缩小到向员工传授与具体工作和任务相关的某一特殊领域的知识和技能。管理技能开发则是针对管理者进行的一项培训计划,其目的是为了让管理者能够适应组织所面对的变化多端的环境,不断提升自身的管理技能和能力,帮助组织实现可持续发展。

二、培训与开发的意义

随着时代的变迁,企业越来越重视培训与开发,每年都投入大量的人力物力。其原因主要来自内外两个方面,一方面是外部市场竞争环境与内部组织结构等变化带来的巨大压力,另一方面则是由于培训与开发的投资带来的高回报而产生的内部驱动力。

1.培训与开发的背景

企业之所以越来越重视培训与开发的投入,有以下三点理由。

(1)企业的竞争加剧,员工素质与能力的竞争至关重要

随着经济全球化、世界一体化脚步的加快,企业之间的竞争日趋激烈。在当代社会,激烈的企业竞争背后实际上是员工素质与能力之间的竞争,谁拥有高素质的人才,谁就会立于不败之地。据日本的一项研究证实,不同素质的工人对降低成本的作用大不相同,如果一般工人的作用是 5% 的话,受过培训的工人的作用则是 10%～15%,受过良好教育培训的工人是 30%,受过良好培训的员工是初始状态效率的 6 倍。海尔集团之所以能够成为世界冰箱

十强,与该公司着力加强人力资本投资、提高员工素质是分不开的。

(2)新技术的不断应用,促使员工不断知识更新

不断发展的新技术使得传统制造业的许多工作岗位消失,技术与知识的更新速度加快,这一切都迫使企业对员工进行有效的培训与开发来推动员工的知识更新。如今,报纸和商业杂志上出现了越来越多的有关培训与开发的标题,例如"将管理技能开发作为一种竞争性武器"、"培训是敲开竞争之门的钥匙"等等。这种趋势使得企业的管理者开始意识到培训与开发的重要性,开始大范围地在企业开展起各种形式的培训与开发活动,从而更新了员工的知识与技能。

(3)企业组织结构的变化,员工要承担更大的责任

企业组织结构的变化,要求每个员工承担更多的角色和更大的工作职责。企业结构的扁平化,管理层级减少,员工需承担更多的责任;并购、裁员后留在企业的人员需要承担更多的工作。这些都需要开展相应的培训。

2.培训与开发的作用

企业的培训和开发实践能够通过提高工人的能力和减少不希望的人员流动来作贡献。随着时代的发展,培训与开发已具有更多的战略意义。

培训与开发的作用主要表现为以下几点:

(1)提高工人的能力

培训和开发试图使工人们成为更好的员工,这将通过使他们的知识基础、态度和/或技能产生持久的变化来实现。那些缺乏必要能力的工人能引起逐渐损害有效运作的问题。例如,这样的员工可能犯错误,这些错误需要代价高昂的返工,引起整个系统的停顿和/或引发严重的事故。

(2)减少流动的可能性

有一些员工,常常是其中最好的那些人,由于对公司管理其员工的方式不满而离开该公司。一个公司的培训和开发实践能帮助缓解这个问题,它通过培训与开发来改变不良的管理实践,从而试图改变那些实行无效管理方式者的行为。

低劣的工作绩效也会引起流动——工人们可能因为缺乏必要的工作技能而被解雇。虽然在一些情况下这样的个人应该被解雇,但培训能够通过以下方式防止那些不必要的解雇:

第一,提高员工的工作技能,从而提高工作绩效。

第二,提高主管、经理管理"低效"工人的能力。

第三,对技能已过时的人进行再教育,允许组织分配给他们新的工作职责。

百事可乐公司曾经在深圳公司受过培训的270名员工中选取了100名员工进行抽样调查。调查发现,80%的员工愿意继续留在公司工作。员工反映培训不仅提高了他们的技能,而且提高了对企业文化的认同和对自身价值的认识,对企业目标有了更深刻的理解。大约有95%的参加者对培训的满意度很高,对满足顾客需要更增强了信心。可见百事可乐公司的培训投资不仅提高了员工的忠诚度和满意度,对于企业业绩成倍增长也提供了可能。

3.培训与开发的成本效率

大多数的组织在培训和开发上花费了大量的时间和金钱,因为这些实践能与企业战略与企业竞争力产生一种重要的联系。组织者期待着(至少是希望)这些时间和金钱的投入会带来丰厚的回报。

国内外学者在对培训与开发收益进行研究时发现,培训与开发投资可以给企业带来较大的收益,最直接影响应是产品质量的改进和服务质量的提高。企业推行培训计划的主要原因是为了提高管理人员的管理技能;解决因技术引进、更新或生产效率较低所引发的问题;降低工作中较高的差错率、返工率和浪费现象;满足顾客的要求,改善与顾客的关系;留住优秀的技术人员;提高企业竞争力等。

但也学者认为,由于培训与开发组织不力,培训与开发并没带来期待的回报。诺伊指出"不幸的是,许多公司的培训和开发实践并没有给员工们或公司本身带来任何真正的好处。许多美国组织的培训和开发实践的成功率相当令人沮丧。例如,在有代表性的公司中,约有一半公司的培训成本被浪费了,仅有10%的培训学习材料被真正用于工作。"

因此,高质量的培训管理就变得至关重要。

小知识

首席学习官(CLO) 首席知识官(CKO)

为了强调培训的重要性,许多企业都设置了名为"首席学习官"、"首席知识官"的职位。然而,必须强调的是,CLO的角色并不是培训部门的虚职。实际上,CLO承担了战略性领导的职能,通过为员工个人和企业提供培训,把学习、知识与企业必需的整体战略经营能力结合起来。根据摩托罗拉大学校长的观点,首席学习官必须能够愉快地与董事会和高层管理班子合作,长期成功地管理某些业务部门,并能理解成年人的学习技能和过程。只有满足上述条件的首席学习官,才能为企业制定战略性的培训计划。

[资料来源于诺伊、霍伦拜克、格哈特、赖特著:《人力资源管理:赢得竞争优势》(第三版),中国人民大学出版社,2001]

三、培训与开发流程

培训与开发要遵从一定的流程,才能提高它的有效性。通常认为培训与开发过程包括四个基本步骤并形成循环(如图7-2)。第一步是培训需求分析,明确是否需要培训,需要什么样的培训,谁需要培训等内容。第二步是培训项目的设计与开发,包括培训目标的确定,培训方法的选择,考核方式的设计及培训具体实施计划的制定等。第三步是培训的实施过程,把设计好的培训有效地传递给学员。第四步是培训效果的评估,评价培训是否达到了预期目标,是否有效,培训效果评估可以为下一轮的培训需求分析提供依据。

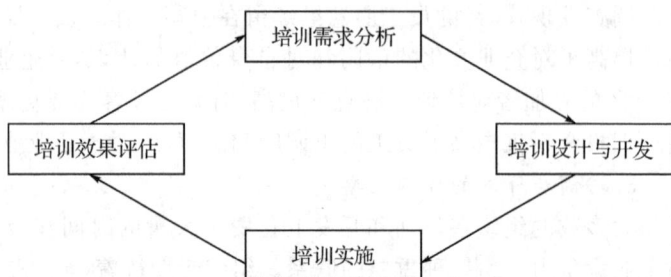

图 7-2 培训流程

第二节　培训需求分析

一、培训需求分析概述

培训需求分析(Training Needs Analysis)是指通过系统地收集组织及其成员现有绩效的有关信息,确定现有绩效水平与应有绩效水平的差距,分析并确定培训是否必要,如必要则进一步找出组织及其成员在知识、技术和能力方面的差距,为培训活动提供依据的活动。

图 7-3 显示了培训需求分析涉及的三个要素和培训需求分析的原因和结果。我们可以看到,在企业运营的过程中,可能会出现许多不同的"压力点",这些压力点都可能带来培训的需求。这些压力点包括绩效问题、新技术的产生、内部或外部顾客的培训要求、工作重新设计、新立法的出台、顾客偏好的变化、新产品的开发或员工基本技能的欠缺等。但要注意这些压力点仅显示了培训的可能性,并不能说明培训就是解决问题的正确途径,需要通过组织、任务、人员三个要素的分析才能确定培训是否应对压力、解决问题的最优途径。

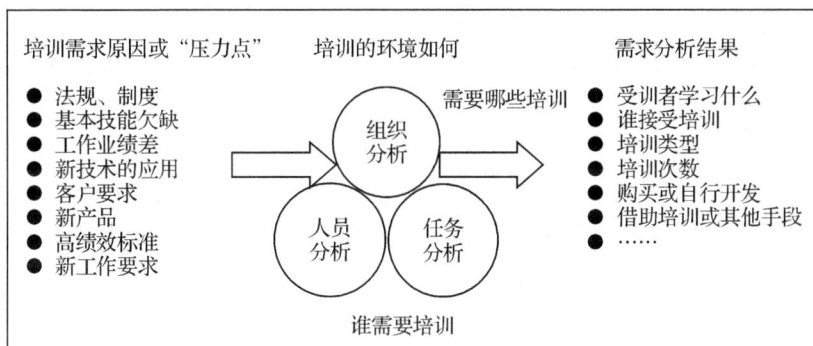

图 7-3　培训需求分析过程

培训需求分析的结果如图 7-3 所示,需求分析可使组织获得谁最需要培训和受训者需要学习什么等方面的信息,包括他们通过培训要完成的任务,知识,技能,行为方式及其他工作要求,还可帮助企业决定是从供应商或咨询者那里购买培训,还是利用内部资源自行开发培训。

二、培训需求分析的重要性

培训需求分析是培训与开发的首要和必经环节,是其他培训与开发活动的前提和基础,如果没有合理地实施这一步,那么将产生以下一种或几种问题:

(1)培训会被错误地当作解决某些绩效问题的措施(但是,解决这些绩效问题的关键是解决员工的动力、工作设计或对绩效标准进行更好沟通的问题)

(2)培训项目可能使用错误的内容、目标或方法。

(3)那些不具备培训所需的基本或必要技能以及学习自信心的受训者会被要求参与培训项目。

（4）培训传授的不是期望的学习、行为改变或企业期望的财务结果。

（5）在与企业经营战略无关的培训项目上面浪费资金。

需求分析在培训中具有重大作用。具体表现为以下几个方面：

（1）寻找组织绩效问题产生的原因。不同的组织有不同的问题存在，相同的问题在不同的组织系统中不能采用同样的培训方案，即使是相同的问题在相同的组织系统中但在不同的阶段也不能采用同样的培训方案。因此，培训人员必须依据组织环境寻找真正的组织问题，再设计培训的内容与方式，才能有效解决组织中存在的问题。

（2）确认差距。培训需求分析的基本目标是确认差距。主要包括两个方面，一是绩效差距，即组织及其成员绩效的实际水平同绩效应有水平之间的差距，它主要是通过绩效评估的方式来完成的；二是要达到一定绩效目标而存在的知识、技术、能力方面差距。

（3）了解员工个人需求，赢得组织成员的支持。组织中的培训与开发工作必然会影响到组织成员的日常工作和行为，因此，需要获得组织人员对培训活动的支持来保证培训活动的顺利进行。如果没有组织支持，任何培训活动都不可能顺利进行，更不可能获得成功。而获得组织支持的重要途径之一就是进行培训需求分析。

除了解决员工工作绩效的问题之外，员工本身的个人能力发展与个人成长的需求已经成为不可忽视的部分。所以，培训需求分析还能够了解员工个人职业发展需求，帮助员工培养多方面的专长并提升工作能力，从而有助于组织的发展。

（4）建立信息资料库，为培训效果评估做准备。培训需求分析实际上是一个通过各种方法收集与培训有关的各种信息资料的过程，通过这一过程，可以建立和完善培训与开发的信息资料库。一个设计良好的培训需求分析能够确定有效的培训战略、培训重点，确立培训内容，明确目标学员等。此外，培训需求分析所收集到的资料可以作为培训效果评估的标准，用此标准来分析所进行的培训项目的有效性。如果缺乏需求分析的资料，则培训效果评估工作将无基础可言。可见，培训需求评估是培训效果评估最为重要的前提。

（5）确定培训的成本与价值。培训需求分析可以回答，一个培训项目究竟需要投入多少成本才符合经济的原则，培训的投资是否获得应有的产出，培训的投入与产出之间应该保持一个什么样的比例等问题。如果进行了系统的培训需求分析，并且找到了存在的问题，分析人员就能够把成本因素与预期的产出引入到培训需求分析中去。

三、培训需求分析的要素

如图 7-3 所示，培训需求分析可以分为三个要素，分别是：组织分析、任务分析、人员分析。这个要素也经常被称为三个层次，它们的先后顺序并无定规，它们并不是截然分开的，而是相互关联、相互交叉、不可分割的。

组织分析（Organizational Analysis）用来确认培训是否符合公司的战略目标、组织文化以及公司是否具有进行培训所需的资金、时间和专业技术等资源。任务分析（Task Analysis）能够确定职位的各项任务，精细定义各项任务的重要性、频次和掌握的困难程度，并揭示成功地完成该项任务所需要的知识、技能和态度等培训内容。人员分析（Person Analysis）是从员工实际状况的角度出发，分析现有情况与完成任务的要求之间的差距，鉴别培训因素及非培训因素的影响，确定谁需要培训。

（一）组织分析

组织分析要确认培训是否支持公司的战略导向，管理者、同事、雇员是否支持培训活动，以及培训资源是否存在。需要综合运用文件查阅、访谈及焦点小组等方式进行。主要分析以下几个方面：

（1）公司的战略导向。研究表明，经营战略与培训的数量和类型密切相关。企业常用的战略有集中战略（Concentration Strategy）、内部成长战略（Internal Growth Strategy）、外部成长战略（External Growth Strategy）和紧缩投资战略（Disinvestment Strategy）。培训活动会随着战略的不同而变化。比如，注重集中战略的企业应注重技术交流与现有劳动力的开发；实行紧缩投资战略的企业要培训员工寻找工作的技能，要注重跨专业培训，以使留下来的员工承担更大的任务；采取内部成长战略时，要保证员工随着产品和服务的更新也不断地进行知识的更替；实行外部成长战略的企业，要确保合并后的新公司员工拥有帮助企业实现新战略目标所需的技能。

（2）管理者、同事对培训活动的支持。研究表明，管理者和同事对培训的支持对员工参与培训的热情有十分重要的影响。培训成功的关键是管理者和同事是否愿意向受训者提供有关如何在工作中有效利用培训中学到的知识、技能、行为方式的信息，并提供在实际中应用所学内容的机会。

（3）培训资源。要弄清楚企业是否拥有培训经费、培训时间及与培训相关的专业知识。这将决定选择何种策略来满足员工培训的要求，选择自己开发培训还是向外购买等。

（二）任务分析

任务分析的结果是对工作活动的详细描述，包括员工执行任务和完成任务所需的知识、技能和态度。任务分析是针对职位而不是工作执行者的，主要是描述执行一项工作时一系列的工作活动，以及执行该项任务时的工作条件。

任务分析包括四个步骤：

（1）选择待分析的工作岗位。

（2）列出工作岗位所需执行的各项任务的基本清单，这主要通过访问并观察熟练的员工和访问他们的经理获得。

（3）确保任务分析基本清单的可靠性和有效性，让一组专门项目专家以开会或接受书面调查的形式回答有关工作任务的问题，如执行该任务的频率如何，完成这项任务有多困难等。以选定那些重要的、经常执行的和难度较大的任务作为培训的候选。

（4）一旦工作任务确定下来，就要明确胜任各项任务所需的知识、技术或能力。可以通过访谈和调查问卷的形式来收集。

（三）人员分析

人员分析，主要通过分析员工目前实际的工作绩效与预期的工作绩效来判定是否有进行培训的必要确定哪些员工需要培训。美国学者汤姆·W·戈特将"现实状态"与"理想状态"之间的差距称之为"缺口"，通过分析"理想技能水平"和"现有技能水平"之间的差距来确认培训需求。人员分析可以从员工个体特征和工作情况展开，个体特征包括基本技能、自我效能等；工作情况包括员工的工作输入、工作输出、工作结果和工作反馈等。

这部分还要明确培训是不是解决问题的最佳方案。在员工缺乏完成工作的知识和技能且其他条件允许的情况下，培训是必需的。如果员工具备执行任务的知识和技能，但工作输入、工作输出、工作结果或工作反馈不足,培训也许就不是解决问题的最好方案了。简单地讲,如果员工不知道怎么做,则需要培训,如果员工知道怎么做但没有做好可能更好的办法是管理制度调整、组织结构创新等。

四、培训需求分析的方法

培训需求分析的方法主要包括行为观察法、访谈法、调查问卷法等。每一种技术方法都有其优缺点,表 7-1 整理和总结了一些组织中常见的培训需求分析方法并描述了其优缺点。

表 7-1　培训需求分析的方法及其优缺点

分析方法	优点	缺点
行为观察法 以旁观者的角度观察员工在工作中或在会议进行过程中表现出的行为	• 得到有关工作环境的资料 • 将评估活动对工作的干扰降至最低	• 观察员需要具备熟练的观察技巧 • 只能在观察到的环境中收集资料 • 被观察者的行为方式有可能因被观察而受到影响
问卷法 采用不同的抽样方式选择对象回答问题,形式有开放式、等级量表式等等	• 可以在短期内向大量的人员进行调查 • 成本低 • 使被访者回答问题时更加自然 • 易于对数据资料进行归纳总结	• 问卷编制周期较长 • 限制受访者表达意见的自由,不够具体 • 回收率可能会很低,有些答案不符合要求
访谈法 是结构性或非结构性、正式的或非正式的对某些特定人群的谈话	• 有利于观察当事人的感受、问题的症结和解决方式。	• 费时 • 不易量化分析需要熟练的访谈技巧
团队讨论法 类似于面对面访谈。可以用于任务分析、团队问题分析、团队目标设定或其他关于团队的任务或主题	• 可以当场汇总不同的意见 • 讨论后最后决定能够获得支持 • 建立分享机制	• 费时 • 难以量化分析可能出现讨论不充分
咨询法 通过询问特定的关键人物来了解关于培训需求的信息;咨询对象一经确认可采用问卷、面谈等方法收集资料	• 简单省钱 • 可以建立和增强与参与者的沟通渠道	• 取得的培训需求资料可能会具有一定片面性
测验法 类似于观察法。可以测验员工的工作熟练程度和认知度,发现员工学习成果的不足之处	• 结果容易量化分析和比较 • 特别有助于确认问题的发生原因是因为知识、技能还是态度等因素导致的	• 结果只能适用于说明测验所测到的知识能力 • 无法展现实际的工作行为与态度 • 效度不高
评价中心法 主要适用于管理潜能开发方面的评价	• 可以对人员的发展潜力进行初步确认 • 直观判断其发展潜力,减少误差,增加甄选的客观性	• 耗费时间、成本 • 评价被试者的潜能过程中难以有固定的标准可运用
书面资料研究法 用分析资料的方式考察相关的文献	• 通过现行的重要信息和问题的线索,提供客观的证据 • 资料容易获得	• 通常无法找到问题的原因和解决之道 • 信息的时效性差

上述的培训需求分析方法都有其优缺点,没有哪一种方法是绝对优于其他方法的,所以常常需要综合运用多种方法进行培训需求分析。现在企业也常常利用其他公司的培训实践信息来帮助确定适合自己的培训类型、培训水平和培训频率,这一过程被称为标杆法(benchmarking)。

第三节　培训项目设计与培训方法

一、培训项目设计

(一)培训项目设计概述

1.培训项目设计的含义

项目是培训与开发活动中的一个基本单元,项目设计的好坏对于提高培训与开发的有效性具有非常重要的意义。项目设计(Program Design)指的是培训项目的组织和协调。一个培训项目可能包括一门或几门课程,每门课程都要上一次或几次课,因此培训项目设计包括了确定项目目标和设计特定的课程。

培训项目可以通过下述途径来进行开发:由培训教师准备;组织自行设计开发;从外部组织购买;从外部购买并按照组织的特定需求进行修改。当选择了由组织自行设计和开发一个培训项目后,就必须掌握和了解如何才能设计与开发一个有效的培训项目。本节的主要内容就是具体介绍如何设计一个有效的培训和开发项目,以满足培训与开发的需求。

2.培训项目设计与开发的流程

培训项目设计主要指将确定的培训需求转化为培训目标、教材说明、测试方式以及培训策略的过程。而培训项目开发则主要是将教材说明、测试方式以及培训策略转化为具体的学员材料和指导教师所需材料以及具体的测试题目的过程。

图 7-4 是培训项目设计与开发的具体流程。第一阶段是确定培训目标,明确培训的预期成果;第二阶段是准备测试题目,确定检验培训成果的方法;第三阶段是选择合适的培训方法,以满足培训需求,达到培训目标;第四阶段是制定详细的培训计划;第五阶段是准备学员教材和教师教学资料包。

第一阶段主要是根据培训需求确定培训目标,即学员在完成培训后能干什么?该培训能够为学员提供哪些资源和帮助?如何评估他们的学习成果?第二阶段是准备测试题目,测试是衡量学员学习收获的一种方法,在该阶段主要考虑如何量化学习成果,是否可以通过某些方式量化在岗学习或脱产学习的结果,以确定检验培训成果的方

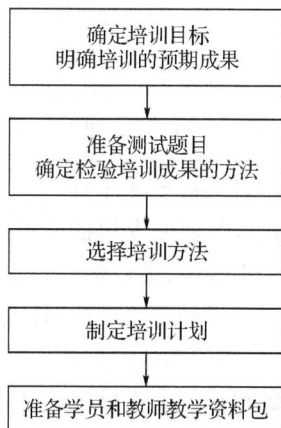

图 7-4　培训项目设计与开发步骤

法。第三阶段根据需要选择合适的培训方式,包括具体方法的选择,培训师、培训资料的选取等等,主要是考虑如何才能达到培训目标,什么样的材料最适合达到既定的培训需求,是

采取制作还是购买或修改培训材料，从而达到成本最优化等问题。第四阶段制定可操作的培训计划，计划要包括每部分的主题、目标、方法、测试手段及用时等基本要素。第五阶段准备学员教材和教师教学资料包。学员材料包括学员用书、学员的活动、预读资料等；教师教学资料包括教师用书、课程计划、辅助材料、在职培训的指导清单等。

（二）培训目标设计

培训与开发项目的目标是对某一个或少数几个培训需求要点的细化，它反映了组织对该培训与开发项目的基本意图与期望。只有在明确了目标之后，才能进一步确定为了实现目标应该采取的方法。正如在进行培训与开发活动之前要弄清楚培训需求一样，在实施具体的培训开发活动之前，拟定项目的基本目标，也具有重要的现实意义。

拟定培训与开发项目的基本目标，不仅要注意基本的格式，还要遵照一定的流程。如果在项目目标中没有具体说明受训者应该达到的作业水平、作业的环境条件和评价指标，那么这样的项目目标通常是含糊不清的，它容易使人们对同一目标作出不同的诠释，并由此导致冲突和分歧。为了确保目标的内容是清晰、无歧义的，在编写具体目标时要字斟句酌，最好在写完以后让经理或目标学员审阅一下。如果看的人不明白的话，那么就需要进一步修改。

因此，项目目标就是要明确、具体地阐述清楚受训者在接受培训之后，能够做什么（会什么）、在什么条件下做以及做到什么程度。换句话说，项目目标就是关于受训者在完成培训后应该表现出来的行为（行为改变）、行为赖以发生的特定环境条件，以及组织可以接受的业绩标准的表述。由此可以看出，一个完整的项目目标包括三个基本的构成要项：行为（能力）表现、行为发生的环境条件以及行为（绩效）标准，见表7-2。

表7-2　培训目标设定三要素模型

行为（PERFORMANCE）	陈述受训者/学习者被期望做什么（想得到的行为）
条件（CONDITIONS）	行为产生的条件
标准（STANDARD or CRITERION）	判断受训者行为的标准

例1.在培训结束后，能够装配投影仪部件（行为），要求在给出了所有零件，但不给厂家说明书（条件）的情况下，在10分钟内装好投影仪（标准）。

例2.在培训结束后，能够更换汽车轮胎（行为），只能使用千斤顶和扳手（条件），要求达到甲壳虫用户手册（2011）p.77上的标准，时间在10分钟之内（标准）。

（三）培训项目计划

培训材料开发包括课程描述、课程计划的撰写、培训方式的选择、辅助性材料以及测试题目的准备等，最后都体现于培训项目计划中。培训项目一般由许多关联的培训课程组成，因此课程计划是项目计划的基本单元。一份详细的课程计划设计主要是设计培训的内容和活动，安排活动的前后顺序，以帮助培训师顺利完成本课程的教学内容，达到培训的目标。

课程设计的指导思想是要贯彻和体现培训项目的项目目标，使项目目标通过一系列的课程内容能够转化为受训者的行为表现和绩效。通常情况下，为了实现某一具体的培训项目目标需要安排几个单元的培训课程。也就是说我们要根据项目目标将培训课程分为几个单元进行，并确定每一单元的授课主题。

小案例

苏宁的新员工在上岗前必须接受培训,每位新员工都要通过入职培训的"三关":文化关、制度关、经验关。

"文化关"主要是通过15天的标准培训完成,培训计划见表7-3。其培训目标是:在培训结束后,员工加深对公司的了解,将思想价值体系融入到公司企业文化中;提高工作技能和学习效率;建立起对公司的忠诚度,降低主动离职率。

表7-3 公司新员工培训项目计划

培训课程	培训内容	培训形式	培训时间
企业文化与企业发展史	公司概况、公司发展史与发展规划、企业文化、企业运营与组织体系、行业分析	授课	2课时
团队建设	班长竞选、士气展示	角色扮演	4课时
公司福利待遇	福利制度、企业晋升	授课 案例讨论	2课时
营销理论	市场营销、零售学	案例分析	2课时
服务礼仪	仪表、仪容、仪态	讲解训练	2课时
公司规章制度	节假日安排、组织纪律、职业准则	授课	2课时
岗位技能	连锁店基础知识(家电零售企业相关国家法律规定)促销管理、投诉处理、财务借款报销流程、销售技巧产品工作原理	授课	4课时
素质训练	思维判断能力、自我表达能力、职业规划	案例	4课时

二、培训方法

在长期的实践过程中,从传统的学徒培训到现代的 E-learning,培训方法有了很大的发展,形式更加多样。培训方法的分类方式有很多种,有些根据培训所用媒介来区分,有些则根据培训手段来区分,还有一些根据培训项目内容来区分。本节将培训方法分为:直接传授型培训法、实践型培训法、参与型培训法、态度型培训法。

(一)直接传授型培训法

1.讲座法(Lecture)

讲座是指培训者用语言传达想要受训者学习的内容。讲座是最常用的培训技术之一。它之所以这么流行,原因之一是这种方法可以在相对较短的时间内将大量事实性信息有效地传递给大量的听众。如果能在讲座过程中配合使用一些视觉资料,比如幻灯片、图表、阅读材料等,那么这种方法可以更有效地让听众理解理论概念、程序和其他陈述性资料。

不过,讲座式的培训方法存在沟通单向性的缺点。讲座的形式体现了组织传统的权威主义架构,而这种权威主义会引发消极的行为,比如被动学习和厌倦,不利于培训成果的转化和因材施教。此外,即便是演讲者表现得很出色,听众也非常专心,讲座也只能让他们了解一些概念性的知识,而对改变他们的态度和行为所起的作用较小。要想使讲座收到良好的学习效果,听众必须要有很强的学习动机。

与此相关的另一个问题是,在讲座的过程中受训者之间交流思想的机会也很少,没有相互之间的交流,受训者可能就无法从一个对他们来说都有意义的角度去理解讲座传递的信息。对于讲座在什么情况下是有效的,如何才能提高讲座的效果,还需要作进一步的研究。不过,到目前为止,有两点结论是清楚的。第一,生动有趣的讲座比枯燥乏味的讲座更能促进学习。因此,培训者应该想方设法让讲座变得更有意思。一些有经验的培训者说,30岁以下的年轻员工如果认为讲座没意思或讲座的内容与自己关系不大,最有可能抵制这种培训形式。第二,用其他培训方法(比如讨论、放录像或角色扮演)来辅助讲座,有一定的好处,尤其是在讲座的内容很抽象或讲座讲解的是一些程序性知识的时候,同时采用几种方法可以增强双向沟通,受训者可以更好地理解讲座的内容。

2. 研讨法(Seminar)

研讨涉及培训者和受训者,以及受训者之间的双向沟通过程。在培训过程中通常需要受训者的积极参与,而研讨则为受训者提供了获得反馈、澄清疑问、交流思想的机会。由于有了双向互动的过程,采用研讨的方法可以克服单纯讲座带来的问题。研讨的组织者必须遵循这样一个原则:"不要替讨论的人做他们自己应该做的事情。"研讨的效果取决于培训者通过提问来引导讨论的能力。一般采用的提问方式有以下几种。

(1)直接提问:得到的是直接的回答,受训者的反应被限定在较窄的问题范围内。

(2)回馈式提问:用来重复某人说过的话,以便确认接收的信息是否与原意相符。

(3)开放式提问:用来加深受训者对某个问题的理解。

组织研讨并不等于是对参加研讨的人提问,它不像单纯提问那样简单。培训者一方面要及时强化受训者的反应,另一方面要确保每个人都有机会表达自己的观点,避免出现少数人主导讨论的情况发生。在大课上组织讨论是一件颇有难度的事。因为在人数较多的情况下,每个人都能参与讨论的机会就减少了;此外,有的人可能羞于在众人面前发言,因此不太愿意参加讨论。在这个时候,如果能将一个大班级分成几个小组,在小组之间进行沟通,可以让讨论热烈一些。

有效的研讨需要具备一些条件。第一,需要有一个善于组织讨论的人,而这种能力不是每个人都能很快学会的。要掌握这种本领,通常需要经过大量的练习和实践,并且在研讨开始前还要做充分的准备工作。第二,如果希望研讨能够有一定的深度和意义,需要有充分的讨论时间。第三,参加研讨的受训者之间还需要有一个共同的讨论焦点,否则不同的人可能说的是风马牛不相及的东西,使得思想无法产生碰撞,讨论只能停留在表面上。在讨论之前布置大家阅读相关的资料,可以在一定程度上克服这个问题。

总的来说,大多数培训者和受训者都认为一个好的研讨要比传统的讲座更有趣、课堂气氛更活跃。不过,要使讨论更有成效,需要充足的时间和必要的资源,需要受训者的积极参与。

(二)实践型培训法

实践型培训法强调工作行为的重要性,认为工作能够引发持续性的学习和进步,并认为工作本身的挑战能刺激人们学习。比如,对一名领导者的管理能力影响最大的因素是他们自己直接的工作经历加上高级领导的指导和辅助。

1. 学徒制(Apprenticeship)

学徒培训主要是指师傅带徒弟。传统上在需要手工艺的工作上使用该种培训,如木匠、理发师、机械师和印刷工等。在培训中,这些学徒身份的员工收入低于负责指导他们的师傅。培训期依据所需技艺的不同而有所变化。

现在，许多组织也采取学徒培训的方式来提高职工预备队伍的技能，使员工在某个类型的技能行业中获得资格证书。万向集团为使新员工更快地完成从学生到员工的角色转变，建立了督导师制度。督导师队伍来源于企业中富有经验的、具备良好管理技能的资深管理者或技术专家。他们与新员工建立支持性的师徒关系，定期对所督导员工的工作心态、工作进展情况、业务技能、业务成绩等进行了解、检查和评价，并不定期地编制"员工督导进展报告"，将督导情况向员工本人及其直接上级、人事部门给予反馈，以此来形成一种机制化的人才培养模式。

2. 工作指导法(Mentoring)

员工可以通过向同事或是指导者学习来获得技能的提高，这些指导者和没有经验的员工一起工作，给他们提供指导和帮助。这些指导者在组织中属于领导地位比较高的人，但不是受训者的直接上司。指导过程的目的是以集中的、有效的方式提高技能，从而缩短成为有效领导的时间，并减少在学习过程中产生的尝试错误。有研究指出，大约20%的美国规模小于500人的公司有正式的指导程序。这些组织使用这种程序的目的多种多样，包括新管理者的社会化、为潜力高的领导做好发展准备、为少数民族和妇女提供领导职位的发展以及高级执行者的持续性发展。

一般来说，指导者对被指导者通过三个方面发挥作用：

(1)营造一个支持性的环境，使被指导者可以在一个轻松的环境中讨论与工作相关的问题，并使得被指导者面对困难时，能得到指导者的帮助而不会丧失信心。

(2)指导者会向被指导者提供反馈，说明怎样学习和在工作中提高他们的绩效。

(3)指导者给予被指导者更具有挑战性的工作，提高他们同高级主管之间的接触机会，因此能帮助被指导者为将来的工作安排做好准备。

有研究表明，指导是提高学习和工作绩效的有效方法。这种指导关系与晋升和薪酬有关系，而且指导关系能加快被指导者的社会化进程等等。一般情况下，自然发生的指导关系比正式安排的指导带给被指导者的好处更大，而且，将那些偏爱指导并具备指导技能的人安排在指导工作中，带给公司和个人的收益更多。

3. 教练式培训(Coaching)

教练式培训(Coaching)源于体育，大多数竞技项目的运动员都有教练。教练帮助运动员提高技能、磨砺技术、制定重大赛事的行动战略。后来，教练式培训作为一种管理技术从体育领域应用到企业管理领域，企业教练也就应运而生。美国职业与个人教练协会(APP-CA)把教练行为定义为一种动态关系，它意在从客户自身的角度和目的出发，由专人教授他们采取行动的步骤和实现目标的方法，做这种指导的人就是教练。

教练式培训作为一种激励管理者和员工潜能、提高效率的技术，受到了众多国际著名企业的青睐，如美孚石油公司、IBM、宝洁公司、国泰航空、爱立信等国际著名企业都在内部推行教练文化。教练主要着眼于激发学员的潜能，教练不是帮学员解决具体问题，而是利用教练技术反映学员的心态，提供一面镜子，使学员洞悉自己，从而理清自己的状态和情绪。教练会对学员表现的有效性给予直接的回应，使学员及时调整心态，认清目标，以最佳状态去创造成果。教练技术的基本方式以谈话沟通的形式促成学员主动改变心态。企业教练技术主要有四项能力：聆听、发问、区分和回应。

小贴士

企业教练技术的四项能力

聆听。作为一个好的聆听者比做一个好的讲话者更为重要。聆听技巧有三"R"一是接收(Receive),倾听一定要接收别人的观点;二是反应(Reflect),从别人那里听过来的东西,你一定要有反应;三是复述(Rephrase),要对听来的东西有一个复述,看看你能了解多少。

发问。发问能让人们条理变得清晰,一针见血的发问总能迅速及有效地找到自己想要的答案。发问通常分为三种方式,第一种为开放式,第二种为封闭式,第三种为诱导式。开放式询问是指能够让沟通的对方充分地发挥,阐述自己的意见,以及陈述某些事实现状。开放式询问一般用在谈话之初。封闭式询问是让对方针对某个主题明确地回答是或否。诱导式的提问是在封闭式、开放式的基础上提出的,诱导式询问首先是封闭式询问,在此基础上加上你的主观意志,暗示你想听到或者期待的答案。比如:明天有一个重要的会议,你并不十分清楚周先生会不会参加这个会议,如果我们用封闭式询问,应该是这样的:"周先生,明天早上这个会议您参加吗?"如果我们非常希望他参加,诱导式的询问可以是:"周先生,您不会不参加这个会议吧?"诱导式的询问一般用在谈话之末。

区分。区分员工,是企业教练技术的第三大能力。可以通过对工作能力以及工作意愿的分析,将员工分到四个象限。第一象限工作能力强、工作意愿亦高;第二象限工作能力较强,但是有时候意愿不高;第三象限工作意愿高、工作能力弱;第四象限为工作能力和意愿都比较低。特别需要强调的是,在区分员工的过程中,原则是对事不对人。

回应。沟通的意义在于回应。在辅导员工的过程中,必须要掌握回应的原则。首先,回应是在区分员工的基础上的进行的;其次,回应一定要及时,针对员工的需求,马上回应,而且明确告诉员工错在哪里,对在哪里,言语不能闪烁、含糊;第三就是当面表扬、私下批评。

(三)参与型培训法

1.案例分析(Case Studies)

案例是关于员工或组织如何应对困难情形的描述,案例分析要求受训者分析评价他们所采取的行动,指出正确的行为,并提出其他可能的处理方式。案例分析的基本假设是,员工只有在一个能够不断发现的过程进行学习,才最有可能在必要时回忆并应用这些知识和技能。这种以一定管理情境为背景的问题解决形式不仅为受训者提供了所需要学习的概念的例证,还锻炼了他们的沟通技能,促进了理论与实践的结合。案例分析特别适合于开发高级智力技能,如分析、综合及评估能力。这些技能通常是管理者、医生和其他专业人员所必需的能力。

在推动学员的学习方面,案例分析法还有以下几个优势:

(1)参与性强,变学员被动接受为主动参与,可以激发学员的学习积极性;

(2)教学方式生动具体,直观易学;

(3)将提高学员解决问题的能力融入知识传授中;

(4)学员之间能够通过案例分析达到交流的目的。

案例分析通常要求受训者按以下步骤来完成理性的问题解决过程:

(1)用自己的话重新陈述重要的事实；

(2)根据事实进行推理；

(3)诊断并说明问题所在；

(4)设想几种可供选择的解决方案，说明每种方案可能的结果；

(5)确定行动方案，并给出充分的理由。

分析案例时可以以个人或小组为单位，最后让个人向大家报告他的分析过程和解决方案。

案例分析法也存在缺点，安德鲁斯和诺埃尔指出，案例常常不如现实情境复杂，它无法让人产生身临其境的感受，它不利于培养受训者收集和过滤信息的能力。此外，受训者可能会过于关注案例的细节，而忽视了那些他们应该掌握的更一般性的问题和概念。阿吉里斯则从另一个角度批评了案例教学法。他说，案例分析不能引导受训者对自己的假设和立场提出质疑，而且它在一定程度上还造成了受训者对指导案例分析的人的依赖，所以案例分析实际上并没有充分挖掘受训者的学习能力，不能充分利用培训给受训者带来的学习机会。阿吉里斯主张培训者应该为受训者创造这样一种环境，在这个环境中受训者可以摆脱防御式思维的束缚，大胆地对自己和他人的观点提出质疑，审视自己的言行是否一致。

为了克服案例分析的缺点，培训者应该明确地告诉受训者，在分析案例的过程中对他们有哪些要求，并且只在必要的时候才为他们提供指导。此外，培训者必须有效地引导案例分析的讨论部分，确保受训者有机会对各自的假定和立场进行分析，从而探索出最佳的理性分析过程。案例讨论的最终目的不是要得到一个"正确"的解决方案，而是要为行动方案的设计提供一个合乎逻辑的、理由充分的分析过程。另外，为了改进案例分析的方法，人们还创造出了一些新的案例分析模式，比如现实案例分析，它要求受训者对其所在组织目前面临的一个实际问题进行分析。

2. 商业游戏（Business Games）

商业游戏要求受训者收集信息，对其进行分析并作出决策。与案例分析类似的是，商业游戏的目的也是开发或锻炼受训者解决问题、形成决策的技能。商业游戏可以帮助小组成员快速形成信息框架，并建立起有凝聚力的团队。商业游戏主要用于管理技能的开发，对于管理者，游戏法比直接传授的方法更有意义。现在，越来越多组织采用基于计算机或网络的商业游戏。

某服装品牌公司通过开展商业游戏来帮助未来的代理商学习如何利用代理权盈利。一场游戏共分为六轮，可安排15～30人参加，根据人数分成若干小组。每一轮游戏都会有一个小组在接受其他小组挑战的情况下，经营该公司产品的代理权。每两轮游戏之间穿插一些课程和案例研究，目的是进一步强调核心概念。培训师负责确定每轮游戏所处的商业环境，如提高或降低利率，增加新产品，出现员工离职等。这个游戏能够帮助代理商开发成功经营必需的技能。各小组必须组成一个运作良好的团队，互相听取意见，并且应用战略性的思维方式来思考问题才能取得成功。

3. 行为模仿（Simulations）

社会学习理论认为人们的许多行为模式是通过观察他人的行为及替代强化而习得的，社会学习理论是行为模仿的基础。行为模仿或行为示范指向受训者提供一个演示关键行为的示范者，然后给他们机会去实践这些关键行为。行为模仿更适于学习某一种技能或行为，而不太适合于事实信息的学习。研究表明,行为模仿是传授人际交往技能和计算机技能最好的方式。

采用这种方法进行培训的一般步骤如下:先让受训者观看一段电影或录像,其内容是行为榜样如何正确地执行某项操作或展示出该任务的关键行为。然后对榜样行为中的关键组成部分进行讨论。接下来通过角色扮演让受训者练习他们需要学习的行为,对他们的表现给予反馈,强化正确的行为。

行为模仿培训项目的开发包括明确关键行为、设计示范演示、提供实践机会及促使培训成果的转化。关键行为是指完成一项任务所必需的一组行为。在行为示范中,一般要按照特定的顺序来执行关键行为。如在教网球发球时,必须列出详细的活动顺序才会使培训有效(如,站在发球线上,将球拍举到头顶后,抛球,将球拍挥过头顶,使手腕向下转,然后击球)。示范演示指为受训者提供他们将要进行模仿的一组关键行为,视频展示是的一种主要方法。有效的演示需具备以下特征:能清楚展示关键行为;提供一些对关键行为的解释和说明;每种关键行为都放两遍,说明所采用行为与关键行为的关系;提供正确和错误使用关键行为的两种示范;示范者要可信。提供实践机会包括:让受训者演练并思考关键行为;将受训者置于必须使用关键行为的情境中。实践环节还包括对受训者提供反馈。培训成果的转化主要通过应用规划来实现。应用规划是指让学员做好准备,在工作中运用关键行为。

4. 头脑风暴法(Brain Storming)

头脑风暴法也被称为"讨论培训法"。在典型的头脑风暴会议中,一群人围桌而坐。群体领导者以一种明确的方式向所有参与者阐明问题,明确要解决的问题。然后成员在一定的时间内"自由"提出尽可能多的方案,不允许任何批评,组织者和参加者都不能评价他人的建议和方案,并且所有的方案都当场记录下来,留待稍后再讨论和分析。事后再收集参加者的建议,交给全体参加者。然后去除重复的、明显不合理的方案,重新表达内容含糊的方案,组织全体参加者对可行方案逐一评价,选出最优方案。

头脑风暴法的特点是培训对象在培训活动中相互启发思想、激发创造性思维,它能最大限度发挥每个参加者的创造能力,提供解决问题的更多更佳的方案。头脑风暴法的关键是排除思维障碍,消除心理压力,让参加者轻松自由、各抒己见。因此,头脑风暴法的优点有:

(1)培训过程中为企业解决了实际问题,大大提高了培训的收益;

(2)培训中学员的参与性强;

(3)小组讨论有利于加深学员对问题理解的程度;

(4)激活集体的智慧,达到相互启发的目的。

但是,头脑风暴法也存在一些缺点,例如:

(1)对培训者要求高,如果不善于引导讨论,可能会使讨论漫无边际;

(2)研究的主题能否得到解决受培训对象的水平限制;

(3)主题的挑选难度大,不是所有的主题都适合讨论。

5. 行动学习(Action Learning)

成人学习理论强调了学习者作为主动参与者在他们的学习过程中的重要性。行动学习的方法使得参与者作出反应,并从经历中学习,这对提高组织的有效性非常重要。行动学习指的是给团队或工作小组一个实际工作中面临的问题,让他们共同商讨解决方案并制定出

行动计划,然后由他们负责实施该计划的培训方式。行动学习成功的关键有:

(1)行动学习强调团队必须遇到一个或几个重要问题或是挑战;

(2)团队是由具备不同观点和视角的人组成的,成员来自组织中的不同部门和不同层次;

(3)团队必须找到解决问题的方法;

(4)团队必须有权力采取行动和实施改进的计划;

(5)团队必须在解决问题的过程中能够始终学习,并在以后的工作中有所体现;

(6)帮助团队平衡解决问题和学习的双重任务。

行动学习的主要目标是产生新的思维和革新的策略,并解决现存问题。问题的解决可以提高人员和团队的效能,并减少挫折感。行动学习的模型也可以提高参与者对自己优劣势的认知,并能够产生一个积极互动的群体来提高团队的凝聚力。

总而言之,通过行动学习,问题得到解决,并进一步强化了学习。这个解决问题的过程鼓励团队成员从经历中汲取经验和教训,以及怎样把学习推广到其他新的生产情境或更一般的情境中去。根据这些经历,团队成员建立了在未来情形下如何解决一般问题的方法。

(四)态度型培训法

1. 角色扮演(Role Plays)

采用角色扮演技术进行培训时,培训者为受训者创造一个组织情境,让两个或两个以上的受训者一起来扮演情境中的角色。角色扮演必须为受训者提供自我发现和学习的机会。例如,培训中假设这样一个情境:一名经理和他的一名下属发生了冲突。然后让两名学员分别扮演经理和员工,为了让受训者更好地理解这个情境下的人际互动过程、练习人际交往的技能,最好让受训者两个角色都扮演一下。角色扮演结束后,培训者和受训者一起对各个角色的表现进行评价,这种反馈可以增强角色扮演的学习效果。许多组织还会对角色扮演过程进行摄影,以便为受训者提供更好的反馈,让他们有机会观察自己的行为表现。

角色扮演法有以下优点:

(1)学员参与性强,学员与培训者之间的互动交流充分,可以提高学员培训的积极性;

(2)特定的模拟环境和主题有利于增强培训效果;

(3)通过观察其他学员的扮演行为,可以学习交流技能;

(4)通过模拟后的指导,可以及时认识到自身存在的问题并进行改正;

(5)在提高学员业务能力的同时,也加强了其反应能力和心理素质。

尽管通过角色扮演,受训者可以发现自己的优缺点,可以锻炼自己的人际交往能力,但是这种方法也存在一些问题:

(1)有的受训者在表演过程中可能会怯场;

(2)有的受训者可能并不把角色扮演当成是一种学习,觉得它不过是一种虚构的情境,或只不过是游戏,只不过是为了给大家增添乐趣;

(3)模拟环境并不代表现实工作环境的多变性,特别是扮演中的问题分析仅限于个人,不具有普遍性。

为了使角色扮演有效,培训者要在角色扮演前、期间、后做很多工作。角色扮演前,培训者应该用足够的时间介绍即将进行的练习内容,详细介绍角色扮演的整个过程,最重要的是要向受训者强调参与角色扮演可以帮助他们更好地理解和运用不同的人际交往技能。在活动期间,培训师要监管活动时间、受训者感情投入程度和各小组的关注焦点中。角色扮演结束时,提问是很重要的,提问可以帮助受训者理解这次活动经历,并互相探讨各自的认识,有利于培训成果在实际工作中的转化。

小案例

惠普:角色扮演中学销售

角色扮演被称为惠普销售人员集训班之魂。每次集训班学习3~5门销售课程,在每天晚上下课后,销售人员分成4~6人一组,进行角色扮演。利用当天所学的技巧,真实地演练客户拜访,现学现卖。每天的角色扮演,犹如一条线索把这些根本不相关的培训课串在一起,起到了画龙点睛的作用。

角色扮演脚本编写。惠普专门以业务部门优秀销售人员的成功案例为蓝本,针对IT行业和惠普的产品编写充满实战性的角色扮演练习教案。

角色扮演的实施。根据脚本由集训班人员扮演客户或合作伙伴的角色,最有效的是邀请惠普的销售经理参与扮演。公司里众多优秀的销售经理有非常丰富的客户经验,能把各种场合下、各种性格、各种态度的客户演得活灵现,让销售人员用所学的知识、技巧和态度来应付、处理和引导客户。而且,由于经理多数就是参加培训的销售人员的直接老板或上一级经理,他们在扮演角色时不仅可以直接向他们的员工介绍自己的经验,还可以为员工做当场指导。

事后汇报总结。事后汇报总结(或称"演出后的讨论")是角色扮演中十分重要的方面。汇报总结应由卸去角色的扮演者开始,教师可以允许他首先对表演本身发表感想,帮助他表达自己的感情,并把他的体验与这堂课的目标联系起来;接着再要求观众们表明他们的感觉和观察意见。点评是多角度、多方面的,点评一般围绕职业销售人员在一般销售场合下应做到的动作、应具有的素质和心态展开。培训讲师的点评会强调课堂理论在角色扮演中的得与失,销售经理则专门点评在销售过程中需要经验积累的常识。还有来自学员之间的点评。

(资料来源:智联招聘网)

2.拓展训练和冒险学习(Qutward Bound Training)

拓展训练起源于英国对海员的培训,现在是许多企业热衷采用的培训方式。冒险学习注重利用有组织的户外活动来开发团队协作和领导技能。这种类型的培训是使团队在困难或不熟悉的物理和心理的挑战下在室外或室内环境中接受训练,最适合用于开发与团队效率有关的技能,如自我意识、问题解决、冲突管理和风险承担等。团队的参与者要探讨提高团队工作的策略,建立起信任,发展支持环境,把冒险管理策略和团队决策相结合。在人员水平上,这个课程能够帮助个体获得采取主动的技能,做出决策,设定个人进步的目标。培训包括个人挑战类项目和团队合作项目,经典的项目有空中单杠、攀岩、速降、信任背摔、孤岛、救生筏和野外搜索等。

拓展训练和冒险学习能够有效的原因主要有四个:

(1)要求许多参与者一起了解问题及这些问题和任务在工作中的实际表现。假定学员通过这些行为所获得的知识和技能能够迁移到实际工作情境中提高团队的工作绩效。

（2）要求参与者使用认知的、物理的以及情感的资源来解决问题。这使得员工能超越理性解决问题，并更富于创造性。

（3）这些学习经历也可以提供一个机会让参与者讨论个体的行为和群体的问题解决过程，这可能会有助于提高团队的有效性。

（4）这种培训要求学员在学习之后，建立个体或团队的行动计划。这些行动计划能激励团队成员培养洞察力以及实施新行为，以便提高团队在工作环境中的表现。

第四节　培训效果评估

培训与开发项目的主要目的是为了确保组织中的成员拥有能够满足当前和未来工作所需要的技术或能力。组织之所以需要对培训与开发项目进行认真、系统的评估，则是希望通过系统地搜集有关培训与开发项目的描述性和评判性信息，在判断该项目的价值以及持续改进各种培训活动时，作出更明智的决策。

一、培训效果评估概述

培训效果评估（Training Evaluation）是指系统地搜集有关培训开发项目的描述性和评判性信息的过程，通过运用不同测量工具来评价培训目标的达成度，以此判断培训的有效性并为未来举办类似培训活动提供参考。

组织对其所开展的培训开发项目进行评估的意义主要体现在以下几个方面：

（1）通过评估可以让管理者以及组织内部的其他成员相信培训开发工作是有价值的。如果培训开发专业人员不能用确凿的证据来证明他们对组织所做的贡献，那么在将来编制预算的时候，培训经费就可能被削减。

（2）通过评估可以判断某培训开发项目是否实现了预期的目标，及时发现培训开发项目的优缺点，必要时进行调整。

（3）计算培训开发项目的成本—收益率，为管理者的决策提供数据支持。

（4）区分出从某开发项目中收获最大或最小的学员，从而有针对性地确定未来的受训人选，并为将来项目的市场推广积累有利的资料。

总之，评估是培训开发流程中的关键组成部分。只有通过评估，大家才能了解某个培训开发项目是否达到了预期的目标，并通过项目的改进来提高员工个人以及组织的整体绩效。

二、培训效果评估内容

柯克帕特里克的培训效果评估模型是培训评估最有影响力的，被全球职业经理人广泛采用的模型。柯克帕特里克提出，可以从四个方面来评估培训的效果，它们是：学员反应、学习成果、工作行为和经营业绩。这个概念化的模型非常有利于确定需要收集数据的种类。在柯氏模型的基础上，菲利普斯提出了投资率的培训效果评估层次。

（一）反应层面

第一层次评估学员反应,是指受训者的意见反馈。即受训者作为培训的参与者,在培训中和培训后会形成一些感受、态度及意见,他们的这些反应可以作为评价培训效果的依据。受训者对培训的反应涉及培训的各个方面,如培训目标是否合理,培训内容是否实用,培训方式是否合适,教学方法是否有效,培训教师是否具备相应的学识水平等。这个层次关注的是受训者对项目及其有效性的知觉。如果受训者对培训项目的评价是积极的,那么说服员工参加以后的培训就比较容易了。如果受训者不喜欢这个培训项目,或者认为自己并没有学到什么东西(即使他们实际上有收获),那么他们可能就不太愿意将学到的知识或技能运用于工作中,也可能会使得其他人不再想去参加培训。用这个指标来评估培训开发项目的局限在于,它只能反映受训者对培训的满意度,不能证明培训是否实现了预期的学习目标。

在对培训者的反应进行评估时,需要注意以下方面:确定你需要调查什么;设计可以量化反应的问题;鼓励写出意见或建议;达到100%的立即回应率;发展可以接受的标准;根据标准评价反应并采取恰当的行动;切实地沟通反馈。

通常,对于学员反应方面信息的收集可以采取以下形式:问卷、课后的会谈或电话跟踪、课后的讨论会以及课堂的讨论。企业通常采用《学员意见反馈表》的形式来搜集这方面的信息,并用统计软件进行数据处理和分析。收集信息的时间可以分为:每一部分内容结束时,每天结束时,每一课程结束时或几周之后。由于受训员工对培训的反映受主观因素的影响,不同受训人员对同一问题的评价会存在差异,所以可根据大多数受训员工的反应来对培训效果进行评价。收集的信息可以帮助课程进行修改,或者做总结和报告。

（二）学习层面

第二层次评估学习成果,是指培训之后的测试,是用来衡量学员对原理、事实、技术和技能的掌握程度,即受训者是否掌握了培训开发项目目标中要求他们学会的东西。这是一个非常重要的指标,许多组织都认为有效的培训开发项目应该满足这个指标。培训是一种学习知识和技能的活动,受训员工在培训中所获得的知识水平、所掌握技能的程度等,可以反映出培训的效果。要了解受训员工的学习成果,通常采用测试的方法,包括笔试、技能考核和工作模拟等,或采用角色扮演等形式请学员将所学习的内容表演出来。收集的时间为事前或事后的考试,或追踪效果的考试。该层面评估有利于评估所获得的知识和技能能否成功的应用在工作中,其结果可以用来改进培训课程。

在对学习进行评估时,需要注意以下方面:如果可行,采用控制组进行对照;评价培训前后的知识、技能、态度。达到100%的回应率;运用评价结果以采取恰当的行动。

（三）行为层面

第三层次评估工作行为,是员工接受培训后行为的改变,即受训者是否在实际的工作中运用了从培训中学到的东西。也就是为了确定从培训项目中所学到的技能和知识在多大程度上转化为实际工作行为的改进。组织培训的目的是为了提高员工的工作绩效,因此受训员工在培训中获得的知识和技能能否应用于实际工作,能否有效地实现学习成果与实际应用之间的转化,是评价培训效果的重要效度标准。

在测量这个指标时,需要对受训者的在职表现进行观察、受训者的自评、受训者同事的评价或者参考组织的相关记录。对受训员工工作行为进行评估应该在其回到工作岗位3—6个月后进行,评估的工作行为变量包括工作态度、工作行为的规范性、操作技能的熟练性、解决问题的能力等。在评估中,要对受训员工的工作行为是否发生了变化作出判断,然后分析这种变化是否由培训所导致,以及受训员工工作行为变化的程度等。

在对行为进行评估时,需要注意以下方面:尽可能采用控制组作对照;容许发生行为改变的足够时间;调查或访问受训者、受训者主管、受训者下属、其他经常观察受训者工作行为的人员;选取适当的样本数;重复进行评价;考虑评价成本和潜在收益。

信息的收集可以采用问卷,与员工、同事或经理的会谈等形式。信息收集的时间为培训前或培训后的几个月的技能测试,对照组的对比测试。在以下情形下,特别需要考虑该层面的评估:培训与业绩或业务的目标是相关联的;客户要保证学习的技能能够被应用于工作中;工作的能力能够表现出培训的结果;培训费用很高,对组织的价值很大。

(四)结果层面

第四层次评估经营业绩,指的是培训开发工作是否改善了组织的绩效,这涉及对组织绩效改进的监控。经过培训以后,组织的运作效率是否提高了?盈利是否增多了,服务水平是否上升了?对大多数经理来说,他们的工作至少要达到这个标准。这个层次的指标也是最难评估的,因为除了员工的绩效还有许多因素会影响组织的绩效。通常在测量这个指标时需要搜集和分析经济和运营方面的数据。

在对结果进行评估时,需要注意以下方面:采用控制组作对照;有足够时间;如果可行,评价培训前后的情况;重复进行评价;考虑评价成本和潜在收益。信息的收集可以采取问卷、分析操作的结果、投入—产出分析等形式。收集的时间为事前和事后的测试(对照组的对照测试)。在以下情形下,特别需要考虑对该层面的评估:培训与业绩或业务的目标是相关联的;你的客户非常重视这一项目;追踪第三级的评估结果;由于其他业务的原因,已经开始追踪培训项目运作的结果;培训费用很高,对组织的价值很大。

柯克帕特里克的培训效果评估模型提出后,便在企业中得到了广泛应用。例如美国电话电报公司(AT&T)就采用了类似的四水准评估,其架构为反应结果、能力结果、应用结果、价值结果。蓝色巨人 IBM 也曾在评估训练方案时使用相类似的四水准评估,其架构为反应、测试、应用、企业成果。美国的施乐公司也发展出了一套相似的四水准评估模式,其架构为进入能力、课程绩效、熟练程度、组织绩效。

小案例

麦当劳培训效果的四层次评估

在企业的训练里面,衡量训练的结果,与企业的成果有没有结合,是一个关键,所以麦当劳有很好的训练需求分析,针对需要训练的部分去设计,同时必须要评估训练的成果,是不是能够达到组织所需要的。

麦当劳很努力去完成"反应、知识、行为、绩效"等 4 个层次的评估。

第一个"反应",就是在上课结束后,大家对于课程的反应是什么,例如评估表就是收集反应的一种评估方法,可以借由大家的反应调整以符合学员的需求。

第二就是讲师的评估,每一位老师的引导技巧,都会影响学员的学习,所以在每一次课程结束后,都会针对老师的讲解技巧来做评估。在知识方面,汉堡大学也有考试,上课前会有入学考试，课程进行中也会有考试，主要想测试大家透过这些方式，究竟保留了多少知识，以了解训练的内容是否符合组织所要传递的。除此之外，汉堡大学非常重视学生的参与，会把学生的参与度，量化为一个评估方法，因为当学员提出他的学习，或者是和大家互动分享时，我们可以知道他的知识程度，并且在每天的课程去做调整，以符合学生的学习需求。

第三是"行为"，在课程中学到的东西，能不能在回到工作以后，改变你的行为，达到更好的绩效。在麦当劳有一个双向的调查，上课前会先针对学生的职能做一些评估，再请他的老板或直属主管做一个评估，然后经过训练三个月之后，再做一次评估；因为学生必须回去应用他所学的，所以我们会把职能行为前后的改变做一个比较，来衡量训练的成果。我认为这个部分在企业对人员的训练方面非常重要，这也是现在一般企业比较少做到的，因为它所花的成本较大，而且分析起来也比较困难，所以很多企业都放弃没有做到。汉堡大学很努力推动这个部分。

第四，在"绩效"方面，课后行动计划的执行成果和绩效有一定的关系，每一次上完课，学生都必须设定出他的行动计划，回去之后必须执行，执行之后会由他的主管来为他做鉴定，以确保训练与绩效结合。

三、培训效果评估数据的收集方法

从评估的定义来看，评估过程必须要搜集相关的数据，以便为决策者提供所需的事实和评判依据。在第二节中，我们列出了一些可用于需求分析的信息来源和数据采集方法。在进行效果评估时也可以利用这些信息源和方法。常用的评估数据采集方法包括访谈、问卷调查、直接观察、测验、模拟和档案分析等。

（一）访谈法

访谈是一种很有帮助的数据收集方法，访谈可以由培训开发专业人员进行，也可以由学员的主管人员进行，还可以由外部人员进行。访谈可以在轻松、愉快的气氛中，迅速地得到反馈信息，能够获得问卷、业绩分析等方法无法获取的信息，信息的获取更为宽泛。此外，访谈能够发现在评估中很有用的成功故事。访谈的缺点在于耗费较多的时间与精力，访谈人数有限，意见的反映面相对较窄，个别人的意见可能有较大的局限性，还不能准确、全面地反映问题。

（二）问卷调查法

问卷调查法可以实现评估的合理性和客观性，弥补访谈的不足，问卷应该根据培训目标，列出岗位培训需求分析中的全部能力项目，测定培训前后学员在素质方面的变化和提高程度，通过对问卷调查结果的定性定量分析，使培训效果可以得出一个较为确切的初步结论。问卷调查的设计可以分为两类：一类是文字问卷，被调查者的具体意见可以写在上面；另一类是判断式问卷，让被调查者在各种结论上进行选择。实际操作中可以将这两类表合成设计。由于不需要署名将自己的意见明示出来，可以普遍征求意见，揭示出一些实质性的或共同性的问题。问卷调查可以获得学员感受的主观信息，以及用于对投资回报率进行分析的可参考性信息，便于迅速填答和分析，所以问卷调查是培训与开发评估中经常采用的搜集数据的方法。表7-4是一份问卷的样例。

表 7-4　培训学员的意见反馈

这是一份快速反馈评估问卷,我们希望通过这份问卷来了解你的学习状况,了解你们对培训教师以及组织者的看法,你对课程内容和培训方法的意见和建议。				
1.你认为这部分的内容有用吗?	没有	有用		非常有用
	1	2　3	4	5
2.你认为培训教师讲授内容	极差	好		非常出色
	1	2　3	4	5
3.你认为培训的进度	太快	正好		太慢
	1	2　3	4	5
4.学员的参与程度	过多	正好		不够
	1	2　3	4	5
5.你对培训教师的意见?				
6.这部分培训内容中,你最喜欢什么?				
7.对于此次培训,你有什么意见或建议?				

（三）直接观察法

直接观察评估必须深入受训者的工作现场,亲身考察或体验他们在实际管理中表现出来的行为和业绩,获得一些直观、具体而真实的信息。在实际工作中,我们可以遵循以下指导方针改进直接观察的效果。

（1）观察者受过全面系统培训;

（2）观察活动必须系统化、整体化;

（3）观察者必须知道怎样解释和报告他们观察到的现象;

（4）最大限度减少由于观察者的出现导致对被观察者的影响;

（5）精心挑选观察员。

（四）测验和模拟法

企业也可以通过测验和工作模拟的形式收集培训效果数据,例如某供电企业在完成了为期一周操作工人的"应知应会"培训后,马上进行相关内容的纸笔测验,以及进行工作场所的实际操作考核,一方面检验受训者对所学习知识技能的掌握程度,作为"应知应会"培训效果原始数据,同时该企业还将学员的培训通过率作为对培训教师的一项考核指标。测验和模拟主要是从员工对知识技能的掌握程度入手进行培训数据收集,主要考察的是员工工作知识与技能的提高情况。这是一个非常有效和实用的培训效果数据收集手段。

（五）业绩档案分析

每个企业都能够提供用来衡量业绩的数据资料,通过业绩数据分析我们可以获得产量、成本、质量、生产率满意度等方面的数据。这部分数据是客观、无可争议的这部分的数据将是作为计算第五级的投资回报率最为关键的部分。但在一般的企业中有许多数据档案资料并不完善,例如,缺乏对客户满意度的调查、缺乏员工流动率的数据等,在这样的情况下,人力资源部门需要同相关部门合作,开发出记录保存系统,按时提供此方面的数据资料。

【本章小结】

培训与开发是人力资源管理的重要职能,是企业赢得核心竞争力的重要手段。本章阐述了培训与开发的意义和培训开发的重要意义。虽然培训与开发有一定的区别,本章在使用这两个概念上不做严格区分。企业的培训开发要达到期望的结果,必须要提高培训开发的有效性,能够系统地进行培训开发管理是提高培训开发有效性的关键。本章将培训开发分为四个步骤:培训需求分析、培训项目设计和开发、培训的实施和培训效果评估。培训需求分析是培训的第一环节,培训需求分析包括三个要素:组织分析、人员分析和任务分析,本章介绍了培训需求分析的模型及具体的方法。培训项目设计与开发是在需求分析的基础上,设定合理的目标,选择合适的方法,并制定相应的培训计划开发出培训开发所需的资料。培训评估是培训开发的重要环节,培训效果可以从反应、学习、行为、结果四个层面进行评价。

直线部门经理和人力资源部门人员在培训与开发方面的职责分工情况如下:

	直线部门经理	人力资源部门人员
培训与开发	1. 确保培训与开发工作的顺利进行; 2. 鼓励所属员工自我开发; 3. 安排时间和机会让员工去参加培训开发活动; 4. 实施现场培训; 5. 对所属人员进行培训与开发需求评估,并制订所属人员的培训和职业开发计划; 6. 对培训政策和策略,以及对培训制度、程序和资源(时间、权利)方面的支持等。	1. 中长期培训开发规划与年度培训计划的编制与管理。 2. 以专业知识和经验,支持各个部门进行人员的培训开发工作。 3. 提供培训资源上的保证; 4. 培训管理,如培训方案评估、培训过程监控、培训效果评估、培训档案管理等; 5. 培训制度、程序的制定与监控; 6. 培训成本与费用管理。

【复习思考题】

1. 培训与开发为什么重要?
2. 什么是培训与开发?
3. 培训需求分析中组织分析、任务分析和人员分析内容分别是什么?
4. 如何设计培训目标?
5. 项目培训计划应包括哪些基本内容?
6. 培训效果评估指标分别是什么?
7. 培训效果评估的方法有哪些?

【技能应用题】

1. 分别与一位培训管理者和一位经理进行一次访谈,请他们描述一下自己在企业培训中的主要职责。
2. 选择一家培训做得成功的企业进行研究,通过查阅资料形成分析报告。
3. 选择一个组织对其进行培训需求分析,并对培训项目进行设计与开发。
4. 组织或参加一次培训,并对培训效果进行评估,形成评估报告。

【案例分析题】

案例分析一:万科的培训与开发

万科被称为中国房地产业的黄埔军校,长期以来一直把员工培训与开发放在十分重要的位置上,经常举办各种各样的培训班以提高员工的业务素质、培养员工的敬业精神。

万科提倡"学习是一种生活方式"。不希望员工把学习当作一种压力或生存的手段。重视员工培训,成为万科各级管理人员共识。公司要求每一位管理者都要成为教练、讲师,成为专业骨干和培训的中坚力量,肩负起工作指导、培训推广的责任。老总亲自带头,言传身教,将开会、交谈、工作交流等方式均视为培训员工的机会,不遗余力地向下属传授经营管理思想和经验。

万科注重培训的系统化,从董事长到打字员的所有员工都包括在培训体系之内,形成完善的动态系统。"这种完善的培训体系是大部分小公司难以模仿的",万科用这样的体系来管理、传承自己的知识系统,逐渐构建自己不可替代的竞争力。万科建立了完善的培训制度,如:《公司派遣外出学习管理规定》、《个人进修资助规定》、《双向交流管理规定》、《后备干部培养办法》、《第一负责人赴任培训规定》、《培训积分管理办法》、《培训知识产权保护管理办法》等等。万科培训课程丰富,并建立了"E 学院"。其中"公司治理结构"、"业务流程"、"财务管理"、"品牌战略"、"销售力训练"、"创新管理"等课程应有尽有,常规课程教学所需的资料、师资全部虚拟化。万科认为,"借助外脑"、"邀请外部培训机构"是很划算的。惠普的"管理流程"、摩托罗拉的"职业生涯规划"及其他根据不同管理层面需求设计的情景领导、管理才能发展等专题培训,充分体现了万科的超前性。

万科根据员工的需要设计不同的培训方式。新员工通过网上的多媒体教学进行学习并完成在线测试,这不仅能尽快了解并认同万科的理念与文化,而且可以学习基本的业务知识。加上"新动力"的两周训练,让新员工深刻体会到:"来到万科,感觉它更像一所大课堂。"万科与北京大学合办的 MBA 班,采用卫星基地站支持远程在线教学,使得每时每地的培训成为可能,这比较符合万科职业经理地域流动性大的工作特点。

万科不断挖掘和培养内部讲师,创立了以自我设计、自我培训、自我考核为核心的"3S培训模式"。内部师资更加关注企业自身的东西,比如万科优秀的职业经理的标准,万科的经营观、市场观是什么样,如何防范房地产经营的风险等。

万科重视后备人才培养体系的建设。万科设立了"万科人才库",输入每一位员工的教育学历、工作业绩、管理类型、心理需求、群众威信、业务能力、培训成绩、发展潜力等数据,在分析的基础上,以备人才选拔。

自 2000 年开始,万科有意识地实行两个计划:

一是 TPP 计划(Talent Promotion Project),关注有潜力员工向管理岗位提升,依据其历年业绩,素质测评的结果以及上司认可度,优先任用。对新上岗的经理,采用实习制,"先做队员,再做教练",扶上马送一程。

二是 MPP 计划(Manage Promotion Project),关注一线公司或总部职能部门高级管理层的后备人选培养。对高层后备人选,公司每年控制在 50 人以内,就像惠普的"狮子计划"

一样,给他们提供包括出国考察、岗位轮换、集中培训等机会。

由于长期以来万科把人才储备和培养工作放在重要位置上,时至今日,万科已经得到良好的回报:经统计,万科84.2%的干部是由内部培养提拔的,空降兵的比例是15%左右。自己培养的干部熟悉公司情况,忠诚度好,又具有良好的素质、较高的业务能力和市场经济的观念,是公司非常重要的力量。

思考题:

1. 万科的员工培训体系有什么特色? 其有效的原因是什么?

2. 针对某一培训内容,尝试设计与开发一次培训。

案例分析二:多样的企业培训与开发

1. 阿里巴巴管理人员培训

阿里巴巴管理人员培训分三个计划:阿里巴巴管理技能计划(Alibaba Management Skill Program)、阿里巴巴管理发展计划(Alibaba Management Development Program)和阿里巴巴领导力发展计划(Alibaba Leadership Development Program),公司内部简称为3A课程。每个计划由3~4门核心课程组成,针对不同层级的管理人员进行系统培训和学习。每个项目都结合工作实际,并兼有课前的沟通调研、课后行动计划的执行,由业务主管、人力资源部和培训部共同打造管理人员的综合能力。

AMSP针对的是刚开始走上管理岗位的年轻管理人员,主要设置了一些基本的管理技能培训,大部分内容由资深总监及以上担任内部讲师,言传身教。AMDP是针对担任管理岗位2—3年的资深经理人员。主要围绕构建高绩效的团队所需要的能力,进行理论和实践的提升,引进外部培训机构提供培训;ALDP针对总监及以上管理人员。主要内容为一些战略规划能力的提升,行业动态的互相学习交流。

2. 盘石公司的盘石大学

盘石大学成立于2003年,从价值观、学习力、专业知识、沟通能力、综合管理能力入手,全面提升学员知识、意愿、技能,使之形成良好的职业素质。同时,盘石大学注重对互联网广告实战中所积累的丰富经验进行研究总结,开发适合不同阶段从业人员与管理团队的训练课程,提高团队的能力与素养。

主要培训项目有:

新人班:每位新进员工,职能部门四天半,业务部门十天。帮助新员工树立正确的人生观、价值观;开阔视野、规划职业道德;熟悉业务、掌握技能、提升自我。

跟进培训:员工在进行市场实操以后会遇到现实具体的问题及技能技巧的方法,在每个星期六开设一次培训。帮助员工深入了解盘石文化、盘石价值观;熟练掌握业务流程、专业技能;培养职业品德、职业素养和学习能力。

新人王培训:针对优秀的新员工尖子,将他们树立成标杆,给他们更多的机会展现自己。带动更多的员工,提高大家的积极性。此课程主要靠员工的努力和业绩争取。帮助优秀员工明确事业方向;精通业务操作;提升自我学习管理能力。

精英训练营:对杰出的管理人员、先进个人提高更多的学习机会,帮助他们提升自我价值;打通发展通道,全面提升竞争力。

管理人才学院：MAP，针对盘石中高层管理人员的培训课程。

3. 娃哈哈销售人员培训

娃哈哈集团最重视销售人员的培训与开发，有新员工培训与非常培训。

销售新员工培训。公司会在每年的年初，对新进的销售员工（业务精英）进行相应的培训，新进员工（业务精英）的培训主要包括六方面：客户开发技能训练；营销策划技能训练；销售策略选择训练；营销谈判技能训练；销售服务技能训练，以及跟踪销售技能训练。培训方法多种多样，依据不同需要而定，包括相关培训游戏、书籍阅读（或学习相关理论知识）、分角色演练、案例分析、制定计划（书）、讨论会、报告会等各种形式。

非常培训。在娃哈哈的营销培训中，培训师主要是营销队伍里的各级主管。培训课都来自生活和实际工作，讲的都是在工作和经营中实际遇到的问题，不同于一般的培训方式，称之为"非常培训"。娃哈哈公司在每年年底召开销售工作总结大会。在会议议程里有一堂培训课，培训的对象是经销商、业务代表和高层领导，培训讲师也是经销商、业务代表和高层领导。首先由业务代表针对本区域遇到的实际问题，进行简要发言，再由经销商针对自己在销售工作中遇到实际问题，以及针对公司下一步的销售规划有什么意见和建议，新品推广等等，发表自己的言论，然后再由公司高层针对提出的问题进行一一讲解。

4. 太平洋保险公司的两类培训

太平洋保险公司内部员工的培训主要分为两类：制式标准化培训和应势培训。

制式标准化培训包括保险从业人员的一系列入职培训、日常培训及两次固定的研修培训，是一种岗前导向培训。培训内容涵盖了要成为一名合格保险从业人员所必须具备的各方面素质的内容，对新人上岗率、开单率乃至将来的留存率都有很大影响。培训计划一般在每个工作年度年初根据上一年员工流失率、业绩等情况制定。

应势培训即适应当前形势的培训，此类培训与全面的制式培训相比更注重针对性，但没有特定的培训内容，往往会根据每个阶段的业绩情况进行相应的变动，因此培训计划是不固定的。太保的培训开发部门通过对上一个阶段的业绩进行KPI分析，发现弱项指标，然后制定针对性的应势培训计划。

5. 吉利技能工人培训

吉利公司历来重视对于技能工人的培养，既有"师带徒"的一对一的指导，也有标准化、模块化培训。培训强调实际操作也考虑形式的多样性。数控加工技术的培训项目已拥有数控车床、数控铣床、数控加工中心4台，让学员在培训中心利用全套计算机数控系统进行模拟实践，可以进行小批量专业人才培训，培训效果明显。模具制造是科技含量较高的专业，涵盖钳工、机械加工、热处理等多工种技术。为了提高企业现有员工的技能，从2009年以来，吉利每年在总公司开展模具工职业技能大赛。大赛分理论、实践操作和技术答辩三大部分，依据"模具工国家职业标准"的高级工以上职业等级要求命题。比赛增加了员工的学习兴趣，提高了实践操作能力。

6. 沃尔玛、传化新员工369培训

沃尔玛的新员工培训别具一格，采用"1—30—60—90"培训计划，即在新员工入职的第1天、30天、60天、90天分别会有4次侧重点不同的入职培训。因为非常重视员工对企业文化的认同感，尤其是对新员工的入职培训强调其价值观念的培养，所以在"1—30—60—90"的培训计划中，沃尔玛第1天介绍的就是企业文化精髓、企业历史，通过培训师讲述沃尔玛的创建、老员工与新员工之间的互动、案例展示等,新员工逐渐产生归属感与自豪感。在之后的 30 天回顾、60 天总结中,HR 的培训重点仍以文化灌输为主,其次才是基本的信息系统、业务营运等方面的培训。

传化对新员工采取"369 计划"。就是在新员工刚进来的前 30 天,新员工的指导人必须带新员工吃第一顿工作餐,然后教会新员工工作的第一课,带领参观现在的基地并介绍现在的组织架构,最后向新员工介绍各个部门并介绍自己。60 天主要是了解员工的适应情况,并开展座谈会,了解员工对企业文化的认同和看法。90 天是进一步的了解员工融入企业的情况,会做出相应的考核,考核结束之后领导和员工以"文化沙龙"的形式开展座谈会。通过了这些考核,某些突出人才就可以被选入骨干学习班成为经理人后备队伍。

思考题:

1.以上企业的培训各有什么特色,讨论培训与企业整体运营的关系。

2.依据所学内容,讨论企业如何选择适合自身的培训方法。

第八章　职业生涯管理

<table>
<tr><td>

主要知识点

1. 职业生涯的含义与特点
2. 职业生涯管理、规划、发展的含义与联系
3. 易变性职业生涯的概念及其与传统职业生涯的区别
4. 职业锚理论及其应用
5. 职业生涯阶段理论及其应用
6. 职业生涯管理模型
7. 职业生涯管理体系的内容
8. 组织社会化的含义
9. 职业生涯路径设计的含义
10. 职业高原的含义及其解决办法

</td><td>

技能提升

1. 能理解易变性职业生涯对职业生涯管理的影响,对制定相应的对策
2. 能为现实中的企业设计职业生涯管理系统
3. 能进行自我职业生涯规划
4. 能理解并设计双重/多重组织生涯路径

</td></tr>
</table>

【引导案例】

花旗银行:人才在"九方格"间行走①

从见习管理生、职能经理到业务经理,再到区域经理、部门经理、企业经理,花旗的员工在职业发展的过程中,可能会遇到很多"十字路口"。"十字路口"模型是花旗用来确定员工职业发展的管理工具。其中最核心的是九方格,它将根据九方格中员工目前的业绩和能力所处的位置决定未来的发展方向和晋升提级途径。

"九方格"的实质是一张将绩效与潜能理念充分结合的图,每位员工都可以在九方格图中找到位置。"九方格"中,花旗银行将员工的绩效分为优秀、完全达标和贡献者三种类型,潜能则分为转变、成长和熟练三种情况。绩效的三个等级与潜能的三个等级相互交叉,就将具有不同绩效与潜能等级的员工分成九类。

值得指出的是,所谓的绩效"贡献者",指的是"没有达到某些操作上、技术上以及专业上的绩效标准;偶尔表现出微弱的领导力;所取得的成果很难建立或很难保持较好的工作关系;需要占用经理大量的时间和注意力",其实就是通常绩效评估的"绩效不良"。出于鼓励员工改进工作的考虑,将"绩效不良"称为"贡献者",这是花旗正面激励企业文化的体现。对于员工"潜能"的评估是花旗人力资源管理的特色之一。花旗的员工"潜能"考核也分作三个

---

① 本案例根据下列两篇文章综合而成。杨利宏:《花旗银行人力资源:人才在"九方格"间行走》,《中国经营报》,2005年第11期;韩圣海:《未雨绸缪:花旗高管"训练营"探秘》,《第一财经日报》,2006-11-01。

级别："转变"、"成长"和"熟练"。"转变"是指具有调动到一个不同层级工作岗位上工作的能力和意愿,比如从部门经理到分行行长。具备转变潜能的员工通常具备非常广泛和深入的操作和专业技能,具有在下一个更高级别工作所需要的执行能力和领导技能,能活学活用新的技能和知识,渴望获得更高的挑战和机会,具有超前的商业眼光,朝着整体业务目标努力,而不是只关心自己管理的业务是否成功。"成长"是指具有调动到同一层级更具复杂性的工作岗位上工作的能力和意愿,例如从培训经理到人力资源经理。"熟练"的潜能就意味着"永远在这个岗位上做下去",能够适应不断变化的工作要求深化经验和专业知识。

"九方格"中的优秀转变型,花旗会认为其具备转变到更高层次的能力,优秀成长型则被认为有能力在目前层级承担更多的工作职责,这两类都是晋级的合适对象,而低层级的贡献熟练型,则是被花旗认为需要帮助其达到绩效或重新安排工作岗位的员工。

公司针对不同的"十字路口"和岗位设计一系列的培训,安排不同的锻炼机会。让员工在新的"十字路口",具有成功达到该"十字路口"所要求的绩效的驱动力,乐于追求其所期望的职业发展方向。"十字路口"模型也就是员工的职业发展模型,被用来判断员工基于以往的绩效表现出来的潜能。

"九方格"应用的一个典型事例,是花旗银行(中国)有限公司副行长张之皓的成长,他就是典型的按照花旗银行人力培训模式成长起来的职业经理。

1996 年,张之皓作为"见习管理生"进入花旗接受轮训,此时他管理的是自己。从管理自己到管理他人,这是张之皓花旗生涯的第一个"十字路口"。轮训结束,曾经的管理生获得了一定的业务经验,在出国接受海外培训之前,他面临成为一个职能经理的机遇,担负一定职务直至管理一个部门,这是花旗员工遇到的第二个"十字路口"。1999 年之后张之皓在新加坡接受花旗的"速成干部"培训计划,2001 年回国以后被委以重任,承担电子银行业务拓展的"急先锋",从而获得大量实践锻炼机会,直至升任深圳分行行长,这是张之皓在花旗的第三个"十字路口"。2006 年,张之皓任花旗银行中国区商业银行部总经理。

在张之皓的花旗职业生涯中,通常的评估结果总是"绩效优秀、具有转变潜能",处于"1格"的位置。花旗的员工职位晋升政策规定,"1 格"代表着"通常会在 6 个月内被提升到高一级职位"。当花旗中国高层管理的职位出现空缺的时候,张之皓的发展机遇也接踵而来。

从 20 世纪五六十年代开始,越来越多的企业意识到,获得成功的职业生涯是员工工作的重要动机。为了吸引并留住员工,很多企业开始从组织的角度对员工的职业生涯进行管理,以帮助员工在组织内部实现个人的职业目标。但是,进入 21 世纪以来,组织职业生涯管理的基础受到了严峻的挑战。过去,管理者们普遍认为,只要对员工绩效给予奖励、为员工提供晋升的机会,关注员工的职业发展,就可以换来员工对组织的忠诚,确保员工队伍的相对稳定性。而近十年来人们却发现,组织大量裁员与员工频繁跳槽,使得组织与员工之间那种传统的、稳固的、相互忠诚的心理契约面临破裂的处境。组织职业生涯管理面临新的挑战,亟待新的突破。

第一节　职业生涯管理概述

一、职业生涯与职业生涯管理的基本概念

(一)职业生涯的概念

关于职业生涯(Career)的定义,可谓仁者见仁,智者见智。职业生涯有四种不同的定义。第一,职业生涯被描述成晋升的过程,也就是指人在工作中所经历的一系列地位提升或向上发展的事件。第二,职业生涯被定义成某项职业的一系列职位。这一定义意味着职业生涯仅限于那些晋升路径明显的特定工作。例如,医生、教师、经理、律师和其他专家。第三,职业生涯也可被当作人一生中所从事的一系列工作,而与职位水平或层次无关。第四,职业生涯还可被描述成员工一生中与角色有关的一系列经历。

职业生涯定义随着市场环境的变化、组织的发展以及员工的发展需求的变化而发生变化,具有一定的时代性。在传统的环境下,竞争、技术、市场特征都是相对稳定的,组织以获得稳定性、效率、秩序和控制为出发点,采用机械的形式来组织它的活动,组织变更速度较慢,雇佣双方都比较稳定:组织给个体较多的发展机会,以留住员工;而个体依赖专业知识、忠诚和努力,接受组织的监督和管理,换取工作稳定感,获得稳定和可以预见的职业发展。随着全球竞争日趋激烈,各种新技术日新月异的迅猛发展,客户对产品品质不断提升的要求,以及市场、金融等各方面的不确定性,现在的组织日渐失去以往那种传统的组织特征,即稳定、成长、垄断的市场和可以预见的技术。在激烈的竞争环境中,组织调整经营战略和运作模式、重组、裁员、兼并、甚至破产,组织不再能够保证个体的就业安全性,雇佣关系变得不再稳定,而职业生涯也呈现出多样性。

从上述定义中我们发现,传统的职业生涯定义暗含着稳定、长期、可预测、组织驱动、纵向移动等基本特征,这些标志在现代组织中都很难找到。现时期关于职业生涯的定义包括易变性职业生涯与多元职业生涯。易变性职业生涯的主要特征是,员工个人而不是组织,掌控自己的职业生涯发展,个人可以根据自己的需要彻底改变自己的职业生涯,个人在力求实现自身价值与理想的过程中所做出的选择(参加工作、接受教育和其他活动)就构成了职业生涯。易变性职业生涯观点突出和强调了终身学习以及自我开发是职业生涯发展的重中之重。多元职业生涯概念认为传统的职业生涯管理模型用线性职业生涯(在既定的职业领域中逐级提升而获得职业发展)或专家型职业生涯(在既定的专业领域中不断取得新的更高的成就)的概念来满足个体职业发展的需要,现时代组织一般使用过渡型或螺旋型(跨越不同的职业族)的职业生涯的概念,因而能够更有效满足员工的个性化职业发展要求。如现代著名的职业生涯专家格林豪斯与施恩认为,"职业生涯是贯穿于个人整个生命周期的、与个人的工作相关的经历的集合"。

现在对职业生涯倾向于给予一个更宽泛的理解。本书认为,职业生涯的定义应当包含如下几个方面的基本内容:其一,职业生涯是与个人的生命周期相伴而生的,它反映了个人生命周期中与工作经历相关的方面;其二,职业生涯不仅包括客观的工作,而且包括了个体

对这一客观工作的主观反应;其三,职业生涯反映了向前发展的基本趋势,而且强调指出所有人都有自己的职业生涯;其四,职业生涯的概念不仅要包括工作及个体对工作的主观反应,而且还应包括一些非工作因素,如个人的兴趣、爱好、技能,组织和环境对个体职业生涯的发展影响颇大。

（二）职业生涯管理的相关概念

职业生涯发展是指确保个人职业规划与组织职业管理的目标一致性来实现个人与组织需要的最佳结合。包括两个基本活动:职业生涯规划与职业生涯管理,它们共同构成了职业生涯发展循环的两端。

职业生涯规划是一项经过深思熟虑的计划,是个人为了了解和控制自身的职业生涯而实施的一项行动,它包括个人评估和了解自身的优势与劣势,组织存在的机会与限制,从而选择和确定自己的职业生涯目标,并为了实现这些目标而进行的一系列准备工作,如接受教育、培训,积累工作经验等。虽然个人不必独自开展这些活动,他们可以从专业的职业发展咨询师、主管等组织内部和外部人员那里得到帮助,但是,职业生涯规划的重点还是个人,员工本人是职业生涯规划的主角。

职业生涯管理是指组织为了促进员工职业生涯的发展,所采用的一个督导与监控员工个人职业生涯规划和发展的持续的过程,通常与组织的职业生涯管理系统相适应。虽然职业生涯管理包括了组织帮助个人设计和实施职业生涯规划的活动,但其重点在于提高满足组织预期的人力资源需求的机会,尤其是满足组织未来的高级管理人员的需求计划,在大多数组织中,职业生涯管理的主要形式就是管理人员的继承计划。

个人职业生涯规划与管理是以自我价值实现和增值为目的的,自我价值的实现和增值并不局限于特定的组织内部,员工可以通过跳槽实现个人发展目标。组织职业生涯管理则是从组织的角度出发,将员工视为可开发增值的人力资本,通过协助员工在职业生涯目标上的努力,谋求组织的持续发展。组织职业生涯管理带有一定的引导性和功利性。它帮助员工完成自我定位,克服完成工作目标中遇到的困难挫折,鼓励将个人职业生涯目标同组织发展目标紧密相连,并尽可能多地给予他们发展机会。由于职业生涯管理是由组织发起的,通常由人力资源部门负责,所以具有较强的专业性、系统性。职业生涯规划和职业生涯管理互为补充,互相强化,有效的职业生涯发展要求在两者之间取得适当的平衡,即要求组织和个人之间要有机的合作,组织可以在该闭环的任意环节上施加影响,进行干预。

二、职业生涯管理的意义

获得成功的职业生涯是员工工作的重要动机。组织要想留住那些有价值的人力资源,必须认识到,只有创造一个"发展留人"的环境,通过提供恰当的职业生涯发展规划,帮助员工达到其职业生涯期望,使个人化的职业生涯成功标准和组织职业生涯管理的战略方向之间达到平衡,使组织整体事业和个人生涯的规划统一起来,从而达到组织和个人的双赢。

（一）组织开展职业生涯管理的意义

组织的职业生涯管理的措施会增强员工的承诺,对员工的职业态度、职业认同有显著影响。在现代日趋激烈的竞争环境下,员工不再拥有终生保证的就业安全,而是要对动态的组织环境做出有效的反应,必须具有"就业能力（Employability）"和"职业弹性（Career Resilience）"。为了能够迅速跟上环境的变化,员工需要注重继续学习,承担其职业生涯管理的责任并且对组织的成功负有承诺。因而对组织能够提供培训和开发来支持就业能力的期望在新环境下的心理契约中占有重要的分量。组织需要满足员工的这些需求,才能获得员工的更大努力,更高的绩效。职业生涯管理对组织的作用主要有以下几个方面:

1.职业生涯管理有利于企业资源的合理配置

人力资源是一种可以不断开发并不断增值的增量资源,因为通过人力资源的开发能不断更新人的知识、技能,提高人的创造力,从而使无生命的"物"的资源充分尽其所用,特别是随着知识经济时代的到来,知识已成为社会的主体,而掌握和创造这些知识的就是"人",因此企业更应注重人的智慧、技艺、能力的提高与全面发展。因此,加强职业生涯管理,使人尽其才、才尽其用,是企业资源合理配置的首要问题。如果离开人的合理配置,企业资源的合理配置就是一句空话。

2.职业生涯管理能充分调动人的内在积极性

职业生涯管理的目的就是帮助员工提高在各个需要层次的满足度,使人的需要满足度从金字塔形向梯形过渡最终接近矩形,既使员工的低层次物质需要逐步提高,又使他们的自我实现等精神方面的高级需要的满足度逐步提高。因此,职业生涯管理不仅符合人生发展的需要,而且也立足人的高级需要,即立足于友爱、尊重、自我实现的需要,真正了解员工在个人发展上想要什么,协调其制定规划,帮助其实现职业生涯目标。这样就必然会激起员工强烈的企业服务的精神力量,进而形成企业发展的巨大推动力,更好地实现企业组织目标。

3.职业生涯管理能激发员工的职业动机

有效的职业生涯管理的一个重要目标就是要激发员工的职业动机。职业动机(Career Motivation),是指员工对工作的投入程度、对个人职业发展方向的意识以及遇到挫折时保持动力和坚持方向的能量。职业动机包括三个方面:职业弹性(Career Resilience)、职业洞察(Career Insight)、职业认同(Career Identity)。职业弹性是指员工对影响自己工作的障碍、破坏因素或不确定性的抵制与应变能力;职业洞察是指员工对自己和职业生涯的了解的准确程度,包括对自己(优势与劣势、职业兴趣、爱好特长等)的评价准确性,以及对组织和行业职业机会的认识的准确程度;职业认同是指员工对工作、组织的认同和参与程度。

职业动机会影响员工的绩效水平和职业生涯发展,职业动机较高的人即使遇到挫折也会继续追求自己选择的职业生涯目标(职业弹性),设定并追求比较现实的职业生涯目标(职业洞察),完全投身于工作并积极追求职业生涯目标(职业认同)。虽然职业动机在很大程度上取决于员工个人的工作和生活经历,但是,组织的职业生涯开发活动,如提供员工自我评价手册、组织职业生涯咨询研讨、提供组织职业信息等,都有助于提高员工的职业动机。职业动机能直接推动人的职业活动,是实现一定的职业目标的内部动力,其本质是能动作用,在职业选择定向中起指导作用,在职业活动中起发起、维持、推动作用,能强化人们在职业活动中的积极性和创造性。

4.职业生涯管理可为企业长盛不衰提供组织保证

任何成功的企业,其成功的根本原因在于拥有高质量的企业家和高质量的员工。人的才能和潜力能得到充分发挥,人力资源不会虚耗、浪费,企业的生存成长就有了取之不尽,用之不竭的源泉。发达国家的主要资本不是有形的工厂、设备,而是他们所积累的经验、知识和训练有素的人力资源。通过职业生涯等管理努力提供员工施展才能舞台,充分体现员工的自我价值,是留住人才、凝聚人才的根本保证,也是企业长盛不衰的组织保证。

职业生涯管理可以强化员工的组织承诺,提高员工的忠诚,从而收获员工长期的奉献。组织承诺是员工对组织的一种态度,它可以解释员工为什么要留在某企业,因而也是检验职工对企业忠诚程度的一种指标。波特将组织承诺定义为"个体认同和投入特定组织的强度"。包括三个因素:①对组织目标和价值的高度接受;②愿意为之努力奋斗;③强烈希望保持成员资格。职业生涯管理因满足了员工的需要,有利于提升员工的组织承诺,从而收获员工的忠诚。

职业生涯管理可以有效地激发员工与组织目标一致的能力,推动组织整体目标的实现。日本学者中松义郎在《人际关系方程式》一书中提出了"目标一致理论"。他精辟地论证了个人实际发挥的能力与潜在能力之间的关系:当个人目标与组织目标完全一致时,个人的潜能才能得到充分发挥,组织也才可能具有良好的整体功能,即达成一个双赢策略。当两者不一致时,个人的潜能受到抑制。用函数表示如图 8-1 所示。

$$F = F_{max} \times \cos\theta$$

在图中,F 表示一个人实际发挥出的能力,F_{max} 表示一个人潜在的最大能力,θ 表示个人目标与组织目标之间的夹角。从这个公式中我们不难看出,当个人目标与组织目标方向一致,即夹角 θ 为 0 时,一个人实际发挥出的能力最大,$F = F_{max}$。当两者不一致时,$\theta > 0°$,$\cos\theta < 1$,$F < F_{max}$,个人的潜力不能充分发挥。

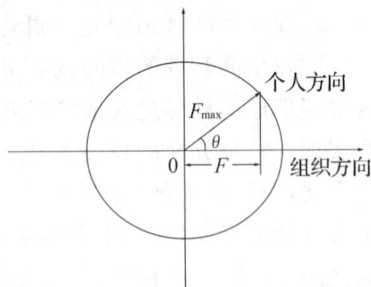

图 8-1　目标一致理论

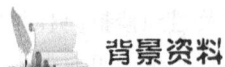

背景资料

是什么赶走了高潜质人才

如今,几乎每家企业都有自己的新星人才培养计划,因为高绩效人才能对企业的经营业绩产生巨大影响。然而,真正能取得成效的却并不多。作者所在的咨询机构历时 6 年对全球 100 多家企业的 2 万多名被称为"新星人才"的员工进行了调查发现了一个普遍的事实:大多数管理团队在努力培养下一代领导人时,都犯有严重错误。本文对六种最常见的错误进行了深入分析,并通过借鉴一些组织的正确做法,说明如何来纠正这些错误。

错误 1:认为高潜质人才高度敬业。如果成长中的高潜质人才得不到令人兴奋的工作、足够的认可,以及有机会过上富足生活,他们很快就会感到失意。这时候,企业管理层能做的就是经常了解他们的工作状况,付出加倍的努力让他们保持敬业心。例如,壳牌公司专门任命了职业发展专员,负责定期与成长中的领导者沟通,评估他们的敬业度,帮助他们设定切实的职业发展目标,并保证他们获得适当的发展机会。

错误 2:把当前高绩效等同于日后潜质。低绩效者很少具备高潜质,但若说高绩效者大多拥有高潜质,却也未必正确。作者的研究显示,在今天的高绩效员工中,超过 70% 的人缺乏在未来岗位上取得成功所需的关键素质。所以,企业应该从能力、敬业度和志向这三个方面对高潜质人才进行检验。在这三种素质中,哪怕只有一种存在不足,也会大大降低员工最终取得成功的可能性。

错误 3:将管理新星人才的责任下放。这样做只会限制优秀人才获得各种发展机会,同时还会鼓励各业务部门囤积人才。管理层应该在企业层面管理高潜质员工的数量和质量。强生公司的 LEAD 培训项目就很好地促进了员工的个人发展。强生发现,当自己将优秀人才视为组织的重要资产,让高管层对他们加以培养,并使他们感到自己是公司管理的得力助手时,他们为公司做出贡献的能力和意愿就会大大增强。

错误 4:过多地呵护新星人才。由于担心有发展潜力的人才在新岗位上失职,企业的人力资源高管和一线经理都会竭力把这些人安排到带有培训性质的岗位上,既能让他们得到锻炼,又不会有什么失败的风险。然而,这样做反而会阻碍这些员工的发展。实际上,最有效的人才培养计划应该是把优秀人才放到实战岗位上去,唯有如此,他们才能获得新的能力。

错误 5:指望明星员工与企业"共度时艰"。在"共度时艰"方面,明星员工通常很难达到公司的期望。决定这些人敬业度的一个关键因素是,他们是否感到自己得到了认可——而这种认可主要通过报酬来体现。所以,企业应该给予这类员工不同于一般员工的薪酬和认可。

错误 6:没有把明星员工与企业战略联系起来。研究表明,高潜质人才对管理者及企业战略能力的信任度,乃是支撑他们敬业度的最有力的因素之一。因此,企业应当让他们了解企业的未来战略,同时强调他们在实现未来战略中要发挥的作用。公司应该给高潜质人才提供机会,让他们和公司高管一起参加关于重大战略问题的会议,以团队形式帮助解决问题。

最有才华的员工可以对整个公司产生深远的影响。然而,公司只有正确地识别出这些人才,并给他们足够的挑战和适当的回报,才能让他们真正产生价值。

[转自哈佛商业评论,马丁(Jean Martin)]

(二)个人参与职业生涯管理的意义

对员工个人而言,参与职业生涯管理的重要性体现在三个方面:

(1)对于增强对工作环境的把握能力和对工作困难的控制能力十分重要。职业生涯规划和职业生涯管理既能使员工了解自身长处和短处,养成对环境和工作目标进行分析的习惯,又可以使员工合理计划、分配时间和精力完成任务、提高技能。这都有利于强化环境把握和困难控制能力。

(2)利于个人过好职业生活,处理好职业生活和生活其他部分的关系。良好的职业生涯规划和职业生涯管理可以帮助个人从更高的角度看待工作中的各种问题和选择,将各分离的事件结合联系,服务于职业生涯目标,使职业生涯更加充实和富有成效。它更能考虑职业活动同个人追求、家庭目标等其他生活目标的平衡,避免顾此失彼,两面为难的困境。

(3)可以实现自我价值的不断提升和超越。工作的最初目的可能仅仅是找一份养家糊口的差事,进而追求的可能是财富、地位和名望。职业生涯规划和职业生涯管理对职业生涯目标的多次提炼可以使工作目的超越财富和地位之上,追求更高层次自我价值实现的成功。

三、易变性职业生涯

上文已讨论到,今天的职业生涯已经不同于过去。"传统观点认为,职业生涯是在 1~2

家企业中所实现的直线式向上进步过程,或者是在一种专业领域中获得的稳定就业机会"。现在,人们的职业生涯倒更像是"由个人推动的而不是由组织驱动的,并且还会随着员工个人和环境情况的变化,由员工个人重新对其进行设计。"罗莎贝丝·摩丝·坎特认为"传统公司中的职业是由制度决定的,沿职位阶梯顺序向上。在向上走的过程中,人们积累的是'组织资本',即帮他在公司内向上层发展的经验和关系。今天人们可以依赖的是职业资本,即到任何地方都有用的技能和声誉。"

因此,当一家刚刚被并购的医药公司解雇了一位销售代表之后,她很有可能会重新开始自己的职业生涯——在接下来的几年中成为一家专业化咨询公司中的分析员或者是成为一家经纪公司中的业务员。这种情况有几个方面的含义。企业和员工之间的心理契约已经发生了变化。过去,员工们是在"用忠诚换取工作保障"。而今天,"员工们是在用自己的工作绩效来换取有助于保持自己的市场竞争力的一系列培训、学习及个人发展机会"。这反过来又意味着,你不能仅仅从服务公司需要的角度来设计企业的人力资源管理活动(例如招聘和培训);这些人力资源管理活动还必须符合员工的长期利益,从而使员工能够发挥他们的自身潜能。

(一)易变性职业生涯的概念

面对环境的变化,个体从关注就业安全转向更加关注自己的"就业能力(Employability)"。个体开始接受以牺牲稳定性和工作安全来换取未来的就业能力的观念。当组织经营环境和内部政策发生变化,个体可以凭借自己所拥有的就业能力获得"超越某一单一雇佣范围设定的一系列工作机会",从而发展"无边界的职业生涯"。由于具有便携式的知识和技能,对有意义的工作的认同感超过了对特定组织的认同感,个体可以选择在多个组织内发挥才干,个体从对组织忠诚转向对职业忠诚,个体对于在某个组织中自己的职业能力是否能够得到充分发展更为注重。

今天的职业生涯通常都是易变性职业生涯。易变性职业生涯(Protean Career)指随着个人的兴趣、能力、价值观及工作环境的变化而经常处于变化中的职业生涯。霍尔(Hall)认为"21世纪的职业生涯是变化多端的,职业生涯的驱动力来自个人而非组织,人们随着自身和环境的变化不时调整各自的职业生涯。"易变性职业生涯理论认为传统的心理契约已经被新的心理契约所取代,新的契约以终身的学习和改变个人的特质为基础,注重个人心理感受的成功。认为职业生涯应由个人管理,组织需要提供的是有挑战的工作和人际关系。因此,易变性职业生涯取向并不必然是指诸如工作变动等特定的行为,而是指对职业的一种思想倾向,是一种反映自由、自我导向和基于个人价值做出决定的职业生涯态度。持易变性职业生涯取向的个体如果以个人的价值引导其职业生涯的,称为价值驱动(Values-driven);如果独立管理其职业生涯的,称为自我指引(Self-directed)。

(二)传统职业生涯与易变性职业生涯的比较

表8-1从七个方面对传统的职业生涯和易变性职业生涯进行了比较。

劳资双方心理契约的变化影响着职业观念。传统上,如果员工能够留在企业中,并保持较高的工作绩效,那么企业应该长期聘用他,并为其提供晋升的机会。但随着企业结构趋向扁平化,日益加剧的市场竞争及兼并、收购,使企业无法提供工作保障及可预期的晋升。此时,企业只能通过确保员工有机会参与培训项目并获得工作经验,以提升员工现在和将来的就业能力。

表 8-1　易变性职业生涯与传统职业生涯的区别[1]

维度	传统的职业生涯	易变性职业生涯
目标	晋升、加薪	心理成就感
心理契约	工作安全感	灵活的受聘能力
运动	垂直运动	水平运动
管理责任	公司承担	员工承担
方式	直线性，专家型	短暂性，螺旋型
专业知识	知道怎么做	学习怎么做
发展	很大程度上依赖于正式培训	更依赖人际互助和在职体验

　　易变性职业生涯的目标是心理成就感。心理成就感（Psychological Success）是指由于实现了不仅限于工作成就的人生目标（如养家、身体健康等）而产生的自豪感和成就感。传统的职业生涯目标不仅受员工自身努力的影响，还受到组织所提供职位的影响。与传统的职业生涯目标相比，心理成就感更大程度上由员工自己控制。它是一种自我的主观感觉，而不仅仅指公司对员工的认可（加薪、晋升等）。心理成就感在新一代员工中尤为盛行。

　　传统职业生涯和易变性职业生涯的一个重要区别是员工是否有被激励的需求，能否进行动态性学习，而不仅仅依赖于固定的知识基础。这是由于企业必须对顾客的服务需求和产品需求做出更敏捷的反应。现在，员工为获取成功所需的知识类型已与以前有所不同。在传统职业生涯中，"知道怎么做"（即具备提供产品和服务的适当技能）至关重要。而现在，尽管"知道怎么做"依然相当重要，但是"知道为什么做"与"知道为谁做"一样不可忽视。"知道为什么做"指员工应了解企业的业务和文化，从而能开发和运用有关的知识和技能，以促进企业的发展。"知道为谁做"指员工为达到企业的目标而要建立一些关系。这些关系包括同销售商、供应商、董事会成员、顾客的关系网。要学会"知道为什么做"和"知道为谁做"，仅仅依靠正式的课程和培训是远远不够的。

　　在易变性职业生涯中的学习和发展，需要的是人际互助和在职体验，而不仅仅是正式课程。比如，员工可以通过导师关系来更充分地了解企业的内外部人员。在职体验包括项目分配和工作轮换，它能使员工更好地理解企业的经营战略、职能和分工。

　　对连续性学习、范围超出"知道怎样做"的学习以及心理契约变化的强调，导致了职业生涯运动的方向和频率有所变化（职业生涯方式）。传统的职业生涯方式包括在线性结构中的一系列等级，较高的等级意味着较大的权力、责任和较高的报酬。而专家型职业生涯方式指终身从事某一专业领域（如法律、医疗、管理），这种职业生涯方式以后还会继续存在。跨专业的职业生涯方式（螺旋型职业生涯方式）以后则会更流行。每隔 3～5 年更换一次工作的职业生涯方式（短暂型生涯方式）也会更普遍。很多员工乐于接受工作调动，因为新工作给她们带来了迎接新挑战和发展技能的机会。

---

[1]　雷蒙德·A·诺伊：《雇员培训与开发》（第三版），中国人民大学出版社，2007。

第二节　职业生涯管理的基础理论

职业生涯管理的相关理论主要有人职匹配理论（或称职业选择理论）与生涯发展阶段理论。其主要观点是：人是具有一定的特性的，他们会适应某些职业而不适应其他一些职业；个人的职业生涯呈现一定的阶段性。长期以来，职业指导专家建议员工要根据自己的特征来进行职业选择、规划与发展；而研究者也主要基于职业生涯发展阶段来界定员工的需要，并为企业的管理措施提供间接指导。关于职业选择与生涯阶段的理论比较多，但基本思路是一致的，因此本节主要介绍施恩的职业锚理论与生涯发展阶段理论。

一、职业锚理论

美国社会心理学博士施恩（Schein）从 20 世纪 60 年代起进行了一项长达几十年的跟踪研究，并在此基础上创立了职业锚理论。施恩的早期著作《职业动力论》首次对职业锚理论进行了系统论述，提出了五种职业锚的概念。

（一）职业锚的基本概念

职业锚是指当一个人不得不做出选择时，无论如何都不会放弃的那种至关重要的东西，它是人们内心深层次价值观、能力和动力的整合体，因此，它被归入职业选择理论的一种。按照施恩教授的观点，职业锚是一种"更加清晰的生涯自我观"，这种自我观由"三个部件"合成：（1）自省的才干和能力（以各种作业环境中的实际成功为基础）；（2）自省的动机和需要（以实际情境中的自我测试和自我诊断的机会、以及他人的反馈为基础）；（3）自省的态度和价值观（以自我与雇用组织和工作环境的准则和价值观之间的实际遭遇为基础）。

职业锚并不是在最初工作就很明确的个人职业价值观或所关注的工作焦点，而是通过个人的职业经验逐步稳定、内化下来的，当个人面临多种职业选择时，职业锚是其不能放弃的自我职业意向。

职业锚概念的重要性在于，它"清晰地反映了当事人进入成年期的潜在需要和动机，也反映了这个人的价值观，更重要的，反映了被发现的才干"。作为组织和个人都应当了解员工或自己的职业锚，才可能在生涯的早、中期交替之际调整刚进入组织时所制定的生涯计划，相对于初始从业阶段制定的生涯计划，基于职业锚的生涯规划更加准确和具有可行性。

（二）职业锚的分类

职业锚是个人进入职业生涯的工作情景后，由实际的工作经验所决定，并在经验中与自省的才干、动机、需要和价值观相符合，逐渐发展出的更加清晰、全面的职业自我观。施恩将职业锚分为技术、管理、安全、创造和自主五种。五种职业锚的描述如下：

（1）技术/职能能力型职业锚。做出生涯选择和决策时，主要的注意力是自己正在进行的实际技术内容或职能内容，如工程技术、财务。这组人的自我意象与他们所处特定领域的能力感有密切关系，因而，他们对管理本身并不感兴趣，虽然在其技术或职能能力区内会接受管理职责。他们认为，自己的生涯成长只在此区域内才意味着持续的进步。

这些人的立足点不仅是他们正在从事的实际技术工作，而且他们非常看不起和惧怕全面管理,把它看作是一片"丛林",一个"政治竞技场",是一种不会让他们施展技能的工种。他们认为,职能管理是他们施展技能所必不可少的,也是一种进步的方式,但是管理本身不能吸引他们。

（2）管理能力型职业锚。选择管理能力型职业锚的人把管理本身作为最终目标。具体的技术工作或职能工作仅仅被看作是通向更高的全面管理层的道路上的必经阶段。他们看到了在一个或更多的职能区展现能力的必要性,但没有一个区域能赢得他们的承诺。另外,他们认为,他们的能力就在于把三个更通用的区加以组合:①分析能力,即在信息不全和不确定的情况下,能够识别、分析和解决问题。②人际能力,即能影响、监督、率领、操纵和控制组织的各级人员,更有成效地实现组织的目标。上述分析技能必须和人际技巧相结合。③感情能力,即能够为感情危机和人际危机所激励,而不是变得软弱无力,能够使用权力,而不感觉内疚或羞愧。一个人要升到管理的更高层面,接受更高水平的责任,必须善于分析问题的同时,控制和影响员工和自己的感情。这些人具有这些能力的某种组合,但是,其中任何一个方面未必比其他一些调查对象更强。也就是说,其他职业锚的人也具有不同的分析能力、人际能力或感情能力,或者他们有一二方面比管理锚的人发展得更高,但是,他们没有将这些能力相结合,他们没有意识到,为了生涯的成功,需要这种特别合成的技能。

（3）安全型职业锚。选择安全锚的人倾向于根据组织对他们提出的要求行事,倾向于寻求一个稳定的生涯、稳定的地位、稳定的岗位、稳定的收入。如果以安全型为锚位的人有强有力的技术才能,他们会升到一种高级幕僚或职能经理的层面。但是,如果他们的心理构造有一部分存在着一定程度的不安全,那么,这种非同一般的不安全往往不能使他们在总经理位置上干下去,它要求高度的感情安全,从而限制了他们沿着等级维度上升。

（4）创造型职业锚。以创造型为锚位的人的主价值观是:建立或创造某种东西,对这些人来说,创造出一种以其姓氏命名的成果或程序,一家自己的公司,一种衡量其成就的个人命运与自我扩充才是主要的,这种人沉浸在新的冒险中,力求抓住新的项目。

（5）自主型和独立型职业锚。选择这一类型职业锚的人认为,组织生活是有限制的、非理性的,或侵犯人的私生活。他们喜欢独立的和自主的生涯,如高等院校的教师、自由撰稿人、小企业的所有人等。他们的自主需要比其他方面的需要更强烈,这些人尽量避免在组织环境中寻求技术（职能）工作,自主之所以成为锚,是因为这些人在被迫选择时决不会放弃自由。自主锚的人很少体验到错过提升机会的冲突,很少会感到失败或缺少更大抱负的愧疚,仿佛离开大组织的决策已经成为解决冲突的一种方法。他们的主要需要是随心所欲,制定自己的步调、时间表、生活方式和工作习惯。

在对其他生涯人群的研究中,发现还有其他一些职业锚类型,如基本认同型、劳务型、权力、影响和控制型、多样化型等。

二、生涯发展阶段理论

（一）生涯发展阶段理论概述

职业生涯的发展常常伴随着年龄的增长而变化,尽管每个人从事的具体职业各不相同,但在相同的年龄阶段往往表现出大致相同的职业特征、职业需求和职业发展任务,据此可以将人的职业生涯划分为不同的阶段。虽然各种理论对职业发展阶段的划分并不完全一致,但其出发点和基本思路是相同的,它们都假设生命的发展阶段和职业的发展阶段是高度相关的,因此,都是以年龄作为划分职业生涯发展阶段的一个重要依据。

生涯发展理论主要代表人物是一批职业指导专家和心理学家,如舒柏(Donald E Super)、施恩(Schein)、格林豪斯(Greenhaus)等。舒柏以年龄为依据,把人的职业生涯发展划分为 5 个主要的阶段,分别为成长阶段(Growth Stage)、探索阶段(Exploration Stage)、确立阶段(Establishment Stage)、维持阶段(Maintenance Stage)、衰退阶段(Decline Stage)。他认为个体在不同的职业阶段,面临不同的任务。例如处于探索阶段的个体通过学校学习进行自我考察、角色识别、职业探索,完成择业及初步就业。此时,个体需要职业机会的尝试,需要得到职业培训。其余的学者在阶段划分上与舒柏的理论略有不同,但是核心思想都是一致的。他们认为个人伴随着年龄增长,在不同的人生阶段,有不同的生理特征、心理素质、智能水平、社会负担等。组织若能针对员工的具体职业生涯阶段进行员工开发,员工生理和心理的需求得到满足,工作积极性会提高,从而给企业带来回报。

(二)施恩的职业生涯发展阶段理论

施恩根据人生的不同年龄段、不同时期人所面临的问题和承担的任务的不同,对人的生活和发展阶段划分为四个阶段:

第一个主要阶段——大约从少年开始至 30 岁前后,是离开家庭进入成人世界的时期。在这一时期,既要成家又要立业,充满了能量、理想与热情,往往非常自信。但是,所做的承诺在相当程度上是暂时性的,有待以后重新进行评估。

第二个主要阶段——进入 30 岁的一段时间是重估的第一个主要时期。对于大多数的人来说,在这一时期,一个人要认真测试自己二十几岁时所做出的诸多承诺,重新审视自己并确定新的理想、价值观与行为取向,人生进入或稳定或发生重大改变的一个时期,工作的现实情况,婚姻家庭以及自我发展的实际状况,要求做出慎重的抉择。之后,便进入了一个更长的"持久性承诺"时期,通常被描述为"安下心来"。

第三个主要阶段——40 岁左右,多数人面临某种"中年"过渡或"危机"。此时,要做出"永久性的承诺"。并把这些永久性承诺的结果同早年的梦想、抱负进行对比、评估,出现较大的不一致性实属正常。在这一时期,他不仅要继续做出选择,而且还要以客观,平和的心态去接受早年所做抉择产生的后果,人将变得更加开朗,更容易接受外部世界。而且,在这一阶段他将了解自己成年或未成年的子女。至关重要的一点是,他将在重新审视自己、自我接纳的基础上寻找到问题与结果、理想与现实的平衡点。紧接着是 40 多岁到 50 岁前,将第一次认识到"空巢"这一现实的问题,子女业已长大成人,另立门户,抚养儿女的义务以及父母的角色已经完成,重新确立与配偶的亲密模式,开始新的生活方式,如更多地与下属或其他人交往,并做出一生最后一次职业抉择,继续往上爬,追求安稳或重新选择职业。

第四个主要阶段,当这些问题解决之后,便进入了相对稳定和自我满足的时期,人也快接近 50 岁了,这时,人变得持重、宽厚,比以往更珍惜老友关系,同时感到体力不支,身心衰弱,可能会有一种岁月如流、时不我待的感觉,不得不为日后的健康和养老做些准备。60 岁至去世是人生的一个重要时期,不仅要面临主动退休或被迫离职的问题,而且要正视身体愈发衰弱,配偶或亲友去世的创伤等诸多现实,因此,保健是最主要的问题。

施恩教授职业生涯发展阶段的观点比较实用,可以帮助个人和组织预测不同发展阶段所表现出来的带有一定普遍性的危机和挑战,从而可以制订相应的计划以解决这些问题或减小它们带来的损失。

第三节　职业生涯管理模型

一、职业生涯管理模型概述

从职业生涯管理活动的实施主体来看,职业生涯管理模型大体上可分为两种:组织职业生涯管理模型与自我职业生涯管理模型。有时也可以称为个人导向型的职业生涯管理模型和组织导向型的职业生涯管理模型。

组织职业生涯管理(OCM)是指由组织实施的,旨在开发员工的潜力、留住员工、使员工能自我实现的一系列管理方法。要使组织和个人的职业发展规划统一起来,组织必须了解个人的职业发展需要是什么,组织职业生涯管理必须明晰组织可为个体提供的信息、机会和资源,帮助个体意识到他的职业规划和当前所在组织可用的机会之间是否匹配。个体在职业生涯发展的不同阶段具有不同的职业发展需要,在同一职业发展阶段的员工也因为个体的差异而对职业发展持有不同要求,因此,组织进行职业生涯管理要基于个体实现职业发展目标的需要,有针对性的实施职业生涯管理措施,使得组织资源得以合理的分配和充分的利用。

知识经济时代,由于组织竞争加剧,组织的稳定性下降,企业组织的兼并、裁员、破产或倒闭层出不穷。出于对企业提供工作是否持久的忧虑,员工开始考虑自己的职业前景。霍尔(Hall)和莫斯(Moss)认为,自我职业生涯管理(简称 ICM)越来越重要,而且与过去相比,从观念到内容都在变化,比如职业生涯管理主体在发生变化,职业生涯发展将主要由个人管理,而非组织管理。ICM 的重要性对个人来说,关系到个人的生存质量和发展机会;对于组织来说,关系到保持员工的竞争力。

自我职业生涯管理(ICM)是指员工为了满足自己发展的要求,根据自己的实际,在组织内外寻求职业自我完善的过程,包括员工自己主动实施的、用于提升个人竞争力的一系列方法和措施。它是个体在职业生命周期(从进入劳动力市场到退出劳动力市场)的全程中,职业发展计划、职业策略、职业进入、职业变动和职业位置的一系列变量构成的总和。

(一)自我职业生涯管理模型

个人在做职业发展规划的时候,首先要做个人评估,了解自身的优势劣势,其次要评估组织中存在的机会和限制。在这个基础上,再确定自己职业发展目标,然后开始累计工作经验和阅历,接受培训等。

格林豪斯在总结前人研究成果的基础上,提出了个人导向型的职业生涯管理模型(如图8-2所示)。

格林豪斯认为,个人导向的职业生涯管理模型代表了理想的职业生涯管理程序,即人们应该按照此方法实施职业生涯管理,而不是对人们实际做法的描述。此模型表明,当个体对职业生涯决策需求做出回应时,有效的职业生涯管理就正式开始了。这种回应包括了 8 项活动:职业生涯调查、认识自己以及环境、目标设定、制定战略、实施战略、接近目标、从工作和非工作渠道获得反馈以及职业生涯评估。

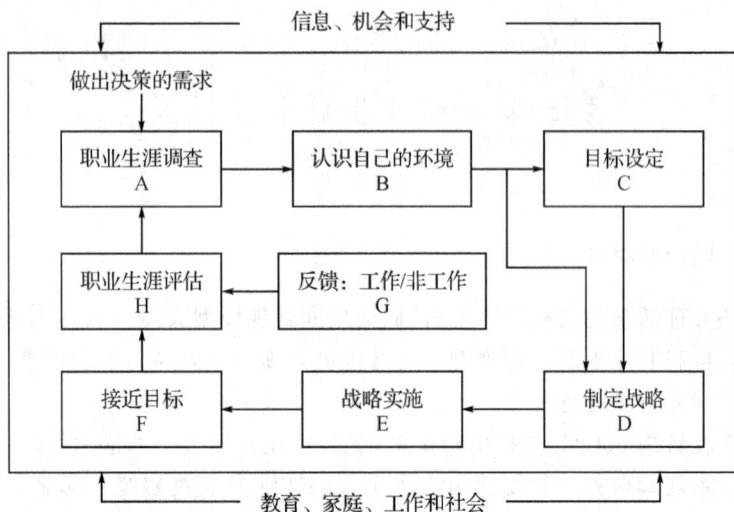

图 8-2　个人导向型的职业生涯管理模型[①]

活动一：职业生涯调查。主要目的是为了收集有关自己和环境的基本信息。

活动二：认识自己与环境。其目的是为了客观、全面的对自己做出评价，并明确职业发展机会。

活动三：目标设定。职业生涯目标是个体希望获得的最终结果，目标可以具体（如我希望在 30 岁时成为一名高级咨询师），也可以笼统（我希望成为一名优秀的咨询师），但是一定要切合实际。

活动四：制定战略。职业生涯的实施战略应该包括具体的行动内容和相应的时间安排表。

活动五：实施战略。即按照规定期限执行活动四所确定的基本活动要项。

活动六：接近目标。

活动七：从工作与非工作渠道获得反馈。

活动八：职业生涯评估。职业生涯评估既是对上一阶段职业生涯开发工作的总结，也是对下一阶段职业生涯开发工作的准备。

职业生涯管理是不断循环，不断持续发展的，认识到这一点非常重要。个人做出职业生涯决策的诱因来源于两个方面：个人在职业生涯发展中的质疑与组织内外部的环境变化。

小案例

最赚钱的地盘

美籍华裔大音乐家谭盾，刚到美国时只是一个喜欢拉小提琴的年轻人，为了生计在他刚到美国时，必须到街头拉小提琴卖艺来赚钱。很幸运，谭盾和一位认识的黑人琴手一起争到一个最能赚钱的好地盘——一家商业银行的门口。过了一段时日，谭盾赚到了不少卖艺钱

[①]　H. Greenhaus, G. A. Callanan, V. M. Godshak: Career Management(3rd ed.). Fort Worth, TX: Dryden Press, 2000, 24.

后,就和那位黑人琴手道别,因为他想进入大学进修,也想和琴艺高超的同学们互相切磋。于是,谭盾将全部时间和精力投入到提高音乐素养和琴艺中……

十年后,谭盾有一次路过那家商业银行,发现昔日老友——那位黑人琴手,仍在那"最赚钱的地盘"拉琴。当那个黑人琴手看见谭盾突然出现时,很高兴地说道:"兄弟啊,你现在在哪里拉琴啊?"谭盾回答了一个很有名的音乐厅的名字,但那位黑人琴手反问道:"那家音乐厅的门前也是个好地盘,也很赚钱吗?"他哪里知道,十年后的谭盾,已经是一位国际知名的音乐家,他经常应邀在著名的音乐厅中登台献艺,而不是在门口拉琴卖艺!

我们会不会也像那位黑人琴手一样,一直死守着"最赚钱的地盘"不放,甚至还沾沾自喜,洋洋得意?我们的才华,我们的潜力,我们的前程,会不会因死守着"最赚钱的地盘",而白白地断送掉?

人,必须懂得及时抽身,离开那看似最赚钱,却不再有进步的地方;人,必须鼓起勇气,不断地学习,再去开创生命的另一高峰!

[来源于佚名:《青年文摘》(绿版),2002 年第 3 期]

(二)组织职业生涯管理模型

组织导向的职业生涯管理观点,都将组织结构以及组织目标作为职业生涯管理的驱动力,从而也保障了职业生涯管理工作对组织战略的贡献。尼克尔森(Nicholson)的职业生涯管理系统具有一定的代表性。尼克尔森认为职业发展体系包含三个主要因素:①人事系统,包括选拔、培养和激励人力资源的活动;②劳动力市场体系,包括发展机会的结构;③管理信息系统,此系统可以使人、观点和信息之间的转换变得非常容易。他指出"职业生涯管理必须将人力体系通过管理和信息系统与工作市场系统相连接"。

对于组织职业生涯管理的具体活动,不同专家与企业提出了不同的看法,但基本的内容大同小异。比如提供个体自我分析的手册和录音带,职业规划工作坊,员工与经理之间的职业讨论和咨询,评价中心,管理继承人计划及替代计划。这些活动可分为组织对个人的职业生涯管理和组织水平的职业生涯管理两大方面:在个人水平上,给个人提供自我评估工具和机会;进行个别职业咨询。在组织水平上,发布内部劳动力市场信息;成立潜能评价中心;实施培训发展项目,以及相应的薪酬福利政策等。Baruch A. Peiperl 在 2000 年通过对 194 家企业的问卷调查数据分析,总结了 17 种组织职业生涯管理的具体实践措施,并把这 17 种措施分为五类:基本措施(公布内部工作信息、作为职业生涯发展的一部分的正规教育、退休准备计划、为培养跨职能经验的水平调动);积极规划(作为职业规划基础的绩效评价、主管上级的职业咨询、HR 部门的职业咨询、接班人计划);积极管理(评价中心、正式的导师制、职业研习会);形式的措施(有关职业生涯的书籍或小册子、双职业通道、由组织或组织及个人共同完成的书面的个人职业规划、普通职业通道);多方向的措施(同事评价、下级评价)。

二、职业生涯管理体系

员工在工作中会遇到很多职业生涯发展问题。一方面,企业应该制定政策和计划,以帮助员工处理这些问题;另一方面,为激发员工的职业动机,企业还需要提供一种职业生涯规划体系,以了解员工的职业生涯发展需求。职业生涯管理体系(Career Management System)可以帮助员工、经理和企业识别职业生涯发展需求。

由于复杂程度和管理过程侧重点的不同,各公司的职业生涯管理体系也有所差异。然而,所有的职业生涯管理体系都包括了图 8-3 所示的几个方面,即自我评估、实际检验、目标设定和行动规划。

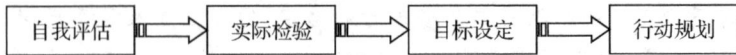

```
┌──────────┐      ┌──────────┐      ┌──────────┐      ┌──────────┐
│  自我评估  │ ━━▶ │  实际检验  │ ━━▶ │  目标设定  │ ━━▶ │  行动规划  │
└──────────┘      └──────────┘      └──────────┘      └──────────┘
```

图 8-3　职业生涯管理体系

自我评估(Self-assessment)是指员工使用各种信息来确定自己的职业、价值观、个体和行为倾向。实际检验(Reality Check)指员工收到的有关企业如何评价其技能和知识以及自己应该怎样适应企业计划(如潜在的晋升机会或平级调动)的信息。通常,这种信息由员工的经理来提供,并将其作为绩效评估过程的一部分。在详细周密的职业生涯规划体系中,通常需要经理进行专门的绩效评估和职业生涯发展面谈。例如,可口可乐公司的职业生涯规划体系规定,在每次的年度绩效总结之后,员工和经理要单独进行一次面谈,来讨论员工的职业兴趣、优势以及可能的开发活动。目标设定(Goal Setting)指员工形成长短期职业生涯目标的过程。这些目标通常与理想的职位、技能的运用水平、工作安排或技能获取相联系。行动规划(Action Planning)中,员工将决定如何实现其长短期职业生涯目标。它包括参加培训课程和研讨会,开展信息交流或申请企业的空缺职位。

(一)自我评估

自我评估的工具和方法很多,基本目的只有一个,就是要让员工对自己的职业兴趣、爱好特长、价值取向、基本技能、优势与劣势等基本情况有一个准确、客观的认识和评价,为下一步的职业目标定位奠定基础。

一般来说,组织员工进行自我评估有两种方式:一种是利用各种评估手册等书面或电子材料;另一种是召集员工评价讨论会。在大多数企业,都会采用前一种方式,因为相关的对员工进行素质、能力、职业兴趣测试方面的资料非常多,提供这种专业服务的公司和机构也很多,而且,利用结构化或半结构化的材料对员工进行评价便于操作,整个过程比较容易控制。如果组织人力资源部规模较小,或是缺乏此类的专业人才,可以向第三方购买相应的测评资料,或是将整个测评工作委托给第三方专业机构完成。在向第三方购买测评资料的时候,应注意根据企业的实际情况对购买的资料进行必要的改编,因为,他们提供的资料通常情况下是通用型的资料,在许多具体细节上与企业的实际情况不甚吻合。

另外,对于利用各种书面测评资料或是评价中心进行测评之后的结果的可信性,企业应该有一个十分清醒的认识。结果的可信程度一方面取决于测评资料设计水平(即是否切合被试的情况),另一方面,也受到被试对象本身一些因素的影响,如果被试本人有过这种测试的经历,则很难准确地得出其真实信息。

组织职业生涯规划研讨会最大的优点在于,通过集中研讨,员工将更为准确地认识到自己的职业兴趣、优势与劣势,更加清醒地确定自己的职业发展目标,而且,这种研讨会有利于员工构建必要的职业生涯成长人际网络,对于今后的职业发展大有裨益。当然,这种研讨会可以组织多次。在组织这种研讨会的时候,组织者应当注意使参与者将精力集中于讨论职业兴趣、爱好特长、价值观、个人的长处与不足这些基本信息,不要跑题。对员工进行评价,通常在职业探索阶段进行,这一工作完成的好坏,直接影响到员工日后的职业发展。

作为员工在职业生涯发展中也担负一定的责任,必须清楚自己的价值观、兴趣、技能、性格和爱好等,常用的测试有霍兰德职业兴趣测试、MBTI 性格测试和九型人格测试等。

小案例

惠普公司员工的职业生涯自我评估

惠普公司在科罗拉多(Colorado)一个分部开发了一个为期三个月的个人职业生涯培训项目,主要有两个内容:员工的自我评估及其在职业生涯发展中的实际应用。

自我评估的目的是帮助员工发现组织中适合其发展的各种机会并建立朝着这一方向努力的动力。它包括六个具体内容:

1.通过专门设计的问卷调查、面谈及小组讨论了解学员以往的生活经历和今后的打算。这类自传式的资料便成为以后进一步分析的核心数据。

2.明确员工个人的兴趣爱好,例如,偏爱的职业、学术领域以及所属类型等等。惠普将人们的兴趣偏好归纳为 325 项,由员工挑选填写,并要求他们和相同类型的在不同职位工作的已成功人士进行比较,从而找到发展这种兴趣特长的努力方向。

3.惠普将价值观的有关内容,包括理论的、经济的、审美的、政治的和宗教的,总结为 25 项内容,要求每个学员从中做出选择,对自己的价值观强度做出评价。

4.要求每个学员记录其在某个工作日以及某个非工作日的全部活动。这一信息用于检验上述几个步骤中所获信息的准确性。

5.每一个学员要求会见至少两个以上的熟人,如朋友、配偶、亲戚或同事征求他们对自己主要特点的看法。

6.在上述信息的基础上,学员用文字、照片、图形等各种方式描绘自己的特征全貌。

惠普通过上述步骤不断积累资料数据,并进行归纳处理。学员从这些数据中可以进一步获得职业生涯自我管理的有用信息。

(资料来源:人才市场报,2004 年)

(二)实际检验

实际检验(Reality Check)指员工收到的有关企业如何评价其技能和知识以及自己应该怎样适应企业计划(如潜在的晋升机会或平级调动)的信息。实际检验除了绩效评估外,组织还经常开展任职资格测试与潜能测试。

1.任职资格测试

员工的职业生涯获得发展,无论是在职业生涯发展路径中职务级别的攀升(纵向)还是在不同职业路径之间的移动(横向),都要求以任职能力的提升作为前提。在实际管理工作中,许多企业对于如何评价员工的任职能力高低感到很为难,很多时候是凭感觉。解决这一问题需要企业建立起一套完整的任职资格管理体系。

任职资格管理体系是基于能力的企业人力资源系统的核心和基础,其基本要义是为企业建立多条职业发展通道,对每一条职业发展通道的级别进行划分,并明确每一级别的任职资格标准与行为标准。任职资格标准界定了同一职种不同级别员工知识技能特征,说明每个级别的员工能做什么,能做到什么程度;行为标准描述的是同一职种员工成功地完成所承担业务活动的最佳行为规范,据此判断员工业务行为是否符合公司规范。通过对相邻两个任职资格等级的资格标准和行为标准分别进行评价,即可确认出员工在达到下一个发展目标(任职资格等级)之前的能力差异情况,据此可以确定相应的培训与开发策略。

2.潜能评价

潜能评价的主要用途有两个方面:一是用于建立素质模型,二是用于企业的继承人计划。在国际优秀的跨国公司如花旗、摩托罗拉、索尼等员工职业发展管理中,对员工潜能的评价占据了关键的位置,如开篇案例所介绍的,花旗就是利用绩效和潜能两个维度来给员工定位,并确定相应的开发方式,推动员工的职业生涯发展。在国内,潜能评价常见于企业高层领导的职业生涯开发活动之中,继承人计划中的潜能评价的主要目的就是要找出那些具备未来担当企业高级领导与管理岗位的优秀人才,加以开发和储备。

(三)目标设定

员工要想确定职业生涯目标,除了要客观公正地进行自我评估和获得组织的相关评价之外,还需要掌握准确、详尽的组织环境信息。虽然职业生涯规划的主要责任者在于员工个人,但是组织也应该为员工提供组织内部工作机会的信息。此阶段,组织可采用的两个常用方法是:建立工作公告系统和确立职业生涯发展路径。

1.建立工作公告系统

工作公告,是一种非常普遍的职业生涯开发活动,即组织在对外公布空缺职位信息之前,先在组织内部予以公示,让组织内部员工先对此有所了解。工作公告作为职业生涯开发的方法和措施之一,在西方发达国家非常普遍,但是,在我国企业并不多见。为什么?究其根本原因,表现为两个方面:一方面,就企业来看,许多企业尚未意识到在组织内部发布空缺职位信息也是一项有效的职业生涯开发活动,甚至错误地认为,如果某些员工因此而实现了在组织内部岗位之间的移动,但是,他们在离开之后,组织还需要从外面招聘其他人员来填补他们离开之后的空缺,所以觉得没这个必要,还不如索性从一开始就从外面找人好了;另一方面,我国企业的很大一部分员工对这种工作移动方式还心存疑虑。因为大多数企业尚未建立起真正的内部竞聘上岗的机制,所以这种活动即使存在,通常也是员工与用人部门私下接触,如果没被录用,员工担心这事被原来的主管知道后,对自己日后的工作不利,所以,即使是组织发布了职位空缺的公告,前去登记应聘的内部员工并不多。因此,解决这一问题的关键在于组织要真正认识到员工职业生涯发展的重要性,应逐步建设内部竞聘上岗的机制,同时,还要加强宣传与教育,让员工树立正确的职业与就业观念。事实上,这是成本较低而效果较好的一种职业生涯开发活动。

2.职业生涯路径设计

职业生涯路径是员工所从事的一系列工作,通常包括相关的任务和经历。职业生涯路径作为职业生涯开发的方法和措施,要求随着职业路径一并提供相应的职务说明书或工作规范,因为职务说明书或工作规范明确规定了不同岗位不同的任职资格要求以及主要工作责任要项。为了促进不同类型的员工的职业生涯发展,许多组织都构建了"双通道"的职业生涯发展路径,所谓"双通道",它是针对企业常见的单一的管理通道而言的,即在组织中,员工的职业生涯发展路径除了可以选择管理通道逐级晋升以外(随着级别的不断提升,薪酬、福利等都会随之增加），还可以根据自己的兴趣爱好、专业特长选择非管理类的通道实现自己的职业生涯发展目标。双通道的职业生涯发展系统避免了组织成员千军万马竞走管理独木桥的现象，其关键在于非管理通道的员工在随着其职务晋升的过程中，薪酬及其他待遇也能够得到同样的提升，在组织中会受到同样的尊重。在组织中，一方面随着组织结构扁平化的推进，管理岗位越来越少，而竞争的人却不在少数；另一方面，有些人他确实不愿意去"做官"，他更愿意从事自己的专业工作，因而，组织开设不同的职业发展通道实属必要。许多企业在实际工作中不只是设计了管理类与非管理类这两类职业发展通道，基于人力资源分层分类管理的基本理念，出于员工职业生涯发展的切实考虑，设置了管理类、管理服务类、技术类、营销类等不同的职业发展通道（习惯称之为"跑道"），不同的通道还设置了不同的级别（习惯称其为"任职资格等级"），便于不同的员工选择自己的职业发展路径。

企业不仅提供清晰的组织信息作为员工进行职业生涯目标设定的重要依据，而且要帮助员工进行目标设定。通常由业务经理与员工进行职业生涯发展的讨论，并提供职业生涯发展的建议。

（四）行动规划

为了促进员工职业生涯的发展，在员工制定行动规划并付诸行动的同时，组织可以采取一些相应的开发措施，如实施岗位轮换、建立指导计划、安排培训与学费补贴等。实践证明，工作轮换是一种有效的职业生涯开发工具。工作轮换就是让员工在组织内部不同职能领域的工作岗位上进行轮换（俗称"轮岗"）。这些轮换一般都是水平方向而非垂直方向的，或者是从直线岗位轮换到职能岗位。工作轮换通常发生在新进员工和部分高绩效员工身上，新员工的工作轮换主要是为了让他们更快捷、更准确、更全面地了解组织的基本情况，通过在不同职能领域的工作岗位上的实习，更好地把握自己的职业兴趣与组织的工作岗位要求之间的匹配关系，还可以熟悉企业的人事、业务关系与工作流程，能够促进新进员工的社会化过程。许多企业的实践表明，新进员工通过岗位轮换可以降低其后期的离职率，并提高其工作满意度与组织忠诚度。工作轮换还可能发生在部分绩效优秀的员工身上，通常来说，对这些员工实行轮岗，其主要目的在于进一步培养，以便日后提拔之用。通过轮岗，可以培养他们的全局思维能力，能够构建更广泛的人际关系网络，能够熟悉其他部门的业务内容与流程，为日后在更高级别的管理岗位上开展工作奠定基础。

指导计划，也就是通常所说的导师计划，导师计划对于"导师"与"学员"双方都有好处。通过指导计划，一方面新进员工能够更快地进入工作角色，能够更好地完成工作任务，能够更好地确定自己的职业发展目标，从而也能够有效地降低职业流动率；另一方面，"导师"可以通过这一计划培养自己的门生，传授自己的知识和经验，组织可以从中实现知识、经验、技能的共享与传播，受益匪浅。这种指导计划在有些组织中是正式的，在有些组织中可能是非正式的，虽然这种计划可能存在不足之处，总的来看，优点远远多于缺点，组织需要进行必要的引导。

第四节 职业生涯管理面临的挑战与实践

一、组织社会化

组织社会化是指新员工转变为有效率组织成员的过程。有效的社会化包括为胜任本职工作做准备,对组织有充分的了解及建立良好的工作关系。

（一）组织社会化的阶段

社会化包括三个阶段:预期社会化阶段、磨合阶段和适应阶段。

1.预期社会化阶段

预期社会化阶段指人们进入企业之前的阶段。在预期社会化阶段,人们形成了对企业、对所从事的工作、工作环境和人际关系的预期。这些预期是在人员招聘过程中,通过与企业代表（如招聘负责人、未来的同事和经理）接触而形成的。同时,也可通过以前类似的工作经验产生相应的预期。

企业要向未来的员工提供真实的工作信息。现实工作预览可以让求职者准确地掌握有关工作、工作环境、企业及其地理位置的优劣等真实信息,以确保员工能形成合理的预期。

2.磨合阶段

当员工开始一份新工作时,就进入了磨合阶段,不管在面试和实地考察时员工获得的信息是多么真实准确,一旦员工真正开始新工作,仍然会感到震惊。员工需要熟悉工作任务,接受适当的培训,并了解企业的动作流程。

在磨合阶段,富有挑战性的工作及乐于助人的经理和同事都能促使员工尽快了解和学会一项新的工作。新员工常常把经理看作了解工作和公司重要信息来源。新员工与经理的关系状况会对社会化过程带来深远的影响。"人们因为企业而入职,却往往因为经理而离职。"如果新员工能与其经理建立良好的关系,则可以减少不合理预期带来的负面影响。经理通过帮助新员工理解其角色,提供公司的有关信息,理解新员工面临的工作压力和经历的问题,来帮助新员工建立起高质量的工作关系。

3.适应阶段

在适应阶段,员工开始胜任工作并建立良好的社会关系。他们开始着手解决工作中的冲突（如工作负担过重,工作要求相互冲突等）以及工作活动和非工作活动之间的矛盾。员工会非常关注企业对其工作绩效的评估,并渴望了解企业内部的职业生涯发展机会。

（二）组织社会化过程中的注意事项

新员工只有在顺利地完成了组织社会化,才能真正地为企业做出贡献。为提高组织社会化的有效性,在新员工的社会化过程要注意以下事项。

1.避免现实冲击

现实冲击是指通常发生于一个人开始职业的最初时期的一种阶段性结果,在这一时期,新员工的较高工作期望所面对的可能是枯燥乏味和毫无挑战性可言的工作现实。在一个人的整个职业生涯中,再也没有哪个阶段像他们初进入企业时那样更需要企业将他们的职业发展情况考虑在内,对于新员工来说,这是一个(也应当是一个)现实测试时期。在这时期中,他的最初期望或目标第一次面对企业生活的现实,并且第一次发现自己的能力和需要与现实相碰撞时,企业在监督指导新员工的技能方面的特殊培训就显得十分重要。

最大限度地降低现实冲击并提高新员工的长期工作绩效的有效途径之一,是在招募时就向被招募者提供较为现实的关于未来工作的描述,使他们明白,如果自己到企业中来工作,估计能够得到哪些方面的利益。

2. 提供一个富有挑战性的最初工作

大多数专家都以为,企业能够做的最重要事情之一就是争取做到为新员工提供的第一份工作是富有挑战性的。这样员工能够通过在承担富有挑战性项目的工作小组而迅速地找到自己的位置。

在新员工与其上级之间存在一种"皮格马利翁效应"。换言之,你的期望越高,你对自己的新员工越信任、越支持,那么你的员工干得就越好。

3. 提供阶段性的工作轮换和职业通路

企业还应当采取步骤,加强员工们对自己的职业规划和开发活动的参与。

新员工进行自我测试以及自己的职业锚更加具体化的一个最好办法是去尝试各种具有挑战性的工作。通过在不同的专业领域中进行工作轮换,比如,从财务分析到生产管理再到人力资源管理等等,员工们获得了一个评价自己的资质和偏好的良好机会。同时也得到了一位对于企业事务具有更宽的多种功能视野的管理者。

企业要建立以职业发展为导向的工作绩效评价。主管人员必须明白,从长期来看,向上级提供关于自己所属员工的工作绩效评价的有效信息是十分重要的,不能因为保护直接下属的短期利益而提供不实的信息。

小知识

提供有挑战性的最初工作

在最初阶段就让新员工从事具有挑战性的职业,对其职业发展意义重大。

在两家贝尔系统经营管理公司里,研究人员做了这样两项面谈。第一项面谈是同公司的每一位员工都进行深入细致地面谈。第二项面谈是同公司里那些(至少一个)可以对员工的职业做出评价的人面谈。通过这样两种面谈,研究人员收集到了有关职业挑战性和员工职业情况这两个方面的年度数据资料。在这两家公司里进行的研究表明,新员工所接受的初次职业任务是否具有挑战性同他们在今后5～8年内的职业情况及工资水平的高低有着极强的关联性。

人们对这种现象所做的一种可能的解释是,有能力的员工往往是被指派去做那些具有挑战性的职业。然而,大量的、来自评审中心的数据资料表明,员工的个人品质和他们被指派的初次职业任务性质之间几乎没有什么因果关系。另外一种解释是,挑战性的职业可以使一个人非常清楚地意识到自己的重任,正是这种清楚的意识,而不是职业本身,使员工在今后得以成功。职业挑战性的强弱程度往往同每个员工最初几年的职业情况密切相关。但是如果我们假设对这项研究中的所有员工来说,他们在最初的6～7年间职业情况是相同的,那么这时初次职业的挑战性与今后的成功两者之间的相关系数几乎就是零。这一发现表明,初次职业的挑战性是非常重要的,因为它能激励一个人在今后的职业中勤奋努力,从而获得事业上的成功。

(资料来源于林泽炎、李春苗:《员工职业生涯设计与管理》,广东经济出版社,2003)

二、职业发展路径及其设计

职业生涯路径是指组织为内部员工设计的自我认知、成长和晋升的管理方案。职业生涯路径在帮助员工了解自我的同时使组织掌握员工职业需要,以便排除障碍,帮助员工满足需要。另外,职业生涯路径通过帮助员工胜任工作,确立组织内晋升的不同条件和程序对员工职业发展施加影响,使员工的职业目标和计划有利于满足组织的需要。职业生涯路径设计指明了组织内员工可能的发展方向及发展机会,组织内每一个员工可能沿着本组织的发展路径变换工作岗位。良好的职业生涯路径设计一方面有利于组织吸收并留住最优秀的员工,另一方面能激发员工的工作兴趣,挖掘员工的工作潜能。

(一)传统的职业生涯路径

员工在组织中职业发展道路可能的运动方向,通常不外横向与纵向两种。

横向运动是指跨越职能边界的调动,例如由工程技术转到采购供应或市场销售等,这种运动有助于扩大个人的专业技术知识与经历,为进一步深入精通某一专业打下较宽广的基础,准备将来担当全企业管理人员,这种岗位轮换的锻炼也是很有帮助的。组织内并没有足够多的高层职位为每个员工都提供升迁的机会,而长期从事同一项工作会使人倍觉枯燥无味,影响员工的工作效率。因此,组织也常采取横向调动来使工作具有多样性,使员工焕发新的活力、迎接新的挑战。虽然没有加薪或晋升,但员工可以增加自己对组织的价值,也使他们自己获得了新生。

纵向运动是向上的,即沿着组织的等级层系跨越等级边界,获得职务的晋升,其中第一步当然是从纯专业技术职务升到专业中的管理性职位上去。这种模式将员工的发展限制于一个职业部门内或一个组织单位内,通常是由员工在组织中工作年限来决定员工的职业地位。例如:某一组织的销售部门从下而上设计为销售小组、社区销售、地区销售、全国销售及全球销售五个等级,一个销售人员可在5年后成为销售组长,10年后成为社区销售主管,15年成为一个地区销售主管,25年成为跨国公司在某一国家的销售主管,30年后成为某一国家的销售总监。这种组织职业发展路线有一个很大的缺陷,就是它是基于公司过去对员工的需求而设计的。但实际上随着组织的发展,原有职业需求已不再适应企业的发展要求。

这两类运动可借助通常的以职能为横轴、层级为纵轴的两维组织结构系统图来观察。美国著名组织行为学家埃·薛恩指出,还有一种虽非正式的、却影响颇大的运动方向,即沿"核心度"方向的运动。这指的是员工虽然未获正式授职晋升,仍处于较下层级,但却通过某种非正式的联系,例如社交场合或业余活动中偶然邂逅上级领导,接触投缘而产生友谊等,得以接近企业决策的核心从而增大影响力。这种跨越核心圈内、外边界的运动,对员工职业生涯发展的影响不容忽视。薛恩提出以图8-4中表现的三维组织系统模型来表现这三种运动及其相互关系。此模型中立轴表示等级层次,圆周方向表示职能,径向表示核心度,越接近立轴,核心度越大,影响力越强。员工在组织中的实际运动往往是混合式的,即兼有轴向、周向与径向这三个方向的运动。对个人来说,职业发展道路上每迈一步,必有得有失,因而可能带来矛盾的心理,抉择时甚至是有痛苦的。

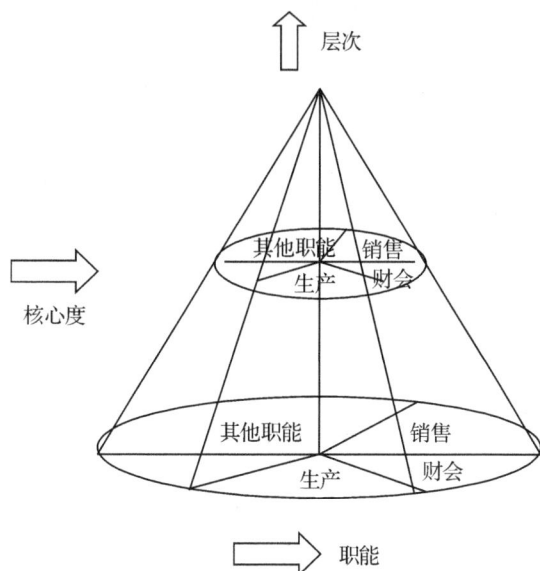

图 8-4　三维组织系统模型

（二）双重/多重职业生涯路径

双重/多重职业生涯路径主要是用来解决某一领域中具有专业技能,既不期望在自己的业务领域内长期从事专业工作,又不希望随着职业的发展而离开自己的专业领域。因此组织有必要进行双重/多重职业生涯路径设计,即在为普通员工进行正常的职业生涯路径设计的同时,为这类专才另外设计一条职业发展的路径,从而在满足大部分员工的职业发展需要的同时,满足专业人员的职业发展需要。这类专业人员职业发展不体现在岗位的升迁,而是体现在报酬的变更。同一岗位上不同级别专业人员的报酬是可比的。双重/多重职业生涯路径的设计有利于鼓舞和激励在工程、技术、财务、市场等领域中的贡献者。这种设计是这些领域的人员能够增加他们的专业时间,为企业做出更大的贡献,同时得到报酬。实现双重/多重职业生涯路径能够保证组织既聘请具有高技能的管理者,又雇佣到具有高技能的专业技术人员。传统职

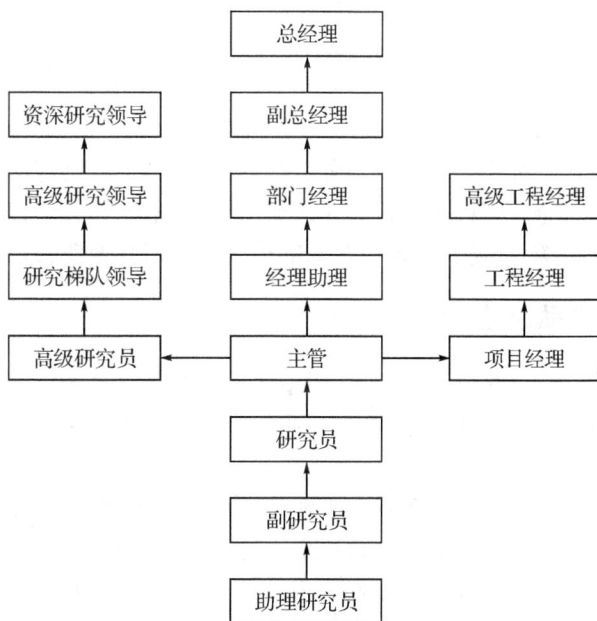

图 8-5　双重/多重职业生涯路径

业生涯路径是基于晋升而设计的职业生涯路径，横向职业生涯路径可以增加员工的职业生活多样性，双重/多重职业生涯路径可以保证员工在适合自己的岗位上发展。每种路径都有它的特点，组织可以根据本组织的特色而选择适当的职业生涯路径，发挥职业生涯管理的巨大功效。

三、职业高原

传统的金字塔式的组织结构由于组织结构扁平化活动的推行，导致该类企业中的管理岗位越来越少，因而，依靠职务晋升实现自己的职业生涯发展的想法也越来越不现实，因而，引发"职业高原"现象的出现。

职业高原(plateauing)是指员工在职业生涯发展过程中不大可能再得到职务晋升和承担更多的责任。与处于其他职业生涯阶段的员工相比，处于职业生涯中期的员工最有可能达到职业高原，有时被称为"中年危机"。到达职业高原的员工可能不希望承担更多的工作责任，其工作绩效可能会达到最低标准要求。而当员工感到工作受阻和缺乏个人发展的空间时，到达职业高原就使人变得情绪容易波动。这种受挫感可能导致工作态度恶劣、缺勤率上升及工作绩效不佳。比如20世纪90年代，加拿大某省的政府机构与公共组织的中高级管理职位有所减少，这导致了政府公务员升迁机会的减少与职业高原的出现。由于看不到任何升迁机会，公务人员的士气大为消减，进而引发了组织工作绩效的下降以及辞职率的升高。

以下一些原因可能导致员工到达职业高原：年龄、性别或种族等方面的歧视，遭遇"玻璃天花板"；能力不够；缺乏培训；对成就感的需求不强烈；分配不公或加薪不合理；工作责任混淆不清；企业的低成长性导致发展机会减少。

组织需要采取措施来帮助到达职业高原的员工。以下是一些可采取的补救措施：协助员工真正理解到达职业高原的原因；鼓励员工参与开发活动；鼓励员工寻求职业生涯咨询；员工要对其解决问题的方案进行实际检验。

员工需要了解到达职业高原的原因。在某一职位上停滞不前不一定是员工的过错，公司的重组等情况往往会减少职位数量，从而导致员工到达职业高原(称为结构性高原)。如果职业高原是由绩效问题引起的，那么员工就进行深入的反省，并改正自己的不足。

企业就鼓励到达职业高原的员工积极参与各项开发活动，如培训课程、职务转换、短期任职等，以使其有机会在本部门之外运用其专业知识。

【本章小结】

本章阐述了职业生涯及职业生涯管理的概念，讨论了职业生涯管理对企业和个人的重要意义。并重点说明了职业生涯这一概念发生的变化，从传统职业生涯到易变性职业生涯。

第二节介绍了职业生涯管理的两个基础理论，职业锚理论与职业生涯发展阶段理论及其在职业生涯管理中的应用。随着时代的变化，职业生涯管理的主体也在发生变化，职业生涯管理可以分为组织职业生涯管理和自我职业生涯管理，文中对此两个概念进行了介绍。并着重介绍了职业生涯管理体系，将管理过程分为自我评价、实际检验、目标设置和行动计划四个部分。本章最后阐述了企业可能面临的几种职业生涯管理挑战。这些挑战包括新员工的组织社会化、双重/多重职业生涯路径和职业高原。

　　直线部门经理和人力资源部门人员在职业生涯管理方面的职责分工情况如下：

	直线部门经理	人力资源部门人员
职业生涯管理	1.辅导 2.咨询 3.沟通交流 4.借助于绩效面谈的机会,就员工下一步应该加强开发的职业技能进行沟通。 5.适时为员工提供组织内部的职业发展机会的信息。 6.对员工的职业生涯发展情况做出及时的评价与反馈。	1.提供信息和建议 2.提供专业服务(测试、咨询、研讨会) 3.确保组织拥有可以帮助员工实现目标的计划和行动。为员工的职业生涯开发与管理活动提供基础性的平台支持。 4.组织专门的培训与研讨活动,帮助员工树立正确的职业生涯开发观念,明确自己在其中的角色定位与主要职责。 5.提供各种评价工具,并组织评价活动,帮助员工正确地认识和评价自己,了解自己的长处与不足,把握组织现在和未来的发展机会,确立职业生涯发展目标,制定具体、可行的发展策略,并帮助员工实施这些发展活动。 6.在绩效考核期,人力资源专业人员应协同直线主管做好员工绩效面谈,利用绩效面谈的机会对员工职业生涯发展情况做出评估和反馈,重新开始新的职业发展循环。

【复习思考题】

　　1.职业生涯的含义是什么？

　　2.职业生涯管理、职业生涯规划、职业生涯发展的含义与联系是什么？

　　3.易变性职业生涯的含义是什么？

　　4.易变性职业生涯与传统职业生涯的区别是什么？

　　5.什么是职业锚？

　　6.施恩如何划分职业生涯阶段？

　　7.组织职业生涯管理与自我职业生涯管理的含义是什么？

　　8.职业生涯管理体系包括哪些内容？

　　9.组织社会化的含义是什么？

　　10.职业生涯路径的含义是什么？

　　11.职业高原的解决办法有哪些？

【技能应用题】

　　1.与一位工作的朋友进行面谈。面谈包括:判断其目前所处的职业生涯发展阶段;了解他(她)所面临的特殊职业生涯挑战;指出他(她)所在的组织应如何帮助其应对这些挑战,评价其组织所采取的挑战,并为其提出合理化建议。

　　2.假定你是一家跨国公司人力资源业务专家,作为一名人力资源管理专业人才,你对你公司的经理层、技术人员、业务工作人员、一线操作人员如何进行职业生涯规划？

　　3.上网查询职业锚的测试,并进行测试。

【案例分析题】

案例分析一：3M 公司的职业生涯体系

3M 公司全称 Minnesota Mining and Manufacturing（明尼苏达矿务及制造业公司），创建于 1902 年,总部设在美国明尼苏达州的圣保罗市,是世界著名的产品多元化跨国企业。3M 公司素以勇于创新、产品繁多著称于世,在其百多年历史中开发了 6 万多种高品质产品。现代社会中,世界上有 50％的人每天直接或间接地接触到 3M 公司的产品。

3M 公司的管理层始终尽力满足员工职业生涯发展方面的需求。从 20 世纪 80 年代中期开始,公司的员工职业生涯咨询小组一直向个人提供职业生涯问题咨询、测试和评估,并举办个人职业生涯问题公开研讨班。通过人力资源分析过程,各级主管对自己的下属进行评估。公司采集有关职位稳定性和个人职业生涯潜力的数据,通过电脑进行处理,然后用于内部人选的提拔。

公司的人力资源部门可对员工职业生涯发展中的各种作用关系进行协调。公司以往的重点更多地放在评价和人力资源规划上,而不是员工职业生涯发展的具体内容。新的方法强调公司需求与员工需求之间的平衡,为此,3M 公司设计了员工职业生涯管理的体系。

1.职位信息系统。根据员工民意调查的结果,3M 公司于 1989 年年底开始试行了职位信息系统。员工们的反应非常积极,人力资源部、一线部门及员工组成了专题工作小组,进行为期数月的规划工作。

2.绩效评估与发展过程。该过程涉及各个级别（月薪和日薪员工）和所有职能的员工。每一位员工都会收到一份供明年使用的员工意见表。员工填入自己对工作内容的看法,指出主要进取方向和期待值。然后员工们与自己的主管一起对这份工作表进行分析,就工作内容、主要进取领域和期待值以及明年的发展过程达成一致。在第二年中,这份工作表可以根据需要进行修改。到年底时,主管根据以前确定和讨论的业绩内容及进取方向完成业绩表彰工作。绩效评估与发展过程促进了 3M 公司主管与员工之间的交流。

3.个人职业生涯管理手册。公司向每一位员工发放一本个人职业生涯管理手册,它概述了员工、领导和公司在员工职业生涯发展方面的责任,还明确提出公司现有的员工职业生涯发展资源,同时提供一份员工职业生涯关注问题的表格。

4.主管公开研讨班。为期一天的公开研讨班有助于主管们理解自己所处的复杂的员工职业生涯管理环境,同时提高他们的领导技巧及对自己所担任之各类角色的理解。

5.员工公开研讨班。提供个人职业生涯指导,强调自我评估、目标和行动计划,以及平级调动的好处和职位晋升的经验。

6.一致性分析过程及人员接替规划。集团副总裁会见各个部门的副总经理,讨论其手下管理人员的业绩情况和潜能。然后管理层层层召开类似会议,与此同时开展人员接替规划项目。

7.职业生涯咨询。公司鼓励员工主动去找自己的主管商谈个人职业生涯问题,也为员工提供专业的个人职业生涯咨询。

8.职业生涯项目。作为内部顾问,员工职业生涯管理人员根据员工兴趣印发一些项目,并将它们在全公司推出。

9. 学费补偿。这个项目已实行多年,它报销学费和与员工当前岗位相关的费用,以及与某一工作或个人职业生涯相关之学位项目的全部学费和费用。

10. 调职。职位撤销的员工自动进入个人职业生涯过渡公开研讨班,同时还接受具体的过渡咨询。根据管理层的要求,还为解除聘用的员工提供外部新职介绍。

思考题:

1. 3M 公司员工职业生涯管理体系的主要特点有哪些?

2. 3M 公司员工职业生涯管理随着时代变化是否有些调整?(新资料请上网查找)

案例分析二:华为牛人的 10 年工作感悟

转眼工作 10 年了,在华为的 10 年,正是华为从名不出专业圈子到现在成为路人皆知的大公司,高速发展的 10 年,见证了公司多年的奋斗历程。也投身其中,在大潮中边学边游泳,走到今天。现在我要离开公司了,准备去开始新的事业,接受全新的挑战,在开始新的事业之前,想对过去的 10 年作一个详细的总结。在一个像华为这样高速发展的大企业工作,有时是一种炼狱般的锻炼,如果我能够总结十年的经验和教训,从中学到关键的做事、做人的道理,我想对将来一定大有益处。

总的说来,我在华为的十年是懵懵懂懂过来的,当初我好像没有什么远大的理想、没有详细的规划,只是想着把一件一件事情做好。通过自己的总结和反思,将来我希望自己能够更加有规划、更加清晰一点。

1. "从小事做起,学会吃亏,与他人合作",这是研究生毕业前最后一堂课,电子电路的老师最后送给我们几句话,虽然我忘了这位老师的名字,但这几句话却至今铭记。在华为的工作实践,越发感受到这简单的几条的道理深刻。从小事做起不是一直满足于做小事,也不是夸夸其谈好高骛远。学会吃亏不是忍受吃亏,是不斤斤计较于一时一地的是非得失,是有勇气关键时候的放弃。

2. "心有多大,舞台就有多大",我们很多的成功,来自于敢想,敢做,就像我第一次接到问题单,根本不懂,但敢去试,敢去解决,还真的解决了;就像我们做 SPES,即使没人、没技术、没积累,还有 CISCO 等大公司也在做,我们也敢做,敢推行,不盲目崇拜或畏惧权威,也取得了成功。当然,这不只是盲目的胆大,心大还意味着积极地关注广大的外部世界,开阔宽容的心胸接受种种新鲜事物。

3. "好好学习,天天向上",这句话用来形容对 IT 人的要求,最贴切不过了。真正的成功者和专家都是"最不怕学习"的人,啥东西不懂,拿过来学呗。我们 IT 现在有个技术大牛谭博,其实他不是天生大牛,也是从外行通过学习成为超级专家的,他自己有一次跟我说,当年一开始做 UNIX 系统管理员时,看到#提示符大吃一惊,因为自己用过多年在 UNIX 下搞开发都是%提示符,从未有过管理员权限。看看专家的当初就这水平!当年跟我做备份项目时,我让他研究一下 ORACLE 数据库时点回退的备份和恢复方法,他望文生义,以为数据库的回退是像人倒退走路一样的,这很有点幽默的味道了,但他天天早上起来,上班前先看一小时书,多年积累下来,现在在系统、数据库、开发等多个领域已成为没人挑战的超级专家了。但是,学习绝对不是光从书本学习,其实更重要的是从实践工作中学习,向周边学习。

比如说我在华为觉得学到最重要的一个理念是"要善于利用逆境"，华为在冬天的时候没有天天强调困难，而是提出"利用冬天的机会扭转全球竞争格局"并真的取得成功，如果没有这个冬天，华为可能还要落后业界大腕更多年份；华为在被 CISCO 起诉时没有慌乱，而是积极应对，利用了这次起诉达到了花几亿美金可能达不到的提高知名度的效果。等等这些，把几乎是灭顶之灾的境遇反而转化为成功的有利条件，对我留下的印象十分深刻，也对公司高层十分佩服。

4. 勇于实践，勇于犯错，善于反思。很多事情知易行难，关键是要有行动，特别是管理类的一些理论、方法、观念。空谈、空规划一点用处都没有，不如实际把它做出来，做出来后不断反思改进，实实在在最有说服力。没有实践中的反复演练和反思，即使是人人皆知的东西要做好都其实不容易，举个小例子，比如做管理者要会倾听，我想华为 99.9% 的管理者都很懂这一点，但实际做得如何呢？华为有多少管理者做到了不打断别人讲话？不急于下结论给定义？不急于提供解决方案？有多少管理者能够做到自然地引导对方表达？问问对方感受？确认自己明白对方？

5. 要有方法、有套路，对问题系统思考、对解决方案有战略性的设计。在前几年的工作中，由于取得了一点成功，技术上也有了一点研究，就开始夜郎自大起来了，后来公司花重金请来了大批顾问，一开始对有些顾问还真不怎么感冒。后来几年公司规模越来越大、IT 的复杂性越来越增加的情况下，逐渐理解了很多。西方公司职业化的专家，做任何事情都有方法论、有套路，甚至于如何开一个会都有很多套路，后来我对这些套路的研究有了兴趣，自己总结出了不少套路并给部门的骨干培训和讨论。在一个复杂的环境下，很多问题已经不能就事论事来研究和解决，非常需要系统性的方法和战略性的眼光。对于一个组织的运作来讲，制度和流程的设计尤其需要这一点。爱因斯坦说过：We can't solve problems by using the same kind of thinking we used when we created them.

6. 独立思考，不人云亦云。公司大了，人多了，混日子也容易了。人很容易陷入随波逐流、不深入业务的境地，而看不到问题和危险。专家有过一个研究，雪崩发生时，一般受害者都是一批一批的，很少有单个的受害者。原因很简单，单个人在雪崩多发地会相当小心和警觉。但一个群体，群体越大，每个个体就会有一种虚幻的安全感和人云亦云的判断，但现实是不管群体的力量有多大，雪崩都是不可抵抗的。因此我觉得在大的机构里，保持独立思考的能力尤为重要。

7. 少抱怨、少空谈、积极主动，多干实事。我曾经是个抱怨很多的愤青，经常容易陷入抱怨之中。但多年的工作使得我有所转变，因为知道了抱怨是最无济于事的。世界上永远有不完美的事情，永远有麻烦，唯一的解决之道是面对它，解决它。做实实在在的事情，改变我们不满的现状，改变我们不满的自己。实际上也有很多值得抱怨的事情都是我们自己一手搞出来的，比如社会上很常见的是高级干部退下来了，抱怨人心不古、感慨世态炎凉，如果好好去探究一下，原因很可能是他权位在手春风得意时不可一世、视他人如粪土造成的。

8. 对职业负责、对目标负责，对自己负责，成功者往往自觉自律、信守承诺、心无旁骛。大企业肯定会有绩效考核、会有论功行赏、会有 KPI、会有领导指示、甚至会有一点企业政治，但如果我们片面地追求考核成绩、片面追求 KPI 指标、片面追求金权利益，片面地对上负责、对别人负责，而不对自己负责、不对自己的目标负责，失去工作的使命感、责任心、热情和好奇心，必将不能达到自己的最佳境界。而一个企业如何能够成功营造一个环境，让每个个体尽量发挥到最佳境界,企业也会战无不胜。

9.多点人文修养和审美情趣,看起来与工作不怎么相关,其实太相关了。杰出成就的取得离不开对美的境界的追求,最伟大的科学发现,往往蕴涵着秩序、简洁和美。缺乏一点审美的追求,什么 UGLY 的事情都敢做、不择手段、凡事凑合,一点都不"高雅",必将不能长久。

10.“大家好,才是真的好”,关注人,帮助人,真诚待人,厚道做人。快速发展的现代社会,由于媒体的作用,过分渲染了人与人之间日益冷漠、诡诈的关系,但实际的社会、社区可能真的不是那么回事,起码我来华为之前,对一个大企业中工作的人事关系开始还有点未知的恐惧,但实际上在这个集体中的感觉几乎人人都能开放、真诚相待,关系融洽和谐。所以关键是我们自己要能够真诚对待他人,在与他人互动中将心比心。当然,工作中的冲突是不可避免的,实际上冲突也是没有必要去避免,甚至很多冲突对组织来讲,是大有益处的。就像夫妻吵一架后感情往往更好。只要我们掌握两大原则:(1)对事不对人,(2)与人为善。就肯定能把适度的冲突引导到对自己、对组织都有利的方向。

11.开放和分享的态度,在一个高科技公司工作,如果报着保守和封闭的心态,成长肯定会受阻。

12.做好时间管理。在华为工作十年,3650 天,工作日 3000 天左右,这些时间是不是花在最重要的事情上了,有效的、有产出的工作时间究竟有多少,实在值得怀疑。时间管理是我在华为工作当中最大的教训之一,可能也是公司整体性的问题,工作缺乏计划,经常是面临不断被打断;或者是不断去打断同事下属;或者是不断的会议、讨论,占去绝大部分的时间;或者是被自己的兴趣所牵引,花大量时间搞一些不着边际的事情;或者是花很多时间在一些细枝末节的事情上,把很难很重要的事情一直拖到非解决不可的地步然后被迫仓促行事。现在回想,如果真的能管理好这 10 年时间,我觉得成就应该大很多。

(资料来源于 www.sino-manager.com,作者:徐家俊,2012—6—4)

思考题:
1.谈谈你对作者感悟的看法及你的收获。
2.对自己的职业进行规划并思考所必要的职业态度。

第九章　劳动关系管理

（主）（要）（知）（识）（点）

1.西方工会的职能和分类

2.西方集体谈判制度的含义和作用

3.我国劳动关系的含义与主体

4.劳动合同的含义、分类

5.集体合同和集体协商的含义

6.劳动争议的含义以及处理原则

7.职工代表大会、职工董事

8.劳动安全管理及措施

9.职业健康管理、生理健康和心理健康、压力管理

（技）（能）（提）（升）

1.能理解我国工会以及劳动关系有别于西方国家的独特的社会主义性质

2.能掌握签订集体合同、处理劳动争议的程序

3.能针对劳动中的事故发生原因找到劳动安全管理的具体措施

4.能针对员工压力等心理健康问题找到改进措施

【引导案例】

郑州富士康停工事件

据总部位于美国纽约的非营利性组织"中国劳工观察"的报道，北京时间 2012 年 10 月 5 日，富士康郑州工厂发生大规模停工，一直持续到晚上，参与者多来自 iPhone 5 质量检测部门，停工直接导致"生产线瘫痪"。停工原因是富士康除要求工人在节假日加班外，还向工人提出新的、异常严格的标准，但富士康事前却并未给予相应的技能培训，这导致工人几乎无法生产出满足标准的产品。据报道，10 月 5 日，该生产线的质检员与工人发生冲突，而工厂管理层对冲突事件没有采取应对措施。这一情况导致了整个工厂的质检员停工。富士康郑州园区多个厂房的多条 iPhone 5 生产线在当天处于停工状态。

对"中国劳工观察"的这一报道，富士康新闻发言人刘琨表示"不完全属实"。"我们看到它（中国劳工观察）的报道了，我承认当天确实有生产线上的几个员工发生纠纷，是制造员工和质检员的纠纷。随后，园区对其进行处理，可能是处理中的沟通不够，引起了员工的'群体表达'，10 月 5 日当天有 300～400 名员工缺勤。"刘琨还表示："一个公司的管理问题有两种，一种是管理体制的问题，一种是沟通不畅造成的问题。我不认为公司管理的体制有问题。富士康现在出现的这些问题，主要是沟通不畅造成的，是微观层面的问题。对一个 120 万人的公司，要想人人都知道公司制度，人人都理解公司制度，这个基本上做不到。"

最近几年，拥有 120 万名员工的超级制造工厂富士康的名字不断出现在国内媒体上。从 2010 年的"连环跳"，到 2012 年的工人与保安的大规模冲突、品管人员的罢工事件、各地工厂大量非法使用职业技术学校学生工事件等，一次一次把这个全球最大的代工企业推上舆论的风口浪尖。

（来源：腾讯网等）

其实富士康的情况在中国并不罕见,中国被称为"世界工厂",有着 1.5 亿外出工作的农民工,他们离开家乡,努力在城市里奋斗寻找前程,可是,他们除了富士康,或是像富士康这样的工厂,基本上很少有其他就业途径,只能在巨大的生存压力下挣扎。其实富士康在同类代工企业中工资、福利待遇是相对较好的,也仍然不能避免这样的"连环跳楼事件"。所以富士康事件不是偶发的特殊事件,而是一个标志,一种警示,在我国现阶段,必须重视工厂的劳动关系管理和员工的压力管理。本章最后面的案例分析中还将具体对富士康的劳动关系进行剖析。

近几年,我国的媒体报道中多次出现了停工新闻,以往我们采取"隔岸观火"态度看待的西方资本主义社会的"罢工"现象也开始出现在我们周围,虽然出现在我国媒体上的常常是"停工"一词,甚至就像富士康公司发言人用"缺勤"一词来掩饰。其实"停工"和"罢工"的性质是一样的,都是劳动力所有者(劳动者)与劳动力使用者(用人单位)出现了冲突后的一种过激行为,是市场经济下企业劳动关系管理要面对的正常社会现象。

在当今社会,一个成年人要在社会上立足,履行家庭和社会责任,一般都必须从事某项劳动、拥有某个职业。在劳动过程中必然会涉及劳动关系。所以劳动关系是社会生产和社会生活中人与人之间的最重要联系之一。企业的劳动关系状况直接关系着员工的劳动态度和行为,关系到人力资源效能的发挥,从而直接或间接地影响到企业的劳动成本、生产率和利润率。劳动关系状况还关系到企业形象,最终也会影响企业的市场竞争地位。这几年媒体多方报道了富士康的各类事件,对该企业形象应该说是有不小的影响的。因此,企业必须认真研究和认识劳动关系,力图建立和维护和谐、健康的劳动关系。

第一节　劳动关系概述

一、西方劳资关系概述

在西方国家,我国使用的术语"劳动关系""labor relations",也常常被称为"employment relations"(翻译为雇佣关系)或者"industrial relations"(翻译为劳资关系),主要是指代表劳动者利益的工会与代表资本方利益的经营管理方之间的关系。由于西方工会对企业员工的劳动行为有着非常强的影响力,对人力资源管理者而言,处理好内部的劳资关系是非常重要的一个职能。本书前面的章节基本上是围绕着经营管理方(即资方)如何做好具体人力资源管理工作展开论述的,也就是从企业自身利益的单一角度展开论述的,只是一元分析角度。本章我们将遵循西方传统劳资关系理论的多元分析角度展开论述,也就是从劳动者(及劳动者主要代表组织"工会")、企业管理方、以及企业外的政府(包括相关劳动法律法规)等多角度展开论述。首先围绕着劳资关系的重要主体——工会进行说明。

(一)西方工会的含义与职能

1.工会的含义

领导着 20 世纪初期英国的社会主义运动的英国著名学者西德尼·韦布(Sidney Webb)

和比阿特丽斯·韦布(Beatrice Webb)在他们著的《英国工会史》中对工会下了经典的定义，"工会是由工人组成的旨在维护并改善其工作条件的连续性组织。"

在西方国家，早期的工会是以蓝领工人为主的，二战后随着社会环境的变化，白领员工的比例在劳动者的结构中迅速提高，白领员工或加入原先的蓝领工会，或自己成立工会，保护自身的劳动条件。一般来说工会是以劳动者为成员、以保护劳动者权益为目标组织起来的，劳动者如果晋升为管理者(在日本是科长以上职位)就要退出工会。

2.工会的职能

在西方，工会成立的主要目的就是通过与企业管理方进行集体谈判方式，增强劳动者在与雇主谈判时的力量，改善劳动者的工作条件、劳动报酬及其他待遇。不少研究表明，单个的劳动者在与企业方围绕着劳动条件讨价还价、签订劳动合同时往往处于劣势，而以工会为单位进行谈判签订集体合同时，劳动者才能得到较为公平有利的劳动待遇。

一般而言，西方工会具有以下几项职能：

(1)经济职能

即工会通过优化组合工资水平与就业人数达到效用最大化，实现企业和员工经济利益的平衡。虽然工会以改善工人的工作条件、劳动报酬及其他待遇为目标，但工会不可能无限制地提高会员的工资水平，为谋求提高会员工资待遇而制定其经济政策或集体谈判策略时，必然会考虑由此产生的伴随失业效应。因此，工会的一个重要经济职能就是实现工资与就业人数的最优组合。

(2)整合职能

即促使员工发挥才能，实现高绩效管理。工会通过鼓励员工参与工会组织的各项决策，有助于员工发挥其才能。工会的整合职能还体现在它是实现高绩效管理的重要渠道。高绩效管理要求员工与管理方减少或消除彼此的对立和不信任，增进理解与合作。工会是实现这一目标的重要媒介。

(3)民主职能

即工会将民主原则引入企业，为员工提供各种参与企业政策乃至社会政策制定的机会。这种民主职能具体表现为：工会代表员工与雇主进行集体谈判、通过工会的代表大会及领导选举制度，保证员工在工会内部享有各种民主权利等。

(4)社会民主职能

其主要体现在三个方面：①集体谈判不应当只是为了提高会员的工资水平，而应该通过集体谈判提高工人阶级的整体工资水平，并改善他们的就业条件。实践中，集体谈判的影响已经超出工会范围。集体谈判所确定的工资标准成为工会化较弱地区工资决定的基准，甚至成为非工会化企业工资决定的基准。②工会积极参与政治活动，通过参与法律的修改来加强集体谈判的力量，通过经济和社会改革减少社会不公正，保护弱势群体。在西方选举时一般是"一人一票"，由于工会人多，又比较团结统一，是很有势力的"票源"，一些政党为了获得工会的支持，必须与工会组织搞好关系。工会领导人也常常凭借厚实的群众基础自己参与政治选举。所以工会在西方是很强的政治力量。③工会积极参与社会公益事业，与妇女组织、环保组织等保持密切联系，推动社会公益事业的迅速发展。

■ **背景资料**

西方劳工政策的威力

2007 年 11 月 24 日,在野的澳大利亚工党,在选举中击败执政长达 11 年、经济成绩骄人的自由党,获得大胜。因此澳大利亚工党领袖、中国通陆克文取代了自由党领袖霍华德成为新一任总理。实际上,澳大利亚工党能够获得选举大胜的最为关键的原因,在于一部法律:《工作选择法》(Work Choices),也称澳大利亚新劳动法。这部法律以推行解雇自由、打击工会、削弱集体谈判为手段,大力推行劳动力市场自由化,将企业管理方的权力提到前所未有的高度,严重损害了广大工人的就业安全保障。正是自由党霍华德政府 2005 年利用自己在众参两院的控制地位强力推出这部法律,受到工会和广大民众的大力反对,而紧握反对《工作选择法》这张王牌的澳大利亚工党卷土重来,一举夺回阔别 11 年的执政地位。

实际上,这次澳大利亚自由党政府,在执政成绩良好的形势下,因为强力推行不得人心的极端的劳动力市场自由化改革,从而丧失执政权的结局,并不是一个偶然、孤立的事件。同样的戏剧已经在 2006 年 11 月的美国国会选举中上演。那一次,倾向于劳工利益,得到工会和劳工支持的美国民主党,大获全胜,一举获得美国国会众参两院的控制权。

(来源:劳动和社会保障部国际交流服务中心网,www.coea.molss.gov.cn)

(二)西方工会的分类

首先,根据工会的组织形态可以将其分为:

1. 职业工会(Craft Union,或翻译为熟练工人工会)。它可以说是最早的工会形态,产生于资本主义的萌芽阶段,是城市小手工业主或作坊主等熟练劳动者(如鞋匠、裁缝、铁匠等)为了保护自身利益而自发组成的,主要是通过制定某一行业的作坊规模、劳动时间、徒弟人数、产品市场价格等具体规定、以规范市场竞争行为,同时也通过疾病补贴、丧葬费等方式向成员提供相互救济。

2. 产业/行业工会(Industrial Union)。在大量生产方式出现后,出现了大量非熟练劳动者,居于弱势的非熟练工人为了就业保障和待遇,自发组成了以某一特定行业为单位的工会组织,主要就工资、工时或就业条件与雇主进行集体谈判,保障工会成员同工同酬。

3. 企业工会(Enterprise Union)。以企业为单位的工会形式。企业内的员工不分工作性质或行业、不分白领、蓝领等,都是同一个工会的成员。

4. 一般工会(General Union)。没有自己工会的中小企业的员工,或临时工等无法加入以上工会的劳动者为了保护自身利益而自发组成的社会组织。

在工业化国家中,行业工会与企业工会是两种主要形态。像欧美一般采用行业工会的形态,所以一个大企业内的员工往往属于几个或十几个工会组织,他们自身的利益也难统一,更别谈与企业成为利益共同体,而作为资本方的经营管理层每年都要与不同的工会组织进行分别谈判,做好平衡,费时费力。日本经营方式的重要特点之一就是采用了企业工会的形态,即一个企业内只有一个工会,又不分蓝领白领,创造了团结平等的氛围,也易达成"只有企业兴旺、工会组织和员工才兴旺"这种共识,全体成为利益共同体,经营方每年也只要与一个工会打交道、集体谈判决定当年的工资水平。在这点上中国的工会与日本相同,是企业工会,现在日本工会的运营方式、企业内的合作型劳资关系已成为西方其他国家效仿的对象,今后我们国家的工会也应借鉴日本工会的做法和经验,促进改革开放政策的贯彻和经济发展。

另外,在西方,可以根据各个工厂、企业与行业工会签订的雇佣政策协议而确立的员工与工会的关系,将工厂分为:

1. 非开放式工厂(Closed Shop)。即工厂与工会达成协议,在招新人时必须雇佣工会成员。在欧美,由于是行业工会的组织形态,一般行业工会会要求企业在招人时优先考虑本行业工会的成员。

2. 开放式工厂(Open Shop)。这类工厂或公司招聘员工时无须雇用工会成员,招聘工作与应聘者是否是工会成员无关,而且被雇用的员工也可自己决定是否加入工会,依据自愿原则。

3. 工会化工厂(Union Shop)。招聘工作与应聘者是否是工会成员无关,但被雇用的员工必须在规定时间内加入工会。日本的企业大多属于这种情况,但在日本和其他资本主义国家,一般规定科长以上的管理者就必须退出工会组织,不再是工会成员,因为他们从事经营管理工作,成为了公司资本方的代益代表,与工会成员的立场不一致了。

(三)西方国家调整劳资关系的相关法律

劳资关系是随着资本主义市场经济的产生而产生的,体现为雇主(资方)与员工(劳动者)之间的关系。双方立场和利益的对立,使得劳资关系从诞生开始冲突不断,为保持必要的秩序,政府必须介入并以法律形式加以规范这一特殊的社会经济关系。由于劳资关系是基于雇用合同而建立的,近代社会普遍信奉古典主义"自由竞争"理论,倡导意思自治、契约自由,所以在资本主义发展初期政府一般不干预劳资关系,而只是以民法中的合同法为依据,只要雇主和员工意思表示一致,双方合意,即可形成劳资关系。

随着劳动者政治力量的强大,资本主义社会出现了为维护和保障劳动者利益的法律,1802年英国议会通过的《学徒健康与道德法》,被视为劳动立法的开端,因为它是第一部保障劳动者利益、限制资本家剥削工人的法律。到了20世纪初,工人运动进一步发展,工会的出现,各个国家都出现了大量保护劳动者权利的法律,劳动法体系的形成使得它从民法体系中分离出来,成为一个新的独立的法律部门。现在基本上每个成熟的西方资本主义国家都形成各自的种类齐全的劳动法律体系。

比如在德国、日本等大陆法系的国家,劳资关系的法律是非常系统化的。日本的劳动立法分为个别劳动关系法、集体劳动关系法和劳动市场法三类。个别劳动关系法主要是指最低劳动标准方面的立法,如《劳动基准法》、《劳动安全卫生法》、《最低工资法》、《劳灾保险法》、《劳动者派遣法》等。集体劳动关系法是指调整劳资双方团体之间劳动关系方面的立法,如《工会法》、《劳动关系调整法》、《国有企业劳动关系调整法》等。劳动市场法是指在劳动者就业之前对政府、劳动者、资方及社会中介机构有关行为的立法,如对劳动者的开发培训、职业介绍等方面的法律规定。

而在以美国为首的英美法系国家内,劳资关系的相关法律是由成文的法案以及一个个权威判决引出的判例组成的。在美国,有关"平等就业机会"(Equal Employment Opportunity,EEO)的法律是公认的人力资源管理最重要的法案。美国国会通过了以《1964年的民权法案》为代表的一大批目的在于保证工作场所的平等就业机会的法律。这些法律被专门设计用来消除某些种类的就业歧视,包括以种族、肤色、性别、宗教、来源国别、年龄和残疾为基础的歧视。美国员工从小在法律的熏陶下,清楚地认识到完善的法律体系能够保障他们的权利,而企业为了避免劳动纠纷和昂贵的法律诉讼费,在人力资源管理方面都较遵从法律法规的约束。

例如,在美国,假定有一位妇女起诉一个公司,声称因为该公司非法地把妇女排斥在建筑工作之外,所以拒绝她申请一份年薪为25000美元的建筑工作。假定诉讼过程要花两年,而最终的法庭裁决有利于求职者,那么为了纠正这一歧视,法庭将要求该公司付给她法律费用并以薪金退还形式给她50000美元(两年的薪水)作为赔偿。

美国完善的法律体制迫使企业更密切地考察雇佣、晋升、提薪、奖励以及惩戒其员工们的方式。作为这种自我检查的一个结果,许多公司改变了它们的实践,使它们更加系统和更加客观。例如,大多数公司现在要求其主管们提供详细的文件以便为他们的惩戒行动辩护。许多公司现在使用雇用测验方面更加谨慎,因为这些测验限制了某些被保护群体的就业机会。

(四)劳资关系的本质——冲突与合作

马克思主义认为,劳动关系是随着资本主义市场经济的产生而产生的,是以劳动条件的分离为条件的。资本主义制度下,生产资料和劳动力产生分离,要进行劳动,两者必须结合起来,在其结合过程中就必然形成劳动关系。也就是说劳动关系是社会生产过程中生产的客观条件——生产资料(资本),与生产的主观条件——劳动力相互结合的具体表现形式。所以劳动关系是劳动者与劳动力使用者之间因就业或雇用而产生的关系,体现为雇主(资方)与员工(劳动者)之间的关系。

在西方资本主义社会,这两方当事人之间的不同目标和必然产生的利益差异导致了双方的激烈冲突,所以劳动关系长期以来被称为劳资关系,体现了双方立场的对立和冲突。一般来说冲突的表现方式包括明显的冲突和潜在的冲突。明显的冲突主要就是集体罢工。潜在的冲突形式则包括各种个体的"不服从"行为、怠工、辞职等。劳资双方之间的利益虽然有冲突,但是双方相互需要、相互依赖、相互制约,也意识到必须达成合作才能共赢。合作,是指在企业中,管理方与员工要共同生产产品和服务,并在很大程度上遵守一套既定制度和规则的行为。所以劳资关系的实质是冲突与合作。

背景资料

五一国际劳动节的起源

五一国际劳动节的起源并不是人们现在所说的是为了向劳工表达敬意,而是劳工拼死拼活争出来的,是美国工人要求缩短工时,为争取八小时工作制而举行罢工游行的纪念日。

19世纪80年代,美国和欧洲的许多国家,处于近代资本主义社会初级阶段,为了刺激经济的高速发展,榨取更多的剩余价值,以维护这个高速运转的资本主义机器,资本家不断采取增加劳动时间和劳动强度的办法来残酷地剥削工人。在美国,工人们每天要劳动14至16个小时,有的甚至长达18个小时,但工资却很低,工人阶级为了改善劳动与生活条件,要求缩短工时,实行八小时工作制。为此进行了多次罢工示威,效果不大。

1884 年 10 月,美国和加拿大的八个国际性和全国性工人团体,在美国芝加哥举行一个集会,决定于 1886 年 5 月 1 日举行总罢工,迫使资本家实施八小时工作制。5 月 1 日,美国 2 万多个企业的 35 万工人停工上街,举行了声势浩大的示威游行。当时在罢工工人中流行着一首"八小时之歌",歌中唱道:"我们要把世界变个样,我们厌倦了白白的辛劳,光得到仅能糊口的工饷,从没有时间让我们去思考。我们要闻闻花香,我们要晒晒太阳,我们相信:上帝只允许八小时工作日。我们从船坞、车间和工场,召集了我们的队伍,争取八小时工作,八小时休息,八小时归自己"。

不幸的是,这次罢工游行在部分地区出现失控,5 月 3 日与警察发生冲突,有人向警察扔了炸弹,爆发流血冲突,这个事件成了攻击罢工游行活动的把柄,不少工人领袖被逮捕处死,美国民众也改变了原先对工会运动的同情和支持态度,给美国日益发展的工人运动造成严重打击。

这场斗争在美国虽然被镇压了,但被视为国际无产阶级革命运动中的重大里程碑。1889 年在法国巴黎召开的各国社会主义者代表大会决定将 1886 年 5 月 1 日定为国际无产阶级的共同节日,以纪念工人阶级的觉醒和进步。从此,每逢这一天世界各国的劳动人民都要集会、游行,以示庆祝。

（来源:新华网,www.xinhuanet.com）

在资本主义发展初期,由于雇主为了资本的原始积累和企业发展壮大,在劳动条件等方面比较苛刻,工会为了谋得更大利益,在行为模式上有些激进和好战,劳资关系以冲突为主。然而 20 世纪 60 年代起世界的民主化潮流和各国保护劳动者权益的法律、法制的健全,加上企业经营方也自主地改进员工的工作条件和待遇,工会也把工作重点从传统的提高劳动待遇的斗争谈判转移到对企业经营管理的参与权上,注重与雇主的合作关系。

70 年代以后,随着全球化竞争的加剧,各国企业相互借鉴学习成功的管理经验,欧美企业开始关注日本、德国企业的成功模式,发现这两国独特的合作型劳资关系对企业发展很重要,于是也开始积极鼓励员工对管理的参与,加强劳资双方合作,以培养员工对企业的献身精神。比如 60、70 年代斗志高昂的英国工会频频发动罢工行动,被控为制造英国病、使大英帝国经济力衰退的祸首,80 年代以后执政的保守党与英国传统工会作斗争,一方面通过立法削弱工会的实力和权力,另一方面加强引进日本跨国公司投资,扩大与日本交流,积极将日本的管理模式、合作型劳资关系在英国推广。而英国企业和工会也意识到必须建立相互信赖相互合作的劳资关系,否则两败俱伤。所以 80 年代以后,在英国、在西方,劳资关系发生很大变化,通过改善劳资关系,建立和完善企业内的各种沟通制度或渠道,促进员工对企业管理活动的参与,建立相互信任的关系。

可以说让员工参与管理活动已成为当代西方国家公司治理结构改革的一个潮流。瑞典劳动者以工会基金的形式集体参与公司利润和分配,法国建立了工人自治委员会,以利润换取企业股票使员工参与管理。在美国,国际竞争的强大压力使得许多企业纷纷推行员工持股计划(ESOP),以提高员工的工作积极性和劳动效率。该计划的倡导者认为,只有让员工成为企业所有者,才能协调劳资关系,消除企业内部纠纷,提高劳动生产率。ESOP 从根本上打破了物力资本一元垄断的局面,使劳动者摆脱了对物力资本的依附,给劳动者提供了一条靠自己劳动、技术、知识分享利润和参与经营管理的渠道,是企业管理的一次质的飞跃。

除了从产权入手,鼓励员工参与企业管理外,美国现在各企业所推行的'管理民主化'措施极为盛行,名目繁多,其主要形式大致为:员工建议制度、生产委员会、初级董事会制度、生产线小组责任体制、自我管理制度和目标管理制度等。

虽然在不同时期、在不同国家,合作和冲突的表现形式各不相同,但是在市场经济社会,生产资料与劳动力之间的分离现象是不可能消失的,所以双方的矛盾冲突也是无法消除的,所以任何文化的和客观的因素都只能影响冲突和合作的程度与表现形式,而无法从根本上改变劳动关系的本质属性—冲突和合作的存在。

（五）劳资关系的核心——集体谈判制度

在资本主义发展初期,劳动者处于劣势地位,为了保护自身权益,在大多数西方国家,劳动者倾向于联合起来共同确立就业条件和待遇,以防止雇主提供不利于自己的劳动条件。于是,一些工人团体或工会便开始与雇主或雇主群体就工会会员的就业条件和待遇进行谈判和协商,这种行动被称为集体谈判。

"集体谈判"(Collective Bargaining)这一术语也是由韦布夫妇首先提出并开始使用。集体谈判是劳动力市场机制运行的必要条件。劳动力市场机制的有效运行,要依赖于市场主体力量的相互平衡和制约,依赖于建立规范的程序规则。集体谈判是市场经济条件下调整劳资关系的主要手段和国际惯例,它不仅确立了集体劳动关系调整的正式规则,而且本身就是解决冲突的一种重要机制,通过集体谈判规范劳动关系事务,构成了西方国家劳资关系的核心。所以集体谈判的定义是指劳资双方就工资、工时以及雇用条件和期限等进行的定期谈判,谈判结果是签集体劳动协议或称集体合同。

西方各国政府也认识到集体谈判是维护劳资双方权益的重要手段之一,在解决劳资矛盾中发挥着重要作用。为了保障集体谈判的顺利进行,维持和谐的劳资关系,各国纷纷出台了相关法律,用立法和行政监督等方式加以调整。比如美国国会通过了一系列法案对有关集体谈判的事项作出规定,其中以 1935 年的《国家劳工关系法》最具代表性。根据该法,员工有权通过自己选出的代表来进行集体谈判;员工有权为集体谈判进行协同行动,雇主应当与员工代表在和谐的气氛中,对最低工资、工作时间等劳动条件以及集体合同所涉及的其他问题进行谈判。

集体谈判使劳动者在劳动关系中居于弱者地位的状况得以改善,特别在美国实行自由雇用原则的情况下,集体合同成为劳动者维护自身权益的重要手段。为保护员工和雇主的权益,保障集体谈判有序进行,美国联邦专门设立了国家劳动关系委员会(National Rela-tions Board,NLRB),对集体谈判的开展情况进行监督,处理有关劳资纠纷。各国对集体谈判的要求中一般都有自愿协商、诚意谈判的原则要求。诚意谈判(good-faith bargaining),是指谈判双方要互相信任,要有解决问题的诚意,自己一方所提出的要求要尽量合情合理,并考虑到对方的利益和实际承受能力。

二、我国劳动关系概述

（一）劳动关系的概念

劳动关系的概念有广义和狭义之分。广义的劳动关系是指任何劳动者与任何性质的用人单位之间因从事劳动而结成的社会关系;狭义的劳动关系是指依据国家劳动法律法规,规定和确认当事人双方(劳动者和用人单位)的权利和义务的一种劳动法律关系。本文所讲的劳动关系是指狭义的劳动关系,是受我国《劳动法》等保障的劳动关系,像保姆和东家、大学生劳动者和企业之间的关系是不属于这个狭义的劳动关系。

劳动关系管理是指企业方为了保障企业经营活动的稳定运行,通过一系列综合性的管理制度和措施,使企业劳动关系双方(劳动者与用人单位)的行为得到规范,权益得到保障,缓和冲突,促进合作,形成稳定和谐的劳动关系。

小贴士

劳动关系的各种称谓

劳动关系是随着资本主义生产方式的出现,商品经济成为生产的主导形式而产生的。它是劳动力与资本相结合的表现。随着现代各国市场经济的发展,劳动的社会形式的趋同性使得劳动关系成为经济社会最普遍、最基本的社会关系,对劳动关系的研究在各国广泛存在。

由于人们对劳动力的提供者与使用者的称谓不同,对特定的劳动关系的社会经济性质和特点的认识角度不同,把握和表述存在差异,使劳动关系又被称为劳资关系、劳使关系、劳工关系、雇佣关系、产业关系、雇员关系、员工关系等等。虽然这些称谓的表述各不相同,侧重点也略有差别,但其内涵基本相似,均是指劳动者(雇员)与劳动力使用者(雇主)之间因劳动给付与工资支付而产生的关系。

我国由于长期社会主义计划经济体制下,劳动力使用者一方具有国家性质,致使资方性质难以确定,因此人们习惯用劳动关系替代劳资关系,而雇主通常表述为用人单位或企业,雇员通常表述为劳动者。

(改编自程延园编著:《劳动关系》,中国人民大学出版社,2002)

(二)劳动关系的主体

从劳动关系的概念上可以看得出来,劳动关系主体,是指劳动关系中双方当事人,劳动者与用人单位。然而,双方都因为共同利益或目标而形成各自的组织,这些组织为了各自成员的利益在调整劳动关系中起着非常重要的作用,所以也属于劳动关系的主体。另外,在调整劳动关系中,政府也发挥了立法、监督和干预等作用,尤其是我国属于社会主义国家,政府在立法、司法上也有广泛的影响。

所以我国劳动关系的主体包括三方,一方是劳动者(员工)以及以工会为主要形式的劳动者团体;一方是用人单位(雇主)以及以行业协会、企业家协会为主要形式的雇主组织;另一方是政府。

为了促进劳动关系的和谐发展、缓和劳动者和用人单位的利益冲突,劳动关系的三方主体之间的交流沟通机制就非常重要,这就是国际社会上普遍接受和实施的三方协商机制。根据国际劳动组织 1976 年第 144 号《三方协商促进履行国际劳工标准公约》规定,三方协商机制是指政府(通常以劳动部门为代表)、雇主和工人之间,就制订和实施经济与社会政策而进行的所有交往和活动。即由政府、雇主和工人通过一定的组织机构和运作机制共同处理所有涉及劳动关系的问题,如劳动立法、经济与社会政策的制定、就业与劳动条件、工资水平、劳动标准、职业培训、社会保障、职业安全与卫生、劳动争议处理以及对罢工等产业行为的规范与防范等。

（三）劳动关系的基本内容

劳动关系的内容是指主体双方依法享有的权利和承担的义务。即劳动者与用人单位之间在劳动时间、劳动报酬、安全卫生、劳动纪律、福利保险、教育培训、劳动环境等方面形成的关系。

1.劳动者的权利和义务

我国《劳动法》第三条规定,劳动者依法享有的权利有劳动就业权、职业选择权、劳动报酬权、劳动保护权、休息休假权、社会保险权、职业培训权、劳动争议提请处理权等。

我国劳动者依法应承担的主要义务为:(1)按质按量地完成生产任务和工作任务。(2)遵守用人单位的劳动纪律和规章制度。(3)学习政治、文化、科学、技术和业务知识。(4)保守国家和企业的机密。

2.用人单位的权利和义务

用人单位的主要权利有:依法录用、调动和辞退员工,决定企业的机构设置,任免企业的行政管理人员,制定工资、报酬和福利方案,依法奖惩员工等。

用人单位的主要义务有:依法录用、分配、安排员工工作,保障工会和职代会行使其职权,按照员工的劳动质量、数量支付劳动报酬,加强员工思想、文化和业务的教育、培训,改善劳动条件,搞好劳动保护和环境保护。

（四）我国调整劳动关系的相关法律

一般在劳动关系领域,我们把我国调整劳动关系的相关法律统称为劳动法。这里我们要先区分广义和狭义劳动法的含义。狭义的劳动法仅指劳动法律部门的核心法律,即1995年1月1日起施行的《中华人民共和国劳动法》这一规范性文件。广义的劳动法则是指调整劳动关系以及与劳动关系密切联系的其他社会关系的法律规范的总和。本书所运用的劳动法的概念是指广义的概念。

1.劳动立法历程

1949年新中国成立以后,主要是通过宪法对劳动问题作出明文规定,并且长期以来采用行政机制代替法律手段来协调和管理劳动关系,从而导致劳动方面的法律法规一直处于不规范、不完善的状况。"文革"期间,劳动立法工作一度停滞。1978年以后,才开始了全面的劳动法律制度改革和建设。我国的人力资源法律体系随着劳动关系日趋多元化和市场化而逐步完善起来。只有完善了劳动立法,当利益各方发生矛盾时,才有法可依,可以在法律的基础上加以调整。

自1995年1月1日起施行的《中华人民共和国劳动法》是新中国成立以来第一部专门保障劳动者合法权益的基本法律,是劳动保障法制建设中一个重要的里程碑。之后,国务院先后制定颁布了《国务院关于员工工作时间的规定》(修订)、《社会保险费征缴暂行条例》、《失业保险条例》、《全国年节及纪念日放假办法》、《禁止使用童工规定》(修订)、《工伤保险条例》等配套行政法规。劳动保障部针对劳动力市场管理、集体协商签订集体合同、工资支付、社会保险费申报缴纳、劳动保障监察等事项制定颁布了一系列配套规章,各地也相继制定颁布了与《劳动法》相配套的地方性法规、规章,初步形成了以《劳动法》为基本法律,由有关法规、规章相配套的劳动保障法律法规体系的框架。

　　最近几年我国加快了劳动立法的步伐,政府把劳动、就业等方面的法律作为社会领域立法的重点,2008年1月1日正式实施《劳动合同法》和《就业促进法》,2008年5月1日正式实施《劳动争议调解仲裁法》,并审议讨论了社会保险法等法律草案。2008年三部劳动法律的实施,使我国形成了一套比较完备的劳动法律制度,对于劳动法律制度的建设具有里程碑的意义。尤其是其中的《劳动合同法》,进一步明确了劳动合同的法律地位,规范了劳动合同双方当事人的权利和义务,为劳动者和用人单位提供了有力的法律保障。由于该法对我国劳动关系的影响深远,又被广泛称为"新劳动法"。

　　当然,我国劳动立法还正在完善过程中,还存在着不少缺陷。2009年7月出现的张海超"开胸验肺"事件就凸显劳动保护方面的制度的缺陷。按照当时的《职业病防治法》的有关规定,职业病的诊断要由当地依法承担职业病诊断的医疗机构进行,另外,必须有用人单位提供的必要详细资料。也就是说,得了职业病,还得单位开具证明才能鉴定,制度上就存在着劳动者职业病鉴定与维权的障碍。该事件经过媒体曝光后得到社会各方面的关注,推动了该法律的修改完善,2011年12月31日起正式施行《职业病防治法修正案》,向保障劳动者权益的方向又前进了一步。

　　2.劳动法的基本原则

　　劳动法的基本原则直接决定了各项劳动法律制度的性质,是劳动立法基本精神的集中体现。劳动法的基本原则体现了国家对劳动关系的本质的认识。基本原则的内容与性质直接决定了各项劳动法律制度的内容与性质。劳动法基本原则的内容有多种理解和阐释。根据《宪法》和《劳动法》的有关规定,可以将劳动法的基本原则归纳为以下内容。

　　(1)保障劳动者劳动权的原则

　　我国《宪法》第四十二条规定:"中华人民共和国公民有劳动的权利和义务。""国家通过各种途径,创造劳动就业条件,加强劳动保护,改善劳动条件,并在发展生产的基础上,提高劳动报酬和福利待遇。"

　　劳动权是指法律保证的有劳动能力的公民能够参加社会劳动并因劳动而产生或与劳动有密切联系的各项权利,包括平等的劳动就业权、劳动报酬权、休息休假权、劳动保护权、职业培训权等。劳动权绝不是仅仅包括工作权一项权利,而是包括与劳动相关的一组权利束,劳动权亦是人权的重要组成部分。平等的就业权和自由择业权是劳动权的核心。该项权利对于公民来说,不分性别、民族、政治信仰、财产状况,均有权实现就业,有权依法自由地选择职业,有权利用国家和社会提供的各种就业促进条件,提高就业能力和增加就业机会,禁止任何形式的就业歧视和职业歧视。

　　(2)劳动关系民主化原则

　　劳动关系民主化原则的具体内容分别是:第一,劳动者有依据法律的规定享有参加和组织工会的权利,有通过工会、职工大会或职工代表大会参与民主管理的权利。第二,劳动关系当事人双方有就劳动关系事务和生产经营事务进行平等协商的权利。第三,劳动关系当事人双方享有集体协商权和共同决定权。劳动条件不能由劳动关系当事人单方决定,一般劳动条件的决定,包括劳动报酬、工作时间、休息休假、劳动安全卫生、职业培训、保险福利等事项,由工会或职工代表与用人单位通过集体协商、订立集体合同的形式决定。第四,政府制定或调整重大劳动关系标准应当贯彻"三方原则",即政府、工会和企业家协会(雇主协会)共同参与决定或听取工会和企业家协会(雇主协会)的意见。第五,用人单位制定重要规章制度涉及劳动者利益的,用人单位对劳动者进行重大处罚等事项应当通过一定形式听取工会意见。第六,劳动争议仲裁委员会的组成应当贯彻"三方原则"。第七,在劳动关系领域的其他方面,工会享有广泛的参与权、知情权和咨询权等。

（3）物质帮助权原则

物质帮助权是劳动者暂时或永久丧失劳动能力、暂时失去就业机会时,有从社会获得物质帮助的权利。物质帮助权作为公民的基本权利,就劳动者而言,主要通过社会保险来实现。市场经济对于劳动者的风险表现在劳动力市场的系统风险之中,具体为生、老、病、死、伤、残、失业等,劳动者及其家庭通过劳动获得其生存与发展的条件,劳动力市场的系统风险作为一种客观存在,不能依赖劳动者及其家庭来抵御,只能依靠社会力量加以解决。社会保险作为一种强行性规范,决定了社会保险的当事人不得自行确定是否参加保险以及选择保险项目。被保险人和用人单位必须依据国家法律的规定承担缴费义务,而且不能自行选择缴费标准。社会保险的基本属性就是它的强制性。通过物质帮助权的实现,保证劳动关系的稳定、和谐。

社会保险作为物质帮助权实现的主要方式,除了国家强制性这一基本特征外,还具有以下特征:第一,社会性。社会性包括保险范围的社会性,各类劳动关系的劳动者均被纳入社会保险的范围;保险目的的社会性,建立健全社会保险制度,既反映社会的政治进步,也促进经济发展;保险组织和管理的社会性,社会保险是一种政府的保险制度,由国家立法确认和保护,保险基金的筹集和运营、保险待遇的给付和管理等方面由政府组织实施。第二,互济性。互济性一方面表现为社会保险基金实行社会统筹,另一方面表现为社会保险基金平衡调剂,将个别劳动者的风险所形成的损失和负担在缴纳保险费的多数主体间分摊。第三,补偿性。劳动者享受的各项社会保险待遇均是劳动者通过自己的劳动创造的,各项社会保险的给付集中地反映了其补偿性特征。

根据物质帮助权原则,劳动者一旦和单位签了劳动合同,成为用人单位的员工,用人单位就必须替他办理社会保险手续,在我国这是属于法定福利的,就像用人单位必须每个月给员工发工资一样。社会保险包括医疗保险、养老保险、生育保险、工伤保险和失业保险。如果用人单位没有替员工办理社会保险业务,一旦员工发生了相关费用,将由用人单位参照社会保险组织的支付标准全额支付。

3.劳动法的内容

我国劳动法是由以下劳动法律制度构成:(1)就业促进制度;(2)劳动合同和集体合同制度;(3)劳动标准制度;(4)职业技能开发制度;(5)社会保险和福利制度;(6)劳动争议处理制度;(7)劳动监督检查制度。

4.劳动法实施中面临的主要问题

我国劳动法在改革开放后的体制转轨和经济转型中,预防和化解了大量劳动争议,维护了劳动者的合法权益,促进了劳动关系和社会的稳定。然而,随着我国社会主义市场经济体制的基本建立,中国成功加入世界贸易组织,更深地参与到经济全球化进程中,结构调整和经济转型的进行,城乡协调发展已经提上日程,农民进城就业规模越来越大。80年代后期以来,以血亲、乡亲、族亲、友亲为纽带的民工流动在大量增加,由此影响到经济成分、就业方式、用工形式越来越多样化,劳动关系越来越复杂,维护劳动者权益的任务也越来越艰巨。

一些单位违反劳动保障法律法规、有法不依现象比较严重。目前违反劳动保障法律法规,侵害员工合法权益的现象依然存在,主要集中在以下领域。一是部分进城就业的农民工权益受到侵害。一些用人单位尤其是建筑企业不与农民工签订劳动合同,无故拖欠和克扣农民工工资,强迫农民工超时加班加点,不提供应有的劳动保护条件,危及农民工的人身安全和生理健康。二是部分非公有制、中小型用人单位员工权益受到侵害。一些用人单位不依法为员工参加社会保险和缴纳社会保险费,任意解除劳动合同,侵害员工的休息休假权益。

尤其是 2008 年之后,在全球金融危机的影响下,我国经济增长速度放慢,城镇就业形势十分严峻,劳动者处于就业极度困难阶段,虽然有新的三部劳动法律保障劳动者权益,但各地政府为了促进地方经济发展而搁置、无视劳动者权益的案例并不鲜见。同时我国大多数劳动者属于弱势群体,法律意识不强,还过于"老实",很多人特别是外来打工者,当自己的合法权益受到侵害时,大多选择沉默,即使出现一些纠纷,只要雇主欺之不甚,劳动者也不会向有关执法部门投诉。如何提高劳动者的法律意识和自我保护意识将是今后的一个重大课题。

当然光靠劳动者的自我保护意识来维权是远远不够的,要加强各级工会为劳动者维权的意识和职能。我国工会法规定,"工会是职工自愿结合的工人阶级的群众组织",而这个职工的范围很广,企业里所有人员,包括一线劳动者和总经理都可以是工会成员,所以我国基本上不存在西方模式的劳资冲突,因为工会不仅仅是代表底层劳动者的利益的,也要代表成员中高管的利益,所以工会与企业管理方不存在立场的对立,工会拥有很多"行政化"的权力,不少企事业单位的工会主席甚至是由管理人员兼任,如"办公室主任兼工会主席"、"副总经理兼工会主席"等,这样的做法既能节约成本、精简管理队伍,又能保证工会骨干与企业的利益和立场一致,表面上看是维持了和谐的劳动关系,但严重影响了工会在一般劳动者心目中的认可程度,因此希望工会也最好能维护同样是工会成员的底层弱势的劳动者的利益,因为他们的法律意识和自我保护意识太弱了。当然维护了他们的利益可能会使得企业劳动力成本提高,又会损害同样是工会成员的高管的利益,工会是有些左右为难了。

我国工会制度必须继续完善,强化工会作为维权部门的职责,从国家法律和制度上构建一个有序维权机制,才能真正实现和谐社会的理想目标。在这几年媒体多次关注报道的富士康各类事件中,我们很少能看到工会的身影,要是工会能站出来发挥维权作用,也许就不会出现该公司 2010 年的"17 连环跳"自杀事件和 13 死 4 伤的惨剧。冲突的受害者也不只是劳动者,2009 年 7 月的通化钢铁事件还出现总经理遭遇员工暴力群殴致死事情。为了不让越来越多的流血事件重演,必须建立一个劳动者信任的维权和疏导机制。

小案例

中国"麦工"群与工资门

近年,英国牛津英语辞典中收录了这样一个词:McJob,即"麦当劳工作"(简称"麦工"),意指一种乏味、低薪且没有什么前途的工作,尤指服务业扩张后所创造的工作。

随着洋快餐大举进入中国,中国的"麦工"群人数在不断扩大,他们的劳动状况渐渐得到媒体的关注。

2007年3月广州某媒体报道了该市麦当劳、肯德基、必胜客等3家洋快餐支付给兼职小时工的工资，比该市非全日制工的最低工资标准7.5元分别少了3.5元(低幅47%)、2.8元(低幅37%)、1.7元(低幅23%)。而且，尽管兼职工待遇较低，也没有任何福利和保障，但在工作时间上却与正常的全日制工人没有太大的区别。而在被调查企业里，此类廉价兼职工竟占到全部员工的约80%。

各地媒体也纷纷报道了各地类似状况，媒体的报道也引起了有关政府部门的高度重视。广东、上海等地的劳动保障部门迅速展开了调查。然而各地政府部门的调查结果认定，未发现麦当劳肯德基存在不执行本市最低工资标准的行为，因为兼职工大多数是全日制在校学生，而根据相关规定，他们是不适用最低工资标准的。由此，一个庞大的游离于劳动法保护之外的兼职工，尤其是学生兼职工群体，开始浮出水面。

其实，麦当劳等洋快餐的低工资问题并非现在才有，也并非只存在于中国。曾深入调查美国快餐业的美国作家埃里克·施洛瑟早在其所著《快餐国家》一书中写道："麦当劳开辟了一条雇佣劳动的新途径，那就是非全日制工人、低报酬和不提供保险。"

工资门事件后，也许是迫于舆论压力，当年9月1日起，麦当劳开始进入中国内地市场17年来第一次大规模加薪。调薪之后，兼职员工的小时工资将普遍超过当地城市的最低小时工资。看来，在有关法律法规出台之前，我们只能寄希望于企业自觉承担起社会责任，切实维护好员工的利益。

(来源：中国经济周刊)

(五)劳动关系的改进措施

篇首案例介绍了富士康的一个劳动争议和冲突，本章课后的案例还将进一步剖析富士康存在的劳动关系管理上的不足。当然，富士康的个案在中国也不特殊，缺乏法律意识、对内部员工缺乏关怀的中国加工企业比比皆是。我国社会进入了转型期，贫富分化加剧了社会矛盾的深化，而80后、90后劳动者价值观和维权意识也和以前第一代农民工有了很大差别，传统的管理模式难以维持企业内的和谐，企业必须在劳动关系管理上进行改进，才能在剧烈竞争的环境下实现双赢。在改进管理方式、提高员工满意度的具体措施上，传统的做法是改进沟通机制，具体改进措施如下。

1.改进人力资源管理，提高员工的工作生活质量。通过建立和完善企业内部人力资源管理制度、使员工参与民主管理、工作丰富化和扩大化，以及物质激励与精神激励、内激励与外激励等多种激励形式和手段，来提高员工的工作满意度，从而提高员工的工作质量和生活质量，这是改善劳动关系的根本途径。

2.建立和完善企业内部民主管理机制。企业的重大决策，尤其涉及员工切身利益的决定，在员工的参与下，可以更好地兼顾员工的利益。为促进民主管理，要发挥工会或职代会的积极作用。通过这些组织协调企业与员工之间的关系，避免矛盾激化。

3.培训经营管理人员。提高各级管理人员的业务知识与法律意识，树立良好的管理作风，增强他们的劳动关系管理意识，掌握相关的原则与技巧。首先，应加强对企业决策者的培训。员工的多数权利的实现机制与企业决策者密切相关，企业决策者应自觉地负起保障员工权利的职责，维护员工权利，以促进和谐劳动关系的建立。其次，应加强企业各级主管人员的培训。企业各级主管的管理工作对象是广大员工，他们的工作作风、业务知识、法律意识如何直接对劳动关系发生影响。通过培训,可以增强他们的劳动关系意识,掌握处理劳动关系问题的原则和技巧。此外,还应加强对劳动关系双方进行法制、"企业共同体"、"伙伴关系"等意识的培训和教育,为劳动关系的稳定奠定良好的基础。

第二节　我国劳动关系的主要调整方式

我国劳动关系的调整方式依据调节手段的不同,主要分为七种,即通过劳动法律法规、劳动合同规范、集体合同规范、民主管理制度、企业内部劳动规则、劳动争议处理制度、劳动监督检查制度这七种调节手段对劳动关系进行调整。由于篇幅有限,本节从劳动合同、集体合同、劳动争议处理和民主管理这四个重要角度探讨用人单位应该如何遵守劳动法律法规、兼顾各方利益、做好企业内的劳动关系管理、维持和谐的员工关系。

一、劳动合同管理

(一)劳动合同的含义

《劳动法》第十六条规定:"劳动合同是用人单位与劳动者确立劳动关系、明确双方权利义务的协议"。

我国劳动合同制度的历史并不算长。我国在 20 世纪 50 到 70 年代,对劳动力配置实行的是计划体制,政府统一调配劳动力。再从 70 年代末期开始到现在仍在进行的改革中,对劳动力的配置逐步推行了市场体制,劳动者与用人单位以市场交易方式双向选择。中国劳动力的市场化,在政策方面大致经历了四个阶段:第一阶段,1987 年开始推行劳动合同制度,传统的固定工制度开始向合同制工人转变;第二阶段,1995 年左右实行的全员劳动合同制度;第三阶段,1998 年左右对国有企业的富余人员实行下岗再就业制度;第四阶段,2002年左右对国有企业下岗人员和其他富余人员实行再就业服务中心和失业制度,我国政府从这个阶段开始才首次认同"失业"这个名词和事实,并全面推行劳动合同制度,于 2008 年开始实施《劳动合同法》。

目前,劳动合同制度已经普遍实行,国有企业、集体企业、外商投资企业劳动合同签订率均在 95% 以上,就业机制实现了由国家安置就业向市场配置就业的根本转变,劳动关系实现了由行政管理向依法调整的根本转变,劳动者与用人单位双向选择、协商确定双方权利义务的用人机制和观念已经形成。

(二)劳动合同的形式与分类

首先,在劳动合同的形式上,一般都是书面的。根据《劳动合同法》第十条"建立劳动关系,应当订立书面劳动合同",然而,该法第六十九条也规定"非全日制用工双方当事人可以订立口头协议"。第六十八条规定,非全日制用工,是指以小时计酬为主,劳动者在同一用人单位一般平均每日工作时间不超过四小时,每周工作时间累计不超过二十四小时的用工形式。非全日制用工是比较特殊的模式,下面我们探讨的基本上还是以全日制用工的劳动合同为主。

法律要求订立书面劳动合同,是为了更好地保障劳动者的权利,在发生劳动争议的时候有依据。该法明确规定,"已建立劳动关系,未同时订立书面劳动合同的,应当自用工之日起一个月内订立书面劳动合同",而且规定,"用人单位自用工之日起满一年不与劳动者订立书面劳动合同的,视为用人单位与劳动者已订立无固定期限劳动合同",而且明确了用人单位将负的法律责任,该法第八十二条:"用人单位自用工之日起超过一个月不满一年未与劳动者订立书面劳动合同的,应当向劳动者每月支付二倍的工资"。所以《劳动合同法》出台后,用人单位在劳动合同签订方面要慎重、及时做好这项工作。

其实,就劳动合同的分类。根据《劳动合同法》第十二条:"劳动合同分为固定期限劳动合同、无固定期限劳动合同和以完成一定工作任务为期限的劳动合同"。

根据该法第十三条:"固定期限劳动合同,是指用人单位与劳动者约定合同终止时间的劳动合同";第十四条:"无固定期限劳动合同,是指用人单位与劳动者约定无确定终止时间的劳动合同";第十五条:"以完成一定工作任务为期限的劳动合同,是指用人单位与劳动者约定以某项工作的完成为合同期限的劳动合同"。

为了保障劳动者年老体衰的时候的劳动权,我国劳动法鼓励用人单位与劳动者签订无固定期限劳动合同,而且规定了几种情形下用人单位必须订立无固定期限劳动合同。比如劳动者在该用人单位连续工作满十年的;或者连续订立二次固定期限劳动合同后劳动者没有重大过失的,用人单位都必须与劳动者签订无固定期限劳动合同,除非劳动者自己提出要求不同意签订。如果用人单位没有及时签订无固定期限合同,"应当订立无固定期限劳动合同之日起向劳动者每月支付二倍的工资"。

可见,《劳动合同法》对企业内部规范劳动合同订立有很多明确规定,企业的人力资源管理部门一旦有所疏忽,就有可能招致更大的劳动费用支出。

（三）劳动合同的内容

劳动合同的内容是当事人双方经过平等协商所达成的关于权利义务的条款,《劳动法》第十九条规定劳动合同中应该包括法定条款与约定条款。

法定条款是缺一不可的,根据《劳动合同法》第十七条,劳动合同应当具备以下条款:

（1）用人单位的名称、住所和法定代表人或者主要负责人;

（2）劳动者的姓名、住址和居民身份证或者其他有效身份证件号码;

（3）劳动合同期限;

（4）工作内容和工作地点;

（5）工作时间和休息休假;

（6）劳动报酬;

（7）社会保险;

（8）劳动保护、劳动条件和职业危害防护;

（9）法律、法规规定应当纳入劳动合同的其他事项。

同时,《劳动合同法》规定了约定条款,就是"劳动合同除前款规定的必备条款外,用人单位与劳动者可以约定试用期、培训、保守秘密、补充保险和福利待遇等其他事项"。当然没有约定条款,也不影响合同的成立。

小贴士

就业试用期的工作待遇

最近十来年来我国一直面临着就业形势严峻、就业市场供大于求的情况,有的大学毕业生好不容易才找到一份工作,却被用人单位以实习期或试用期名义录用,遭遇不公平的低待遇而后被随意辞退,面对这种剥削现象,劳动者不要忍气吞声,要勇于用法律武器讨回公道。

首先大学毕业生就不再是实习生,实习生是指身份是学生的劳动者,所以约定实习期从法律的角度是站不住脚的。

有的单位规定的试用期过长,也是违法的。《劳动合同法》第十九条规定,劳动合同期限三个月以上不满一年的,试用期不得超过一个月;劳动合同期限一年以上不满三年的,试用期不得超过二个月;三年以上固定期限和无固定期限的劳动合同,试用期不得超过六个月。而且同一用人单位与同一劳动者只能约定一次试用期。而以完成一定工作任务为期限的劳动合同或者劳动合同期限不满三个月的,不得约定试用期。而且试用期必须是包括在劳动合同期限中。

《劳动合同法》对试用期的工资待遇等也有明确的规定,即第二十条规定,劳动者在试用期的工资不得低于本单位相同岗位最低档工资或者劳动合同约定工资的百分之八十,并不得低于用人单位所在地的最低工资标准。

在试用期期间,劳动者的劳动权其实也是有保障的,享受正常的社会保险,而且不能被随意辞退。该法第二十一条规定,在试用期中,除劳动者有本法第三十九条和第四十条第一项、第二项规定的情形外,用人单位不得解除劳动合同。也就是劳动者有重大失误,或者被证明不符合录用条件,才能被辞退。而录用条件如果企业没有事先明确规定,就只能按照招聘时对应聘者提出的要求为准。

另外该法还明确规定,用人单位不得向应聘者收取任何费用,包括报名费或保证金。也不能索要身份证或毕业证作为抵押。

(四)劳动合同的订立原则

《劳动合同法》第三条指出,"订立劳动合同,应当遵循合法、公平、平等自愿、协商一致、诚实信用的原则"。

合法就是要求用人单位劳动合同的订立要符合有关法律的规定,主要表现在三个方面。①合同的主体要符合法律的规定;②合同的内容要符合法律的规定;③合同的订立程序要符合法律的规定。

公平是指劳动合同的内容应当公平、合理,就是在合法的前提下,劳动合同双方公正、合理地确立双方的权利和义务。

平等自愿是指在订立劳动合同时,用人单位和劳动者双方的法律地位是平等的,合同的订立完全出于双方自己的意愿,不存在任何一方的意志强加于另一方的情况。凡是以欺诈、威胁和乘人之危等手段将自己的意愿强加于对方的行为,都是违背平等自愿原则的。

协商一致是指用人单位和劳动者在平等自愿的基础上,就用人单位劳动合同的各项条款各自发表意见,进行充分协商,最终达成完全一致的意见。只有在协商一致基础上签订的劳动合同,法律才能够要求双方当事人认真履行合同规定的义务,维护双方当事人的合法权益。

二、集体合同管理

（一）集体合同与集体协商的含义

根据《集体合同规定》第五条,集体合同是集体协商双方代表根据法律、法规的规定就劳动报酬、工作时间、休息休假;劳动安全卫生、保险福利等事项在平等协商一致基础上签订的书面协议。

这里的集体协商双方是指企业员工一方与企业。根据《劳动合同法》第五十一条,"集体合同由工会代表企业员工一方与用人单位订立;尚未建立工会的用人单位,由上级工会指导劳动者推举的代表与用人单位订立"。

根据《集体合同规定》第四条,"用人单位与本单位职工签订集体合同或专项集体合同,以及确定相关事宜,应当采取集体协商的方式。集体协商主要采取协商会议的形式"。由此可见,集体协商是企业工会或员工代表与相应的企业代表,为签订集体合同进行商谈的行为。其实集体协商与我们前面提到的西方集体谈判作用是类似的,我国由于社会主义性质,不认可劳资双方对立性质的集体谈判制度,于是将在西方国家存在近200年的工资集体谈判制度,改造为性质温和的集体协商制度。根据《集体合同规定》第五条规定,集体协商应遵守法律、法规的规定和平等、合作的原则,不得采取过激行为。

我国企业工资集体协商制度一开始是"自下而上"形成的,最早是1995年江苏昆山的一家外企围绕着加薪而产生集体罢工,最后经资方和工会委员会几轮谈判解决了纠纷,由此政府部门综观全局,发现一个规律:外企中,凡是劳资双方能坐下来谈的,劳资纠纷就少。于是苏州市率先于1998年初开始试点"集体协商制度",直到最后在全国推广,并写入2004年开始实施的《集体合同规定》。

现在集体协商和集体合同制度被认可,在协调劳动关系的过程中处于重要的地位。归纳一下,集体合同主要有如下的作用:（1）有利于协调劳动关系;（2）加强企业民主化管理;（3）维护员工合法权益;（4）弥补劳动法律法规的不足。

（二）集体合同的形式与内容

集体合同是以书面形式订立的法定要约式合同,

集体合同均为定期合同,一般是1—3年。

根据《集体合同规定》第八条,集体合同应当包括以下内容:劳动报酬、工作时间、休息休假、保险福利、劳动安全与卫生、女职工和未成年工特殊保护、奖惩、裁员、合同期限、变更、解除、终止集体合同的协商程序、双方履行集体合同的权利和义务、履行集体合同发生争议时协商处理的约定、违反集体合同的责任、双方认为应当协商约定的其他内容等。

（三）签订集体合同的程序

（1）工会和企业方各选出参加集体协商的代表,并各自收集来自员工和企业有关部门的意见;

（2）工会或员工推举的代表与企业进行集体协商;

（3）经协商达成一致的集体合同草案提交职工代表大会或全体员工讨论通过;

（4）经职工代表大会或全体员工讨论通过的集体合同由企业法定代表人与工会代表或

员工推举的代表签订；

（5）集体合同签订后，应当在 10 日内由企业一方将集体合同文本报送劳动行政部门审查；

（6）劳动行政部门自收到集体合同文本之日起 15 日内未提出异议的，集体合同即行生效，双方应及时以适当的形式向各自代表的全体成员公布；劳动行政部门提出异议的，双方应及时协商修改，并及时将修改后的集体合同文本报送劳动行政部门重新审查。

（7）一经审查通过，集体合同即具有约束力，双方必须认真履行。

小贴士

劳动合同与集体合同的主要区别

1. 主体不同

协商、谈判、签订集体合同的当事人是工会和企业方的代表；

协商、谈判、签订劳动合同的当事人是企业与劳动者本人。

2. 内容不同

集体合同的内容是关于企业的一般劳动条件标准的约定，以全体劳动者共同的利益和义务为内容，可以涉及劳动关系的各方面，也可以只涉及劳动关系的某一方；

劳动合同的内容只涉及单个劳动者的权利和义务。

3. 功能不同

协商订立集体合同的目的是规定企业的一般劳动条件，为劳动关系的各个方面设定具体标准，并作为单个劳动合同的基础和指导原则；

劳动合同的目的是确立劳动者和企业的劳动关系。

4. 法律效力不同

集体合同规定企业的最低劳动标准，凡是劳动合同约定的标准低于集体合同的标准一律无效，所以，集体合同的法律效率高于劳动合同。

5. 程序不同

集体合同有：签字后由政府劳动行政部门审批。

劳动合同有：双方签字立即生效。

（来源：人力资源管理师辅导讲义）

三、劳动争议处理

劳动争议案件是近年来增长幅度最快、涉及范围最广、影响程度最深、社会关注最多的案件类型，特别是金融危机下，我国企业经营困难加剧，关闭企业数量急剧增加，企业欠薪情况增多，各地法院受理劳动争议案件大幅攀升。而 2008 年相继实施的《劳动合同法》与《劳动争议调解仲裁法》，增强了劳动者法律意识，再加上《劳动争议调解仲裁法》第五十三条规定劳动争议仲裁不收费，《诉讼费用交纳办法》规定劳动争议案件受理费每件 10 元，使得大量劳动争议纠纷进入仲裁庭与法院。

劳动者维权意识的高涨,对企业劳动关系管理是一个严峻的考验,一方面要在人力资源管理方面谨慎遵守相关法律,尽量减少劳动争议,维持内部和谐,另一方面,也需要深入了解国家相关法律,在劳动争议来临时能临阵不慌,尽快解决争议,把企业的损失降到最低。

(一)劳动争议的含义

劳动争议就是劳动纠纷,是指劳动关系当事人之间因劳动权利与义务发生的争议。

劳动关系当事人,作为劳动关系的主体,各自存在着不同的利益,双方不可避免地会产生各种分歧。然而,并不是所有的争议都属于劳动争议调解仲裁法的调整管辖范围。根据该法第二条"中华人民共和国境内的用人单位与劳动者发生的下列劳动争议,适用本法:(1)因确认劳动关系发生的争议;(2)因订立、履行、变更、解除和终止劳动合同发生的争议;(3)因除名、辞退和辞职、离职发生的争议;(4)因工作时间、休息休假、社会保险、福利、培训以及劳动保护发生的争议;(5)因劳动报酬、工伤医疗费、经济补偿或者赔偿金等发生的争议;(6)法律、法规规定的其他劳动争议"。

(二)劳动争议的处理程序

劳动争议是劳动关系双方发生矛盾、冲突的表现,争议的有效解决则是使劳动关系双方由矛盾、冲突达到统一、和谐。我国劳动争议主要是由劳动争议调解委员会、劳动争议仲裁委员会和法院来处理。

根据我国劳动法的有关规定,当发生劳动争议时,争议双方应协商解决;

不愿意协商或协商不成,当事人可以申请用人单位劳动争议调解委员会调解,劳动争议调解委员会是由用人单位内部设立的调解劳动争议的群众组织,委员会的办事机构设在企业;

调解不成或不愿意调解,当事人可以申请劳动争议仲裁机构仲裁;劳动争议仲裁委员会是依法成立的,由劳动行政部门代表、同级工会代表、用人单位方面的行使劳动争议仲裁权的劳动争议处理机构,该委员会的办事机构设在劳动行政部门的劳动构,由该机构负责办理仲裁委员会的日常事务。

当事人一方或双方不服仲裁裁定,则申诉到人民法院,由人民法院审理并作出最终判决,但一般规定仲裁作为必经的司法前置程序。

(三)劳动争议的处理原则

根据该法第三条"解决劳动争议,应当根据事实,遵循合法、公正、及时、着重调解的原则,依法保护当事人的合法权益"。这一条是劳动争议处理机构在处理劳动争议时必须遵循的基本原则,即劳动争议的调解程序、仲裁程序都要遵循的原则。

合法性原则,是指劳动争议处理机构处理劳动争议的所有活动和决定都要以事实为依据,以法律为准绳。

公正性原则,是指劳动争议处理机构在处理劳动争议时,必须保证争议双方当事人处于平等的法律地位,具有平等的法律义务,不得偏袒任何一方。

及时性原则,是指各道处理程序都有时间限制,受理、调解、仲裁、判决、结案都应在法律、法规规定的时限内完成,以保护当事人的合法权益,防止矛盾激化。

着重调解原则,是指劳动争议的调解贯穿于劳动争议处理的各个程序,用人单位劳动争议处理工作的全过程都属于调解,其他处理程序也都必须坚持先行调解,调解不成时才能进行裁决或判决。

四、民主管理制度

在前面劳动法的基本原则中,我们提到劳动关系民主化原则,它的具体内容有七项,从中可以看出我国的社会主义民主精神也贯穿着企业的劳动关系管理,尤其是工会的存在是我国企业民主管理的重要指标。工会的作用在各个方面都有体现,这里我们主要介绍民主管理制度。

《劳动法》第八条规定,"劳动者依照法律规定,通过职工大会、职工代表大会或者其他形式,参与民主管理或者就保护劳动者合法权益与用人单位进行平等协商"。一般我国国有企事业单位有员工(代表)大会形式,劳动者通过它可以参与企业管理,而非国有企业没有这种组织,就只能通过平等协商(或称民主协商)制度,但由于国家对平等协商制度没有任何具体规定,这个制度的现实方式就是企业内的沟通制度,以下介绍职工代表大会(职工大会)制度以及近几年出现的职工董事制度。

(一)职工代表大会(职工大会)制度

我国的职工代表大会(中小型企业为职工大会)制度是公有制经济的产物,1986年我国开始正式实施《全民所有制工业企业职工代表大会条例》,现在国有企事业单位都有自己的职工代表大会(简称职代会)。可以说职代会制度是我国企事业民主管理的基本形式,是基层民主政治建设的重要组成部分。

员工(代表)大会是指由企业员工经过民主选举产生的员工代表组成的,代表全体员工实行民主管理权利的机构。一般职工代表大会至少每半年召开一次。每次会议必须有三分之二以上的员工代表出席。

我国《劳动合同法》第五十一条明文规定,"集体合同草案应当提交职工代表大会或者全体员工讨论通过"。另外,我国2005年修订的《公司法》第四十五条规定,"董事会中的员工代表由公司员工通过职工代表大会、职工大会或者其他形式民主选举产生。"

2007年7月,国资委党委、国资委下发的《关于建立和完善中央企业职工代表大会制度的指导意见》概括出职代会的职权主要有审议建议权、审议通过权、监督评议权、民主选举权以及法律法规赋予职代会的其他权利,这个规定还算具体,不过针对的是中央企业。目前颁布的与职代会有关的法律法规,对职代会的性质的表述和定位过于宽泛,目标定位不清晰,导致了人们对职代会在企事业单位权力机构中的地位的认识发生分歧,直接影响了职代会民主作用的发挥,造成职代会在实践中处于似乎啥都管、但又管不了的尴尬地位。

而在非公有制企业,职代会的设立就遭遇到法律的空白,因而多数非公有制企业均抵制职代会的设立。目前已设立职代会的非公有制企业,其职权多数仅限于员工的参与权、知情权、协商权和监督权,总体职权内容不仅大大少于公有制企业里的职代会,而且在实践中的落实也遭遇折扣。

(二)职工董事、职工监事制度

为了充分发挥职代会的作用,加强企业民主建设,我国2005年修订的公司法中明确规定了国有企业必须有职工董事、职工监事制度。

所谓职工董事、职工监事制度,是指依照《公司法》等相关法律规定,通过职工代表大会、职工大会或其他形式民主选举一定数量的员工代表,进入公司董事会、监事会,代表员工行使参与企业决策权利、发挥监督作用的制度。

在我国,职工董事制度的实践,开始于 20 世纪 80 年代国有企业实行的公司制改革。1993 年颁布的《公司法》首次确立了职工董事制度的法律基础。2005 年新修订的《公司法》,在第四十五条规定,"两个以上的国有企业或者两个以上的其他国有投资主体投资设立的有限责任公司,其董事会中应当有公司员工代表;其他有限公司董事会成员中可以有公司员工代表";在第一百零九条规定,股份有限公司"董事会成员中可以有公司员工代表";对职工董事的产生,均规定"由公司员工通过职工代表大会、职工大会或其他形式民主选举产生"。但职工董事在董事会中所占的比例没有明确的规定。

职工董事与职代会的关系主要体现三个方面:一是职工董事要对职代会负责。职工董事是经职代会民主选举产生的员工代表,职工董事进入董事会,要努力贯彻职代会的意志,履行代表员工利益的义务,对职代会负责,并接受职代会监督。二是职工董事制度是职工代表大会制度的发展和延伸,是连接职代会与董事会的主要渠道。职工董事制度实施的有效程度,有赖于职工代表大会制度的健全与完善;职工董事发挥作用好坏,直接影响职代会制度的质量和效果。三是职代会制度与职工董事制度同为员工民主管理形式,但前者侧重于对员工权益的维护,对重大决策的参与、重要事项的审议,具有阶段性;后者侧重于对决策的参与和贯彻中的监督,具有直接性和经常性。要对两个制度的权力、责任进行合理的划分,保证正常运转。

小贴士

工会与职工代表大会的区别

在企事业内部,有两个与员工民主权利和切身利益密切相关的组织,即职代会和工会。

工会法规定,工会是员工自愿结合的工人阶级的群众组织;国有企业的工会委员会是职工代表大会的工作机构,负责职工代表大会的日常工作,检查、督促职工代表大会决议的执行。

换言之,工会是职工代表大会的工作机构,而不是它的常设机构。工作机构与常设机构是有原则区别的,常设机构在职工代表大会闭会期间,行使职工代表大会的职权。工作机构没有这种职权。

一般来说,我国的职代会侧重于民主管理,工会侧重于维权,但这两者之间的职能分工关系还不很明确。例如,从理论上讲工会应当对工会(代表)大会或职代会负责,但实践中工会的权力和作用往往高于职代会,而且,工会有更多的官方色彩和权威,建立了自己的体系,这就导致职代会的民主管理作用在实践中不如工会。

(来源:雅虎知识堂)

第三节   员工安全健康管理

随着世界经济的快速增长,职业健康安全问题已受到人们的普遍关注。世界上各种类型的组织都越来越重视自己在职业健康安全方面的表现和形象,并期望以一套系统化的方法来推动其管理活动,以满足法律和自身利益的要求,促进企业发展。做好员工的安全与健康的保障,不仅有利于企业的正常运作,也使管理方避免可能的起诉,降低由于需要付出抚恤金、事故处理费等费用而增加企业的成本,而且保障劳工的生命安全与生理健康,是企业履行社会责任重要体现。

一、劳动安全管理

劳动生产过程中,客观上存在着各种不安全因素,必须提前发现这些因素,采取相应的防护措施,尽量避免出现工伤事故,要相信事故都是可以避免的。然而一旦发生事故,也不要过于慌张或者沮丧,有事故说明企业在安全管理上存在漏洞,通过认真处理和善后工作,一定能解决问题,并且进一步寻找出其他的潜在不安全因素,并采取补救行动防止更大事故的发生。塞翁失马,焉知非福呢?

背景资料

忽视员工安全与健康的巨大代价

目前,我国的职业安全与健康形势十分严峻。同时,职业危害和职业病也已成为影响劳动者健康、造成劳动者过早失去劳动能力的主要因素。我国目前无论从接触职业危害人数、新发现职业病人数、职业病患者累计数量以及因工伤事故死亡人数均居世界首位。在许多作业环境中职业有害物质的污染水平超过国家标准的要求,在有些矿山企业,粉尘高温、炮烟等有毒有害因素同时存在,劳动条件十分恶劣,严重威胁着工人的健康与安全。

我国近几年来平均每年发生事故约 80 万起,事故死亡人数超过 13 万人,因事故导致的伤残人员约 70 万人。中国每年因工伤事故和职业病给国家带来的经济损失达 2500 亿元以上,事故总损失超过自然灾害、卫生传染病突发事件之和,占 GDP 的 2.5% 左右。有学者说,全国一年的事故损失,相当于 1000 多万个员工一年的辛勤劳动化为乌有、相当于近亿农民一年颗粒无收。

从 2001 年起,国际劳工组织将每年的 4 月 28 日定为"世界安全生产与健康日"。

(来源:人大经济论坛,www.pinggu.org)

(一)劳动中的不安全因素

劳动中的不安全因素可分为两类:

1.不安全的条件因素

一般包括:机器设备设计或安装的不合理;损坏的机器设备;工作方法不当;工作程序设计不恰当或者不完善;防护设施差以及工作制度不合理或不完善等因素;由工作特性决定的工作环境的自然危险性,如矿山、地下、高空作业,场地拥挤,布局不合理等易发事故的环境。

2.不安全的个体因素

一般包括:劳动者文化科学知识和技术素质低;有生理缺陷,反应迟钝,应急能力低;对机器设备的操作不熟悉;劳动纪律松弛、违章违纪作业;缺乏安全意识,没有警惕性;注意力不集中,情绪不佳;由某种生理的原因导致的暂时性行为失调;生物钟现象和过度疲劳使劳动者处于抑制状态;责任心不强,工作马虎随便;蓄意肇事;个体企图省事省力而心存侥幸等等。

在这两类因素中,尤其要注重个体因素。美国有统计指出,劳动中的事故有50%是劳动者失误引发的。尽管不少企业安全生产的条件因素考虑得很全面、生产机器设备都设计得很安全,但是往往忽视了对劳动者个体因素上的考虑。要意识到个体因素往往是造成事故的更为重要的因素。

(二)加强劳动安全管理的主要措施

1.员工选拔上要剔除有事故倾向的应聘者

既然劳动者的个体因素是重要的不安全因素,企业就要挑选合适的人到有可能发生事故的岗位。要知道,有些人天生就有事故倾向,企业可以通过筛去有事故倾向的求职者而降低事故发生率。美国有一项研究辨认出了以下四种有事故倾向工人的人格特点:

(1)冒险:爱冒险者实际上是寻找危险而非尝试尽量减少或避免它们。

(2)冲动:冲动的人对其行动的后果往往缺少思考。

(3)反叛:反叛的人倾向于打破已有的规定,包括安全规定。

(4)敌对:有敌对倾向的人容易控制不住脾气并产生攻击性的行为,如踢一台出了事故的机器。

企业可以通过人格测验的方法筛去有事故倾向的人。

在美国,由于滥用药物和酒精,美国的企业每年由此产生的生产率下降、事故、员工赔偿、健康保险索赔以及偷窃公司财物的损失达10亿美元,针对这一类事故倾向者,企业最常见的检测方法是尿检和血检。在我国,随着类似社会问题的出现,今后这些方法也值得借鉴。

2.通过安全教育和培训强化安全意识

凡是重视对员工提供安全与正确工作程序培训的企业,事故发生的比率都相对低些。企业可以通过各种宣传手段,进行生动具体、形式多样的安全教育,将安全意识渗入到企业员工的头脑中。员工的安全和健康管理必须是多方合作分工,共同完成的。比如要加强对一线经理的培训,让他们充分认识到,安全和健康是经理负责的工作中非常重要的部分。他们要充分提醒员工,让员工在其全部受雇期间,包括培训和工作时不断地得到关于这方面的重要性的提醒。经理们必须经常巡视工作地点,识别不安全情况,保证工人确实按照已建立的工作程序工作。

3.用激励方式提高安全意识

尽管有的企业安全培训教育很到位,但也难以保证劳动者完全按照要求工作,所以还必须采用适当的激励方式。企业可以提出安全目标(通常以一个部门为单位),并对达到目标的员工加以奖励。通过定期的安全生产检查,同时进行评比、奖惩。企业要多鼓励安全行为,而不是等到不安全行为表现出来了再进行惩罚。

4.寻找安全隐患进行整改

管理者要努力深入工作现场,发动员工共同系统性地寻找安全隐患,要意识到安全隐患就存在与前面提到的不安全因素中。一是寻找不安全的条件因素,很多现行的设备、工序、安全操作规程也未必很完善,因此应该在实践中进行不断修订,以提高其科学性、合理性和实用性。二是寻找劳动者不安全的个体因素,通过观察员工的工作行为来识别他是否有不安全行为倾向,及时帮助他纠正工作行为。有时需要鼓励员工参与讨论,找出不安全因素。

5.认真做好事故发生后的调查和处理

虽然采取了各种预防措施,但是还是有可能发生事故的。要事先制定好处理事故的必要程序和制度,要注意能从事故中总结教训,尽量保证今后不再发生类似事故。为此,首先是要做好事故调查工作,找出事故的直接原因与潜在原因。直接原因应该是容易被发现的,但它们对如何防止这种性质的事故将来再发生并不总是很有帮助,所以更重要的是找出潜在的原因,以便实施一些变革来避免此后再发生类似的事故。

作为警戒手段,要制定好安全生产责任的认定和处罚制度。安全生产责任的认定是指以一定形式、一定手续促使各级领导认清自己在安全生产上的职责,制定自己履行职责的具体措施,落实"谁主管,谁负责"的原则。安全生产责任的认定使领导责任者有一定的压力,促使其提高安全意识,对安全工作的合理定位有积极作用。同时要制定事故责任者处罚办法,作为事故肇事者处分的依据,以避免和减少重复性事故发生概率。

二、职业健康管理

也称为劳动卫生管理,是指有组织地、有计划地采取一系列措施,防止和排除对劳动者的健康有恶劣影响、存在于工作场所的物理和化学因素。

与前面的劳动安全管理相比,职业健康管理的不同之处在于,影响职业健康的各种劳动条件不像劳动事故那样用眼睛都能看到,在许多情形下它们是无形的、潜在的,所以职业健康管理的难度也更大。

我国目前有关职业健康管理的法律规定主要是针对温度、湿度、照明、采光、噪音、粉尘、有毒有害气体等为中心而进行的,这些只是关注身体生理健康问题。现在人们越来越关注源于工作、家庭、社会等方面的压力而造成的对员工的心理健康的伤害问题,所以职业健康可以分为生理健康和心理健康两方面的内容。

(一)生理健康管理

对人体造成不良影响的职业性有害因素种类很多,当有害因素作用不大时,人体的反应仍然能处于正常的生理变化范围之内。但当其强度过高或累积时间超过一定限度时,人体就可能出现一定的功能性或器质性病变,从而出现相应的临床征象,影响作业能力,甚至全部丧失劳动能力。这类疾病统称为职业性疾病或广义的职业病。(狭义的职业病是指我国《职业病防治法》中明确列入的、能获得职业病诊断证明书并享受相关待遇的规定病种。)

1.生理健康问题的成因

(1)与生产工艺、机器设备、工作环境有关的因素。与生产工艺、机器设备有关的职业危害因素主要有化学性、物理性、生物性危害因素。

化学性危害因素主要包括各类生产性毒物和粉尘，可能引起职业中毒和职业病。物理性危害因素包括作业环境温度过高或过低、电磁辐射、电离辐射、噪声、振动以及恶劣的气象条件，这些危害因素同样可能造成职业病。生物性危害因素主要指生产过程中那些使人致病的微生物和寄生虫。

（2）与人体生理机能有关的因素。与人体生理机能相关的职业危害因素，主要有由于组织不合理、工作时间过长或作息制度不合理等使员工的大脑或个别器官过度紧张，造成生理机能失调，比如长时间使用不合理工具或重复某一单调工作最后变成慢性病。在美国这种重复劳动造成的职业病被称为重复性运动失调，有这种失调现象的人们经常忍受来自身体不同部位的重大痛苦，主要是颈、背、腿、胳膊、手、手腕或肘部，如颈椎疾病、"鼠标手"等。据调查美国半数以上的劳动者，包括蓝领与白领，都在受其困扰。其实我国目前不少劳动者也深受其困扰，但由于这类现象不属于国家规定的职业病种，既得不到相应的医疗待遇也得不到社会的关注。

2.解决员工生理健康问题的主要措施

（1）加强职业卫生防护措施。为员工配备职业卫生防护用品，能有效防止了职业病的发生，保障了员工的健康不受损害，但是这种方式一方面增加一定的生产成本，另外也是一种被动的防御措施，有可能治标不治本，不是一种彻底的解决方式。

（2）以人类工程学方法降低对生理健康的危害。人类工程学是一门研究如何设计和安排工作岗位以使人员与工作环境安全有效地互动的科学。如果能设计符合人类生理机能特点的工作环境，就能够提高效率，同时更利于员工身心健康。具体做法有：一是设计合理的作业工具和桌椅等，使工作环境的设计能较好地适应人的特性，保证员工健康、舒适、愉悦和高效地工作；二是培训员工以对付重复性运动失调，教会员工以患病可能性最小的方法完成工作；三是安排好合理的劳动作息时间安排；要保障员工的休息权，杜绝不必要的加班加点现象。也可以考虑设计较为灵活的工时制度，实施工作轮换制度、以及提倡做工间操。

（二）心理健康管理

由于时代的变化和竞争的日益激烈，大多数人都非常在意自己的工作或者事业的发展机会，不愿错过任何事业上的上升机会，于是就将生活中的大多数时间用于加班、学习充电、为工作而流连于交际场所，没有时间与家人共享美好时光和生活的乐趣，而是不断地承受着来自于工作、家庭、社会等方面的压力，从而产生一些心理疾病。所以员工的心理健康管理，其实也就是压力管理。

压力指的是心理压力，是指个体在环境中受到种种刺激因素的影响而产生的一种紧张情绪。适当的压力会使人情绪紧张，思想高度集中，思维能力亢进，反应速度加快，动作灵敏，记忆力好，员工的工作效率和学习效率会明显提高。例如许多员工在劳动竞赛的时候，就可能发挥超常水平，把工作干得更出色。

压力有一定的积极作用，但它也有不容忽视的消极作用。持续的、超强度的压力，对人体特别有害。有人曾把持续的压力称为体内的定时炸弹，例如压力会使人的血压增高，促使血栓的形成，血压升高形成高血压；引起人体的内分泌失调等等，现在压力被称为是增长最快的职业疾病，据调查压力导致的结果使美国企业每年损失 1500 亿至 3000 亿美元之多，所以必须做好压力管理。

1.心理健康问题的成因

员工压力的种类大致可以分为工作压力、家庭压力、社会压力和经济压力。

工作压力具体参见表9-1。事实上,现在很难找到一个没有面对其中任何一个工作压力的劳动者。

虽然人们提到压力经常说是工作压力,但是其他压力也不能忽视。当今我国员工面临的社会压力在不断增强,比如说交通压力。随着社会经济的发展,交通的压力会越来越大,有的时候员工为了上班,路上需要消耗一个多小时的时间,交通的不畅引起了员工的压力。还有住房的压力。我国的某些城市住房处于紧张状态。住房小,往往会对员工造成社会和家庭的压力,因为住房不舒适,会影响员工的情绪、心境、个性等等,另外住房价格的高昂又带来了经济压力。尤其是刚参加工作的年轻人,面临着收入少、开支多等经济压力。

表 9-1　常见性的工作压力因素[①]

工作性质	人际关系	组织的和管理的实践
(1)不清楚的监管命令。 (2)对能力的过度或不足使用。 (3)完成任务的不现实期限。 (4)个人目标和组织目标的冲突。 (5)过重的工作负担。 (6)对个人在组织中的角色的不清楚知觉。 (7)负有很大责任,作决策的职权却很小。	(1)工作群体间的冲突。 (2)员工间的竞争而不是合作。 (3)同事之间的关系不佳。 (4)由于个人的年龄、性别、种族等成为偏见的靶子。	(1)缺少管理机构的支持。 (2)缺少成长和发展的机会。 (3)过分接近的监管。 (4)不允许表达个人的感受。 (5)不恰当的承认/奖励系统。 (6)裁员和解雇方面的不确定性。

2.解决员工心理健康问题的主要措施

(1)适当设置目标。目标太高往往挫折较大,目标太低又使人没有奋斗的动力,因此员工应该确立适当的目标,使自己通过努力可以达到这个目标,以减少挫折感和压力

(2)培养抗压能力。一件事对个体造成的压力有多大,是由每个人的抗压能力所决定的,因此应该培养员工的抗压能力。

(3)培养业余爱好。当一个人遇到压力时,如果他有生动有趣、丰富多彩的业余爱好,就可以转移自己的兴奋点,保护身心健康,使自己的心理活动趋于平衡,这样压力就比较容易消除。

(4)宣泄。人的压力有的时候就像气球里的气压,气压过高气球会爆炸,压力过强员工可能会生病。宣泄就像是在气球上扎一个小洞,让气球内的气压慢慢降低,宣泄应该在不妨碍他人的条件下进行。

(5)咨询。咨询就是向有关的专家或亲朋好友诉说自己心中的不满,征求对方的意见。咨询有各种各样的咨询,效果最好的是心理咨询。

①　劳伦斯·S.克雷曼:《人力资源管理——获取竞争优势的工具》,机械工业出版社,1999。

小贴士

以人为本的新做法——员工保健

员工保健是一个相对较新的人力资源管理焦点，随着人本思想的深入，西方发达国家的企业开始关注这个前瞻性的健康管理新课题。

它试图消除一些因员工不良的生活方式（如吸烟、缺乏营养、缺少运动、过度肥胖）而引起的一些慢性健康问题（如癌症、心脏病、呼吸问题、高血压）。这些疾病能导致缺勤、人员流动、生产力损失及医疗费用增加之类的工作场所问题。许多组织试图通过提供员工保健方案来帮助员工改善或保持他们的总体健康。这样的方案提供给员工锻炼身体的器材、现场健康检查并帮助他们戒烟、控制工作压力及改善营养习惯。有研究发现，美国公司在员工健康上每花1美元，平均能够降低3.27美元的医疗费用。最近甚至有扩大此类计划、将员工的家属纳入其中的趋势，因为这些家属的医疗费用也一般是由公司健康保险计划所支付涵盖的。有些公司为成功减轻体重的员工家属直接给予金钱激励。

（来源于劳伦斯·S.克雷曼：《人力资源管理——获取竞争优势的工具》，机械工业出版社，1999）

【本章小结】

企业的劳动关系管理是否得当，既与员工利益相关，又会影响企业的社会形象，甚至会影响一个地区的社会安定与和谐。所以建立和维护和谐、健康的劳动关系，是劳动者、企业管理者、国家这三个劳动关系主体的努力方向，需要建立三方协商机制。

企业的劳动关系是以国家相关劳动法律法规为基础的，法律问题渗透到劳动关系的各个方面，所以本章以劳动关系相关法律为基础，从劳动合同、集体合同、劳动争议处理和民主管理的角度探讨我国用人单位应该如何遵守劳动法律法规、兼顾各方利益、做好企业内的劳动关系管理、维持和谐的员工关系。劳动合同是个人和企业之间确立个体劳动关系、决定个人劳动条件和待遇的协议，是劳动者维权的主要依据；集体合同是劳动者克服个体力量上的弱势、发挥团结的力量通过有组织的集体协商决定集体劳动条件，切实保障劳动者的经济权利；一旦双方有了矛盾，就产生劳动争议，需要通过合法程序解决争议，我国规定要经过协商、调解、仲裁和诉讼程序。另外，我国劳动者通过职工（代表）大会和职工董事等制度实现企业内的民主管理，体现社会主义主人翁的地位。

我国的劳动关系有着浓厚的社会主义特色，发展历史较短；西方资本主义国家的劳资关系发展历史长远，理论积累丰富。西方国家劳资关系的主体——工会有巨大的社会力量，发挥着经济职能、整合职能、民主职能和社会民主职能，可以根据不同组织形态将工会分为职业工会、产业工会、企业工会和一般工会。西方国家劳资谈判制度是劳资关系的核心，体现了劳动者团结的力量，也是劳资关系的本质——冲突和合作的终极体现。

当代人力资源管理注重劳动安全和健康管理。企业必须先分析影响劳动安全和职业健康的具体因素，才能采取劳动安全和健康管理的相应措施。一般来说，劳动中的不安全因素可分为两类：不安全的条件因素和个体因素。通过尽量选拔无事故倾向的员工、重视安全教育和培训、必要时用激励方式提高安全意识、寻找安全隐患进行整改,以及事故后做好善后和事故原因调查等措施加强劳动安全管理。职业健康问题主要分为生理健康和心理健康问题,生理健康是由于工作场所存在的各种有害因素造成的,而心理健康是源于工作、家庭、社会等方面的压力而造成的对员工的伤害,要针对不同成因采取适当的解决措施。

直线部门经理和人力资源部门人员在劳动关系管理方面的职责分工情况如下:

	直线部门经理	人力资源部门人员
劳动关系管理	1.向下属传达企业工作场所的相关制度和程序。 2.配合人力资源管理部门对下属违规行为进行客观调查以及合法处理。 3.保障工作场所的安全。 4.保障工作场所的公平公正,改进管理方法,保障下属的工作满意度。 5.工作中改进领导和监督方式,尽量减少下属的压力。 6.及时收集下属的意见,反馈给人力资源管理等部门,为内部用人制度的制定以及集体协商等工作提建议。 7.配合有关部门做好劳动争议的处理工作。	1.保障企业用人制度的合法性。 2.劳动合同的管理工作。 3.与工会保持联系,了解工会和员工对工作条件等的要求,为企业参加集体协商签订集体合同提供合理方案。 4.制定和执行企业内部劳动规则。 5.与工会合作,制定企业内部劳动争议解决机制,以公平合法处理劳动争议和纠纷。 6.保障和维护企业的劳动安全健康的工作环境。 7.与工会保持联系,收集员工不满原因并分析,培训管理者采用合适的管理手法以保障员工的工作满意度。

【复习思考题】

1.什么是劳动关系?劳动法规定,劳动者具有哪些权利和义务?

2.什么是劳动合同?劳动合同应包含哪些内容?根据合同期限可以怎样进行分类?

3.简述劳动合同订立的基本原则。

4.西方工会具有哪些职能?有哪些不同类型的工会?

5.如何理解劳资关系的本质是冲突与合作?

6.我国劳动法的基本原则是什么?这些原则是如何通过具体规定得以体现的?

7.我国集体合同的含义和作用是什么?如何通过集体协商签订具体合同?

8.什么是劳动争议?如何处理劳动争议?

9.劳动中的不安全因素有哪些?加强劳动安全管理的主要措施有哪些?

10.影响员工职业健康的因素有哪些?解决员工职业健康问题的主要措施有哪些?

【技能应用题】

1.5～7位同学组成小组,自行选定一个国家,针对该国的劳动关系的相关法律、劳资合作与冲突情况、集体谈判模式、劳资关系对人力资源管理模式的影响等方面具体展开调查。

2.5～7位同学组成小组,自行选定某一中小企业,调查该企业劳动关系管理的现状并提出改进建议。具体调查是否与员工依法签订劳动合同、企业中劳动力的来源、劳动雇用形态的类型和比重、该企业工会的现状如何(是否有工会,具体组织结构以及发挥的具体作用)、劳动关系是否和谐、员工安全和健康管理是否到位等。

3.5~7 位同学组成小组，自行选定一个县区级地区，调查该地区劳动关系管理的现状并提出改进建议。具体调查该地区劳动力的来源和雇佣形态的类型、工会的组织率和具体职能、行业工会的现状和问题、工伤事故等数量和解决情况、劳动争议数量及其原因等。

4. 根据劳动安全和健康管理的相关理论、以及我国有关工伤保险的具体规定，为某一具体企业分析如何降低工伤医疗成本、降低工伤带来的经营风险、做好安全健康管理。

【案例分析题】

案例分析一：我国第一个非公有制企业行业工会的诞生①

2003 年 8 月 9 日，浙江省温岭市新河镇成立羊毛衫行业工会，标志着我国第一个非公有制企业行业工会的诞生。该工会与羊毛衫行业协会在全国率先进行了工价和工资集体协商，签订行业性集体合同，得到了劳动者和企业主的拥护，充分发挥了行业工会的积极作用，实现了劳资双赢，促进了社会和谐。

国务院总理温家宝 2007 年年底在《浙江温岭市新河镇羊毛衫行业工资集体协商机制的主要做法》上批示："温岭的做法值得总结推广"。省领导赵洪祝、吕祖善、夏宝龙等先后作出批示，要总结推广温岭的做法。2008 年 3 月 10 日，省政府在温岭市召开现场会，总结推广温岭市工资集体协商工作经验，要求在全省推进企业工资集体协商工作。2008 年 10 月 17 日，中国工会第十五次全国代表大会上，中华全国总工会主席王兆国做工会十五大报告，提出未来五年主要任务，王兆国同志明确要求："要着眼于增强基层工会活力，……探索基层工会干部职业化、社会化途径。"要"加强县以下区域性、行业性工会建设"。

有了中央的指示，各地行业工会迅速组建发展，甚至是作为破解小型非公企业工会组建难的一个重要策略，各地先建立区域性、行业性基层工会联合会，再由区域性、行业性基层工会联合会帮助指导小型非公企业建立工会组织。

作为中国"第一个吃螃蟹的人"，温岭行业工会的成立过程也有些坎坷，下面我们就回顾一下它的组建过程。

1. 温岭市新河镇产业发展概况

浙江省温岭市现有非公企业 2.6 万家，员工 50 多万人，支柱产业有汽摩配、水泵、注塑、建材、制鞋帽、羊毛衫、空压机、船舶修造等 8 大行业，基本形成了"一镇一产业"、"一村一品种"的块状经济格局。

温岭市长屿是一个安静的浙东南小镇（长屿已并入新河镇，但当地人仍称长屿），1995 年以后，羊毛衫逐渐成为当地的支柱产业，羊毛衫制作覆盖全镇 9 个行政村，约有企业 113 家，雇用了 1.2 万工人。每年，密集的织机声要从 8 月响彻到 12 月，生产价值 10 亿元的羊毛衫。

2. 劳资冲突的激化及原因分析

从 2001 年开始，新河镇的羊毛衫生产企业因工资问题引发的上访、停产现象时有发生，影响了企业和社会的稳定。尤其是在八九月份无一例外地要集中上演罢工、上访的悲喜剧，

---

① 来源于《南方周末》。

使劳、资、政府三方都饱受困扰。

在 2001 年之前,由于工人大部分是本地人,冲突并不明显。随着羊毛衫企业的发展,外来人员不断涌入,而他们通常有着在其他地区的打工经验,更善于保护自己,纠纷开始增多,上访、罢工开始出现,并在随后几年矛盾变得愈发尖锐。

温岭市人事劳动保障局的资料显示,2002 年 8 月 27 日到 9 月 6 日,有 8 个企业 168 人就拖欠工资问题上访,其中一个企业有 40 人包车上访。新河镇工会主席傅报宝则记得,2003 年有 11 次 20~30 人以上的上访。"2002、2003 两年间,大的、小的、好的、坏的工厂都有罢工,有的工厂一年遇到几次,有的罢工差不多有 20 天。"世纪服饰有限公司董事长李祖青说。

长屿的工资是不是过低? 事实恰恰相反,世纪服饰有限公司的苟小姐已在外打工 10 多年,"在这里我每个月能拿到 1500 元左右,是别的地方的 2~3 倍。"唐古拉公司的潘冬华每月工资在 1800 元左右,而她在广东东莞做同样工作"只有 700~800 元"。她们两人都只是普通的熟练工人。

劳动强度过大? 在潘冬华看来,羊毛衫行业拿的是计件工资,"和广东相比,这里的老板很少强迫工人加班,干得少就拿得少。"

在温岭市羊毛衫行业协会常务副会长王新法看来,问题的根源在于企业间的竞争。羊毛衫的季节性极强,企业基本都在八九月开始大批量生产和销售,而长屿的工厂始终缺少熟练工人,"旺季时缺工在四分之一左右"。短缺迫使企业以高工资招揽工人,如此,工人跳槽频繁,又迫使企业以各种方式阻挠工人离开,而拖欠工资,或扣下保证金就成为企业通常所用的手段。

面对着更高出价,工人或在旺季集体罢工,要求所在工厂提高工资,或选择跳槽,再借助劳动部门向原有工厂索要被拖欠工资。如此循环往复,厂方生产、订单受到影响,工人损失收入、甚至丢掉工作,而政府既为频繁的上访头疼不已,也担忧本地经济受到影响。在这样的僵局中,其实没有赢家,各方都困扰不已。

基层政府也做出了与企业主一样的判断。新河镇工会主席傅报宝在 2003 年 3—4 月进行调查,发觉当时长屿 113 家羊毛衫厂,上规模的仅有 12 家,其余全是家庭作坊。这样的格局下,尽管确实有个别中小老板苛待工人,但"工人和老板的矛盾其实首先是老板和老板之间的矛盾"。

3. 行业协会的成立及作用

解决"老板与老板之间的矛盾",出路无疑只有一条:在行业内形成统一工资标准(工价)。

身处困局之中的羊毛衫业主们早已得出一致判断。潘冬华回忆,2002 年她第一次来到长屿时,工厂主们已约定了工资上限不得超过 3500 元/月。王新法承认,在 2002 年成立的温岭市羊毛衫协会,它的发起初衷之一就是试图在工价上达成默契,避免企业间为互相挖角而哄抬工价。但随后两年的现实表明,协会的努力并没有奏效,统一工价并没有真正形成。

温岭市人事劳动保障局副局长李玉友介绍,2003 年初他们的调查显示,羊毛衫厂的工资,或根据销售、利润、工人最低生活需要、忙闲(旺季、淡季)等标准制定,或根据其他企业的工资制定,却没有一家工厂根据社会平均劳动时间决定。"怎么统一得起来? 总之,工价不明确是各种劳资矛盾的根源。"

病因找出，药方随即开出。新河镇工会约请羊毛衫协会的几位理事，将羊毛衫生产分解为5个工种、59道工序，逐一订立大致工价。协会派人考察邻近的桐乡、椒江、临海等地同行的工资，制定出初步工价。同时，工会与市里人事劳动保障局协商，审核工价是否合乎法律规定。

劳动保障部门依据当地的"社会平均劳动时间"，制定了相关标准。他们以农村入户劳作的石木水匠的日工资———50元为参照对象，将自带工具的折旧和交通费扣除，8小时工作的实际收入为32元。以横机工种的平板明收针全收工序为例，8小时生产定额为3.79件，单件工价则为32/3.79＝8.44元，加以调整，则最低工价可定为8.5元。

4. 第一次工资集体协商

工会和企业主达成一致之后，2003年6月13日，"羊毛衫行业员工工资恳谈会"在新河镇召开，13位员工代表、8位企业老板"坐下来谈工价"，在场的还有劳动部门和工会的官员。

员工代表从几家上规模企业的员工中选出，潘冬华就是其中一位，为参加这次会议，她的老板临时给了她"厂工会主席"的头衔。在她看来，虽然大部分代表都是老板点名，但"关系到大家的利益，该说的话还是都说了"。

恳谈的内容是工价表，镇工会主席傅报宝形容会议气氛"心平气和"，潘冬华也有同样感觉。会后，代表们受托征求厂里工友意见，然后以无记名方式提出自己认为合适的工价，由镇工会汇总平均后，再反馈给行业协会。"员工的看法和老板相差比较远，有的工序相差1元/件。老板们反应很大，认为高档产品稍好，中低档产品根本受不了。"傅报宝承认，老板一方阻力很大，许多人提出"不要搞了"，"我们没有办法，只好请镇里领导出面做工作，老板们勉强才同意继续下去。"

经过"三上三下"后，7月底劳资双方达成基本一致。2003年8月8日下午，傅报宝与行业协会副主席王新法在《2003年下半年羊毛衫行业员工工资（工价）集体协商协议书》上签字，傅代表工人，王代表企业。除每道工序的最低工价外，协议还规定员工8小时劳动所得不低于27元，每月最低工资不低于800元，工资必须在"当月产量结算后次月25日至28日发放"，如有困难可与工会协商适当推迟。按月发放工资的条款在员工强烈要求下加上，签约仪式却几乎因此流产，"几个老板坚决不同意，做了差不多两个小时工作才可以签字。"对于达成协议的困难，傅报宝记忆犹新。

5. 行业工会的成立

第一次协议虽然达成了，但老板们提出了对等谈判的要求，"行业协会的谈判对象应该是行业工会，行业工资协议应该由行业协会和行业工会签"。

8月9日，工资协议签订后第二天，长屿羊毛衫行业工会成立。这是新中国第一个非公有制企业的行业工会。行业工会委员会由9人组成，除镇工会副主席兼任主席之外，其余八位委员都是一线工人，他们从参加工资协商的员工代表中选出。

由于年年行情不同，羊毛衫行业每年都需要重新谈判工价，从2004年开始，行业工会取代镇工会，作为工人一方的谈判主体。

根据温岭市总工会的统计，2003年8月工资协商后至2004年8月底，长屿羊毛衫行业因劳资纠纷上访的仅4批，同比减少14批。而新河镇的调查则显示，几乎没有企业低于行业工资的标准，反而大部分企业的工资要高出5％—10％。

6. 存在的问题与展望

虽然行业工会成立了，但是许多工人只看到工价表在镇里公告贴出，只知道工资谈判一事,一年过去了以后还不知道行业工会成立的消息,甚至没有听说过行业工会一词。

其实就在集体协议达成后的 8 月下旬,长屿最大的羊毛衫企业之——唐古拉绒毛制品有限公司的工人罢工了。罢工原因相当单纯——某个花形(款式)羊毛衫的计件工价比去年降低了 1 元,工人拒绝接受。罢工就使董事长张林斌错愕不已,"这么多年从来没有过"。唐古拉的生产、生活条件在当地都属上乘,老板与工人的关系也一向融洽,工价比行业工资高出 10% 以上,虽然一个花形的工价往下调了,但整体工价还是比去年高,为什么那么多人仍选择罢工?僵持四天后,厂方承诺整体工价在去年基础之上上调 5%,一切恢复正常。该厂工会主席潘冬华认为,工人的误解和沟通不畅是罢工的主要原因,虽然她仍挂着"厂工会主席"的头衔,但工会成员只有她一人,没法有效沟通,她为此感到内疚,也憧憬着有一天,"大家都参加行业工会,真正为自己争取利益"。

由于这个行业工会的委员并非工人选举产生,缺乏对工人的约束力,因此谈判得来的工资协议能否严格执行就成了一个新问题。王新法说,"老板们当然要受协议约束了,否则招不到工人。现在的问题是,如果我们都按照协议做了,工人们还是想罢工就罢工、想跳槽就跳槽,老板的利益谁来保护?"确实,在员工素质不够高的前提下,如何使行业工会更广泛地代表员工?如何使工资协议能被更好地接受,真正使协议对劳资双方具有同等的约束力?

目前各地纷纷成立了行业工会,但其负责人一般由多种角色担任,有的是镇工会主席兼任,有的是行业协会的副职领导兼任。现在的情况下很难配备专员工会干部。这与具体的一个企业工会的负责人还要难选配,如果是镇工会干部兼行业工会负责人比较可以,但行业协会副职领导兼行业工会负责人就有了双重角色。所以行业工会的代表性问题将需要更长时间的探索,行业工会的直选已列入今后我国工会工作的议程。

吴敬琏先生曾言,中国民工最需要的是公开的表达机会。被大部分人视为弱势、需要施以援手的这些沉默人群,他们更需要的是平等、公开的表达权利,更愿意以己之力维护自己,而非仅仅剩下上访、罢工和辞工的选择。通过成立行业工会,他们有了"公开表达"自己愿望的机会,刚成立的行业工会虽然有些仓促,行业工会还没有真正反映出广泛的代表性,但合法性、可能性已经给出,需要的只是工人更深的了解、更多的参与,而这并不是遥遥不可期的未来。

思考题:

1.结合案例,说明工资集体协商制度的必要性。

2.讨论目前我国非公企业工会建设存在的具体问题。

3.结合案例,说明三方协商机制的重要性。

案例分析二:从跳楼门、童工门看富士康的劳动关系①

富士康科技集团(下文简称"富士康")是专业从事计算机、通讯、消费电子等 3C 产品研发制造的企业,拥有百余万员工及全球顶尖客户群,是全球最大的电子产业科技制造服务商。其总裁郭台铭于 1974 年在台湾成立鸿海塑料企业有限公司,生产黑白电视机的旋钮。1985 年创立富士康品牌,1988 年开始进入大陆,在深圳开办只有百来人的工厂。当时台资企业还处在"试水阶段",富士康"吃螃蟹"的直接动因是台湾人力成本高,劳动力资源不足。

---

①　改编自中国经营报、草根网、和讯网等。

投资大陆的策略获得了巨大的成功,富士康进入了高速发展阶段。至 2012 年,富士康在中国内地的基地已超过 31 个,2011 年进出口总额达 2147 亿美元,占中国大陆进出口总额的 5.9%,2011 年旗下 19 家公司入围中国出口 200 强,综合排名第一;2012 年跃居《财富》全球500 强第 43 位。

然而,真正让富士康在中国有很高知名度的原因不是它的风光成长,而是一个个不太光彩的事件。最近几年,这个拥有 120 万名员工的超级制造工厂的名字不断出现在国内媒体上,劳工事件成了盘旋在这个 IT 代工之王头顶的挥之难去的魅影。从 2010 年的员工"连环跳"自杀事件,到 2012 年的工人与保安的大规模冲突、品管人员的罢工事件、各地工厂大量非法使用职业技术学校学生工事件等,一次一次把这个全球最大的代工企业推上舆论的风口浪尖。

其实在 2010 年富士康深圳龙华工厂连续发生多起员工跳楼事件之后,该企业开始引起社会各界的关注。中央领导和广东省委、省政府对此也高度重视,多次作了重要指示,深圳市及时成立了专门小组,多次召开会议进行专题研究,部署有关应对工作。广东省要求要求当地党委、政府,富士康科技集团,企业员工和社会各方面共同努力,采取切实可行措施,全力防止类似事件再次发生。要督促企业改进管理,加强对员工的人文关怀,保障员工合法权益。要在非公有制企业中完善工会组织,优化企业用工管理环境,建立和谐的劳动关系。各有关部门和社会团体要积极组织各类文体活动,增强员工之间的互助交流,强化心理干预的针对性,缓解工作压力和紧张情绪,呼吁青年员工珍惜生命,珍爱家庭,热爱生活,共构和谐。

富士康企业内部也采取了不少应对措施,一方面是改进原有工厂的管理,采取了上调工资、心理辅导、开设关爱热线这样的措施。另一方面是大举向劳动力成本低的大陆中西部内迁,而且企业刻意在内迁中不再新建像深圳龙华那样的巨型工厂,单一厂区不再规划超过 20 万人规模以上,以避免工厂太大带来的管理问题。短短的一年时间,庞大的富士康王国很快在成都、郑州、武汉、重庆等中西部城市成立工厂投产,由于内迁速度太快,各条生产线仓促上马,内迁不久的新工厂也事端连连,暴露了企业在管理和安全上的问题。比如,2011 年 5月成都工厂出现了重大爆炸事件、造成 3 死 16 伤。2012 年 9 月 23 日,太原工厂保安与工人的冲突演变为千人规模的员工群殴事件,造成 40 名工人受伤,3 名重伤。10 月 5 日,郑州园区发生品管工人的集体罢工。

各类事件不断引发人们对富士康管理运作模式的关注,引发人们对 100 万以上富士康员工的劳动待遇的关注。由国家人力资源与社会保障部、全国总工会和公安部组织的中央部委联合调查组进驻富士康进行过一系列的调查。而在民间,也有各类团体以各自的方式,对"自杀事件"等进行反思、讨论与行动。其中比较系统的调查是 2010 年,包括北京大学、清华大学、中山大学、台湾大学、香港中文大学等 20 所高校的 60 多名师生分头对富士康的大陆工厂进行了实地调查。以下摘录该调查报告的部分内容以供思考。

1. 有关富士康工厂管理问题上的系列报告

系列一:被"绑架"的学生工

在富士康的深圳、昆山、太原、武汉、上海厂区,均存在大量非法使用职业技术学校学生工的情况。在某些车间,学生工使用率竟高达 50%。富士康利用无须跟学生工签订正式劳动合同、无需为他们缴纳社保等法律漏洞,大规模使用学生工作为廉价劳动力。更为严重的是,富士康公然违背劳动法和其他相关法规,强迫学生工超时加班,强制未成年工加夜班,侵犯了这些学生的权利。同时,由于缺乏法律保障,在出现工伤时,学生工陷入企业、学校、政府"三不管"的困境之中。

系列二:工厂管理:规训与惩罚的军营

调查发现,富士康的管理模式最显著的特征可谓"人训话管理"而非"人性化管理";"高效"的生产以牺牲工人的尊严为代价,其本质是劳动的严重异化。具体而言,包括工时超长与劳动强度极大,工人们反映"累得眼泪掉下来",我们进入富士康打工的学生对此劳动强度也有切身感受。早上七点半上班,晚上七点半下班,是郑州富士康员工的工作时间,一天十一小时站立工作而工厂实行的休假制度是13休1,繁重的劳动让年轻的小伙子盼望生病。劳动过程的管理原则是"服从,服从,绝对服从!",导致出现"把人当机器,活着没意思"的困局;门禁制度严苛,工人感觉"工厂像监狱";"你的命运不在你手里,在主管手里"。日夜重复的机械动作,极高的劳动强度,使工人对工作没有任何的新鲜感、成就感、主动感,只能感到十分的"枯燥"、"累"、"不人性"。当我们问道"你觉得自己在工厂里是什么角色"的时候,他们回答说:"我们比机器还要像机器";"空调都是用来给机器服务的"。工人在生产过程中处于劳动关系的最底端,他们的地位甚至低于没有生命的机器。"工人是用来被机器损耗的",这是一个工人对工人与机器关系的精辟概括;"我只是车间里的一粒灰尘",这是组长、线长们无数次对工人训话之后,工人产生的自我"重新"认识。总之,对工人而言,富士康更像是一个新时代专制主义的工人集中营。

系列三:生活空间——囚禁于富士康帝国

调查发现,富士康表面上为工人提供了食宿、服务和娱乐设施等"便利",但实际上工人的休息时间、生活空间都被纳入工厂管理,服务于"零存货生产"(just in time production)的全球生产策略。在很大程度上,工人的生活空间仅仅是车间的延续,工人的饮食、睡眠、盥洗等日常生活也像流水线一样被安排,目的不是为了满足工人作为人的全面需求,而是为了以最低的成本、在最短时间里再生产出工人的体力,以满足工厂生产的需要。具体来说,吃的饭"你要忘记它的味道",住在宿舍里"像在坐牢一样",甚至还要"做义工以换取居住权",而"一星期休息一天"使得工人"很少有时间娱乐了"。所以在富士康打工,不存在真正的休息和真正意义上的生活。宿舍并不是工人得以休息放松的生活场所,而只是工厂的空间延伸。除了居住拥挤导致休息经常受到干扰、不少宿舍条件太差之外,宿舍的管理模式也非常严苛、无理:工人不得自己洗、晾衣服,不得用吹风机吹头发,夜晚11点前必须归宿,……违者都有重罚。在宿舍安排上,同乡不会被安排在同一个房间,一个车间的同事也不会住在同一间宿舍,这种分隔化、原子化的管理方式,使得工人之间在生产之外的生活关系和社会关系被完全割裂,工人除了孤独、无助只剩下冷漠,这必然导致工人的正常空间、个人自由与社会生活的丧失。

与此同时,由于缺乏公共服务,工厂外面的市场化社区也没有工人的生活空间,许多地方不但治安差、易遭抢劫,而且只要风闻涨工资,工厂周边的房租、日常消费就全都随之上涨。因此,工人在工厂内外的社会空间面临双重挤压,以至于在事实上被剥夺了社会生活的空间,犹如被囚禁在这个代工帝国之中。不少工人在受访中用到"牢笼"、"监狱"这样的词汇来形容他们心目中的富士康。

系列四:出卖劳动还是出卖健康?——职业危害与工伤

调研组走进工业区附近的医院,深入访谈了10余名工伤患者和职业病受害者,结果令人震惊。调查发现,在职业安全方面,电镀、冲压、抛光等车间工作环境恶劣,职业安全隐患诸多,工伤频发;此外,工伤瞒报谎报、处理不规范等问题亦十分严重。在医院探访中,我们甚至发现,由于富士康严格的"三级连坐"制度,工伤事故往往被基层管理部门层层瞒报,通过"私了"的非法手段解决。因此,受伤的工人虽然缴纳了社会保险,其医疗费用和赔偿却依然得不到保障。用这种"私了"的违法手段处理工伤的现象在不同厂区都有出现。因此,工人的合法权益得不到维护,工人在出卖劳动的同时还要出卖自己的健康。

系列五:花季少女的劫后余生——田玉个案

在深圳龙华人民医院的白色病房里,躺着一个已经半身瘫痪的 17 岁少女——田玉。这个曾经爱笑、爱花的开朗女孩儿,在今年的 3 月 17 日,从龙华厂区的工人宿舍四楼跳了下来。与其他十多个逝去的年轻生命相比,她是幸运的,她活了下来。然而,她更是不幸的,年轻的她在多次手术之后依然瘫痪,一生将在病床与轮椅上度过。这个涉世未深的孩子在富士康这个冰冷的集中营孤独无望,在第一次发工资时由于工厂管理的问题领不到工资卡,不耐压力,酿成了悲剧。事件发生之后,田玉的父亲卖光了家里的牲畜和田地,赶来照顾女儿。面对纯朴老实的父亲和痛苦无助的少女,富士康却一直拖延赔偿,甚至施加压力,限制这对父女对外寻求帮助。从 3 月一直拖到中秋,在田父几近绝望,向公众发出求助信之时,这个庞大帝国才拿出了区区十几万的赔偿金,打发父女二人回乡。富士康宁愿耗费千万举行"珍爱生命、关爱家人"的"誓师大会",却迟迟不愿对无助的女工进行实际的救助,足令世人为之心寒。

系列六:工会何在?——求助无门的富士康工人

在 1736 位问卷调查受访者中,近九成工人表示自己没有参加工会,四成工人表示工厂没有工会,大部分工人不了解工会的职能。不难想象,在工人面对种种实际问题之时,尤其在他们的权益遭到侵害之时,能够提供帮助和保护的工会何在?在深入访谈中,受访者亦表示:"没听说过工会是干什么的";"有问题反映了也没用";"他们和企业是一伙的"。在监督企业合法运营方面,工会几乎没有起到任何积极作用。在我们探访工伤和自杀幸存工友期间,没有看到工会的影子,更不用说工会发挥向企业争取工人合法权益的作用了。而作为工人代表的工会的失职与失声不仅限于富士康,同时也是我们整个社会的问题。

2. 富士康的违法违规行为

富士康历来以"自觉守法"的形象出现在公众面前,然而通过调查我们发现,富士康实际上存在一系列违法违规行为。仅就调查结果来看,富士康已经严重违反了《中华人民共和国劳动法》、《中华人民共和国职业病防治法》、《工伤保险条例》、《广东省高等学校学生实习见习条例》等法律法规。其具体表现为:

(1)强制加班、超时加班——违反《劳动法》

根据《劳动法》第四十一条规定,工厂每月加班累计不得超过 36 小时。然而,富士康工人的每月加班时间在发生跳楼事件之前普遍超过 100 小时,跳楼事件后仍然高达 80 小时左右,大大超过劳动法规定的最高限。名义上为"自愿"加班,实际工厂在每个月初要求工人签署《自愿加班切结书》,可见是变相强制性加班。如果工人不签署,整个月都会丧失加班获得收入的机会,并可能在生产线管理中受到种种刁难。

(2)克扣加班费——违反《劳动法》

在跳楼事件之后,富士康严格规定每月加班时间不超过 80 小时并按此计算加班工资,超出 80 小时的部分,不支付加班工资。据工人反映,在每天 10 小时工作时间内未完成生产定额的情况下,管理者会强迫整条生产线的工人"义务"加班。根据《劳动法》第四十四条第一款的规定:用人单位"安排劳动者延长工作时间的,支付不低于工资的百分之一百五十的工资报酬",富士康的此种行为不仅违反了《劳动法》有关限制加班时间的规定,同时还克扣了工人应得的加班工资。

(3)滥用学生工——违反《实习见习条例》

调查发现,在富士康的许多厂区均存在大量使用学生工的情况,在某些车间,学生工使用率高达 50%。如深圳龙华 CMMSG 事业群一个生产车间里 2600 人中有 700-1000 为暑期学生工;根据昆山厂区外中介所述,暑假期间进厂打工的学生实习工为 10000 人,而整个厂区的员工数为 60000 人。廊坊工业区有 30000 多员工,其中 5000 名以上为学生工。

对于年少的实习生与未成年工人,富士康也像普通工人一样对待,每月加班超过八十小时,并且实行日夜班轮换制度,每三周或每月换一次班。根据《广东省高等学校学生实习见习条例》第二十二条第五款规定:"学生周实习时间不得超过四十小时",富士康这种强迫学生进行高强度、超时限劳动的行为,已经严重地违反了条例规定。

(4)漠视职业安全隐患——违反《劳动法》、《职业病防治法》

《劳动法》第五十四条规定"对从事有职业危害作业的劳动者应当定期进行健康检查"。《职业病防治法》第三十二条规定:"对从事接触职业病危害的作业的劳动者,用人单位应当按照国务院卫生行政部门的规定组织上岗前、在岗期间和离岗时的职业健康检查。"然而,据一位在富士康工作长达十六年的工人反映,他从事的电镀工作,长期接触铅、镍、氰化物、氨气等有毒有害物质,但在他工作期间,并未依规定进行定期职业健康检查,仅做过两次职业预防普检,且未做血液重金属项目检测。富士康这种漠视职工身体健康和生命安全的行为,严重违反了相关法律规定。

(5)"私了"工伤事故——违反《工伤保险条例》

在工伤处理方面,富士康存在生产车间中三级管理人员联合隐瞒工伤情况并且强迫受伤工人接受"私了"的现象,导致工人所获赔偿不足,无法得到工伤保险条例的保护。在医院探访中,多名工伤工人反映:管理人员不允许他们进行工伤鉴定,他们需要自己垫付医药费,有的甚至因为无力垫付而导致伤情恶化;而获得法定的工伤赔偿就更是难上加难。

3. 富士康的压力管理方式——名不符实的员工关爱中心

跳楼事件后,富士康火速成立了员工关爱中心,并且开通员工关爱热线,但我们在调查中发现,这个关爱中心不但不能真正满足工人的需求,反而把工人的求助或投诉信息直接返回到基层管理部门,这实际上侵犯了工人的隐私并给工人带来巨大压力。关爱中心设置了"24 小时通报"机制,针对员工心理异常状况,设立有奖通报热线,然而这一"关爱"举措事实上成为富士康排查"问题"工人的工具。具体来说,一旦某个工人被"举报",举报信息很快会到达基层管理部门,由基层管理人员层层评定,转交关爱中心跟进处理。该工人只要比平常略显沉默,或是情绪化一些,就可能被"心理咨询师"怀疑有心理问题,24 小时之内就会被迫自动离职回家。就此而言,所谓"关爱中心"并非真正着眼于工人的身心健康,而是富士康不顾工人权益的"杜绝一切自杀隐患",从而逃避责任的"有效工具"。如此"关爱"之下,工人的一切尽在工厂的掌控之中。

此外,超过五万人参与、十万人签名的非自发性、"狂欢式"的防自杀"誓师大会",究竟是出于对生命的尊重与爱护,还是对工人的精神绑架?背诵"郭台铭语录"、呼"总裁"为"爷爷"究竟是培养企业忠诚感还是引导建构工人的个人崇拜?

4. 富士康管理模式的反思

上述的调查中发现,56.3％的受访者在富士康工作的时间都不满半年,可见该企业人员的流失速度之快、数量之大。尽管富士康在同类代工企业中工资、福利待遇是相对较好的,却仍然留不住人。不过对中国的亿万农民工来说,离开富士康后怎么办?很多工人在离开时都会很解气地大呼:"我把老板炒掉了!";"老子终于离开富士康了!"。但是,逃离的工人依然很难找到前程,事实上他们中的不少人在其他工厂工作数月,就又回到富士康;也有一些试图回家乡创业的人,由于缺乏经济基础,创业无门,几个月之后回到城市,其中一些人又回到富士康。他们除了富士康,或是像富士康这样的工厂,无路可走。

其实在富士康管理者看来,最近几年突发各类不详事件的频率是比刚刚进入中国大陆投资的前十几年高发,员工离职率也是相比以前高发。有时候他们也很困惑,为什么现在的工人比以前的工人难管理了?总体上看,和十几年前相比,给工人发的工资提高了,工人的劳动条件和宿舍待遇等改善了,为什么工人反而更不满意?

富士康在大陆建立的代工工厂,主要都是提供低端的简单装配岗位,技术含量不高,但对身体条件要求高,通常只招收青年工人,而正是这一特点在农民工换代之后,埋下了事件频发的伏笔。大陆第一代农民工和第二代农民工在价值观和精神需求上有很大的不同。大陆第一代农民工属于"半截子埋在土里"的人口类型,他们身在城市,根在乡村,人为工人,心为农民,进城就为挣钱养家活口,只要能多挣钱什么委屈都能受,甚至什么委屈都没有。在他们那里,富士康无论怎么管理,都不是问题,工资高低才是问题,而相对其他许多企业,富士康的工资待遇不构成问题。所以,农民工在富士康里很安稳,富士康也很安稳。

进入新世纪之后,85后乃至90后年轻农民工作为劳动力生力军,逐渐构成富士康员工的主流。在国家全面推行计划生育之后出生的他们,即便不是独生子女,子女数量减少,也让他们在经济条件得到改善的农村,渐显"金贵"。个人受教育程度和家庭生活水平提高之后,他们对乡村日渐疏离,但在城市却没有得到他们认为"理所当然"的接纳。这些涉世未深的"80后""90后",身处社会转型期,理想与现实间的巨大差距撞击着他们的灵魂。他们对工资仍然在意,但对休闲也同样在意;他们仍然愿意加班,但加班之后会纠结于被加班挤占人生是否值得;他们的收入水平比前辈要高,但他们寄回家的钱却不一定比前辈多。物质生活改善之后,精神需要觉醒了,面对富士康同样的高压管理模式,他们不会为了挣钱而忍受太大的委屈,无法像第一代农民工一样心理安稳了。

如果富士康高压、粗暴的管理政策和恶劣、混乱的生活环境得不到改变,就不能从根源上根除各类矛盾,那么今后将无法避免各类事件的续发。富士康事件也为中国其他依赖农民工的劳动力密集型企业敲响了警钟。

思考题:

1. 结合案例,说明富士康在劳动关系管理上存在哪些问题。

2. 讨论目前政府和社会应该如何权衡利弊、采取哪些具体措施,推进企业改进劳动者的劳动条件和待遇。

3. 结合案例,说明我国劳动力密集型企业如何改进管理措施,以满足第二代农民工的需求,提高他们的劳动积极性。

第十章　国际人力资源管理

⬭主⬭要⬭知⬭识⬭点⬭

1. 国际人力资源管理的四个影响因素及其用人策略
2. 使用驻外人员的利弊
3. 驻外人员应具备的能力
4. 驻外人员相关的人力资源管理问题
5. 人力资源管理模式的国际比较
6. 文化差异的国际比较
7. 跨文化管理的步骤

⬭技⬭能⬭提⬭升⬭

1. 能分析国际人力资源管理将面临的各类问题，做好应对措施
2. 能区别不同国家的人力资源管理模式，并认识到各国文化因素的具体影响
3. 能换位思维，正确看待不同文化背景的人和事物
4. 掌握跨文化管理的技巧

【引导案例】

我国汽车行业跨国收购的成败①

2010年3月28日，在瑞典哥德堡，李书福代表吉利汽车和福特正式签署协议，收购其旗下的豪华汽车公司沃尔沃。

这是中国汽车行业有史以来最大规模的国外收购，而且吉利作为一个国内才发展了10年的民营汽车企业居然收购了一个发展历史超过80年、年销售额是自身近10倍的国际经典豪华汽车品牌，因而这次收购被业界称为是"蛇吞象"的收购。相比1999年福特以64亿美元收购沃尔沃，这次吉利仅以15.5亿美元收购沃尔沃，应该算是一笔成功的交易。不过，收购是一时的，跨国收购是否成功更重要的是看后面的长期合作经营状况。收购后，如何弥合东西方文化差异，最大限度激发沃尔沃研发、销售团队的潜力，成了摆在吉利面前的首要问题。

其实近年来，资产日渐雄厚的国内企业在国外收购上进行过多次尝试，据统计，国外并购成功的概率竟不到30%。而且，沃尔沃是一家长期亏损的汽车企业，所以西方汽车行业对收购后沃尔沃今后的发展前景也是看法不一的。然而，2012年5月初公布的财报显示，2011年，沃尔沃的销量同比上升20.3%，增至449255辆，营业收入为1255亿瑞典克朗，息税前利润达到16.36亿瑞典克朗。销量的上升也促进了沃尔沃工厂所在的瑞典和比利时当地经济，过去的两年，沃尔沃在比利时和瑞典招聘了大概5000名员工。公司的发展也提升了员工的自豪感，2012年调查显示，沃尔沃员工的满意度达到10年来最高的84%。所以应该说

---

① 改编自人民网、《汽车商业评论》、网易财经等。

收购后沃尔沃有一个良好的发展开端。

这个好开头的原因,一方面是收购后沃尔沃依托中国高速发展的汽车市场迅速扩大在华汽车销量,另一方面是吉利重视强调文化融合,尊重被收购方。在两年多的收购谈判中,吉利与沃尔沃工会方面进行了多次接触,尊重沃尔沃工会,进行了良好的沟通,最终得到沃尔沃工会对收购的认可和支持。在瑞典这个有着长期劳资关系融洽成熟、相互合作传统的国家,一旦得到工会的认可,将能保障生产经营的顺利进行。另外,吉利和沃尔沃现在已经成立了对话机制和委员会,一方面寻求合作互补双赢的项目,另一方面努力在集团内发展出一种跨越国界、跨越民族、跨越宗教信仰的"全球型企业文化"。

我们期望着吉利与沃尔沃的联姻能够取得持续长久的成功,因为我国汽车行业是有过前车之鉴的,上海汽车对韩国双龙汽车的收购就是以失败而告终的。2004年,上海汽车集团以5亿美元的价格收购韩国双龙汽车,成为第一大股东,曾经在我国汽车行业引起了轰动效应,被认为是中国汽车工业走出去、具有国际性竞争力的标志性事件。然而"想到了开头,没想到结尾",2009年1月双龙汽车董事会正式向法院申请破产保护,上海汽车不得不接受重组的现实,清空抛售了全部双龙股票,双方合作彻底终结。上海汽车为了这一失败的投资,前后已经累计损失了43亿元。

作为我国汽车业第一家走出国门的企业,上汽的失败可以说是缴纳了一大笔学费。其失败原因中既有因为该韩国汽车公司产品结构单一、区域性过强,而更重要的原因是该公司的强势工会不合作造成的。

从上汽准备收购双龙汽车开始,罢工事件就时有发生。因为双龙汽车在SUV和部分细分市场车型的技术上,相对于上汽有绝对领先优势,双龙汽车工会担心上汽收购的目的不是为了双龙的长久发展,而是为了获得技术。收购后,矛盾不断激化,几乎每年都有各种大小规模的罢工。经营不景气,导致公司规模缩小,经常裁员,又加剧了劳资冲突。2008年7月韩国双龙宣布将裁员1000人、对双龙集团内部结构进行调整,8月11日,双龙汽车工会宣布开始全面总罢工,要求上汽集团增加投资,并停止向中国的技术转让。同年12月16日工会在中国大使馆前举行示威,要求中方经营班子退出,并于17日在平泽工厂,以外泄核心技术为由扣留中方管理人员。

2009年进入破产回生程序后,企业为了走出困境,裁减工人成为最重要的措施之一。但这一措施,自始至终都遭到工会反对。5月22日工会占领工厂,进入全面罢工,6月26日,双龙汽车的平泽工厂发生工人罢工冲突,充满怒气的人群点燃了轮胎等易燃物,失控的工人发生械斗,数十人流血受伤。韩国水原地方法院平泽支院7月20日启动强制执行程序,在警方的严实保护下,疏散罢工的工会成员,让其他员工进入工厂复工。工会工人罢工的两个月期间,双龙汽车少生产了6385辆汽车,损失在1400亿韩元。

随着我国改革开放的不断深入,在加入WTO以后,外国企业跨进来,我国企业走出去的现象越来越普遍,全球化浪潮影响着我国企业和劳动者。近年来,媒体不断报道我国企业的大规模国外兼并案例,越来越多的企业正在成长为跨国公司。但是,许多中国企业在做出国外投资决策时,往往考虑更多的是政策优惠、生产成本和交通便利等因素,而在如何做好国际人力资源管理等方面考虑欠周全,就很可能出现像上汽集团这样的困境。成功的跨国收购只是企业国际经营的第一步,后面的国际经营的道路还很漫长。如何在外国经营环境下长期顺利稳定地运作,很大程度上取决于企业的国际人力资源管理制度。

与国内企业内部的人力资源管理相比,国际人力资源管理的内容更广泛、复杂,难度也更大,因为国内企业的管理对象基本上是本国人,他们的价值观念、风俗习惯、社会环境是相同的,而国际人力资源管理的对象是国籍不同的员工,在文化传统、价值观念、社会关系、政治观点、劳资关系、文化程度等方面存在着很大的差异。企业必须能够制定一套完善的人力资源管理制度,采取与企业战略相应的人事政策,选拔培养国际经营人才,充分调动不同文化背景的员工的工作积极性。

第一节 国际人力资源管理概述

一、国际人力资源管理的影响因素

一般来说,在进行国际人力资源管理时要注意考虑东道国的四个重要影响因素,即政治因素、经济因素、法律因素和文化因素。

(一)政治因素

我国的企业已习惯于国内这一相对稳定的政治体制,国内企业在不少法制不健全的发展中国家也开始投资办厂,有的是看重当地的产品市场,有的是为了获取当地的自然资源和工业原材料。然而世界上有不少地区属于冲突动荡地带,恐怖组织和反政府组织很活跃,涉及我国驻外人员的人质事件越来越多,恐怖主义行动的威胁也日益增加,驻外人员尤其容易受到敲诈、绑架、炸弹袭击、身体骚扰以及其他方面的恐怖主义活动的伤害。现在我国企业这方面的风险管理意识不高,有些外派人员受到人身伤害致残后回国却得不到工伤保险的待遇。这一方面,我国企业可以参照美国企业的做法,为员工购买人身意外险,必要时候提供紧急撤离服务。美国许多企业从那些提供紧急服务的机构处为它们的驻外员工购买了紧急撤离保险,这些机构包括国际救援组织(International SOS)、全球协助网络(Global Assistance Network)以及美国救助组织(U. S. Assist)等。

(二)经济因素

一般包括东道国劳动力价格水平、劳动效率、失业率、劳动力市场效率、所得税征收政策等具体的劳动力市场因素。企业要根据这些因素对用人成本的影响,确立国外子公司的用人策略、招聘制度、薪酬水平等。企业要保障东道国员工的工作积极性,支付的工资必须达到具有市场竞争力的薪酬水平。如果东道国劳动力价格和物价水平过高,企业外派到东道国的管理人员和技术人员的薪酬成本就会居高不下,必须根据这些经济因素调整企业的用人策略。

(三)法律因素

在国外开展业务之前,企业还必须全面了解这些国家现行的人力资源管理相关法律、规定和措施,各国法律在特点和细则方面存在着很大差别。比如各国关于平等就业方面的规定参差不齐。在有些国家,政府以法律形式来解决就业歧视和性骚扰等问题,而在其他某些国家,宗教或民族差别使得就业歧视已成为惯例。

另外,工会以及劳资关系法律也是我国企业不可忽视的。在西方工会势力很大,在许多西欧国家,有关工会和就业的法律往往要求给予被解雇员工很高的补偿,这种要求使得企业在经营不景气时,也往往难以减少员工的数量。要想去欧洲投资的企业要事先有心理准备。我国企业由于社会制度不同,工会起的作用也有所不同,西方的劳资关系对许多中国企业而言还是很陌生的,如果贸然进入国际社会,会遇到事前没有预计的重重困难,篇首案例中提到的上汽就是一例,其实在这之前,就已有前车之鉴。1992 年首钢在秘鲁收购秘鲁铁矿后,也经历了不小的波折。一开始,首钢凭借雄厚的资金、技术实力、以及经营管理经验,很快使秘鲁铁矿扭亏为盈,但从 1995 年开始就不断出现亏损,主要原因就是当地工会拒绝合作,致使生产无法正常进行。首钢在收购该铁矿后,为保证生产对工会连续三年让步,造成工资总额急剧增长,该企业工资水平一下子跃居秘鲁矿业部门之首。工资负担已成为企业压力,致使企业长期亏损。不善于处理劳资关系让不少企业付出代价。

（四）文化因素

文化对员工的价值观、态度和行为有很大的影响,人们常常处于强烈的、但大多数情况下不为人所意识的文化影响中。跨国经营也成为跨文化经营,人力资源管理部门必须充分认识文化的影响作用,做好跨文化管理。

我国企业长期以来只习惯国内经营,管理对象基本上是本国人,他们的价值观念、风俗习惯、社会环境是相同的,虽然我国有五十六个民族,但是汉族人占了绝大多数、而且不少少数民族也渐渐融入汉族文化,所以我国企业不少人力资源管理者还不习惯对多元文化的管理。目前我国企业还处于国际化的初级阶段,需要借鉴国外的研究成果和先进的跨国公司的经验的地方还有很多。

二、国际人力资源管理的内容

国际人力资源管理主要内容包括以下两个方面。

（一）驻外人员的人力资源管理

驻外人员是指由企业派往国外的子公司或机构、工厂长期工作的人员,一般包括公司所在国（母国）的公民或者第三国公民,也就是指不是国外子公司或机构、工厂所在国（东道国）的公民。他们一般是按照任期的方式（通常是 1—5 年）,与企业签外派协议的,主要从事管理工作或者专业技术工作,很少从事低层次的劳动。驻外人员作为公司总部与国外子公司沟通的桥梁,身在国籍不同、文化背景不同的国家,他们的跨文化管理技巧是子公司发展成败的重要因素。因此对驻外人员的选拔、培训、薪酬等管理属于国际人力资源管理的重要内容。

小案例

迪斯尼在法国的艰难经营

作为总投资 44 亿美元的巨大工程,1992 年 4 月,欧洲迪斯尼乐园在巴黎正式开业,是迪斯尼乐园继成功登陆日本之后的第二个国外乐园。然而该乐园第一年的经营亏损就达到了

9亿美元,股价暴跌。在经过多年的亏损和经营调整后,2007—2008财年首次实现了收支基本平衡,未来之路还很坎坷。欧洲迪斯尼乐园经营不力有多方面原因,包括法国人抵制美国文化、当地雇员劳资纠纷频发、内部设施设计不合理等等。

同属西方国家的法国人对迪斯尼文化(或者说美国文化)并没有像日本人那样认同。法国人一直以自己的法兰西文化为荣,他们有代表中世纪的巴黎圣母院、代表文艺复兴的卢浮宫、代表拿破仑时期的凯旋门以及现代的埃菲尔铁塔等等。因此,他们看不起美国的短浅历史,认为其没有根底,不少人甚至排斥美国文化。而乐园在经营管理方面却没充分意识到这个文化冲突,迪斯尼要求员工都说英语,而法国人却认为自己的语言才是最美的。迪斯尼按照自己一贯的企业文化禁止当地员工上班时穿牛仔裤和纹身,还忽略了酒文化在法国的重要地位,坚持在乐园中禁止酒文化的流行。这些"米老鼠禁忌"惹恼了无拘无束的法国人,欧洲迪斯尼被报界贴上了"美国文化指南"的标签,受到当地人的排挤。不少工作人员抵制迪斯尼的管理风格及服饰规范等等,抱怨"公司的规章制度太过严苛:高跟鞋的高度、指甲的长度、耳环的选择,都必须符合公司的要求;胡须和超短裙在游乐园中也被严格禁止……"这些服饰规范造成劳资纠纷,甚至闹上法庭,在1994年,欧洲迪斯尼被法院裁定侵犯员工人身自由,并且在雇用过程中存在"歧视"。

迪斯尼公司在欧洲经营之初,不顾法国人感受强行输出美方管理制度、管理经验和价值观念,美方管理人员态度傲慢,常以"老大"自居,行事专横跋扈。结果,只能是招致法国员工的怨恨,造成了管理队伍中美、法人士敌对情绪的滋生,因而导致员工队伍士气低落,服务品质下降。由此产生恶性循环,最终难免会挫伤游客的来访热情,乐园的收入也就无法保证。

另外,美国和法国劳工法律的差异被认为是欧洲迪斯尼乐园应对季节性客流变化的最大障碍。在美国,鉴于游客来访的季节性波动。主题公园在经营中可以根据需要,按日、周、月、季度等不同时段灵活的聘用员工。然而,法国的劳工法不允许雇主有这种灵活性。这直接导致了欧洲迪斯尼乐园的工资成本大大高于其他几座迪斯尼乐园。

(改编自:中国MBA网校等)

(二)国外子公司的人力资源管理

即针对国外子公司或机构、工厂雇用的东道国人员的人力资源管理。他们是东道国公民,在与自己传统文化不同的外国企业的子公司工作,接触着外国企业的管理模式,甚至是接受外籍经理的直接领导,公司总部必须考虑清楚针对这些不同国籍的员工应该如何管理。东道国人员是国外子公司的主要战斗力,他们占据着子公司的中高层管理职位和低层次的职位。他们的工作积极性也直接关系着国外子公司的成败、甚至关系着跨国公司国际战略的成败。跨国公司人力资源管理部门必须考虑母公司的人力资源管理模式是否也适用于东道国人员,如何做好驻外人员与东道国人员之间的跨文化管理,如何在子公司形成包容文化差异的企业文化等问题。

三、国际人力资源管理的用人策略

跨国公司在国外子公司的重要职位的人员配置,因人员来源不同,而有不同的用人策略。这些重要的管理职位,通常是子公司的总经理或财务经理,以及和技术转移、反馈活动有关的主管部门经理。跨国公司的用人策略一般可以分为人才母国化策略、人才国际化策略和人才本土化策略。

（一）人才母国化策略

即跨国公司在世界各地的子公司的重要职位都由母国人员担任。该策略的优点如下：

（1）可为母公司培训国际经营人才，满足母公司的全球战略需要。许多公司日益发现，它们的经理在公司培训课上并不能学会真正的与国际企业管理有关的技能，管理人员必须通过实际的国外工作经历，来学习企业国际化管理的知识。为了使企业在21世纪全球市场中具有竞争优势，越来越多的跨国公司将驻外工作作为母公司有计划地开发未来管理人才的重要培训手段。

（2）驻外人员和母公司不存在文化差异，容易沟通。公司总部随时需要关于国外子公司以及国外业务的具体信息，以便评估和更新全球战略计划。而驻外人员能够成为这一信息的重要来源。驻外人员能现场直接发现子公司的需要和关心的事务，也最早接触当地的市场信息，将其及时有效地反馈到总公司。

（3）能在国外显示母公司的存在或影响，贯彻母公司的经营哲学、管理风格和全球战略决策，维护母公司的利益。驻外人员能监督国外业务，以确保它们同母公司整体的战略和政策一致。

（4）有利于经营活动中核心技术等的保密。跨国公司都有着先进的生产和管理技术、内部战略发展以及财务核算等相关商业机密，这些是它们保持竞争优势的重要来源。在国外业务经营过程中，企业一方面需要运用这些竞争优势，另一方面只有做好保密工作，才能保持住竞争优势。所以母公司驻外的人员，往往对母公司高度忠诚，能够委以重任，接触这些核心信息而又不至于泄露信息。

当然，使用驻外人员也不是只有优点的，在跨国公司长期经营实践中，使用驻外人员也暴露出很多缺点，例如：

（1）成本太高，包括总部人才选择、培训的费用，安置驻外人员家属和国外生活津贴等；

（2）驻外人员及其家属不熟悉当地各种环境条件，不适应当地文化，造成外派失败的可能性增大；

（3）如果子公司高层管理职位基本上是由驻外人员担任的，当地管理人员无法晋升到高级职务，他们的积极性和工作进取心会受到打击，一些人会把在子公司任职当作一种培训，一旦获得经验和技能就另谋高职，有时甚至会激化东道国的民族主义情绪和矛盾冲突；

（4）驻外人员与当地人员有文化差异，容易生搬硬套母公司的管理方法、观念和管理风格，与当地管理人员、员工形成文化冲突；

（5）驻外人员一般都有任期的，不会在一个国外公司长期扎根，会导致国外公司高层管理人员的频繁变动，不利于保证国外公司经营的连续性和稳定性。

（二）人才本土化策略

人才本土化是指子公司的重要职位尽量由东道国的人员担任，母公司尽量少派驻外人员。它与人才母国化正相反，能弥补人才母国化的那些缺点，同时又有以下优点：

（1）减少由于跨国人员流动带来的培训、安置、国外津贴等额外支出；

（2）当地管理人员熟悉本国的社会经济、政治、文化、法律环境及商业行情，成为母公司人员与当地人员之间沟通的桥梁，减少文化冲突；

（3）人才本土化，等于企业培养了属于自己的"市场快速反应部队"，能迅速针对市场的

任何变化作出反应,提高企业产品在当地市场的竞争力;

　　(4)为当地人提供了提升的机会,增加了他们的工作积极性和动力;

　　(5)避免国外公司高层管理人员的频繁变动,有助于保证国外公司经营的连续性和稳定性;

　　(6)树立"当地公司"的形象,符合东道国民族倾向和政治需求,减轻政治或民族压力或敏感性,也有助于跨国公司同当地顾客、政府机构、雇员、当地工会等建立融合的关系。

　　一般而言,在子公司建立的初始阶段,母公司要向子公司转移资金、技术或管理方法,子公司的经营以消化吸收这些转移的内容为主,而母国人员对这些内容最熟悉,所以让驻外人员担任子公司的要职是最佳的选择。但是,随着子公司的发展,当地员工逐渐掌握了技术和管理方法,可以委以重任,而且跨国公司要考虑企业的社会责任,要促进东道国的就业和提升东道国员工的技能,所以人才本土化是越来越重要的国际人力资源管理策略。

　　不同国籍的企业采纳人才本土化策略的程度也是不同的。欧洲、美国等跨国公司比日本企业多任用当地人员担任高级管理者,在日本企业中甚至中层部门经理也多由日本人把持。这其中有一个重要因素在起作用,就是语言因素。欧美的跨国公司总部人员都精通英语,而英语又是在世界上不同国籍的大多数商务经理人员都精通的语言,所以欧美企业中不同国籍的人之间的语言沟通障碍比较小,可以重用不同国籍的人。而相比之下,日本人英语水平不高,公司内部一般用日语沟通,如果用英语沟通信息传递效果会大打折扣。而其他国籍的人中会日语的人不多,所以也就无法重用当地人员担任国外公司的高层管理职位。

　　(三)人才国际化策略

　　人才国际化策略是指在整个企业中任用最适当的人选来担任最重要的职务,而不考虑其国籍,即在全球范围内实行经理人员的最优化组合。它是最合理、最理想的政策,不但在选择国外企业经理人员时不论国籍,而且在跨国公司的总部人员配置上也实现全球化,集团内部都以"最能胜任某一职务"为原则选择人才。在这个政策下,国外企业的经理人员除了母国人、东道国人以外,还有第三国籍的人。第三国人一般是职业的、专门从事国际商务的经营管理人员,他们精通多国文化、语言,又熟悉各国商务惯例,具有丰富的跨文化管理经验,而且一般不带民族偏见,能克服母国人或东道国人常常带有的民族倾向,按职业道德办事,有很强的敬业精神。

　　虽然对跨国公司而言,人才国际化策略有其合理性、第三国人才又有很大的魅力,但只有非常少的跨国公司采用这一政策,因为它的实施会受到许多因素的限制:

　　1.受东道国政府的人事政策的限制。特别是发展中国家的政府提倡人才的本土化,以解决本国人员的就业问题,又希望通过本国人员对跨国公司经营管理的参与,迅速地吸收国外的先进技术和管理经验,提高国民素质,所以往往要求外国子公司雇佣当地人做管理人员。如印度政府就把部分雇佣当地人作为外国企业入境办公司的条件之一。在墨西哥有法律规定,在墨西哥的外国跨国公司中90%的员工必须从墨西哥公民中招聘。政府可以通过对签证发放的控制,实现对国外人员的数量控制。

　　2.对跨国公司而言,人才国际化策略的运作也是相当困难的。跨国公司内部要有一套多元文化背景下的人才选择、聘用、晋升和激励制度,让每一位有雄心、有能力的任何国籍的员工相信只要自己努力,都有升迁到跨国公司最高职位的可能性。这套制度的制定和运行很有难度。而在世界范围内招聘选拔经理人员要花费相当高的代价,再加上对他们进行语言和文化等的进一步培训,支付不同国家之间的人员流动差旅费用、国外生活津贴、家庭移动费用等,运作成本太高。

第二节　驻外人员的人力资源管理

驻外人员是派出公司(一般是母公司)与接收公司(一般是国外子公司)之间的桥梁,是跨国公司国外经营的关键人物,如果他们士气低落、工作效率不高,跨国公司将蒙受巨大损失。据美国一咨询公司称,一项失败的外派任职的直接损失在 25 万~50 万美元之间,而间接损失更为惨重,一方面对公司不利,破坏了公司跟东道国的关系,丧失不少业务机会,另一方面对驻外人员本身也不利,会损害这些原本可能不应该外派的员工的职业发展道路。所以对驻外人员的管理要非常认真谨慎,如必须慎重地选拔合适人选,做好各方面的任前培训、任后的调回过渡事项,要设计好适当的激励机制调动他们的工作积极性,要考虑充分利用他们驻外工作经验做好职业生涯管理和开发工作,争取公司和个人的双赢。

一、驻外人员的选拔

许多公司在挑选驻外人员时会犯错误,因为他们主要是以业务技能为基础进行挑选的,而未考虑他们是否能适应东道国工作、生活及商业条件。这些公司会认为:"如果他在上海工作出色,那么他应该在大阪也干得好。"其实,国外子公司经理除了解决一般国内企业所面临的问题外,还必须从事更复杂的组织和协调工作,必须不依靠企业总部的指导,而根据当地的具体情况,独立地分析和决策问题。

跨国公司的驻外人员频频地与当地组织、人员发生沟通和交流,必须了解东道国的社会文化背景,了解东道国与母国的文化差异,对文化差异具有高度敏感性,才能在异文化环境中适应当地文化,更好地开展工作,保障跨国经营的成功与效率。另外,不少驻外人员还是携家带口的,那么还要考虑其他一些影响因素。

下面,我们分别讨论一下驻外人员应具备的能力以及选拔驻外人员时要考虑的影响因素。

(一)应具备的能力

驻外人员工作性质的特殊性,使得他们的选拔工作更为严格。除了必须具备任何管理人员都必须具备的重要素质,如责任心、使命感、管理技能、创新精神和技术能力外,还应具备在多元文化环境下工作所必需的特定的素质与能力。

1. 文化适应能力

企业在驻外人员方面的人事安排上的"失败",大多不是因为工作太难或者被选人员缺乏所要求的技术能力,而是因为文化适应方面的问题。文化适应能力包括以下四种能力:

(1)强健的身体和毅力

驻外人员在进入东道国这个新环境时,首先要能够承受不同文化和生活方式的冲击,必须有健康的体质、健康的性格和心理调节能力,通过和当地人接触、交往,较快适应当地的习俗和饮食习惯,恢复正常的精神状态和社会生活。一个工作能力再强的员工,如果没有强健的身体和毅力，是很难开展工作的。

（2）语言能力

英语或者当地语言的阅读、听说能力非常重要。能够用所在国的语言与人进行口头的和书面的交流，是驻外人员所应具备的最基本的能力之一。如果任何时候只能通过翻译与本地人进行交流，将会影响业务的开展和取得应有的成功。驻外人员不必精通该国语言，他们主观上乐意使用该语言沟通，要比他们使用的流利程度重要得多。

（3）异文化理解能力

异文化理解能力是由一系列的技能组成的，包括信仰系统的灵活性、避免对东道国文化的信仰和价值系统做判断的能力、对东道国国民行为的方式作灵活归因的能力、以及对不确定性的高度容忍性。有这些能力的人在心理上对各种文化应具备较强的包容性，在感情上不歧视任何文化环境，因而可以接受任何形成的"文化冲击"，并很快地适应新的文化环境。如果不善于理解东道国的文化，与当地人员发生冲突，会让当地人感到不舒服、焦虑，甚至引起愤怒，而驻外人员也会被看作是不聪明或没规矩的人。

（4）跨文化沟通能力

那些主动同当地人打交道的驻外人员，比只与本国同事打交道的人工作更有效。研究证明，如果驻外人员能主动与当地人打交道，他们将结交许多当地朋友，帮助他们在东道国文化中幸福地生活和有效地工作。那些驻外人员对新的文化吸收得越好，与当地人就越贴近，他们对东道国下属员工的管理工作也越有改进。他们一般善于寻找共同话题，收集一些当地社会和文化的奇闻逸事，然后在同当地人谈话时策略性地加以运用。

2.独立决策能力

由于驻外人员的工作独立性强，公司总部对他们难以监督控制，尤其是驻外经理，工作主要靠自觉性、自主性，就是所谓的"将在外，军令有所不从"。因此，要求他们必须有高尚的道德、高度的责任心和献身精神，不能为了一时的经营利润，违背当地法律和公司价值观。国外工作的风险和机会都很多，驻外人员必须能不依靠总部的指导，根据当地的具体情况独立地迅速地进行分析和决策，所以必须具备独立、果断决策的心理素质，要有自我实现与自我超越意识、具备综合管理和解决问题的能力。

3.外交能力

外交能力也是驻外人员必须具备的一个重要素质。每个驻外人员都是公司的国外形象大使，必须善于同来自不同文化背景的人打交道，同他们建立良好的合作关系。尤其是驻外经理，他们必须懂得如何向东道国的工商界人士、政府官员和政党领袖们宣传本公司的经营宗旨和观念，其目的是取得东道国各方面的理解、信任和支持；他们必须有卓越的说服能力，精于各种谈判，尤其是与东道国政府有关部门的谈判，使公司在东道国获得最优惠的待遇。

4.创新与创造新文化的能力

驻外人员在不同的环境下，会遇到很多特殊问题需要灵活解决，必须具备一定的创造能力，以便在复杂的情况下，在无任何现成经验可供参考时能创造性地解决问题。而驻外经理担负着贯彻总公司经营哲学与管理风格、宣传本公司形象、积极与东道国政府建立友好关系的重要职责，是对总公司企业文化的延伸，他们的工作作风会带动影响子公司的文化形成。

优秀的驻外管理者必须具有丰富的创造力、具有迅速学习的能力，他们面对国外公司内各种文化差异的存在、必须将这些多元文化有机地融合起来并创造出一个新文化，所以必须有创新精神。

（二）应考虑的因素

1. 家庭因素

在确定驻外人员人选之前，要考虑该人选的家庭因素。比如说，在家属不同行的情况下，要考虑是否有处于叛逆期的子女，因为在子女这个敏感的成长阶段，父母任何一方长期不在身边都不是很合适的。如果是家属同行的，则要考虑以下因素。

（1）家庭成员的文化适应性

驻外人员家属成员也应当具备适应国外生活环境的能力，能克服旅居国外的诸多困难，支持经理人员的工作。如果家庭成员不能适应东道国环境，自然会对驻外人员的士气产生不良影响，进而影响到公司的经营活动。美国曾经有一个对国外企业经理的素质和背景条件的重要性进行评价的调查，结果发现"妻子和家庭的适应性"是最重要的因素，其重要性权数大大高于驻外人员的工作技能、国外工作经历等。

家庭因素也包括子女的教育问题。由于驻外人员及其家属长期在外，不利于学龄期子女的母语教育，这些归国子女日后在激烈的升学竞争中可能处于不利地位，较难考上国内名牌大学。像日本和中国这类升学竞争激烈的国家这种问题可能比较突出。其实日本政府和大学也采取了一些优惠政策，比如为归国子女准备特殊考试等，尽量消除驻外人员的后顾之忧。这种做法也许将来我国也可以借鉴。

（2）双职业夫妇的特殊需要

双职业夫妇是指夫妻双方都非常投入他们的工作，把工作视为他们自我心里感觉的必需及自我认同的需要，是区别与双收入夫妇的新称呼。

在选拔驻外人员时，企业必须考虑候选人的家庭成员、尤其是配偶的旅居国外的意愿和态度。如果是双职业夫妇，就要考虑配偶的职业发展需要，这增加了外派该驻外人员的难度。目前，各国大都对外国人在本国就业采取限制的态度。而当驻外人员前往国对外国人就业限制较严时，配偶在前往国就业的可能性就很小，这通常就使得选择驻外人员的难度增加。为了解决这方面的问题，一些跨国公司采取了职业安排服务措施，协助驻外人员的配偶在前往国的其他外国公司谋取职务。

2. 驻外人员的经历因素

（1）工作经历

因为驻外人员与公司总部之间经常要交流信息、互相协助配合工作，所以最好具有一定时期的在公司总部的工作经历，熟悉母公司组织结构、权力关系、管理模式和企业文化。

（2）留学经历

根据我国的国情，我们有大批留学人员，有的学成归国，有的选择留在国外工作，他们有较高的知识水平，接受能力强，适应性好，又在国外受到正规教育，也熟悉了解当地文化传统和市场状况，对我国的跨国公司而言是可贵的人力资源，应该活用这些在国内或国外的留学人员。当然，并非每个留学生都有跨国经营的经验和知识，但如果先从专业对口且有条件的那部分人开始做起，逐步发展，假以时日，必有成大事者。

3. 女性员工国外派遣问题

近年来，女性管理者在企业中的地位和作用越来越大，而且女性天生的敏感性和沟通能力使得女性管理者有较高的跨文化适应能力，所以不少企业开始考虑将更多的优秀女管理者派遣到国外工作磨炼。然而在世界上不少国家，由于文化观念和历史传统等方面的原因，对女性就业以及女性担任管理者有着偏见和歧视。对职业女性来说，若非与配偶结伴而行，则往往很难获得前往国的签证，尤其难以获得中东和远东国家的签证。在男权主义的国家女性驻外经理在多方面会陷入困境。所以当派遣女管理者时，要慎重考虑这些文化因素。

二、驻外人员的任前培训

美国有研究人员发现，只有 35％的美国公司给予驻外人员提供出国前的跨文化或语言方面的培训。因而，多达 65％的美国驻外人员在没有得到任何此类培训的情况下就出国了。想象一下，驻外人员常常是一夜间抵达异国他乡，接触到一种全新的国外的和疏远的社会及商业文化，这样怎么能顺利地开始工作了呢？

为了提高驻外人员的成功率，在慎重选拔出驻外人员后，必须注重任前或者出发前的培训工作。

一般来说，培训应包括以下几个方面的主要内容：

1. 明确工作任务

就是帮助驻外人员熟悉未来的工作，这是培训工作的第一步。任职前应由企业总部人力资源管理部门人员向其详细介绍工作的性质、期限、工作的具体安排及主要任务、职责、任职的地点、子公司的具体情况等。同时也介绍公司的人事政策和有关报酬、津贴、奖金等的计算办法，使驻外人员明确自己的工作任务及其在工作中处于何种地位，应发挥何种作用。如果是驻外经理，还要介绍如何与当地政府官员谈判、把握当地的工作法规、处理诸如宗教禁律和个人自由等民族、道德或个人问题等。

2. 介绍东道国相关知识

应向驻外人员提供关于东道国的生活、工作和文化方面的"全景图"。可以请在该地区工作过的人员详细介绍东道国的自然环境、社会环境、包括那里的政治、文化、历史、经济、商业和法律以及气候、生活习惯、风俗、交通状况、住房状况等，对女雇员还要专门培训，使她们了解长驻国外会遇到的一些特殊的、与性别有关的问题，减少在国外工作可能遇到的麻烦。如果家属随行，则这方面培训最好让家属也参与。还可以请近期从同一处回国的驻外人员夫妇担任顾问，去拜访即将赴任的家庭，谈谈搬迁后会遇到的种种具体问题和感情上的问题、文化冲击的问题等等。有一些跨国公司还允许驻外人员在正式任职以前先到东道国进行一次短期实地考察，以获得有关东道国环境的感性认识。

如果东道国情况特殊，外国公民容易受到敲诈、绑架、炸弹袭击、身体骚扰以及其他方面的恐怖主义活动的伤害等，还要考虑一些特殊培训，比如要对驻外人员的家庭成员进行安全保障方面的培训。另外，在我国等亚洲国家，由于日常经营管理中法律法制观念薄弱，企业内部无视劳动法律的侵权行为时有发生，管理人员法制观念薄弱，如果要外派管理人员到重视法制观念的西方国家，更要注意事先对外派人员进行相关培训，否则一旦违法将给企业造成经济和形象方面的重大损失。案例中提到的丰田汽车公司就在美国栽了跟头。

3. 国外任职相关能力的强化培训

前面提到国外任职需要具备一些特定的能力，比如文化适应能力、外交能力、独立决策能力等，虽然有些企业在选拔驻外人员时已经考虑了这些因素，然而在外派之前最好能再加以培训巩固。比如进行跨文化沟通能力的培训，即简单的语言会话的培训、礼仪与商业风俗的培训。也可以通过亲验性学习的方式培训强化独立决策能力，如案例讨论和模拟演练、角色扮演、游戏竞争等。

亲验性学习的方式本来是美国企业较多采用的，日本的跨国公司也积极从美国引进这些先进的培训方式，笔者就有幸参加了日本五大钢铁企业之一的神户制钢所对其国际经营人才进行的一次亲验性培训。那次培训是在设施齐全的芦屋研修所进行的，为期2天，主要是针对该公司未来的驻外人员而举办的，是在一美国籍教员的指导下全程用英语进行的游戏方式（类似ERP模拟经营游戏）。20名受训者被分成4个小组，模拟汽车制造商的设计、生产、销售流程。根据不同要求完成每个经营"年度"的计划后对具体结果进行会计核算、总结经验教训、确定下一年的经营计划。因为每个驻外人员在公司总部时可能只对某一管理职能、部门比较熟悉，而一旦派到国外任当地公司的经理，在工作中必然涉及不同的部门，为了做好经营决策也必须掌握一定的会计核算能力，所以这个培训的目的就是让他们通过游戏实际感受企业开发、生产、销售、财务之间的关系，培养团队作业意识、市场观念和自我核算能力。另外为了培养他们的文化适应能力，也邀请一些具有不同文化背景的外国留学生以及国外子公司的管理人员一起参与培训。

小案例

丰田汽车北美总裁性骚扰事件导致公司赔偿1.9亿美元

2006年5月，丰田公司北美分公司总裁兼首席执行官大高英昭因卷入性骚扰诉讼案被迫离职，而丰田公司也与起诉大高英昭的受害秘书小林莎也加达成和解，支付约1.9亿美元的和解金。

42岁的小林起诉大高英昭和丰田公司，指控大高对她进行性骚扰，同时以"不当处理"罪名起诉丰田总公司和丰田北美分公司。据她说，大高自去年夏天以来一直对其进行性骚扰，在忍无可忍之下向丰田公司总部的官员进行投诉，但结果令她非常失望。丰田高层建议她与自己的老板"私下里"解决这件事情。更让人意想不到的是，公司不久之后就对她展开了报复，她被告知，如果不满意的话，她可以随时离开公司，另谋高就。随后，她就被调到了另外一个部门。看到丰田公司放任大高英昭的行为，她最终决定与丰田公司对簿公堂。

小林要求丰田公司赔偿1000万美元身体伤害赔偿、1.5亿美元惩罚赔偿、1000万美元精神损失费和2000万美元雇佣不当赔偿，共计1.9亿美元，相当于215亿日元。日本国内普遍认为，小林起诉大高英昭在情理之中，但索赔费未免太高。这可能是日本人涉案的最高性骚扰赔偿案件。但小林的律师在接受日本电视台采访时表示，丰田是全球第二大汽车制造公司，只有赔偿金额高昂才能起到惩罚的目的，如果丰田公司能够及时正确处理小林的投诉，也就不会被起诉了。

该事件得到了美国和日本媒体的重点关注，或许是为了顾及品牌和企业形象，丰田公司很快就与小林达成和解，支付了天价赔偿金。面对混乱，为了防止以后有类似事件发生，丰田公司第一次启用美国人做总裁，决定由原任"丰田汽车销售美国公司"总裁的吉姆·普雷斯接替大高英昭出任丰田北美分公司的总裁。此外丰田公司下决心彻底杜绝性骚扰事件。据丰田公司透露，丰田北美分公司将成立一个7人监督小组。小组由前美国劳工部秘书长牵头,专门监督审查丰田公司内部的性骚扰和性歧视案件,并就小林事件提出调查报告。丰田公司表示,将立即组织公司高层管理人员进行性骚扰的法律培训,以避免类似事件再发生。

65岁、即将退休的大高英昭是日本经济界通常所说的"业界精英",从日本著名的东京大学法律系毕业后,就加入丰田公司。他先后担任丰田公司海外营销部部长兼海外企划部主任、董事和广告代理社社长等职务。2004年6月大高英昭成为丰田北美分公司总裁,业绩异常出色。在大高英昭的带领下,丰田公司连续第四次取得创纪录收益,丰田北美分公司的销售业绩也在4月首次超过英国克莱斯勒汽车公司,在北美汽车行业排行第三。他同时也是著名学者,2004年出版了《苏格拉底半个世纪的轨迹》和记述美国生活经验的书籍。大高英昭是日本的知名人物,经常受邀去演讲。大高英昭在演讲中多次强调,丰田公司成功的秘密在于"尊重劳动者"。然而他因为自己的不尊重下属员工、不遵守东道国美国的严格的劳动法律制度让公司付出了惨痛的代价,同时自己也不光彩地退出了丰田公司。

(改编自:环球时报,北京青年报等)

三、驻外人员的薪酬

对派到国外的母国员工而言,要舍弃已经习惯的、舒适的工作和生活环境,有时要冒国际政治风险,如有被劫为人质、卷入政治风波中的风险。所以跨国公司为鼓励管理者去国外,一般向驻外人员提供优越的收入和生活待遇,让他们觉得在国外工作有吸引力。由于目前世界各地生活水平、收入水平不一,所以在薪酬上无法统一,必须根据母国与东道国的具体情况、制度,对派往各个不同国家的人员采用不同的薪酬制度。至少要满足这样一个原则:保证其在国外任职期间,本人及家属的生活质量不低于以前的水平。

(一)薪酬的组成

西方跨国公司对驻外人员的薪酬一般有三个组成部分:基本工资、绩效奖金和国外任职津贴及福利。

保留国内的基本工资这部分收入,以保证其家庭需要,又确保其与国内公司总部的工资制度继续相连,有助于重新返回母国时的工作安排。

国外任职津贴及福利是为了帮助驻外人员在东道国体面地生活,没有经济压力而专心工作,可以保持不低于国内正常生活水平。一般种类繁多,有生活费津贴、住房津贴、子女教育津贴、税负津贴,另外根据需要还会支付搬家费、艰苦条件津贴和各种特殊保险等,而且不同的东道国有不同的支付标准。比如美国著名咨询公司美世公司(Mercer)每年都会发布《全球生活成本》调查报告,选取全球6个大洲的近150个城市作为调查对象,通过这份报告,跨国公司和政府在派遣驻外雇员时可以了解到各地的生活水平,进而确定员工们的国外任职津贴等。

另外,公司往往还提供优厚的福利待遇。尤其是驻外经理作为跨国公司的代表,可代表公司参加当地社会的政治活动、社交活动等,享受较高级别的待遇。派往发展中国家的驻外人员有时还能享受到比在母国日常生活更为优厚的待遇,比如公司无偿地向他们及其家属提供高级住宅、佣人、厨师、司机等。公司还为他们特别安排定期回国探亲时间和补贴、休假旅游等。有的公司还提供期满工作奖,表示对其国外任职期间的艰苦生活的感谢慰问。

绩效奖金也是重要一块,我们在下面会重点介绍。

(二)确定薪酬的考虑因素

1.如何确定绩效奖金

公司总部对驻外人员无法实施直接的控制,只能通过各种绩效考评方式,对驻外人员进行激励。但面临着如下两个问题:

(1)绩效考评的标准问题。有的公司采用国外公司的利润大小来评价,但由于国外企业受不可预见的、不可控制的环境因素的影响太大,比如利润会受汇率波动、转移价格等因素影响,驻外人员的经理对利润水平只有较少的控制,所以不能简单地使用利润为标准进行评估;更合适的评价经理的标准可能包括如下维度:同当地政府中的人员及工会领袖的关系、当地市场份额、公司的公众形象、谈判技巧、跨文化的技能、当地社会的参与度及员工士气。

(2)绩效考评的主体问题。当准备评估驻外人员,尤其是经理的工作绩效时,关键问题是"谁来评估"。通常是由那些从未在国外生活过或工作过的国内办公室的主管们对驻外人员进行评估。由于缺乏对完成该工作的社会和商业背景的理解,国内办公室的主管们无法体会驻外人员所面临的特殊挑战。在这些情况下,评估者出错的机会显著增加了。总之,很难对处于跨文化的工作环境中的绩效进行准确评估,导致误解的潜在因素太多了,目前并无理想的解决方案,只能根据每个公司的具体情况适当地确定评估方案。其实真正要保证驻外人员的高工作积极性主要依靠在选拔时挑选有责任心、忠诚可靠的驻外人员,再加上给予优厚的福利待遇。

2.如何做到内部公平

为了使驻外人员乐意奔赴国外,有必要给予他们一些特殊的优厚待遇,但这些待遇本身在某些方面是反生产性的。此外,这些待遇会妨碍公司的薪酬体系的内部一致性,没有被选拔上的员工会有心理不平衡的感觉,从而导致士气问题。而在子公司,当地经理是驻外人员的同事和主管,他们却得不到这种优厚的补偿津贴,因此,这些人也会变得相当妒忌和怨恨。

3.各国的税收政策和汇率波动

由于跨国管理面对不同国籍的员工,他们对人力资源管理提出了特别的要求。这是因为,这些员工分属不同国家,而这些国家的税收法律和其他相关因素都不尽相同。针对这种情况,人力资源管理部门就必须了解每个有关国家的法律和习俗,要确定工资发放和纪录保持的适当程序,以确保有关工作符合各国不同的规定和要求。人力资源部门要考虑各国不同的税收政策,合理确定驻外人员的报酬以及发放方式,以保护驻外人员免受税收的负面影响。

四、驻外人员的调回

大多情况下,驻外人员完成了派遣任务后还是要回母国的母公司工作的,这个过程有各种称呼,如遣返、回任、归侨等,我们统一称为调回。这个工作往往被忽视,导致了目前企业在调回管理上存在以下几个问题:

1.美国有研究表明,60%~70%的驻外人员在回国前并没有被告之他们回国后的工作任务。

2.驻外人员经常返回到一些自主性和职权比其国外工作少得多的岗位上。此外,新的岗位常常没有机会使他们运用在国外任职过程中获得的知识和技能。他们还必须使自己重新适应与其他员工频繁接触的近距离工作关系和上下级的隶属关系。

3.驻外人员可能已习惯了在东道国的较高质量的生活,被调回后,原给予驻外人员的一揽子特殊报酬和福利将就此取消。如他们的小孩将中止在培训精英的私立学校上学,公司不再配备小车和司机,也不再有能力请女佣、园丁、保姆等。他们不得不重新适应较低层次的生活。

4.驻外人员在回国后可能难以重新适应本国文化。

美国的研究发现,25%的驻外管理人员在从驻外工作岗位上返回母公司之后的一年之内都离开了原公司。如果这些回国的人离开了公司,那么企业实际上是无法收回它们已经完成的大规模人力资本投资的。所以,现在企业开始越来越多地付出努力来帮助这些驻外管理人员顺利地适应回国之后的转折期。一般可以采取以下措施:

1.进行回复性培训,使驻外人员做好回国和重新适应本国文化习惯方面的准备,消除返文化冲击。

2.做好接纳和安置工作,使驻外人员的新下属和新上司在有关方面做好应有的准备。也请他们熟悉的同事来帮助他们度过刚刚回国时的这段困难期。有的公司会在他们返回母公司的几个月之内,召开各种"汇报会",让他们传授国外工作经验,同时也让他们感受到国外工作得到认可和重视,有自我实现感,增强自信心投入新的工作。

3.驻外期间创建沟通机制,使驻外人员与母公司保持联系。母公司随时向驻外人员提供国内母公司综合性的信息,保持联系,在回国前,要提供有关驻外人员回国之后可能受到的潜在文化震荡,以及他们的家庭成员、朋友和办公环境可能发生了怎样的变化等等。在国外期间与母公司保持的联系越紧密、越积极、越有效,则驻外人员在回国之后的满意度也就会越高。

五、驻外人员的职业生涯开发

有些员工之所以不愿接受驻外任务,最主要的原因之一,是他们担心自己落到使母公司"眼不见,心不想"或"人一走,茶就凉"的地步。而驻外到发展中国家长期工作的技术人员,往往担心在技术落后、工作内容较为单调的工作环境中生活长了,会专业荒疏,跟不上时代的变化,不能及时学习和掌握公司或发达国家的新技术,回国后技术落伍、难以应付复杂的市场和先进的技术,随时被公司所淘汰。为了鼓励优秀人才去国外锻炼,必须做好驻外人员的职业生涯开发工作,企业必须设法保证并使驻外人员确信,他们在国外的工作经历将既有利于企业,又有利于今后自己的事业发展。

一般来说,驻外人员的职业生涯开发的措施如下:

(一)应用导师制度

即推选一位上级主管作为驻外人员的指导员或保护人,导师应:①掌握驻外人员的绩效,以便使母公司的主管能客观地评估驻外人员的成就与经验;②使驻外人员有规律地了解母公司正在进行的活动的最新动态;③帮助驻外人员调回时在母公司内找到一份能使其国际专业经验有用武之地的工作。

(二)强化沟通系统

公司必须鼓励驻外人员和母公司的经理们之间的信息交流,使驻外人员确信他们没有被遗忘。例如:国内的经理们和驻外人员都可能参加定期讨论会,或在委员会中供职,或参加由国内经理和驻外人员组成的特别工作组。驻外人员通过国际互联网也能及时获取公司的新闻。

（三）做好正规化的生涯规划

不少企业为了在全球化竞争中保持优势，必须将国外的任职经历整合到高管培养计划中，有计划地培训和开发驻外人员这一珍贵资源，最后让他们成为企业的精英骨干。欧洲的许多跨国公司通常让有才华的管理者在国外不同子公司工作，积累国际经营经验，然后被提升到公司总部高层管理位置。日本企业也重视有计划地培训和开发驻外人员这一重要的人力资源。

比如日本的大型批发零售企业永旺集团下属的吉之岛公司，通过各种培训研修制度，有计划地开发驻外人员的职业生涯。员工大学毕业生进入公司后，一般 24 岁接受公司内英语水平测验，其中英语成绩好的可被考虑培养成未来的国外经理，开始对他们进行系统的培训。首先是初级研修，培养国际感觉，有的人由公司派往美国等国外大学研究生院留学进修 MBA 课程。另一方面，让他们在国内不同地区和部门轮换工作，以理解公司管理风格和组织文化特色、积累国内工作经验。他们到了 30 岁左右，接受中级研修，以加强对不同文化的适应，看看是否具备当国外管理者的素质。34 岁以后开始派往国外工作，在赴任前参加短期培训，国外工作出色的将被派往国外研究生院留学、参加短期高级经理班培训。40 岁以后接受高级研修，以培养国际性决策、判断的能力。46 岁时成为国外部门负责人，工作出色的将进入董事会。

该公司把员工送到大学参加培训开发，而有的企业则是把员工送到某个国家的区域培训中心，进行集中培训。这种区域培训中心是根据地理、经济环境类似的国家而设立的，例如东南亚中心、欧洲中心等。大公司还可以发挥其公司跨越地理范围广的优势，对驻外人员采用轮换培训的方式。轮换培训有助于管理人员具备很丰富的管理经验，有助于提高公司整体管理水平。

小案例

约翰的机遇

约翰下班后驾车回家，心里一直处于一种震动状态中，一天竟会造成这么大的差异！中午与公司总裁吃午饭时，他被要求领导公司在中国台湾地区的办事处，这是一个创建仅两年的新业务机构，总裁声称，这是一个获取执行官水平的经验的巨大机遇。当总裁向他解释报酬包时，他几乎不敢相信。

约翰和他的妻子维多利亚从未在国外生活过。除了他们在欧洲的蜜月和去加勒比旅行外，他们从未离开过中西部。他既兴奋又害怕，他从未到过亚洲，这将会有多艰难呢？毕竟，他们能生活得很好，并能挣到许多钱。维多利亚可以作为一个顾问在那儿工作，与她在这儿做的一样。对自己的两个分别为 6 岁和 9 岁的孩子来说，搬家不会有多少问题，因为他们还太小。他已经决定接受这一职位。毕竟，如果他拒绝，对他的职业生涯有害。他等不及看维多利亚脸上的反应！

晚饭后，当约翰告诉维多利亚他的"大新闻"时，她感到震颤和担心。但当她听到报酬包时,她开始感兴趣了。她想,在中国台湾地区开始咨询业务是一个有趣的挑战,她可以飞来飞去地服务于她的客户。当晚,孩子们上床后,他们打电话把这个巨大的新闻告诉了双方的父母。

(来源于劳伦斯·S·克雷曼:《人力资源管理——获取竞争优势的工具》,机械工业出版社,1999)

第三节　国外子公司的人力资源管理

企业能发展到在国外开展业务的阶段,都是因为有在国内成功经营的经历,而它们的成功离不开长期摸索积累下来的独特有效的管理模式。在国外扩张时,这些企业一般都希望把自己成功的管理模式带到国外子公司。但是在一国成功的管理模式未必适用于另一个国家。如果国外子公司入乡随俗,采用当地的管理模式,也许会与母公司的价值观起冲突。所以到国外投资办厂或者设办事处的跨国公司,首先面临着一个重大选择,是参照母国模式,还是参照东道国的管理模式。

一、人力资源管理模式的选择

虽然跨国公司在国外不能全盘照搬母公司的管理模式,但是它们在国外的管理模式还是或多或少留有母国的痕迹,而全世界跨国公司主要集中在美国、日本和欧洲,这些西方发达国家的企业长期在不同社会文化和经济环境中经营,发展出具有各自社会文化特色的人力资源管理模式,都有各自的合理性和先进性,值得我国企业借鉴。

(一)日美欧人力资源管理模式的比较

美国和日本的人力资源管理模式可以说是资本主义国家中的两个极端,是典型的西方和东方文化的体现,而欧洲企业则在这两者之间,一般英国较为接近美国,而德国和欧洲大陆许多国家与日本模式也有很多相似之处。

1.日本和美国人力资源管理模式比较

从日、美具有竞争力的行业上看,美国是金融、银行、高新技术、医药等,日本是机械、电子,办公设备等。可见日本竞争力强的产业有共同特点:一是含有部品、要装配,二是轻薄短小。有人甚至认为这些是发挥了汉字特点,因为每个汉字是由各个部首组合而成的,各个部首混为一体,又有平衡的美感。一般地说,日本在装配生产上有优越性,是因为日本企业的强处在于组织、协调、群体性。

日本企业更注重诸如目标、宗旨、信念、人和、价值准则等"软"的因素,可以说是以人为中心,重视人本管理,甚至将人力资源喻为位于企业成功的硬件、软件之上的"人件"(humanware),提倡将企业看成一个协作融合的大家庭,成为一个所有经营管理者和员工的命运共同体。终身雇用、年功管理(即工龄工资加上论资排辈)、企业工会这三个特征曾被称为日本式管理的三大法宝(甚至在日本被奉为日本式经营的三大神器),对战后日本企业成长、国家经济腾飞有着巨大贡献。而美国则强调诸如技术、设备、方法、规章制度、组织机构、财务分析这些"硬"的因素,在对人的管理上也是以任务、事、职务、制度等硬件为中心。日本与美国企业的人力资源管理制度的比较如表 10-1 所示。

表 10-1　人力资源管理模式的比较

	日本	美国
招聘	大企业一般只招应届毕业生(有限入口),双方有长期安定雇用意向。	按职务内容招聘,不一定是应届毕业生(开放性入口)。
教育培训	(1)以企业内教育计划为主,培训形式多种多样,注重用工作轮换的方式培养多能工、综合管理者。 (2)培训时不但注重技能,而且注重价值观、"忠孝意识"、企业文化的形成。	(1)一般是员工的自我成才式,自己利用业余时间通过外界学校、机构等学习提高,一些大企业也开始重视企业内的培训计划。 (2)企业培训只注重专业技能方面的培训。
职业生涯开发	(1)非专业生涯途径,通才式职业发展,即重视培养有全面协调能力的管理人员。 2)既有直线职位上的晋升,又有技能资格上的升级。 3)重视内部晋升,但晋升速度慢。	(1)专才式职业发展。 (2)只有直线职位上的晋升。 (3)常常根据需要从外部引进技术或管理人才。
绩效考评	(1)考评制度复杂、全方面。 (2)考评结果不直接与工资挂钩,长期综合考评后才决定是否晋升,考核周期长。 (3)考评后由人事部经过各种调整而定,人事部权力大。 (4)对蓝领、白领一样进行考评。	(1)一般只按目标达成度而定,客观性强。 (2)考评周期短,直接与工资、晋升挂钩。 (3)上司具有人事决定权,可直接决定部下的报酬,人事部门只有调整权。 (4)一般只针对白领进行考评。
薪酬	(1)结构工资制,考虑年龄、工龄、能力、家庭情况等。 (2)奖金只与部门集体业绩挂钩,对蓝领、白领一视同仁。	(1)职务工资制,同工同酬。 (2)个人业绩决定奖金高低,而蓝领一般只有计时工资,没有奖金。
福利	(1)福利制度较完善,法定外福利多。如抚养家属补贴,公司旅行等,在住房上,一般有宿舍(单身、家庭)或提供房贴。 (2)企业内部福利待遇平等。	(1)以法定福利为主。 (2)内部福利待遇差距大,高层人员特殊福利多。
劳资关系	(1)工会形态是企业工会为主。 (2)协作型劳资关系。	(1)工会形态是行业工会为主。 (2)对抗性劳资关系。

从表 10-1 中日美人力资源管理比较中我们发现,其中一个明显的特色就是日本企业员工队伍稳定,而美国的员工流动性强。美国劳工部最近有一个统计数据,称美国 32 岁的青年人平均换过 9 次工作。日本由于家族文化的影响,把企业当作"家",员工为家庭成员,一般不轻易解雇开除员工,员工也不轻易跳槽,所以外部劳动力市场不够灵活。日美模式各有利弊。

日本由于外部劳动力市场不灵活,企业只能通过内部灵活的用人机制来进行适当调整,适应经营环境的变化。所以重视内部的培训、晋升、岗位轮换等方式。这样能提高员工对企业的忠诚心,又能培养员工多种技能,满足企业多种需要。再加上日本发展快的时期是 20世纪 60、70 年代,当时日本国内已有多样化的消费需求,而国内市场本身不太大,需要企业内部有适应多品少量生产这种灵活的规模生产方式的各项制度,所以日本企业的灵活用人方式正好满足需要。这套模式在 70、80 年代世界市场竞争激烈化、消费需求多样化的时代也正好适合,促进了日本企业的国际竞争力。

相比之下,美国企业由于工会力量大,工会对工作内容、工资水平等的控制大,企业无法灵活改变劳动者的职位和工作内容,所以不像日本有企业内部的劳动力灵活性,但是企业外部的劳动力市场有很高的灵活性,员工跳槽、企业裁员的现象普遍。美国企业高度发展时期是在二战后,借着马歇尔计划重建欧洲、日本经济的机会,为美国企业创造了一个广大的市场。所以美国企业二战后长期在一个相对稳定的环境中,市场变化比较少且缓慢,消费者需求也不复杂,生产的内容和过程相对也比较稳定。美国企业内部硬直的管理模式就能发挥作用了。但是当 70、80 年代来自日本、欧洲的竞争加剧、市场需求多样化以后,适合单品大量生产方式的美国制造企业的竞争力就弱了。

到了 90 年代以后,新技术革命又为美国企业带来了机会。美国企业在劳动力使用上有外部灵活性,可以将被新技术淘汰的部门取消,人员"大换血",马上换上具有新技能的人员,从事新领域的生产经营活动,而日本企业因为没有外部的灵活性,新技术革命带来的产业结构失业和企业冗员问题也无法靠外部市场迅速解决,一般是通过员工退休、自动辞职等自动减员的方法,就无法应对环境的突变,导致 90 年代的长期经济不景气。

可以做这么一个比喻,企业在市场上,犹如一条在海上航行的船,如果遇到风暴,美国人注重个人利益,弃船逃跑,日本人则全力以赴拯救这条船。当遇到不太厉害的风暴时,风暴过后美国船已成弃船,而日本船仍在继续航行;当遇到的是几乎不能克服的大风暴时,风暴过后日本是连船带人都沉入海底,作出了无谓的牺牲。在技术发展上有积累性发展和突飞性发展,如果只是积累性发展,市场环境的变化是非结构性的,那么日本企业如鱼得水,灵活自如;如果技术发展是突飞性发展,有重大的技术突破,如计算机革命,那么美国企业将比日本企业更快适应技术变化。

2. 欧洲企业人力资源管理的特点

(1)员工招聘

欧洲企业的招聘渠道主要来自企业内部和外部两种渠道。内部招聘是对公司现有的员工进行排名后选出承担新职位的最佳人选,这是欧洲企业招聘的主要方式。外部招聘则是从公司的外部吸收劳动力,主要来源是劳动力市场。有研究结果表明,欧洲 2/3 的企业只有 30% 从外部招聘高级经理。在丹麦和德国,有半数以上的企业先将员工招收为办事员(部分作为学徒工),然后从中为大多数职位谋求合适人员。

(2)员工培训

欧洲企业的人员培训和人力资源开发,可以分为对工人和专业人员的培训以及对管理人员的培训与开发两部分。其中德国的双轨制职业教育体系是欧洲的典型代表,企业和职校共同培养技术工人。欧洲企业还普遍实行管理培训和开发,以经理人员为培训和开发对象,内容包括岗位培训、生产劳动锻炼、出国培训、工作轮换和参与计划与生产小组。利用与国外人士的接触进行语言培训和举办跨文化研习班已成为管理培训和开发的主要方式。

(3)薪资福利

欧洲各国一直以全国和行业范围的集体谈判为其工会成员工资制定的主要标准,工资、福利水平比较公平。另外,也多用奖金激励机制,其中德国和荷兰以个人奖励机制为主,而瑞典以外的斯堪的纳维亚国家和英国则更多地使用集体奖励机制,总体上个人奖励机制的使用呈下降趋势。

（4）劳资关系

欧洲各国普遍承认工会,工会在企业内的经营管理中发挥着重要的作用,尤其是德国典型的"劳资共同决策"的模式在欧盟国家得到推广。企业里还非常重视雇员参与企业管理,提倡和开发了员工持股计划、自主型团队管理等各种参与管理方式。企业外,工会还承担了更广泛的社会角色,逐渐演化成"社会伙伴"角色,作为一股强大的社会力量积极参政议政,国家范围内有关劳资双方物质利益的所有问题和决策都由"社会伙伴"确立和商讨。

（二）全球化下各国模式的趋同化与互补

二战以后,企业的国际经营活动日益增多,出现了许多有实力的跨国公司。进入 90 年代以来,随着经济信息化和全球竞争的空前加剧,迎来了第一个真正全球化的时代。经济的全球化促进了国际分工交流,带动了人员往来、文化交汇和相互影响。在这样一个信息化时代,加速了信息传播和沟通速度,地球似乎越来越小,不同地区的人的生活方式和价值观等呈现趋同化,企业的经营管理模式也有这种趋势。

前面提到的日美欧的人力资源管理模式,只能说是代表了传统的典型的模式,经过 80、90 年代的全球经济一体化的冲击,许多跨国公司已转变为混合型的管理模式。现在全球企业正在形成一个互相学习、相互融合的社会,随着近几十年亚洲经济的高速发展,西方国家看到东方文化及价值观中"和"的力量,为了培养员工对企业的献身精神,着手改善企业内部的紧张的劳资关系,一些企业也实行员工终身雇用制,还有许多企业引进了"参与管理"等措施;而在日本随着价值观的变化,许多年轻人越来越不满于压抑能力和个性的传统管理方式,日本也逐渐引进西方国家的能力主义,某些大型公司甚至对高层管理人员实行浮动的"年薪"制,根据绩效决定薪酬。

各国跨国公司之间的国际合作也推动了趋同化与互补。比如在 20 世纪 80 年代,日本汽车产业竞争力超过美国,美国要向日本学习,最直接最方便的办法是共同办厂,于是通用汽车公司与日本丰田公司于 1984 年 2 月在美国合资创办了一家汽车公司,通用近距离地学习了丰田的成功生产管理和人力资源管理模式,1988 年通用汽车公司独资建立了一个新工厂"土星汽车公司",全套采用从合资公司的经验中学来的信任式管理、参与式管理、班组团队生产方式、重视培训等,而通用赋予土星公司的使命是"使美国汽车在品种、质量、生产成本上都具有和日本汽车竞争的能力,最终把美国的小型轿车市场从日本厂家手中夺回来"。可见,全球经济一体化的时代,是合作和竞争并存的时代,企业通过合作、战略联盟相互学习、模仿,以在新的一轮竞争中取胜,而相互学习后企业里就建立了一种混合型的互补的管理模式。

二、跨文化管理与统合

（一）文化差异

1. 东西方文化差异

以美国为代表的西方发达国家,由于近二百余年经济与技术发展,往往认为西方文化优于东方文化。但日本、韩国、中国、新加坡等亚洲国家近几十年的经济高速发展,都证明了以儒家伦理为核心价值观的东方文化也能创造奇迹。所以东西方文化各有特色、各有所长。我们归纳了东西方文化主要差异如下:

(1)务虚与务实

在对人的本性方面,中国古代思想家基本上持"道德本性论",即他们眼中的人是一种"道德人",讲究礼、仁、善;西方古代思想家基本上持"理性本性论",即他们眼中的人是一种"理性人",强调"真"的重要性。这体现了务虚与务实的区别。

东西方这种相反的人性观其实也反映在日常语言中。从名字、日期、地址等写法体现了东方人的逻辑思维方式是从大到小、从整体到局部,这种整体思维的优点是先抓住全局,也可以说是"先务虚,再务实"。而西方人正好相反,先务实的,思维模式是从局部到整体。在彼特·圣吉的著作《第五项修炼》中,指出了西方自工业革命以来讲究劳动分工,导致的分割性、局部性思维的坏处,"只见树木不见森林",只关注一个系统的局部、只为了部门利益而造成内耗很大。而东方人的系统性、整体性思维使人能看到构成系统的诸要素间的联系以及整体的变化态势,从而能有效地掌握变化,开创新局。

西方人看中国人是重人情味、强调关系以及人际关系、讲面子、处世暧昧,而中国人看西方人是务实、直率、但不近人情。中国人重礼,礼是人际交往中既定的秩序、规范与仪式,礼与中国人的重"面子"密切相关,中国人在人际交往中既重视维护自己的面子,也重视给对方面子,所以中国人在社交中,包括在商业交往中,很重和谐,比如在语言表达时比较含蓄、中庸,不强调某处,不直截了当地表明自己的意思,给双方今后回旋的余地,务使不伤面子,为此在沟通中有时宁可隐去重要信息。由于中国人重面子,所以对工作勤奋的人往往用当众表扬等精神激励的方式,而对西方人不能只空说"好",要立即兑现奖酬、加薪提级等,因为西方人很务实,所以西方企业的人力资源考核追求精确化和定量化,要求"公平"和"效率",强调理性。

(2)集体主义与个人主义

东方文化是倾向集体主义的。东方文化受儒教、佛教的影响很大。儒教虽不是宗教,但儒家伦理对亚洲,特别是东南亚的影响是深远的。儒教是一种性善论的价值观,孔子的"人本善"、"忠孝"、"利人主义"等学说影响并规范着人们重视教育、守纪律、忠诚、乐于助人,认为人性是善良的,倾向于相信他人。信任他人的文化就强调集体和组织的重要性,强调团结合作精神,提倡集体主义、利他主义。

而西方文化是受清教、基督教影响的,它们的性恶论、"原罪观念",加上追求个人利益的资本主义学说影响,促使人们认为人性是邪恶的,怀疑和不信任他人,于是就强调个人的价值,认为个人是最重要的,提倡重视自我、利己主义、以自我为中心、不相信也不依赖他人。

受东方文化影响的地方,通常家族观念很强。以"儒"字为中心的价值观是以"家"为基础建立的,现在在亚洲新兴工业国家中,仍保留着极大比例的"家族企业"。中国与日本在人力资源开发上,都在一定程度上把"家庭"观念移植到企业中,形成重群体、尊长辈、团结互助、内和外争的格局,但两国对"家"的理解上还是有很大的区别。日本突破了单纯"家"的局限性,把"儒"学的价值观及对家的义务、权利转移到企业上,以企业集体为家。在十八、十九世纪就有现代家族企业的雏形的"三井"家、"三菱"家等商家组织。在日本的传统的"家"的观念中,家庭成员与非成员之分不一定是血缘,只要对家忠诚就能成为家族成员,可见日本的"家"是命运共同体、共荣共存。对中国人而言,长期以来维系"家"的关系的是以血缘为主,与"家长"血缘关系的远近决定在家族中的地位。在中国大陆,由于长期的计划经济体制下的"单位制度",人们以厂为家的观念是对单位的一种依赖,或创造家庭式温暖工作环境。

现在由于体制改革,单位制度已趋于瓦解,以厂为家的观念也淡化了。一位日资企业的班长在被问到"是否觉得公司像家一样"时,他回答说"家是让人放松休息的地方,日企工作紧张,怎么像家?"。可见对被过度保护宠爱的年轻一代而言,家的观念已不再代表义务、责任,而是轻松放纵的地方。

对于东西方在集体主义、个人主义的差异,威廉·大内在他的著作《Z 理论》中从历史、地理、人文等角度对差异的原因进行了分析。美国作为"新大陆",人少地广,移民多,富于开拓独创精神。又种植可以粗放经营的小麦为主要作物,一般一家人圈占大片土地,依靠自己的力量,独立维持自家生计。又有一个浩大的开发西部的时代,人们崇尚跨枪骑马、独闯蛮荒的拓边英雄,所以个人主义被奉为立国之本。而日本历史长,地少人多,而且都是有同样语言、文化和历史的同一民族的人,种植的是集约经营的水稻,必须依靠集体协作才能生存,所以崇尚集体主义。大内的分析也是很有说服力的。其实东方国家在历史、地理、人文等方面也大都与日本类似,而西方国家人与人之间的依存关系不大,所以这些也导致了东西方在集体与个人的关系上是不同的。

(3)长期导向与短期导向

它表明一个人们对长远利益和近期利益的价值观。具有长期导向的文化和社会主要面向未来,做任何事物均留有余地、持长远打算,注重节俭和储备,不急于求成。像日本、中国人都有此传统。中国人在日常与人交往中,重视长期良好关系的培育和保持,不太强调争一日之短长与当前的得失。日本企业经营目标是为了"永存",牌子不能倒,所以对投资持长远打算,不太重视近期的盈亏。而具有短期导向的社会着重眼前的利益,做事急功近利,要求立见功效。如美国,企业经营目标是为了让股东多得到当年的分红,所以注重当年的短期利益,对经营管理者的考评也就只依据短期效益,导致人们行为缺乏长期计划、急功近利。欧洲人也强调短期利益,可能这也是与欧美工业化发展早、经济发达有关系。前面提到过经济发达的地方时间观念相对强,对他们而言时间就是金钱,所以行为上也太过注重时间,导致了行动上常常是短期导向。

(4)保守与创新

西方资本主义历史悠久,社会文化上以资本主义的价值观为主流,资本主义是提倡奋斗创新的文化,其中的典型是美国。美国是一个有多民族移民构成的年轻国家,没有根深蒂固的传统,每个人享有充分的独立和自由,但也面临着相互间激烈的自由竞争,所以形成了美国人突破规范的独立奋斗和创新精神。在对"人与世界的关系"的认识中,美国人认为人是独立于自然之外的,人应该主宰自然,并具有支配自然、征服自然的能力,所以他们主张以积极主动的态度来对付自然界、改造自然界,所以提倡开拓创新。这种不断冒险与创新使它建立了技术雄厚的科研队伍,成为其工业发展的重要基础。它因创新而成功,又因成功而鼓励创新。美国的成功也影响激励其他资本主义国家的效仿。当然欧洲一些国家由于有悠久的历史,所以在行为上也有较为理性、保守且尊重传统的一面。

而东方的许多国家,长期是农耕国家,人员移动少,安于现状,加上长期的封建社会形成了一个封闭、僵化、保守的文化环境,至今对人们的行为模式的影响仍很深。中国传统文化灌输了知足常乐、随遇而安、抱残守缺等价值观,以致缺乏积极进取精神。所谓"一动不如一静",由于尽量维持现状,因而特别尊重传统权威,不喜欢谈"变"。儒教就提倡尊重传统、从众与安全,有保守倾向。在对"人与世界的关系"的认识中,东方文化提倡"天人合一",要敬畏自然,顺应自然,所以没有积极提倡冒险创新。

背景资料

霍夫斯蒂德的文化分维模型

吉尔特·霍夫斯蒂德(Geert Hofstede)是荷兰著名的跨文化研究专家,他的文化分维模型是有关文化差异研究中最著名的,总结出了五个不同的国家和民族文化的分析维度。

(1)权力距离(power distance)(高/低)

是指社会对权力在社会或组织中不平等分配的接受程度。在高权力距离的国家,员工尊敬上级和权威,甚至带有畏惧感,民主氛围弱。

(2)不确定性规避(uncertainty avoidance)(强/弱)

是一种文化中的人们对于结构性或稳定性处境相对于非结构性处境的偏爱程度。不确定性规避高的国家,表现为因循守旧、惧怕竞争、墨守成规、害怕变革的消极性。

(3)个人导向性(个人主义/集体主义:individualism/collectivism)

即重视集体还是个人。在个人主义的国家,社会希望人们自己照顾自己以及自己直系家庭成员的利益。同时个人应当自立而不应当总是期望获得某一群体的保护。

(4)成就导向性(阳刚性/阴柔性 masculinity/femininity)

在属于阳刚性的国家,人们追求工作成就、金钱、物质等,也就是只重视成就的高低或数量。在属于阴柔性的国家,人们期望保持良好的人际关系、施善互尊和团结等,也就是人们一生普遍追求的是良好的生活质量,而非可见的某种成就的数量。

(5)利益导向性(长期/短期导向性:long-term/short-term orientation)

即一个国家/民族持有的对待长期利益或近期利益的价值观。在长期导向性较强的国家,有节俭(储蓄)去倾向,做任何事都留有余地,追求长远利益。

(资料改编自 MBA 智库百科)

2.我国文化的变化趋势

中国传统文化是前面介绍的东方文化的典型,信奉儒教、佛教和道教。特别是儒教思想影响了中国几千年,其伦理准则在中国几乎成为宗教信仰,儒家思想以仁、义、礼、智、信称于世。儒教重礼,"克己复礼",提倡克制、中庸、谦让,加上佛教、道教是消极被动的,中国文化偏重保守求安,重视家庭、集体观念,以群体、或家庭为本位。几千年的封建社会历史,相对于较短的资本主义历史,留下了许多陈腐观念的残迹,比如严重的"权本位"观念残余,造成了"官本位"体制。务虚和长期导向的价值观使得社会强调关系、和谐、秩序和纪律。

新中国成立以来,长期处于计划经济体制下,加上较长时间"左倾"势力的影响,平等、平均主义的价值观是主流,人们的金钱观念和欲望被淡化了,个性被埋没了,统一于社会主义大家庭中,传统价值观也被遗忘。

进入了改革开放以后,长期被压抑的个性得到了解放,平均主义渐渐被能力主义所取代,随着商品经济的发展,人们追求高品质生活、物质享受的愿望就更强烈了,为此"金钱"的作用就日趋重要,许多传统观念、道德观也渐渐受到挑战,一时产生了拜金主义、金钱万能的社会风气。在当前经济转型过程中,我国价值观处于多样化和非权威性的状态,有对"权"的追求,也有对"金钱"的崇拜,显示复杂的变化过程,甚至有人觉得中国文化现在已向西方倾斜。

我们相信像个人主义、拜金主义倾向等应该只是一时的现象,等到全社会的物质生活水平都提高到一定的程度后,"衣食足则知礼节",可以确信传统道德观、价值观还是会得到大多数人们的认可的。

(二)对国外子公司的跨文化管理步骤

跨国公司到国外成立子公司,会希望将对其成功有贡献的、特有的企业文化带入子公司继续发挥作用,同时也让被其企业文化熏陶过的驻外人员带去有着企业文化色彩的各项管理方式、规章制度,这些驻外人员在异国他乡,如何与不同文化背景的当地员工打交道,如何让母公司文化融入子公司中,这些是跨文化管理的难题。一般来说,跨文化管理的步骤如下。

1.培养正确的认识观

首先必须对文化差异有一个正确的认识,要充分认识到以下三点,才能客观地进行跨文化管理。

(1)文化差异是存在的。国际经营中,企业行为的差异是在扩大、缩小、还是不变? 即未来文化是趋同、还是异化? 这个问题一直很有争论,不能简单断言。更重要的是要接受和承认文化多元性的事实。"正如自然界找不到两片完全相同的树叶一样,没有两个组织的文化是完全相同的"。要正视文化差异,不能刻意回避或绕开。

(2)文化无优劣,文化冲突也没有谁对谁错。没有一种文化是最优秀的,对文化的判断基准是"存在"。文化存在就有存在的合理性。虽然各种文化的价值标准千差万别,甚至有的相互对立,但它们都有其一定的功能,去维系一个社会的存在。也就是文化只有独特性,而不存在先进还是落后的问题。在跨文化交往中,要互相尊重,坚持文化对等原则,所以进行跨文化交往的人们,都应放弃自以为是和想当然的态度,以及一切先入为主的成见。要抱着虚心探究的学习态度去了解对方,在文化对等的基础上积极进行广泛的文化交流。文化冲突也没有对错,如果要下结论,那就是"都对"。问题的产生,往往在于用自己的价值观去强求对方。文化决定了人们对其社会体系的理解,不同的群体对行为反应的认可与其所处文化环境产生的行为的评价标准有关,文化冲突反映了文化的特权性,对各自的评价标准是无法用对错来判断的。

要真正形成这种认识观是很难的,文化偏见是跨国文化交流中普遍存在的问题,人们往往不知不觉地接受本民族的文化规范而对其他文化持有偏见。这是一种自然滋生的优越感,要想克服它,人们不仅要摆脱本文化的约束,尽可能地消除本文化的优越感,而且要对异文化采取一种超然独立、平等的立场,要表达对异文化的理解、参与和尊重。

(3)文化差异、文化冲突的两重性。跨文化是伴随着冲突管理的,要认识到冲突是必然的,而且不一定是破坏性的,有时是建设性的冲突。所以不能把多元文化看成是管理上的一种障碍,而应把文化差异作为企业优势加以利用,改进管理,增强活力。自然界有"杂交优势"的说法,在人类社会实践中亦存在着"跨文化优势"。随着企业经营的多样化和全球化,员工队伍趋于多元化,应鼓励员工珍视工作场所的文化差异,文化差异能够给工作场所带来原创性的思想和方法,要把多元化视为重要的竞争优势,因为有多元化的员工队伍,才能了解公司所服务或有业务交往的多种顾客和组织,才能更好地适应全球性挑战。文化差异可促使企业在不同文化的相互影响中不断改进管理方式,增强活力、增强适应变化的能力。

2. 识别文化差异

在对文化差异有了正确的认识、能够正确看待文化差异之后,就应该从务虚走向务实,正确地把握文化差异的具体体现,去发现"我们公司中文化差异是什么"。要把握文化差异的最有效的方式是人员的互动。"百闻不如一见",一方面将公司总部中有异文化接触需要的人员派往异文化环境中工作一段时间,反过来将国外公司中的东道国管理人员也派往公司总部进行短期培训研修,让对方都有个亲身经验、了解对方文化的机会。

日本索尼公司有"员工是企业家庭中的一员"这种家庭成员式的企业文化,公司中上下地位平等,人与人有良好的关系。在英国设厂之前,盛田昭夫把包括工程师在内的英国人员请到东京,接受文化培训。在日本,英国人看到大家都穿一样的工作服,都在不分等级的食堂吃饭,管理人员同下属在一起办公、无个人办公室、共同使用办公用品和设备,这样英国人就从工作环境氛围中理解了索尼的文化是不区别对待管理人员和一般员工的。

当然,这种人员的往来是比较昂贵的做法,不可能对所有人都采用这种做法。在企业的日常培训时充分重视企业文化的熏陶,将跨国公司的文化介绍给国外公司的员工,同时也接受他们的质疑、反馈,要在公司内建立和完善各种沟通制度或渠道,方便员工对公司的政策、措施或自己的待遇不满意时能提出意见、及时沟通。双方多沟通交流,就能理解把握东道国人员的不同需求,这些不同的需求就体现了不同的文化。企业也可聘用文化顾问对管理人员及员工进行指导,指导他们认识文化差异。这种文化顾问是跨越不熟悉的文化领域,有时也被称为"文化翻译",他们帮助来自不同文化的人们进行协调谈判,并解释其间出现的误解,解释各方行为的含义,通过这种方式双方可以彼此加深对对方文化的理解。

识别文化差异还体现在对已认识到的文化差异进行分析区分,以采取针对性的措施。根据美国人类学家爱德华·赫尔的观点,文化可以分为三个范畴:正式规范、非正式规范和技术规范。正式规范是人的基本价值观,判别是非的标准,它能抵抗来自外部企图改变它的强制力量,因此正式规范引起的冲突往往不易改变;非正式规范是人们的生活习惯和习俗等,由此引起的文化冲突可以通过较长时间的文化交流克服;技术规范是指人们的知识、技术、经验等,它可以通过人们技术知识的学习而获得,很容易改变。由此看来,不同规范的文化冲突所造成的文化差异和文化冲突的程度和类型是不同的,必须先识别其根源,再采取不同的解决措施。

3. 文化敏感性训练

文化敏感性训练是为了加强人们对不同文化环境的反应和适应能力,可以把具有不同文化背景的员工集中在一起进行专门的文化训练,通过实例分析、小组讨论、角色扮演等方式,以打破每个人心中的文化障碍和角色束缚,更好地找出不同文化间的异同之处,加强每个人对不同文化环境的适应性。通过培训,让人们学会站在对方的角度看待问题,提高不同文化间的合作意识和联系。

前面提到的人员的跨国互动、轮换也是很重要的文化敏感性训练。在企业内,通过人员互动、交往、沟通,形成开放、敏感而又和睦友好的文化学习氛围,加强人员的异文化适应性。在松下公司的国外公司,为了提高文化适应性,日方驻外人员经常深入到生产第一线,和工人们共同劳动,加强上下的沟通。公司每年还组织数百名国外子公司的当地管理人员到日本总公司的"国际经营培训学院"进修,促进对双方文化的相互理解和适应。

文化敏感性,还体现在理解如何巧妙地运用文化特征。如同样是家族观念,在亚洲一些国家可能成为大企业的发展阻力,但是由于将其巧妙地加以利用,在日本却成为大企业的凝聚力的源泉所在。同样是儒家的中庸之道,有的企业把它用来为自己的消极无为、畏惧风险、不求开拓做辩护,而日本企业却把它用于博采众长,用于对下级和员工进行不伤感情的含蓄控制。所以在训练时,不同文化的人互相启迪,可以从新的角度看待双方文化,争取活用、妙用原有文化观念,将其发扬光大。

4.建立新型经营价值观和企业文化

通过前面的识别文化差异和敏感性训练,员工提高了对文化的鉴别和适应能力。在文化共性认识的基础上,根据环境的要求和公司战略的需要建立起公司的经营价值观和强有力的公司文化。这种新文化成为维系不同文化背景的员工的共同的行为准则,使得每一个员工能够把自己的思想与行为同公司的经营宗旨和战略目标结合起来。

公司在形成新文化的过程中,与所在的外部环境也有着密切的关系,外部环境是形成企业文化的气候。比如各地区、民族文化对每个人的观念、习惯的形成有着潜移默化的影响,企业文化不是在封闭的企业内部环境中形成的,它是一个国家、民族、社会文化的缩影。跨国公司应从不同的民族文化中吸取营养成分、构筑企业的经营理念、界定员工的行为准则,顺应外界因素塑造良好的企业文化。

跨文化管理的目标就是建立能包容公司内不同文化的统合文化,使多元文化实现"多元统合",创立新的文化,有时被称为"合金"企业文化。在文化统合过程中,不同的文化彼此塑造对方,各种文化要素之间相互渗透、相互吸收、相互结合、互为表里,最终融为一体,形成兼收并蓄的新型企业文化。

【本章小结】

做好国际人力资源管理对我国企业国际化发展意义重大,要考虑东道国的四个重要影响因素,即政治因素、法律因素、文化因素和经济因素。跨国公司用人策略可以分为人才母国化、人才本土化和人才国际化策略,各有利弊。

为了保障外派任务的成功,必须做好驻外人员的人力资源管理,包括选拔、任前培训、薪酬、调回和职业生涯开发。驻外人员由于特殊的工作环境,使得对他们能力的要求比一般人员要求高,尤其要求他们具有很强的文化适应性,所以选拔、培训上也倾向于这个能力要求。

国外子公司人力资源管理首先面临着一个重大选择,是参照母国模式,还是参照东道国的管理模式。美日欧的传统的人力资源管理模式各有特色和利弊,是与各自的社会文化相适应的。跨国公司要针对有着多元文化背景的员工做好人力资源管理,必须正确识别文化差异。东西方文化差异主要体现在务虚和务实、集体主义和个人主义、长期导向和短期导向、保守和创新四个方面。

跨国公司对国外子公司进行跨文化管理时有四个具体步骤,首先培养正确的认识观,正确地看待文化差异与文化冲突的两重性,其次客观地认识文化差异,然后通过文化敏感性训练,提高企业内的不同文化适应能力,最终能建立新型的经营价值观和统合型的企业文化。

直线部门经理和人力资源部门人员在国际人力资源管理方面的职责分工情况如下:

	直线部门经理	人力资源部门人员
国际人力资源管理	1.管理国外的驻外人员时:参与选拔决策。如果被任命为该驻外人员的"导师",要做好沟通、指导、绩效评估、调回后的工作安排等工作。 2.成为驻外经理时: (1)要应对不同生活环境和文化冲突。 (2)必须能尽快调整自己的管理方式、掌握。 (3)跨文化管理技巧,以适应东道国的文化。 　(4)与母公司保持沟通,及时反馈子公司的具体情况,成为"桥梁"。 3.管理内部不同国籍员工时: (1)做好跨文化管理,与下属形成信任关系。 (2)对不同国籍的部下进行培训,和谐处理内部文化差异和冲突。 (3)配合母公司政策,努力把下属培养成国际化人才。	母公司的人力资源部门的工作: 1.做好驻外人员的人力资源管理: (1)选拔驻外人员的合适人选。 (2)培训驻外人员(有时包括家属),尤其是文化适应性方面的培训。 (3)制定驻外人员的薪酬制度。 (4)做好驻外人员的职业生涯开发以及调回管理。 2.根据不同的法律问题和文化规范,制定各个国外子公司人力资源管理的政策。 3.统合母公司和子公司的人力资源管理政策,制定合适的制度保障公司国际化人才的培养和开发。 子公司人力资源部门的工作: 1.根据母公司的人力资源管理政策,制定内部人力资源管理的具体制度,经常将运作情况反馈给母公司,及时改进。 2.与母公司人力资源管理部门保持沟通,做好母公司派遣来的驻外人员的工作安排和服务,帮助克服文化差异和冲突。 3.配合母公司做好本土化人才的培养,选拔优秀员工成为国际化人才候补。

【复习思考题】

1.我国企业进行国际人力资源管理时要注意考虑哪些影响因素?

2.讨论跨国公司不同人才策略的利弊。

3.选拔驻外人员时应如何选拔?有哪些考虑因素?

4.跨国公司应怎样做好驻外人员的任前培训工作?

5.跨国公司应怎样做好驻外人员的职业生涯开发?

6.如何支付驻外人员的薪酬?有哪些考虑因素?

7.跨国公司应如何做好驻外人员的调回管理?

8.怎样看待文化差异与文化冲突?

9.怎样建立国外子公司的企业文化?跨文化管理有哪些步骤和内容?

10.全球经济一体化浪潮对西方各国的人力资源管理制度的有何影响?

【技能应用题】

1.3～5人一组,选定某个国家,了解其具体文化,并以某典型企业为主认识该国企业的人力资源管理特征。假设某中国企业要进入该市场,在人力资源管理上你们对该企业有什么具体建议?

2.回想你的个人经历,谈谈你所遇到的不同文化类型的人或事情。通过本章学习,是否改变了你对那些事情的看法?

3.讨论文化差异是如何影响企业具体人力资源管理制度的。

4.进一步查找网上资料,试对美日欧企业人力资源管理模式进行更深入比较,你认为它们为什么有各自的特征? 如果你将来有机会进这些外资企业工作,你希望去哪类型的企业?

5.成为驻外人员对未来白领的职业发展非常有吸引力,你觉得你的哪些素质能满足企业对驻外人员的要求? 哪些方面需要改进? 如何改进?

【案例分析题】

案例分析:联合利华的国际人力资源管理①

1.联合利华概况及发展历史

作为在全球财富500强名列前茅的跨国公司联合利华,是世界上最大的日用消费品公司之一,在食品、家居及个人护理等领域拥有领导地位。该集团在100个国家设有分公司,产品行销网遍及150多个国家,整个集团现有员工近30万人。

(1)起初的合并

联合利华创建于1929年,由英国的利华兄弟公司(Lever Brothers)和荷兰的Margarine公司合并组建而成。英国公司是首开品牌肥皂先河的先锋,后者是荷兰的人造黄油制造商,在业界内处于领先地位——它原本也是一家合并公司,由欧洲三家公司组建而成。

这一合并事件(是企业历史的重要篇章)对联合利华日后的发展造成了巨大的影响,有效奠定了联合利华日后的发展基础。首先,由于合并是两个国家、两个企业之间的合并,所以联合利华从合并的一开始就打上了国际化的标签,加上企业合并前就已经开始了国际化的尝试,所以联合利华走国际化的道路有属于自己企业与生俱来的优势。而联合利华企业帝国壮大的关键因素之一就是不断开展及推行全球范围的企业兼并,从个人护理品、化妆品、食品、冰激凌、黄油、种植园等,凡是和主营业务有少许关联的并有合适的时机的,一定会展开收购谈判,并尽可能的进行企业兼并,特别是从20世纪的60年代中期到1990年之间,该公司掀起了大规模的企业兼并浪潮,迅速发展壮大。

其次,这次合并确立了联合利华独特的管理模式,即双属国、双母公司、双董事长、双重总部结构的企业管理模式。这样的管理架构好处是相对保守、决策谨慎,程序严谨,这样就大大地提高了企业的安全运营,虽然有时决策的速度较慢,但对于企业来说却最大化地降低了企业由于重大决策失误而造成重大损失的风险,保障了长期以来该公司合并方针的安全进行。

(2)新世纪初的重组

作为一个比较特殊的荷、英合资企业,75年来联合利华一直设立两位董事长,分别来自其荷兰及英国两家分支公司。这种比较独特的双董事长的"联席董事长"制度因决策效率缓慢而饱受争议。而且2004年有着同样治理结构的壳牌石油发生谎报储备的丑闻案,受此影响,联合利华的股东决定将两个董事会合并。

2005年2月10日,联合利华公司任命了其第一位独立的全球CEO帕特里克·塞斯考

---

① 改编自中国人力资源开发网。

(Patrick Cescau)，宣布结束 75 年来的联席董事长制度，并展开业务整合和管理层重组计划。业务上，将全球原来 14 个大的运营区域整合成三大区域———美洲区域、欧洲区域以及亚非区域。这一合并的举措是将全球三大业务整合，这个整合强调联合利华统一的概念，结束长期以来三大业务部门各自为政的局面，进行统一的人事管理、办公以及财务运营，同时也对品牌进行调整，从 2000 多个缩减到 400 个全球"重点品牌"。

管理层重组上，公司将管理大权交由 CEO 及其新组成的运营小组掌握。该小组成员包括欧洲区、美洲区以及亚非区总裁，以及食品业务总裁、日化业务总裁、首席财务官以及首席人力资源官。通过重组，形成集中、简单的世界型组织架构，展开一场管理层级的"扁平化"革命。

从新董事会的结构上看，专门为人力资源部门留了一个位置，说明公司高度重视人力资源管理在企业中的地位。而在此次被称为"One Uniliver"的战略变革中，人力资源管理者首当其冲站在了这次战役的前沿，呐喊助威、鼓舞士气、统一思想的同时，也实实在在地参加了战斗和变革。

2. 人力资源整合企业内部分化

作为一个巨大的纵横分化的跨国集团，联合利华如何实现内部的协调和整合？联合利华的做法是通过建立特定的人力资源管理体系实现分化的组织内部联接和协调。

虽然每一个产品业务单位都有自己的特点，但是联合利华还是试图在它们之间创造有价值的协调。从整体上看，联合利华在四个领域对不同业务单位之间的联接施加影响：一是研究和营销等职能领域；二是生产化学产品的业务单位和其他业务单位之间的供应关系；三是发展中国家的多种业务经营；四是管理人才的开发和共享。当然，这种协调仍是在高度分权的原则下进行的。联合利华的母公司之所以能影响这些跨产品单位的联接，其依靠的是所创造的一种相互协作的企业文化、所建立的不同业务单位经理之间的复杂网络和横向关系以及对职业经理职业生涯的严格管理。

联合利华人力资源管理的重心是在产品单位之间建立横向的协调关系，以及培养一种适宜横向协调的文化氛围。联合利华的人事部负责制定公司整体的政策，比如要求经理们必须具有在一个以上国家或产品线的工作经验；所有的经理均须经过评价鉴定；组织大规模的管理培训活动，每年有来自世界各地的四百名经理聚集一堂进行交流和探讨；参与工资和薪酬的管理，使其处于一个合理的可比较的状态；负责协调职业生涯规划过程并影响所有跨产品业务单位的人员任命。

母公司在录用大学毕业生工作的最初阶段就开始介入管理。在这些毕业生进入管理人员序列之后，联合利华的母公司负责四个级别的管理人员考评。最低一级包括全球大约 15000 名经理；第二级 4000 名；第三级 1400 名；最高一级包括所有销售额在 5 亿英镑以上的业务部门的总经理和较小公司的总裁。人事部掌握着每一级经理的名单，并注明有潜力进入上一级的人员。对于每一个职位需要什么类型的跨地区和跨职能部门的经验都有相应的标准，并帮助那些可能晋升更高一级职位的经理们的发展。例如，人事部在每个子公司的年度人事考核上充当秘书的角色，年度考核由负责此项工作的总公司董事主持。联合利华特别关注品牌主管或营销经理的任命。如果某业务单位内部没有适当的继任者，那么就要列出来自其他国家和产品单位的候选人名单。当地经理对这份名单最具影响力。但是，总部人事部也有权在这份名单上填写自己的候选人。然后，高级人事管理经理们每三周就所有的空缺讨论一次,并有可能在这份名单上填写新的候选人。最后,每六周,地区总部的董事们再审核这份名单并有可能填上别的候选人。

联合利华的人力资源管理系统通过向其业务单位提供适当的管理人才创造了直接的联接利益。它也是推动其他联结的一种机制。通过培养一种共同的文化、形成网络和使经理们获得更广泛的经验,联合利华的人力资源管理系统加快了产品知识和最佳实践的传播速度,也实现了企业内部的协调。所以,联合利华迅速成长为全球性的企业,业务拓展到世界各地时,总部一方面会放手让各地的总裁自行决定当地的市场、品牌、销售等日常事务,但是有两点是总部关注的:一个是财务,另一个则是员工的选择和培训。

3.国际人力资源策略

(1)人力资源本土化及充分授权

联合利华是跨国企业里最早推动人才本地化的企业,所以不同的国度所属企业基本上都活跃着一批有实干精神、有专业能力的中高层本地化管理人才。在联合利华企业发展史上甚至发生过,因战争数十年母公司和所属国的子公司没有任何音讯,没有任何业务指导和母公司管理的情况下仍然发展得很好(企业不光没有倒闭或缩小而是发展得更好)的案例。

目前联合利华在全球拥有约 30 万名员工,90% 的经理级员工是由各子公司在本地招募并培训的。本地化的优秀员工队伍及管理层更能理解本地消费者的需求,有本土人才独特的市场触觉优势。"只有当地人才懂得当地的文化,也只有当地人才懂得如何在当地经营公司,更何况,联合利华的产品多为个人清洁用品、护肤品、食品和冰淇淋,只有当地人才知道哪种产品符合当地人的品位和特点",本土化当然就成了联合利华最好的选择。

联合利华之所以在大范围的收购之后,能变的越来越强,就是因为有"能更好地信任人"的人力资源系统及机制,这样就形成了信任人且让人愉悦工作的企业文化土壤。特别是对于子企业本地高管来说信任显得尤为重要,因为有了这样的"如此信任"的企业文化土壤,管理层就具备了相对宽松的发展舞台和决策授权,有效地调动了企业管理者的积极性。

在高度分权的原则指引下,联合利华没有为其业务单位建立统一的标准。此外,处于同样的原因,联合利华也没有建立可共享的、统一的信息系统,而是使用了多种系统和程序。例如,公司仅要求各业务单位按照统一格式制定战略规划;每个月,公司将一盘关于新的全球广告计划的录像带发到所有相关国家,但仅要求每种全球性产品尽可能只采用一家广告代理商而已。在这种分权管理模式下,负责一国业务单位的总裁在决定接受还是拒绝母公司经理的建议方面拥有广泛的权力。

(2)注重"国际化"人才发展及内部培养

"我们非常强调将人才派往各地而实现他们的国际化,因为我们的人才发展管理必须要获得国际化的历练,这是人才培养和发展非常重要的一部分。"

"如果英国没有,我们就去荷兰找,如果荷兰没有,我们就去……"如果联合利华某个新开发的市场里需要一位经验丰富的技术人员,而当地又不能马上找到合适的人才,那么联合利华会在其周围的若干个已开发的市场里物色。联合利华 40 多年来创建了广泛的国际化人才库系统以及国际化人才培养和发展系统,尽管其他一些跨国公司也有类似的人才数据库,但他们往往倾向于集中在组织的高层职位,而联合利华的则包括了各个国家的中层经理人和高潜质明星。

联合利华公司长久以来就树立了人力资源的高度重要性,并且在所有地区和国家市场都建立了一个专注于发展内部人才和未来热门领导人的组织。联合利华每年要确定20％最有潜力的经理人进行强化培养,通过系统的培训课程帮助经理人们获得国际化的视野。其发展规划体系包括教育训练计划(由初、中、高三个阶段课程组成。内容侧重于商业认识、专业能力和综合素质三方面的提升),以及国内轮调计划、国外轮调或参与跨国项目计划、教练支持和绩效考评。

这样做的结果就是,联合利华300位高层管理者中95％完全是内部培养的。通过工作内容以及外派任务将国际化视野和理念灌输给经理人们。从1989年开始,联合利化就将其75％的管理职位贯之以与"国际"名称,并倍增了外派经理人的数量。被外派的人才会与公司的某个部门保持联系,这一部门对他或她的事业负有责任。这个部门必须将经理人包括在其年度业绩评估和职业规划体系中,并且包括在部门及其主管的业绩考核中。这样做的目的是为了保持连续性,使经理人不至于因外派而中断了培养和发展计划。

从第一天,接受培训的新任管理者就被赋予个人发展目标。那些表现出上升潜力的人很快就被指定在"发展"名单中。他们在人才库里的晋升之路——公司、国家、业务组和/或地区、全球、高管委员会,不仅仅由他们的直接上级、还由之上三级的管理者加以引导。其结果就是"我们想对这些人提出更大的要求,我们不想让他们的直接上级'绑定'他们。"

思考题:

1.人力资源管理部门在联合利华的国际化发展中起了哪些作用?

2.人才的本土化策略与国际化策略有什么区别和联系?联合利华是如何推进本土化策略的?

主要参考文献

［1］ 彭剑峰.和君创业管理文库·人力资源管理专业技能系列.北京:中国人民大学出版社,2003.

［2］ 彭剑峰.人力资源管理概论(第二版).上海:复旦大学出版社,2011.

［3］ 刘善敏.人力资源开发与管理.北京:科学出版社,2011.

［4］ 吕实.企业人力资源管理与开发.北京:清华大学出版社,北京交通大学出版社,2011.

［5］ 余凯成,程文文,陈维政.人力资源管理.大连:大连理工大学出版社,1999.

［6］ 廖泉文.人力资源管理.北京:高等教育出版社,2003.

［7］ 王玺,王东旭,仇丽娜.职位分析与职位评价实务.北京:中国纺织出版社,2004.

［8］ 王吉鹏.职位分析——战略 HRM 的起点.北京:中国劳动社会保障出版社,2005.

［9］ 袁蔚等.人力资源管理教程.上海:复旦大学出版社,2006.

［10］ 胡君辰,郑绍濂.人力资源开发与管理.上海:复旦大学出版社,2006.

［11］ 杨顺勇,王学敏,查建华.人力资源管理.上海:复旦大学出版社,2007.

［12］ 彭剑锋.人力资源概论.上海:复旦大学出版社,2008.

［13］ 汪玉弟.企业战略与 HR 规划.上海:华东理工大学出版社,2008.

［14］ 王青.工作分析——理论与应用.北京:清华大学出版社、北京交通大学出版社,2009.

［15］ 程延园.劳动关系(第三版).北京:中国人民大学出版社,2011.

［16］ 中国就业培训技术指导中心.企业人力资源管理师培训教程.北京:中国劳动社会保障出版社,2007.

［17］ 赵曙明.国际企业:人力资源管理.南京:南京大学出版社,1998.

［18］ 于桂兰,魏海燕.人力资源管理.北京:清华大学出版社,2004.

［19］ 陈维政,余凯成,程文文.人力资源管理.北京:高等教育出版社,2002.

［20］ 盖特伍德,菲尔德.人力资源甄选.北京:清华大学出版社,2005.

［21］ 吴冬梅,白玉苓,马建明.人力资源管理案例分析.北京:机械工业出版社,2008.

［22］ 刘昕.薪酬管理.北京:中国人民大学出版社,2002.

［23］ 刘洪,钱焱.薪酬管理.北京:北京师范大学出版社,2007.

［24］ 人力资源管理师辅导讲义,培训资讯网(www.0512edu.com.cn)

［25］ 马新建等.人力资源管理与开发(第二版).北京:北京师范大学出版社,2008.

［26］ 郑海航,吴冬梅.人力资源管理:理论·实务·案例.北京:经济管理出版社,2006.

［27］ 王璞.人力资源管理咨询实务.北京:机械工业出版社,2003.

［28］ 武欣.绩效管理实务手册.北京:机械工业出版社,2001.

［29］ 方振邦.绩效管理.北京:中国人民大学出版社,2003.

［30］ 林泽炎,李春苗.员工职业生涯设计与管理.广州:广东经济出版社,2003.

[31]　吴谅谅.人力资源开发管理技能.北京:华夏出版社,2002.

[32]　黄文述,凌文铨.培训需求分析的三要素模型解析.人才资源开发,2006(2).

[33]　于海波.员工招聘与素质测评.北京:对外经济贸易大学出版社,2009.

[34]　萧鸣政.人员测评与选拔.上海:复旦大学出版社,2010.

[35]　李旭旦,吴文艳.员工招聘与甄选.上海:华东理工大学出版社,2009.

[36]　边文霞.员工招聘实务.北京:机械工业出版社,2011.

[37]　龙立荣.人员测评的理论与技术.武汉:武汉大学出版社,2009.

[38]　劳伦斯·S·克雷曼.人力资源管理——获取竞争优势的工具.孙非等译.北京:机械
工业出版社,1999.

[39]　雷蒙德·A·诺伊,约翰·霍伦拜克等.人力资源管理:赢得竞争优势.刘昕译.北京:
中国人民大学出版社,2001.

[40]　拜厄斯等.人力资源管理.李业昆等译.北京:人民邮电出版社,2004.

[41]　米尔科维奇,纽曼.薪酬管理.北京:中国人民大学出版社,2003.

[42]　罗伯特·马西斯,约翰·杰克逊.人力资源管理.孟丁主译.北京:北京大学出版
社,2006.

[43]　加里·德斯勒.人力资源管理.刘昕,吴雯芳译.北京:中国人民大学出版社,2003.

[44]　雷蒙德·A·诺伊.雇员培训与开发.徐芳译.北京:中国人民大学出版社,2007.

[45]　班柏等著,赵曙明,李诚等编译.国际与比较雇佣关系.南京:南京大学出版社,2008.

[46]　Casio. W. F. Managing Human Resource(4th ed). McGraw-Hill,1995.

[47]　H. Greenhaus, G. A. Callanan and V. M. Godshak. Career Management(3rd ed).
FortWorth, TX: Dryden Press,2000.